ISMS-P
인증 실무 가이드 3/e

CONSIDERING THE CLOUD ENVIRONMENTS,

ISMS-P CERTIFICATION ACQUISITION
PRACTICES GUIDE

클라우드 환경까지 고려한

ISMS-P
인증 실무 가이드 3/e

연수권 · 신동혁 · 박나룡 지음

에이콘

에이콘출판의 기틀을 마련하신 故 정완재 선생님 (1935-2004)

지은이 소개

연수권 ysk1069@naver.com

2000년 초반부터 정보보호 업무를 시작해서 보안컨설턴
트, 넥슨 보안팀장, 쿠팡 보안팀장을 역임했다. 현재 크라
우드 펀딩회사인 와디즈에서 CISO로 재직 중이다. 특히
정보보호인증, 클라우드 보안에 관심이 많아 한국인터넷
진흥원과 정보보호 관리체계 인증심사, 클라우드 정보보
호 관리체계 인증심사, 클라우드 서비스 보안 교육을 진행
하고 있으며 상명대학교, 충북대학교에서 정보보호 연계
전공 교수로 후학을 양성하는 데 기여하고 있다.

경영학 박사 | 충북대학교 겸임교수 | ISMS-P 인증심사원

신동혁 008sdh@naver.com

2000년 초 롯데 공채, LG그룹, 네이버 등을 거쳐, 이커머스 쿠팡 보안 팀장을 역임했고, 쿠팡에서 국내외 보안 인증 8개를 진행하고 획득했다. 우아한형제들을 거쳐, 데일리호텔(현 야놀자 M&A) CISO/CPO로 근무했고, 글로벌 오디오 플랫폼 스푼라디오 CISO/CPO 및 경영진을 거쳐, 현재는 핀테크 기업 CISO/CPO 및 경영진으로 재직 중이다. ISMS-P 심사원, 개인정보보호법 전문강사로 활동하고 있다. 2015년도에는 개인정보보호 공로를 인정받아 KISA, 방통위에서 주최하는 개인정보보호인의 밤에서 수상했으며, 개인정보보호협회와 함께 2018년 방송통신위원회 국민정책참여단(스타트업 프라이버시 인큐베이팅)으로 활동하며 스타트업 보안 역량 향상에 기여했다. 현재 성신여자대학교 융합보안공학과 겸임교수로 후학 양성에도 기여하고 있다.

컴퓨터공학박사 | 성신여자대학교 겸임교수(융합보안공학과) | ISMS-P 심사원

박나룡 isssi@isssi.org

보안전문업체(안랩코코넛), 포털사이트(다음), 이커머스(쿠팡), 핀테크(브로콜리)에서 정보보호 및 개인정보보호 업무를 수행했다. 2006년 ISO27001 인증 심사를 시작하고, 2007년 ISMS 심사원으로 활동하며 100개 이상의 국가, 공공, 민간 조직 심사에 700일 이상 참여하고 있다. 현재 보안전략연구소를 설립해 정보보호 신뢰성을 높이고, 정보보호 시장의 확대를 위한 다양한 활동을 수행하고 있다.

보안전략연구소 소장 | ISMS-P 선임심사원 | ISO27001 심사원 | 정보보호 칼럼니스트

지은이의 말

현재 발간된 정보보호 관리체계와 관련된 책은 인증심사원을 준비하는 수험서 형태가 대부분입니다. 그러나 정보보호인증심사원 자격은 여느 시험과 다르게 정보보호에 대한 이해도가 높고 실무 경험이 많을수록 유리한 부분이 있습니다. 이 책에 포함된 다양한 실무를 숙지하고 이해한다면, 기업 정보보호 업무를 수행하는 데 도움이 될 수 있으며 정보보호 인증심사원을 준비하는 분들에게는 수험서로도 도움이 될 것입니다. 정보보호 관리체계는 한 번에 구축할 수 있는 것도 아니고 구축했다고 해서 끝나는 것도 아니기 때문에 구축된 정보보호 관리체계를 잘 운영하는 것이 매우 중요합니다. 이 책이 정보보호 관리체계를 구축하고 운영하는 데 조금이나마 도움이 됐으면 좋겠습니다.

이 책이 나오기까지 힘들지만 함께해주신 신동혁 박사님, 박나룡 소장님, 에이콘 관계자 분들께 감사의 말씀을 드립니다. 그리고 항상 응원해주고 격려해 주는 사랑하는 아내와 아들, 가족, 동료, 친구들에게 감사의 말씀을 드립니다.

– 연수권

이 책은 저자가 대기업, 포털, E커머스, O2O 및 미디어 스타트업에서 정보보호 팀장, 정보보호 최고책임자 업무를 수행하면서 경험했던 정보보호 관리체계의 다양한 환경과 현황을 담아내려고 했습니다. 업무를 수행하면서 명확한 기준에 대해 고민하는 보안 담당자가 기준과 실무 사례에 대한 궁금증을 조금이나마 해소할 수 있도록 다양한 실무 사례를 포함하고 있습니다.

많은 정보보호 관리체계 관련 서적이 수험서 방향에 집중된 반면, 이 책은 실제 업무를 수행하는 데 도움이 될 수 있는 다양한 내용을 담았습니다. 실제 업무 내용을 포함하고자 많은 논의 끝에 펴냈으므로 실무를 수행하는 담당자들에게 도움이 될 것으로 확신합니다.

이 책이 나오는데 여러 가지로 함께 해주신 연수권 박사님, 박나룡 소장님, 에이콘 관계자 분들께 진심으로 감사를 드립니다. 또한 언제나 저의 바쁨을 너그럽게 이해해주는 사랑하는 아내 우주희님, 딸 신재은, 아들 신이준, 인생 멘토님이신 조태희 대표님, 저의 부족함을 너그럽게 이해하시고 응원해주시는 모든 동료 및 선후배님께 진심으로 감사드립니다.

– 신동혁

조직에서 정보보호의 시작은 관리체계를 구축하는 것부터라고 생각합니다. 이 책이 관리체계 구축에 도움되길 바라며, 이후 지속적인 운영과 내재화 노력을 통해 실질적인 정보보호 수준을 향상시키도록 활용하길 바랍니다. 다양한 환경에서 정보보호 및 개인정보보호 수준을 높이기 위해 활동하시는 정보보호인들께 다음 이야기를 전하며 응원합니다.

편작에게는 두 명의 형이 있었는데, 어느 날 황제가 편작에게 그의 두 형과 편작의 의술을 비교하면 어떠하냐고 묻자, 의술로는 맏형이 제일 으뜸이며 그 다음은 작은형이며, 자신이 가장 못하다고 대답했습니다. 황제는 다시 편작의 형들의 의술이 그리 뛰어나다면 어째서 편작의 이름이 가장 널리 알려지느냐 묻자 편작은 이렇게 답했습니다.

"제 맏형은 환자가 고통을 느끼기도 전에 표정과 음색으로 이미 그 환자에게 닥쳐올 큰 병을 알고 치료하기 때문에 환자는 의사가 자신의 큰 병을 치료해 줬다는 사실조차 모릅니다. 또한 둘째 형은 병이 나타나는 초기에 치료하므로 그대로 두었으면 목숨을 앗아갈 큰 병이 됐을지도 모른다는 사실을 다들 눈치채지 못합니다. 이 탓에 제 형님들은 가벼운 병이나 고치는 시시한 의술로 평가 받아 그 이름이 고을 하나를 넘지 못합니다. 하지만 저는 이미 병이 크게 될 때까지는 알지 못해 중병을 앓는 환자들을 법석을 떨며 치료하니 제 명성만 널리 퍼질 수밖에 없는 것입니다."

감사합니다.

– 박나룡

목차

3장　ISMS-P 인증심사 기준 및 심사방법　　　　　　　　　63

들어가며

"정보보호 관리체계가 뭐지?", "정보보호 및 개인정보보호 관리체계 인증은 어떻게 받는 거야?"

기업의 핵심 정보를 보호하는 데 있어 정보보호 관리체계는 선택이 아닌 반드시 구축해야 하는 필수요소다. 그러나 그 넓은 정보보호 업무 영역을 빠짐없이 체계적으로 관리한다는 것은 여간 어려운 일이 아니다. 다행히 정보보호 및 개인정보보호 관리체계 인증(ISMS-P)과 같은 체계적인 인증제도가 마련돼 있어 그나마 대략적인 업무 범위를 산정하고 내가 해야 할 업무를 정의할 수 있다. 그러나 특정 영역의 정보보호 업무를 담당하고 있거나 실무 경험이 부족한 경우에는 전체 정보보호 업무 영역을 이해하고 실무에 활용하는 데 한계가 있다. 이 책은 이러한 문제를 해결하는 데 도움을 주고자 작성됐으며, 다음과 같은 내용을 포함하고 있다.

첫째, 기존의 ISMS(정보보호 관리체계) 인증과 PIMS(개인정보보호 관리체계) 인증이 통합되면서 인증을 받아야 하는 기업 정보보호 담당자나 인증심사원이 혼란스러워하는 부분을 정리했다.

둘째, 각 통제항목별로 인증획득을 위해 준비해야 할 사항을 상세하게 정리하고, 실무에서 활용하고 있는 사례를 포함해 이해도를 높였다. 해당 사례를 참고해 실무에 활용할 수 있다.

셋째, 각 통제영역별로 가상 시나리오를 작성해 결함 도출 및 결함 보고서 예시를 제공함으로써 인증심사를 이해할 수 있도록 했다. 가상 시나리오는 실제 인증심사 프로세스와 동일하게 문서심사 → 현장심사 → 결함도출 → 결함 보고서 작성 기준으로 작성됐다.

넷째, 4차 산업혁명과 더불어 가장 이슈가 되고 있는 클라우드 플랫폼에 대한 내용을 정보보호 관리체계 관점으로 정리했다. 클라우드 플랫폼으로 이관되고 있는 상황에서 실제 심사를 준비하는 보안담당자나 심사에 참여하는 심사원이 무엇을 중점적으로 준비하고 확인해야 하는지의 기준을 제시하고 이해도를 높이기 위한 실무 사례를 포함했다.

집필진은 기업에서 20년 이상 정보보호 업무 및 다양한 회사의 ISMS, PIMS 인증을 수행한 경험을 기반으로 인증제도 및 정보보호 실무를 정리했다. 이 책을 읽고 나면 통합된 정보보호 및 개인정보보호 관리체계(ISMS-P)를 이해하고 실무에 활용할 수 있을 것이다.

이 책의 구성

이 책은 정보보호를 공부하거나 ISMS-P를 공부하고 있는 학생, 현업에 종사하고 있거나, 이제 막 실무에 입문해 정보보호 업무를 수행할 분에게 추천한다. 또한 실무 및 정보보호 인증에 대한 지식을 쌓고 싶은 보안 담당자, 클라우드 환경에서의 ISMS-P 인증 실무지식을 쌓고 싶은 ISMS-P 인증심사원 등에게 도움이 될 수 있도록 구성했다.

1장에서는 통합된 ISMS-P 인증의 이해도를 높이고자 인증제도 소개, 법적 근거, 인증체계, 인증기준 등을 설명한다.

2장에서는 정보보호 인증을 취득하기 위해 사전에 준비해야 할 정책/지침 수립, 개인정보 및 정보서비스 흐름도 작성, 취약점 분석, 위험분석 및 평가, 정보보호 감사, 정보보호 및 개인정보보호 관리체계 운영명세서에 대해 다루고 있다.

3장에서는 정보보호인증 심사기준인 관리체계 수립 및 운영(16개 항목), 보호대책 요구사항(64개 항목), 개인정보처리단계별 요구사항(21개 항목)에 대해 인증기준을 설명하고 각 인증항목별 인증 준비사항, 실무 사례, 증적 자료, 심사원 중점 검토사항을 설명한다. 특히, 클라우드 서비스를 사용하는 경우 확인이 필요한 통제항목에 대해서도 실무사례를 제공한다. 또한 인증통제 분야별로 가상 시나리오를 작성해 실제 심사와 동일하게 정책 및 지침 확인, 인터뷰 또는 실사를 통한 확인, 결함요약, 결함 보고서(2종)를 사례로 제공해 ISMS-P 인증의 시작부터 끝까지 모든 내용을 다룬다.

각종 IT 시스템이나 정보보호의 기본 지식과 정보보호 인증에 대한 기본 지식이 있다면 이 내용을 쉽게 이해할 수 있다. 또한 ISMS-P 준비 절차, 각 항목별 설명, 사례, 결함 도출 및 결함 보고서 작성 등에 대한 이해도를 높여 실무에 활용하거나 정보보호 인증심사원 자격 취득을 준비하는 분에게 도움을 주는 데 목적이 있다.

이 책의 대상독자

■ 조직을 체계적으로 관리해야 하는 정보보호최고책임자(CISO), 개인정보보호책임자(CPO)

■ ISMS-P 인증심사원 자격증 시험을 공부하고 있는 보안 담당자

■ 정보보호 및 개인정보보호 관리체계 기초를 공부하고 있는 학생

■ 대기업, 중소기업, 스타트업 정보보호 담당자로 입사 예정인 신입 사원

■ 정보보호 및 개인정보보호 관리체계 실무 지식을 쌓고 싶은 보안 담당자

■ 인증결함 도출 및 결함 보고서 작성 실무 지식을 쌓고 싶은 보안 담당자

■ 클라우드 환경에서의 ISMS-P 인증 실무 지식을 쌓고 싶은 ISMS-P 인증심사원

질문

이 책과 관련해 질문이 있다면 이 책의 지은이나 에이콘출판사 편집 팀(editor@acornpub.co.kr)으로 문의해주길 바란다.

01

정보보호 인증제도 이해

1. 정보보호 인증제도 개요

1.1 정보보호 인증제도란?

정보보호 인증제도는 기존에 정보보호 관리체계 인증^{ISMS}과 개인정보보호 관리체계 인증^{PIMS}으로 구분해 운영했으나 고도화되고 있는 침해위협에 효과적으로 대응하고 기업의 부담을 최소화하기 위해 2018년 11월 7일 ISMS-P로 통합됐다. 기존에 ISMS 인증만 취득해 운영하고 있는 기업은 기존과 동일하게 ISMS 인증만 운영할 수 있으며, ISMS와 PIMS 인증을 취득해 운영하고 있는 기업은 ISMS-P 인증을 취득해 두 가지 인증을 유지할 수 있다.

기존의 유사한 두 개 인증이 ISMS-P로 통합됨에 따라 기업에서 복수로 인증을 취득하고 대응해야 하는 혼란을 해소하고 이중으로 투자되는 비용, 행정적인 부담, 인력 등이 절감되는 효과가 예상된다. 또한 기존에는 정보시스템의 안정성과 개인정보 흐름상의 위험성을 별개로 보는 시각도 존재했으나 인증이 통합됨에 따라 정보보호와 개인정보보호의 연계성을 확보할 수 있을 것으로 보인다.

그림 1-1 정보보호 인증제도(출처: ISMS-P 소개자료)

1.2 ISMS-P 법적 근거

ISMS는 정보통신망 이용촉진 및 정보보호 등에 관한 법률 제47조(이하 정보통신망법)에 따라 과학기술정보통신부에서 운영하고, PIMS는 개인정보 보호법 제32조의2에 따라 개인정보보호위원회가 운영했으나 ISMS-P는 두 법령을 기반으로 정보보호 및 개인정보보호 관리체계 인증 등에 관한 과학기술정보통신부 · 개인정보보호위원회 공동 고시(ISMS-P)에 따라 운영된다.

표 1-1 ISMS-P 법적 근거

주관 기관	과학기술정보통신부	개인정보보호위원회
법령	정보통신망법 제47조	개인정보 보호법 제 32조의 2
하위 법령	시행령 제47조 ~ 제54조 시행규칙 제3조	시행령 제 34조의 2 ~ 제 34조의 8
고시	정보보호 관리체계 인증 등에 관한 고시(ISMS)	개인정보보호 관리체계 인증 등에 관한 고시(PIMS)
	정보보호 및 개인정보보호 관리체계 인증 등에 관한 고시(ISMS-P)	

1.3 인증체계

정책기관(협의회)은 과학기술정보통신부, 개인정보보호위원회이며 인증기관과 심사기관은 개인정보보호위원회와 과학기술정보통신부가 참여하는 협의회를 구성해 인증 · 심사기관을 지정하고 있다. 인증기관은 한국인터넷진흥원과 금융보안원이 지정되어 있으며, 한국인터넷진흥원에서 제도 운영 및 인증 품질 관리, 신규 특수 분야 인증 심사, 인증서 발급, 인증심사원 양성 및 자격 관리를 하고 있다. 금융보안원은 금융분야 인증심사, 금융분야 인증서 발급을 수행하고 있다. 심사기관은 심사팀장과 심사원을 구성해 인증을 수행하는 기관으로 한국정보통신진흥협회[KAIT], 한국정보통신기술협회[TTA], 개인정보보호협의[OPA], 차세대정보보안인증원[NISC]가 지정되어 있다.

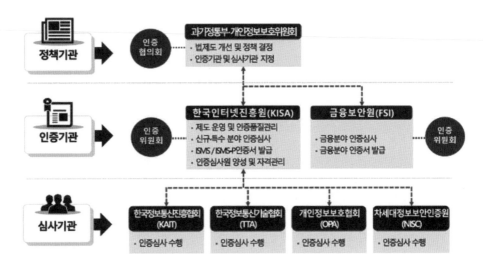

그림 1-2 ISMS인증 체계(ISMS-P 소개자료)

1.4 인증기준

ISMS-P(정보보호 및 개인정보보호 관리체계) 인증기준은 그림 1-3과 같이 1. 관리체계 수립 및 운영 16개 항목, 2. 보호대책 요구사항 64개 항목, 3. 개인정보 처리단계별 요구사항 21개 항목 등 총 101개의 인증기준으로 구성되어 있다.

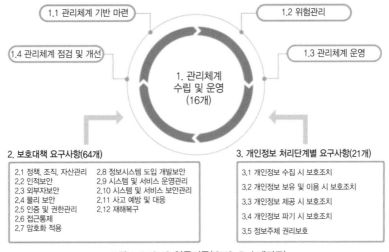

그림 1-3 ISMS 인증기준(ISMS-P 소개자료)

ISMS 인증을 진행하고자 하는 기업은 총 80개의 인증기준을 적용받는다. 즉, ISMS 만 받을 경우 3. 개인정보 처리단계별 요구사항(21개)을 제외하고 받을 수 있다.

영역	분야	적용여부	
		ISMS	ISMS-P
1. 관리체계 수립 및 운영 (16개)	1.1 관리체계 기반 마련	○	○
	1.2 위험 관리	○	○
	1.3 관리체계 운영	○	○
	1.4 관리체계 점검 및 개선	○	○
2. 보호대책 요구사항 (64개)	2.1 정책, 조직, 자산 관리	○	○
	2.2 인적 보안	○	○
	2.3 외부자 보안	○	○
	2.4 물리 보안	○	○
	2.5 인증 및 권한권리	○	○
	2.6 접근통제	○	○
	2.7 암호화 적용	○	○
	2.8 정보시스템 도입 및 개발 보안	○	○
	2.9 시스템 및 서비스 운영관리	○	○
	2.10 시스템 및 서비스 보안관리	○	○
	2.11 사고 예방 및 대응	○	○
	2.12 재해복구	○	○
3. 개인정보 처리단계별 요구사항(21개)	3.1 개인정보 수집 시 보호조치	–	○
	3.2 개인정보 보유 및 이용 시 보호조치	–	○
	3.3 개인정보 제공 시 보호조치	–	○
	3.4 개인정보 파기 시 보호조치	–	○
	3.5 정보주체 권리보호	–	○

그림 1-4 ISMS 인증기준 비교표(ISMS-P 인증기준 안내서)

02

ISMS-P 인증심사 준비

1. 정보보호정책 · 지침 수립

정보보호 및 개인정보보호 관리체계를 체계적으로 이행하려면 정보보호정책을 명확하게 제정해야 한다. 정보보호정책은 조직이 수행해야 하는 모든 정보보호 활동의 근거를 포함하고 있어야 하며, 이를 이행하기 위한 세부적인 방법, 절차, 주기 등을 규정한 지침, 절차, 매뉴얼 등을 수립해야 한다. 이러한 정책문서는 최고경영자 또는 최고경영자로부터 권한을 위임받은 자의 승인을 받아 모든 조직원이 접근하기 쉬운 형태로 제공해야 한다.

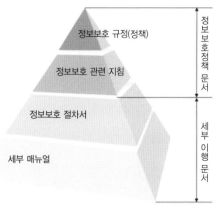

그림 2-1 정보보호정책 문서체계

ISMS-P 관리체계 수립 및 운영에서 표 2-1과 같이 정보보호정책 수립에 대해 요구하고 있다.

표 2-1 정보보호정책 수립 요구사항

항목		상세 내용	주요 확인사항
1.1.5	정책 수립	정보보호와 개인정보보호정책 및 시행문서를 수립 · 작성하며, 이때 조직의 정보보호와 개인정보보호 방침 및 방향을 명확하게 제시해야 한다. 또한 정책과 시행문서는 경영진의 승인을 받고, 임직원 및 관련자에게 이해하기 쉬운 형태로 전달해야 한다.	조직이 수행하는 모든 정보보호 및 개인정보보호 활동의 근거를 포함하는 최상위 수준의 정보보호 및 개인정보보호정책을 수립했는가?
			정보보호 및 개인정보보호정책의 시행을 위해 필요한 세부적인 방법, 절차, 주기 등을 규정한 지침, 절차, 매뉴얼 등을 수립하고 있는가?
			정보보호 및 개인정보보호정책 · 시행문서의 제 · 개정 시 최고경영자 또는 최고경영자로부터 권한을 위임 받은 자의 승인을 받고 있는가?
			정보보호 및 개인정보보호정책 · 시행문서의 최신본을 관련 임직원에게 접근하기 쉬운 형태로 제공하고 있는가?

정보보호정책 수립의 목적은 정보보호 및 개인정보보호 관리체계를 구축하는 조직의 정보보호정책 방향, 정보보호 인식, 정보보호 사고방식 등을 반영해서 정보보호 및 개인정보보호 관리체계를 확립하는데 있다. 정보보호정책은 정보보호 및 개인정보보호 관리체계 구축의 기초가 되는 최상위 문서로서 조직이 보유하고 있는 자산을 명시하고 해당 자산을 보호해야 하는 목적이 명시되고 반드시 최고경영자의 승인이 포함돼야 한다.

정보보호정책은 최상위 문서인 정보보호 규정(정책)과 정보보호지침으로 구분할 수 있다. 정보보호 규정(정책)은 정보보호를 위한 최상위 기본 문서로 정보보호 및 개인정보보호 관리체계 전체의 보안사항을 정의한다. 정보보호지침은 정보보호 및 개인정보보호 관리체계를 운영하기 위한 세부 규칙들을 규정하는 문서다. 정보보호 세부 이행문서는 절차서 및 매뉴얼로 구분할 수 있다. 절차서는 지침에서 정의한 규칙을 준수하기 위한 구체적인 순서 등을 규정한 문서이고, 매뉴얼은 각각의 업무 영역에서 정보보호절차 운영을 위한 세부 사용법을 제공한다.

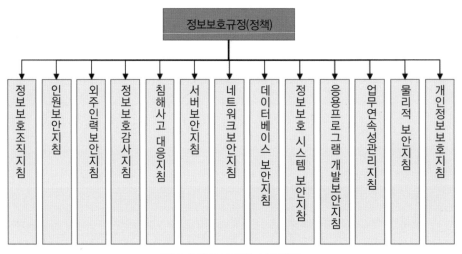

그림 2-2 정보보호정책 · 지침(예시)

2. 개인정보 및 정보서비스 흐름도 작성

개인정보 및 정보서비스 흐름분석은 위험분석의 사전 단계로 다양한 관점에서 위험분석을 진행할 수 있는 기초 자료로 사용된다. 경영진은 흐름도를 통해 개인정보 및 정보서비스 흐름을 이해하고 정보보호 현황을 확인할 수 있다. 흐름분석은 개인정보 처리단계별 흐름분석과 정보서비스 흐름분석으로 구분되며 결과는 흐름도 또는 흐름표로 도식화해 나타낼 수 있다. ISMS-P 인증의 경우 개인정보 흐름도나 흐름표를 반드시 작성해야 하며, ISMS의 경우 정보서비스 흐름도 또는 업무현황표를 작성해 보유하고 있어야 한다.

2.1 개인정보 흐름도

개인정보 흐름도는 수집, 보유, 이용, 제공, 파기되는 개인정보 처리단계별로 흐름을 한 눈에 파악할 수 있도록 도식화한 개념이다. ISMS-P 인증을 받는 기관의 경우, 개인정보를 취급하는 기관의 모든 서비스에 대해 개인정보를 식별하고 흐름도 또는 흐름표를 작성해야 한다. 서비스가 단순한 경우 하나의 도식으로 작성할 수 있으나 서비스가 복잡한 경우에는 개인정보 처리가 이뤄지는 단위 업무를 식별하고 각 단위 업무의 개인정보 생명주기를 흐름도 또는 흐름표로 작성한다. 개인정보 흐름도 작성은 행정안전부와 인터넷진흥원에서 발간한 "개인정보영향평가 수행안내서"를 참조하면 상세하게 확인할 수 있다.

평가 업무명	수집					
	수집항목	수집경로	수집대상	수집주기	수집 담당자	수집근거
정산관리	(필수) 성명, 성별, 전화번호, 이메일, 주소, 예금주, 은행명, 계좌번호	온라인 (홈페이지)	회원	상시	–	이용자 동의
	(선택) 대표자 정보	오프라인 (계약서 작성)	협력업체	상시	계약 담당자	이용자 동의

그림 2-3 개인정보 수집 흐름표(예시)

평가 업무명	보유 · 이용				
	보유형태	암호화 항목	이용목적	개인정보 취급자	이용방법
정산관리	회원 DB	계좌번호(AES256), 비밀번호(SHA512)	상품 및 상품권 정산	재무담당자	회원관리 페이지 ERP 관리 페이지
	ERP DB	계좌번호(AES256), 비밀번호(SHA512)	상품 및 상품권 정산	재무담당자	회원관리 페이지 ERP 관리 페이지

그림 2-4 개인정보 보유 · 이용 흐름표(예시)

평가 업무명	제공								파기			
	제공목적	제공자	수신자	제공정보	제공방법	제공주기	암호화 여부	제공근거	보관기간	파기 담당자	파기절차	분리보관 여부
정산관리	상품권 결산	재무 담당자	상품권 발행업체	성명, 예금주, 은행명, 계좌번호	실시간 DB연동	상시	통신구간 암호화 (VPN)	이용자 동의	정산 처리 후 5년	DBA	일 단위 파기	별도보존 DB 구성

그림 2-5 개인정보 제공 · 파기 흐름표(예시)

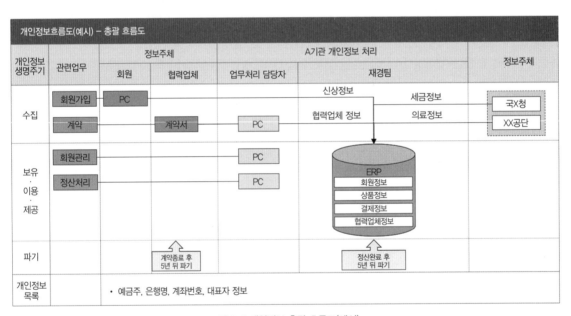

그림 2-6 개인정보 총괄 흐름도(예시)

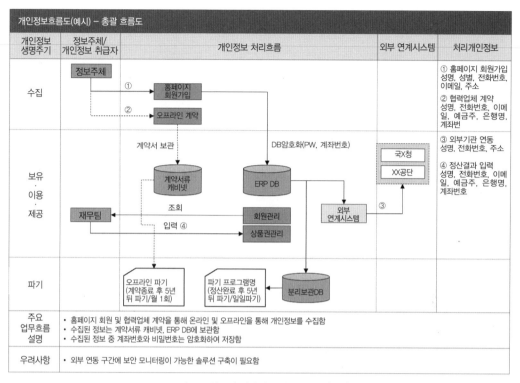

개인정보흐름도(예시) - 총괄 흐름도

개인정보 생명주기	정보주체/ 개인정보 취급자	개인정보 처리흐름	외부 연계시스템	처리개인정보
수집	정보주체	① 홈페이지 회원가입 ② 오프라인 계약		① 홈페이지 회원가입 성명, 성별, 전화번호, 이메일, 주소 ② 협력업체 계약 성명, 전화번호, 이메 일, 예금주, 은행명, 계좌번
보유·이용·제공		계약서 보관 계약서류 캐비넷 조회 재무팀 입력 ④ DB암호화(PW, 계좌번호) ERP DB 회원관리 상품권관리 외부 연계시스템	국X청 XX공단 ③	③ 외부기관 연동 성명, 전화번호, 주소 ④ 정산결과 입력 성명, 전화번호, 이메 일, 예금주, 은행명, 계좌번호
파기		오프라인 파기 (계약종료 후 5년 뒤 파기/월 1회) 파기 프로그램명 (정산완료 후 5년 뒤 파기/일일파기) 분리보관DB		
주요 업무흐름 설명	• 홈페이지 회원 및 협력업체 계약을 통해 온라인 및 오프라인을 통해 개인정보를 수집함 • 수집된 정보는 계약서류 캐비넷, ERP DB에 보관함 • 수집된 정보 중 계좌번호와 비밀번호는 암호화하여 저장함			
우려사항	• 외부 연동 구간에 보안 모니터링이 가능한 솔루션 구축이 필요함			

그림 2-7 업무별 개인정보 상세 흐름도(예시)

2.2 정보서비스 흐름도

정보서비스 흐름도는 조직의 업무 절차, 정보보호 요구사항, 보안통제의 상호연계를 사용자 기반으로 도식화한 접근통제 개념도다. ISMS 인증을 준비하는 기관은 정보보호 및 개인정보보호 관리체계 전 영역의 정보서비스 현황을 식별하고 업무절차와 흐름을 파악해 도식화해야 한다. 이용자, 사용자, 시스템간의 업무 흐름 및 보안통제 사항을 도식에 포함시켜야 한다.

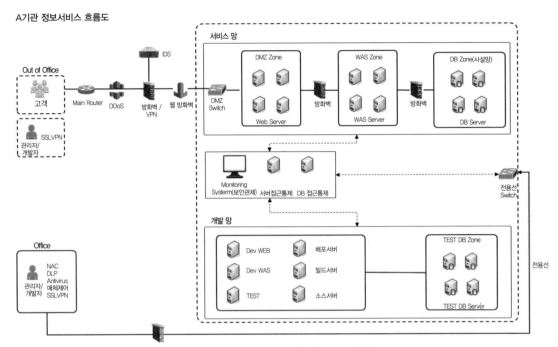

A기관 정보서비스 흐름도

그림 2-8 온프레미스 정보서비스 흐름도(예시)

클라우드 서비스를 이용하고 있는 경우에는 클라우드 서비스에서 사용하고 있는 정보서비스 통제 사항을 그림 2-9와 같이 도식화해야 한다. 클라우드 서비스는 가상의 환경이기 때문에 모든 리소스를 도식화하는 것이 쉽지 않지만 가상자원, 서비스 형태의 자산, 보안통제 사항 등을 포함시켜야 하며, 온프레미스(기존 IDC 환경)와 연동되어 있는 하이브리드Hybrid 환경이라면 해당 부분을 포함해 작성해야 한다.

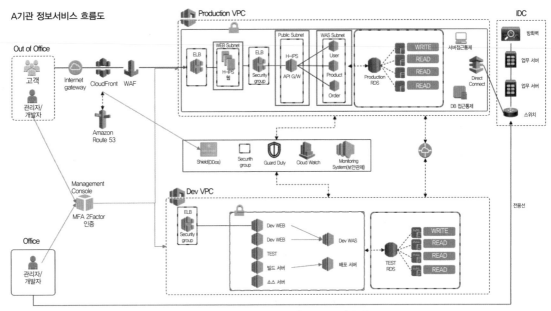

A기관 정보서비스 흐름도

그림 2-9 클라우드 정보서비스 흐름도(예시)

3. 취약점 분석

취약점^{vulnerability}은 공격자가 정보시스템의 정보 보증 수준을 낮추는 데 사용되는 약점이라고 할 수 있다. 공격자는 기관에서 보유한 정보시스템의 취약점을 공격해 시스템의 권한을 획득하거나 중요정보를 외부로 유출한다. 이러한 문제점을 사전에 예방하려면 기관에서 보유한 서버, 네트워크장비, 네트워크 구성, WEB/WAS/Application, DBMS, 정보보호솔루션 등 모든 정보시스템의 취약점 진단을 수행하고 발견된 취약점을 제거해야 한다. 취약점 진단은 연 1회 이상 수행해야 하며, 구체적인 점검 방법은 표 2-2를 참고해 진행할 수 있다. 해당 자료는 한국인터넷진흥원 -〉 지식플랫폼 -〉 법령 · 가이드라인(www.kisa.or.kr)에서 다운로드할 수 있다.

표 2-2 취약점 진단 참고 가이드

구분	가이드명	발행처
인프라 취약점 진단 (서버, 네트워크, 보안장비, PC, 데이터베이스, 웹)	• 주요정보통신기반시설 기술적 취약점 분석 평가 상세 가이드(2017)	과학기술정보통신부
애플리케이션 취약점 진단	• SW 개발보안가이드(2017) • JAVA 시큐어 코딩 가이드(2012) • C 시큐어 코딩 가이드(2012) • 홈페이지 취약점 진단제거 가이드(2013) • 소프트웨어 보안약점 진단 가이드(2019)	행정자치부 행정자치부 행정자치부 한국인터넷진흥원 행정안전부
모바일 취약점 진단	• Android-JAVA 시큐어 코딩 가이드(2011) • 모바일 앱 소스코드 검증 가이드라인(2015) • 모바일 대민서비스 보안취약점 점검 가이드 (2015)	행정자치부 행정자치부 행정자치부

(※ 발행처는 가이드를 최초 발행한 기관명이며, 현재는 기관명이 변경됐을 수도 있습니다.)

3.1 서버 취약점 진단

서버 취약점 진단은 운영체제에 대한 보안설정의 적절성을 확인하는 것으로 그림 2-10과 같은 항목의 점검을 수행한다. 점검 방법은 운영체제의 설정 상태를 확인할 수 있는 스크립트를 작성해 수동으로 점검하거나 취약점 진단 스캐너를 이용해 자동으로 진단할 수 있다. 그러나 취약점 진단 스캐너를 이용해 자동진단을 수행하는 경우, 오탐이 많이 발생할 수 있어 일반적으로 취약점 진단 스크립트를 사용해 점검한다. 이 경우 다수의 서버를 보유하고 있는 상황에서는 많은 인력과 진단 기간이 소요되기 때문에 자동화할 수 있는 방안을 마련해야 한다.

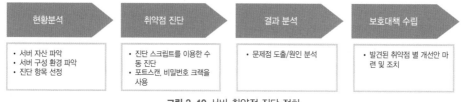

그림 2-10 서버 취약점 진단 절차

운영체제 점검 항목은 각 운영체제의 특성에 따라 약간의 차이는 있으나 일반적으로 표 2-3과 같은 항목을 대상으로 진단을 수행한다.

표 2-3 서버 취약점 진단 항목

진단 항목	내용
계정관리	• 불필요하게 생성된 계정이나 권한이 과도하게 부여된 계정 • 비밀번호 정책 및 크랙(유추)이 가능한 계정 • 비밀번호 알고리즘 등
주요 응용 설정	• 운영체제 설치 시 기본적으로 제공하는 불필요한 서비스 • FTP, SNMP, sendmail, DNS 등의 서비스에 보안설정 상태
파일 시스템	• 중요 시스템 파일의 권한 설정 상태 • 중요 사용자 관련 파일의 권한 설정 상태 • 파일 및 디렉터리 생성이 기본으로 부여되는 권한 상태
로그 관리	• 시스템의 중요 로그 파일의 생성 및 파일 권한 상태 • Su 로그 설정, syslog 설정 등
보안패치	• 보안패치관리
시스템 보안 설정	• Root 계정 원격 접속, Session timeout 설정, 접속 IP 및 포트 제한

3.2 WEB/WAS/Application 취약점 진단

웹 서비스를 제공하는 서버의 경우 아파치^{Apache}, nginX, IIS 등의 웹 서버와 Tomcat, Weblogic 등의 WAS 서버, Web 애플리케이션의 취약점 진단을 수행해야 한다. 특히 Web 애플리케이션은 외부에 공개되는 시스템이 대부분이기 때문에 해커가 가장 손쉽게 접근할 수 있다. 현재 발생하고 있는 대부분의 정보유출이나 공격은 웹을 통해 이뤄지기 때문에 정기적인 취약점 진단 이외에도 신규 서비스가 오픈되거나 대규모로 서비스 변경이 발생한 경우에도 취약점 진단을 수행해야 한다.

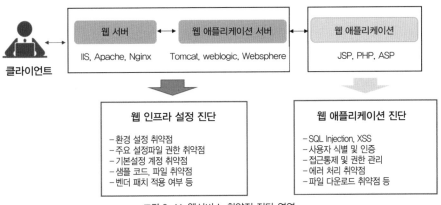

그림 2-11 웹서비스 취약점 진단 영역

WEB/WAS의 경우, 보안점검 항목이 고정되어 있어 관련 내용을 진단하면 된다. 웹 애플리케이션의 경우, 보안 점검항목이 제공되고 있지만 개발된 상태에 따라 다양한 변수가 존재할 수 있기 때문에 진단 항목 이외에도 추가적으로 확인해야 할 부분이 존재할 수 있다.

표 2-4 웹 취약점 진단 항목

진단 항목	내용
웹 애플리케이션	• SQL Injection • XSS/CSRF • 쿠키 변조 • 불충분한 세션 관리 • 취약한 계정 관리 • 파일 업로드 • 파일 다운로드 • 중요정보 노출 • 에러 페이지 노출 • 불필요 파일 존재 • URL/파라미터 변조 • 암호화 통신 • 불충분한 인증 및 인가 • 운영체제 명령 실행 • 자동화 공격 • HTTP 응답 분할 등
파일 시스템	• 최소 권한 구동 계정 관리 • 관리자 콘솔 관리 • 홈 디렉터리 권한 관리 • 중요파일 권한 관리 • 디렉터리 검색 기능 제거 • 관리자 계정 관리 • 에러 메시지 관리 • 응답 메시지 헤더 정보 숨기기 • HTTP 메소드 제한 • 로그 포맷 설정 • Sample 디렉터리 삭제 • 안전한 버전 사용 여부

3.3 네트워크 취약점 진단

네트워크 취약점 진단은 네트워크를 구성하고 있는 장비 자체의 보안설정과 네트워크 장비의 구성이 보안에 적합하도록 설계 및 구축되어 있는지 진단한다.

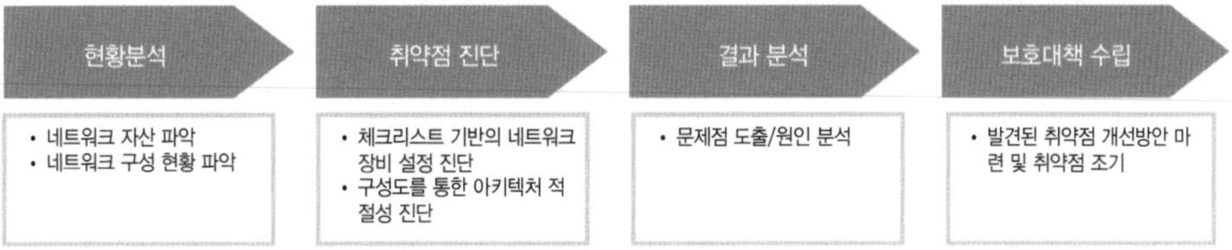

그림 2-12 네트워크 취약점 진단 절차

네트워크 장비는 계정, 서비스, 접근통제, 로그, 보안설정 등을 진단하고 네트워크 구성은 외부 연결 구간과 가용성, DMZ 구성, 정보보호솔루션 배치 등을 중점적으로 확인해야 한다.

표 2-5 네트워크 취약점 진단 항목

진단 항목	내용
계정관리	• enable secret 점검 • service password-encryption 점검 • VTY, AUX, Console login 비밀번호 점검 • Default 비밀번호 사용 여부 등의 취약한 비밀번호 점검
네트워크 서비스	• TCP/UDP Small Servers 사용 • HTTP 서버 사용 • NTP 서비스 사용 • DNS Name Resolution 사용 • SNMP 서비스 사용
접근통제	• ACL 점검 • Telnet 접근관리 점검 • 원격 접속관리(exec-timeout) 점검
로그 관리	• SNMP, Syslog, ACL의 로깅 및 백업 여부
장비 보안 설정	• Anti-spoofing 점검(ip verify unicast rpf) • Configuration Auto-Loading 사용 • IP Source Routing 방지 • IP Unreachable, Redirects, Mask Replies 제한
네트워크 구성	• 외부연결 구성의 적절성 • 내부망 구성 및 접근제어 현황 • DMZ 구성의 적절성 • 네트워크 서비스 가용성 • 정보보호솔루션 구성의 적절성 • 침해사고 모니터링 구성의 적절성

3.4 데이터베이스 취약점 진단

데이터베이스의 권한 부여 현황, 계정관리 현황, 보안설정, 보안감사 등 데이터베이스에 저장되어 있는 중요정보를 보호하기 위한 정책이 적절히 설정돼 있는지 확인한다. 데이터베이스에 개인정보 등 중요정보가 포함되어 있을 경우 암호화 여부, 암호화 알고리즘, 암호키 관리 방안 등을 추가적으로 확인하는 것이 필요하다.

그림 2-13 DBMS 취약점 진단 절차

표 2-6 DBMS 취약점 진단 항목

진단 항목	내용
계정 관리	• 사용자 계정 개별적 부여 • 비밀번호 정책 설정 • 취약한 비밀번호 사용
권한 관리	• Public 권한 제한 • PL/SQL 패키지 사용 • DBA, SDBA 권한 제한 • With grant option 사용 제한 • SYSDBA 로그인 제한 • Audit Table 접근권한 제한 • Data Dictionary 접근 설정
DBMS 보안 설정	• 백업 관리 • 접속 IP 지정 • OS 명령 수행 제한 • Listener 비밀번호 설정 • OS_ROLES, EMOTE_OS_AUTHENTICATION, REMOTE_OS_ROLES 설정 • 데이터베이스 자원 제한 설정 • DB 아카이브 로그 및 백업 설정 • DB Link 암호화 설정
환경파일 점검	• 주요 파일의 접근권한 설정 • 감사로그 파일 접근 제한
보안 감사 설정	• 감사 설정
보안 패치	• 최신 패치 적용

3.5 정보보호솔루션 취약점 진단

정보보호솔루션(침입차단시스템, 침입방지시스템 등) 취약점 진단은 솔루션 자체의 취약점 점검 및 솔루션에서 보유하고 있는 접근통제 정책이나 탐지 룰의 최신성 등을 점검한다.

그림 2-14 정보보호솔루션 취약점 진단 절차

표 2-7 정보보호솔루션 취약점 진단 항목

진단 항목	내용
계정 관리	• Default 계정/비밀번호 관리 • 계정별 권한 설정 • 로그인 실패 횟수 제한
접근 관리	• 관리자 원격관리 접근 통제 • Session Timeout 설정 • SNMP 관리
정책 관리	• Internal Outbound • 미사용 & 중복 정책 점검 • NAT 설정 • DMZ 설정 • 유해 트래픽 차단 정책 설정 • 최소한의 서비스만 제공 • 이상징후 탐지 경고 기능 설정
로그 관리	• 정기적인 로그 점검 • 로그 서버 설정 관리 • NTP 서버 연동
SW/HW 관련 진단	• 최신 패치 적용 여부 • 장비 사용량 검토

3.6 모바일 앱 취약점 진단

최근 서비스가 모바일 환경으로 전환되고 있기 때문에 대부분의 기관이 모바일 앱을 보유하고 있다. 이러한 앱의 취약점 진단은 금융보안연구원, 행정안전부, 과학기술정보통신부, OWASP 등에서 제공하는 진단 가이드를 참조해 진단할 수 있다.

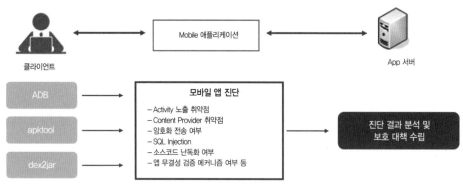

그림 2-15 모바일 앱 취약점 진단 절차

모바일 앱의 진단 항목은 설치 및 삭제 시 발생하는 문제점, 입력값 적절성 검증, 루팅, 위변조 여부 등 다양한 부분에서 진단을 수행해야 한다.

표 2-8 모바일 앱 취약점 진단 항목

진단 항목	내용
설치 및 삭제	• 반복 설치 시 오류 발생 • 앱 설치 전·후 비정상적인 파일 및 디렉터리 생성
동작	• 애플리케이션 기능의 정상 작동 • 임의 기능 및 악성 행위 기능 존재
플랫폼	• ID 값의 변경을 통한 권한 변경 가능성 • 동일키로 서명된 서로 다른 앱 간의 UID 공유 • Activity 노출 취약점 • Content Provider 취약점 • Broadcast Receiver 취약점 • 안전하지 않은 웹 뷰 실행

진단 항목	내용
입력 값 검증	• SQL Injection • 악성파일 업로드 차단 • 파일 다운로드 경로 검증 • 매개변수 조작 검증
인증	• 비밀번호 등 인증 정보 생성 강도의 적절성 • 중요 기능 인증 적용
권한	• 적절한 앱 Permission 설정 • 올바른 Intent 권한 설정
암호화	• 중요정보 전송 시 암호화 • 안전한 알고리즘 및 키 관리
앱 보호	• 앱 자체 보호 및 소스코드 난독화 • 앱 무결성 검증 • 루팅 머신 상태 체크 • 앱 디버깅 가능 여부
중요정보 노출	• 중요정보 마스킹 • 메모리 내 중요정보 노출 • SD 카드 내 중요정보 저장 • 소스코드 내 중요정보 노출 • 로그를 통한 중요정보 노출

4. 모의해킹

모의해킹은 사전에 정의한 공격 시나리오를 기반으로 외부자, 내부자 관점에서 모의 침투테스트^{Penetration test}를 시도해 실제 해킹이 이뤄질 수 있는지 확인하고 보호대책을 제시한다.

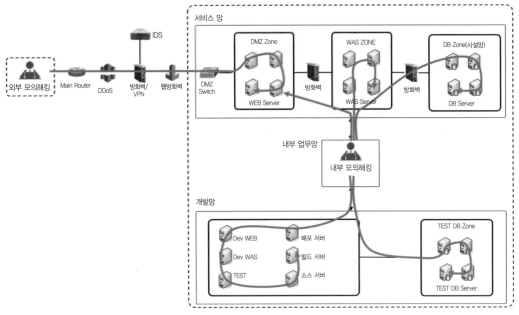

그림 2-16 모의해킹 방법

모의해킹을 수행하기 전에 해당 서비스 관련 정보 수집, 서비스 구조 분석, 서비스의 특성을 파악해 발생 가능한 모든 시나리오를 내·외부 관점에서 도출한다. 도출된 시나리오에 따라 침입이 가능한지 단계적으로 수행해 권한획득 및 정보유출을 시도한다. 모의해킹은 별도의 체크리스트는 없으며, 공격 대상의 정보를 수집하고 공격에 사용할 수 있는 취약점을 찾아내기 위한 모든 방법을 이용해 진행한다. 최근에는 대부분의 서비스가 웹 기반으로 제공되고 있기 때문에 웹 취약점 진단과 병행해 진행하기도 한다.

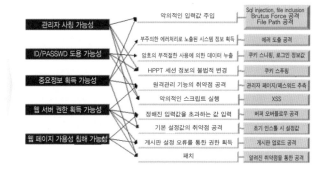

<table>
<tr><td>□ 외부 레벨
• 악의적인 외부 사용자에 의한 해킹 침해 가능성 점검
• 고객사의 서비스 구조 및 네트워크 구조에 따른 침해 가능성
  검토

□ 내부 레벨
• 악의적인 내부 사용자에 의한 해킹 위협 진단</td></tr>
</table>

□ 위협 시나리오 1. 서버 권한 획득 가능성

□ 위협 시나리오 2. 관리자 사칭 가능성

□ 위협 시나리오 3. ID/PASSWD 도용 가능성

□ 위협 시나리오 4. 중요정보 획득 가능성

□ 위협 시나리오 5. 가용성 침해 가능성

그림 2-17 모의해킹 시나리오(예시)

5. 위험분석 및 평가

위험관리 방법 및 계획에 따라 정보보호 전 영역의 위험 식별 및 평가를 연 1회 이상 수행하고 그 결과에 따라 조직에서 수용 가능한 위험 수준을 설정하고 관리해야 한다. 매년 정보보호 및 개인정보보호 관리체계 범위 전체를 대상으로 위험 식별과 평가를 수행해야 하며 이미 적용된 정보보호대책의 실효성 검토가 함께 이뤄져야 한다.

정보보호 및 개인정보보호 관리체계 운영 활동 중 식별된 리스크의 위험도를 평가하고, 어떤 것을 우선순위에 두고 처리할지에 대한 정량적인 기준도 논의해야 한다. 현재식별되지 않았으나 리스크가 잠재돼 있는 정보자산, 서비스 등을 분석하고 이에 대한 자산 중요도 평가, 위험평가 기준을 세우고 개선 조치 계획을 수립해야 한다. 또한 관련된 위험에 적절히 대응할 수 있도록 현실적으로 통제할 수 있으면서 비즈니스 연속성을 확보할 수 있는 대안을 강구해야 한다.

정보보호 및 개인정보보호 관리체계 통제항목 또는 별도의 기준으로 관리적, 기술적, 물리적 위험을 식별해야 한다. 앞에서 언급한 기술 취약점 분석을 통해 분석된 내용도 어떻게 처리할지에 대해 위험 분석하는 과정이 필요하다. 위험평가는 각 조직의 특성을 반영해 알맞은 방법론을 사용하는 것이 좋다. 방법론은 위험분석 및 평가 대상 조직의 보안 요구사항, 가용자원(전문 인력, 기간, 예산 등), 규모 등을 고려해 선정해야 한다. 최근 일반적으로 위험을 평가하는 방법으로 주로 등장하는 위험평가 및 관리 프로세스는 ISO27001:2013 관리 표준을 기준으로 위험을 직관적으로 파악하는 방식과 자산을 기반으로 기술적 취약성을 어떻게 처리할 것인지에 대해 평가하는 2가지 방법을 주로 사용한다.

5.1 Risk-Based Approach Risk Assessment

Risk-Based Approach Risk Assessment는 컴플라이언스 기반으로 리스크를 도출하고 관리하는 위험평가 방법론이다. 또한 정보보호 감사 이후 도출된 리스크를 정보보호 담당자가 관리하고, 위험 처리방식을 CISO와 협의하고, 위험을 어떻게 처리할지 그 전략을 논의하는 방식이다.

위험평가 및 관리 프로세스는 ISO27001-2013의 관리 표준을 기준으로 작성할 수 있도록 한다.

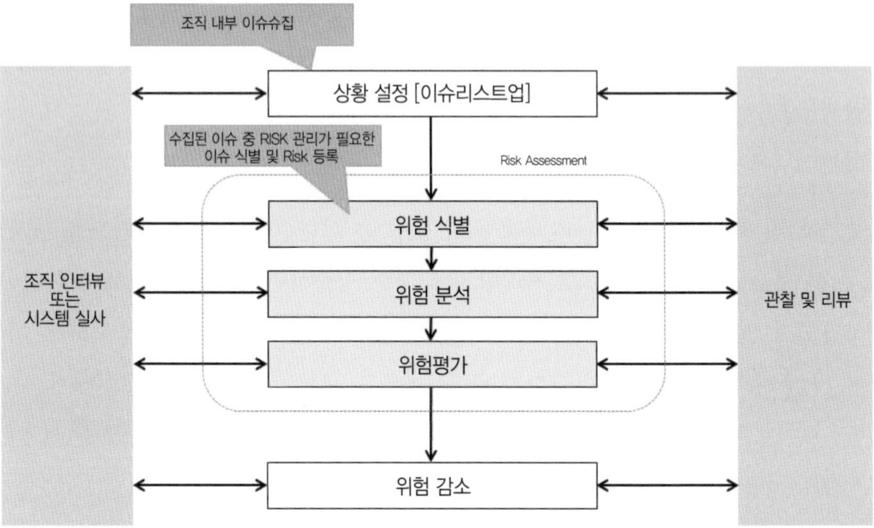

그림 2-18 Risk-Based Approach Risk Assessment 절차

Risk-Based Approach Risk Assessment는 Risk를 효과적으로 관리하기 위한 위험 평가 정책을 수립하는 것이 필요하다. 컴플라이언스 또는 인증기준을 기반으로 미리 정의된 위험평가 정책을 적절하게 반영해 현황 및 문제점을 파악하고 어떤 리스크가 발생가능한지 원인을 분석하고 보호대책을 수립한다.

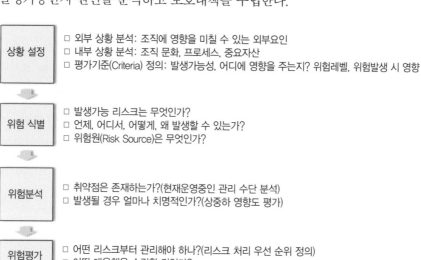

상황 설정
- □ 외부 상황 분석: 조직에 영향을 미칠 수 있는 외부요인
- □ 내부 상황 분석: 조직 문화, 프로세스, 중요자산
- □ 평가기준(Criteria) 정의: 발생가능성, 어디에 영향을 주는지? 위험레벨, 위험발생 시 영향

위험 식별
- □ 발생가능 리스크는 무엇인가?
- □ 언제, 어디서, 어떻게, 왜 발생할 수 있는가?
- □ 위험원(Risk Source)은 무엇인가?

위험분석
- □ 취약점은 존재하는가?(현재운영중인 관리 수단 분석)
- □ 발생될 경우 얼마나 치명적인가?(상중하 영향도 평가)

위험평가
- □ 어떤 리스크부터 관리해야 하나?(리스크 처리 우선 순위 정의)
- □ 어떤 대응책을 수립할 것인가?

그림 2-19 Risk-Based Approach Risk Assessment 평가 정책

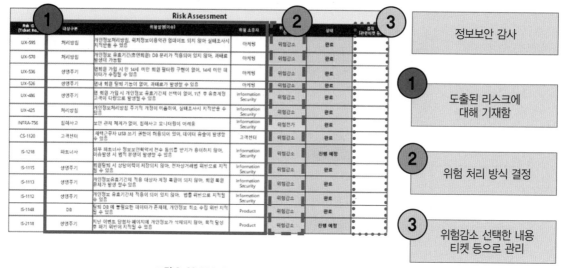

그림 2-20 Risk-Based Approach Risk Assessment 결과(예시)

5.2 Asset-Based Approach Risk Assessments(자산 기반 위험평가)

조직이 보유한 자산을 기반으로 관리 · 물리 · 기술적인 취약점 진단 및 모의 해킹 진단을 통해 도출되는 리스크를 관리하는 데 주로 사용된다.

가. 자산 식별 및 중요도 산정

위험을 평가하기 위해서는 전체 자산을 빠짐없이 식별(서버, 네트워크, 정보보호시스템, 응용프로그램, DBMS, PC, 문서, 부대시설 등)하는 것이 중요하다. 자산 식별 이후 자산의 중요도를 표 2-9와 같이 평가 기준을 수립해 평가한다. 예를 들어 A사의 경우 주요 시스템 자산 등급 식별은 기밀성, 가용성, 무결성 이외에도 고객 정보 포함 여부, 자체 관리 또는 외부 관리에 따라 가점을 다르게 해 최종 등급을 산정하도록 돼 있다. 기밀성, 가용성, 무결성, 자체 관리 여부, 개인 정보 포함 여부 총 5가지 평가 항목에 대한 기준은 표 2-9와 같이 수립할 수 있다. 표 2-9는 자산을 평가하기 위해 선정한 Key Factor의 예이며, 각 기업에 맞게 응용할 수 있다.

표 2-9 정보자산 중요도 평가 기준(예시)

구분	작성 및 판단기준	평가
기밀성	해당 시스템에서 데이터 유출 시 초래하는 심각도 정도를 기재한다. 5점: 매우 심각 / 4점: 심각 / 3점: 보통 / 2점: 약함 / 1점: 매우 약함	5점~1점
가용성	해당 시스템 문제 발생 시 비즈니스 연속성에 초래하는 심각도 정도를 기재한다. 5점: 매우 심각 / 4점: 심각 / 3점: 보통 / 2점: 약함 / 1점: 매우 약함	5점~1점
무결성	해당 시스템의 데이터 무결성이 깨지는 경우 초래하는 심각도 정도를 기재한다. 5점: 매우 심각 / 4점: 심각 / 3점: 보통 / 2점: 약함 / 1점: 매우 약함	5점~1점
자체관리 여부	직접 개발했거나 자체적으로 관리하는 시스템의 경우: 1점 외부에서 제공받거나, 수탁사 관리 시스템의 경우: 0.5점	1점 또는 0.5점
개인정보 포함 유무(가중치)	고객 개인정보가 포함된 시스템의 경우: 20점 추가 고객의 개인정보가 아닌 임직원 또는 업체 정보 포함 시: 5점 추가	20점 또는 10점

예 식별된 자산에 대한 등급 정량화 작업

실제 자산을 위의 기준을 적용해 정량화한 자산의 총점과 자산 최종 등급을 **총점 = (기밀성 × 가용성 × 무결성) × 자체 관리 여부 + 개인정보 포함 유무**에 따라 처리한 결과는 그림 2-21과 같다.

자산명	용도	기밀성 (C) 유출시 고객정보:5점 사내 중요 데이터:3점 or 4점 유출시 영향 없음:1점	가용성 (A) 업무분 상관련 중요:5 근영향 없음:1	자산관리 자산 관리시스템:1 수탁(위탁) 시스템:0.5	고객정보 여부 고객정보:20 영업/위탁 정보:10	총점 (기밀성x가용성) x자산관리여부 +고객정보가중치	최종등급 30점~45점:1등급 15점~29점:2등급 1점~14점:3등급
		5	5	1	20	45	1등급
		5	5	1	20	45	1등급
		5	5	1	20	45	1등급
		5	5	1	20	45	1등급
		5	5	0.5	20	32.5	1등급
		5	5	0.5	20	32.5	1등급
		5	5	0.5	20	32.5	1등급
		5	5	0.5	20	32.5	1등급
		5	5	0.5	20	32.5	1등급
		5	5	0.5	20	32.5	1등급
		5	3	0.5	20	27.5	2등급
		5	3	0.5	20	27.5	2등급
		5	1	0.5	20	22.5	2등급
		5	1	0.5	20	22.5	2등급
		1	1	0.5	20	20.5	2등급
	5	1	1	0.5	20	20.5	2등급
	5	1	1	0.5	20	20.5	2등급
		4	5	0.5	10	20	2등급
		5	3	0.5	10	17.5	2등급

그림 2-21 정보자산 식별 및 중요도 평가 결과(예시)

클라우드 자원의 경우 클라우드 환경에 따라 기존의 물리적인 자산과 차별되는 부분이 존재하기 때문에 클라우드 특성을 고려해 자산 리스트 및 중요도 평가를 수행해야 한다. 클라우드 자원은 가용 상태 여부, 가용 영역, 가상자원 번호, 사용하는 키 이름, 가상네트워크 이름, 서브넷 이름, 사용 중인 가상 접근통제 방식 등 클라우드 특성을 고려한 항목을 식별하고 정리해야 한다.

No	상태	가용영역(위치)	가상자원번호	HostName	용도	PublicIP	Private IP	키 이름	관리자	책임자	세부 구성 정보					보안등급			
											운영체제	운영체제 세부 정보	VPC	Subnet	Security Gro	C	I	A	1등급
5	running	ap-northeast-2a	i-0d3bd382aqeqqqeq	service1	서비스	172.168.3.47	192.168.1.1	default	홍길동	이순신	Windows	Microsoft Windows Server 2016	VPC1	subnet1	SecurityGroup1	3	3	3	1등급
8	running	ap-northeast-2a	i-04055d5ec3c0052323	service2	서비스	172.168.3.48	192.168.1.2	default	홍길동	이순신	Windows	Microsoft Windows Server 2016	VPC1	subnet1	SecurityGroup1	3	3	3	1등급
17	running	ap-northeast-2a	i-0f16891779288ffeew	service3	서비스		192.168.1.3	default	홍길동	이순신	Windows	Microsoft Windows Server 2016	VPC1	subnet1	SecurityGroup1	3	3	3	1등급
18	running	ap-northeast-2c	i-019b5e09cbef74890	service4	서비스		192.168.1.4	default	홍길동	이순신	Windows	Microsoft Windows Server 2016	VPC1	subnet1	SecurityGroup1	3	3	3	1등급
21	running	ap-northeast-2c	i-0faa873c59f7d4erj	service5	서비스		192.168.1.5	default	홍길동	이순신	Windows	Microsoft Windows Server 2016	VPC1	subnet1	SecurityGroup1	3	3	3	1등급
25	running	ap-northeast-2a	i-0486ebb450d7148er	service6	서비스		192.168.1.6	default	홍길동	이순신	Windows	Microsoft Windows Server 2016	VPC1	subnet1	SecurityGroup1	3	3	3	1등급
27	running	ap-northeast-2c	i-07d4a94b5bc03a44c	service7	서비스		192.168.1.7	default	홍길동	이순신	Windows	Microsoft Windows Server 2016	VPC1	subnet1	SecurityGroup1	3	3	3	1등급
32	Stopped	ap-northeast-2a	i-0364ca9f9730cad25	service8	서비스		192.168.1.8	default	홍길동	이순신			VPC2	subnet2	SecurityGroup1	1	1	1	3등급
34	Stopped	ap-northeast-2a	i-07af80ffe9259925f	service9	서비스		192.168.1.9	default	홍길동	이순신			VPC2	subnet2	SecurityGroup1	1	1	1	3등급

그림 2-22 클라우드 가상자원 식별 및 중요도 평가 결과(예시)

나. 위협 식별 및 중요도 평가

위협은 자산의 취약점을 이용해 피해를 줄 수 있는 잠재적인 가능성을 말한다. 위협 분석은 자산에 대한 위협을 식별하며, 위협 등급(레벨)은 심각도 및 발생빈도의 조합을 통해 평가한다. 여기서는 위협도를 심각도 + 발생빈도의 합으로 계산했다. 식별된 위협에 대해 적용할 수 있는 평가 기준의 예는 표 2-10과 같다.

표 2-10 위협 평가 기준(예시)

구분	작성 및 판단기준	평가
발생 빈도	해당 위협의 발생 빈도에 따라 위협 점수를 기재한다. 5점: 매우 심각 / 4점: 심각 / 3점: 보통 / 2점: 약함 / 1점: 매우 약함	5점~1점
심각도	해당 위협이 업무에 미치는 양향도를 고려하여 점수를 기재한다. 5점: 매우 심각 / 4점: 심각 / 3점: 보통 / 2점: 약함 / 1점: 매우 약함	5점~1점

일반적으로 위협의 분류 및 평가 결과는 표 2-11과 같이 나타날 수 있다.

표 2-11 위협분류 및 평가 결과(예시)

위협 항목	내용	심각도	발생 빈도	위협 등급
네트워크 서비스 장애	ISP 업체의 통신서비스 장애 및 DDoS 공격으로 인한 회선용량 부족	H	L	M
하드웨어 장애	하드웨어 파괴, PC 고장, 서버 고장, 저장매체의 노후로 인한 장애	H	L	M
OS 장애	OS의 오작동 및 정지	H	L	M
응용시스템 장애	응용프로그램, 데이터베이스, 미들웨어의 고장 및 장애	H	L	M
악성소프트웨어 공격	웜 및 바이러스에 의한 정보시스템 장애 및 정보유출 발생	H	M	H
운영실수	내부전산운영요원, 외부유지보수인력, 사용자, 직원의 실수, 부주의에 의한 보안사고 발생 (보안시스템의 운영 관리에 대한 통제 부족으로 허가되지 않은 보안통제의 변경이 발생할 수 있음)	H	M	H
해킹	해킹에 의한 정보시스템 장애 및 정보유출 발생	H	M	H
화재	화재에 의한 정보자산의 훼손	H	L	M
수재	수재(소화장비 오류, 누수, 화장실 물 등)에 의한 정보자산의 훼손 및 장애	H	L	M
전력공급 중단	전력공급 실패, 불안정한 전력의 공급, UPS 용량 부족	H	M	H
파업	파업에 의한 정보자산 훼손	H	L	M
테러	테러, 전쟁, 군사훈련, 근접한 폭발시설 등에 의한 정보자산 훼손	H	L	M
폭동	폭동에 의한 정보자산 훼손	M	L	M
자연재해	자연재해(예: 폭풍, 홍수, 낙뢰, 지진, 눈사태, 황사, 방사능 등)에 의한 정보자산 훼손	H	L	M
산업재해	산업재해에 의한 정보자산 훼손	M	L	M

다. 위험평가

식별된 자산, 위협 및 취약성을 기준으로 위험도를 산출한다. 위험도는 자산[Assets] 등급 및 취약점[Vulnerability] 등급, 위협[Threats] 등급을 평가 요소로 해 평가하며 산출된 위험지수로 위험등급을 분류한다.

- 위험도 = 자산등급 × 취약점등급 × 위협등급

위험분석을 통해 도출된 위험도 산정결과를 바탕으로 목표위험수준[DoA: Degree of Assurance]을 정의해 식별된 위험을 관리한다. 목표위험수준(DoA)은 도출된 위험에 대해서 수용위험과 관리위험으로 구분하는 기준이 된다. 수용위험은 목표위험수준[DoA] 이하의 점수를 얻은 위험으로 기관에서 감수할 수 있는 위험을 의미하며, 목표위험수준[DoA] 초과의 위험은 위험관리 방법을 통해서 관리위험에 대한 보호대책을 마련해야 한다.

표 2-12 위험평가 결과(예시)

위협		L			M			H		
취약점		L	M	H	L	M	H	L	M	H
자산	L	1	2	3	2	4	6	3	6	9
	M	2	4	6	4	8	12	6	12	18
	H	3	6	9	6	12	18	9	18	27

라. 보호대책 수립

목표위험수준[DoA]에 따라 관리위험에 해당되는 항목에 대해서는 보호대책을 세워 조치해야 한다. 보호대책을 체계적으로 이행하기 위해서는 보호대책, 우선순위, 적용시기, 담당부서 및 담당자, 계획 대비 실적 등의 구체적인 위험조치를 이행하기 위한 위험조치계획을 수립해 운영하는 것이 좋다.

표 2-13 위험조치 계획(예시)

구분	취약 항목	위험도	조치시기	조치일자	담당자	관련부서
Risk-001	경영진의 참여	14	단기	2019.06	홍길동	정보보호팀
Risk-002	최고책임자의 지정	14	단기	2019.06	이순신	인사팀
Risk-003	조직 구성	14	단기	2019.06	이순신	인사팀
Risk-004	범위 설정	9	중기	2019.09	홍길동	정보보호팀
Risk-005	정책 수립	9	단기	2019.06	홍길동	정보보호팀
Risk-006	자원 할당	14	중기	2019.09	이순신	인사팀
Risk-007	정보자산 식별	14	단기	2019.06	강감찬	인프라팀
Risk-008	위험평가	14	단기	2019.06	홍길동	정보보호팀
Risk-009	보호대책 구현	14	단기	2019.06	홍길동	정보보호팀

6. 정보보호 감사

인증 취득을 준비하는 기업은 정보보호 및 개인정보보호 관리체계가 기업의 내부 정책 및 법적 요구사항을 반영해 효과적으로 운영되고 있는지 연 1회 이상 점검해야 한다. 이를 위해 사전에 관리체계 점검계획을 수립하고 독립성과 전문성을 갖춘 인력을 확보해 점검을 수행해야 하며, 점검 결과는 경영진에 보고해 문제점을 인지하고 개선할 수 있도록 지원을 받아야 한다. 또한 발견된 문제점은 관련 부서에 공유하고 필요하면 교육을 통해 재발하지 않도록 근본적인 원인을 개선하기 위해 지원하고 개선 여부를 확인해야 한다.

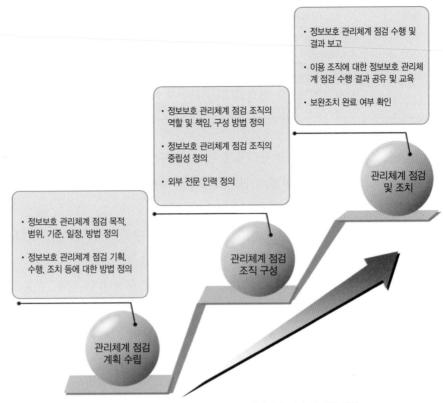

그림 2-23 정보보호 및 개인정보보호 관리체계 점검 및 개선 절차

ISMS-P 관리체계 수립 및 운영에서 표 2-14와 같이 관리체계 점검 및 개선을 요구하고 있다.

표 2-14 관리체계 점검 및 개선 요구사항

항목		상세 내용	주요 확인사항
1.4.2	관리체계 점검	관리체계가 내부 정책 및 법적 요구 사항에 따라 효과적으로 운영되고 있는지 독립성과 전문성이 확보된 인력을 구성해 연 1회 이상 점검하고, 발견된 문제점을 경영진에게 보고해야 한다.	법적 요구사항 및 수립된 정책에 따라 정보보호 및 개인 정보보호 관리체계가 효과적으로 운영되는지를 점검하기 위한 관리체계 점검 기준, 범위, 주기, 점검인력 자격요건 등을 포함한 관리체계 점검계획을 수립하고 있는가?
			관리체계 점검계획에 따라 독립성, 객관성 및 전문성이 확보된 인력을 구성해 연 1회 이상 점검을 수행하고 발견된 문제점을 경영진에게 보고하고 있는가?

항목		상세 내용	주요 확인사항
1.4.3	관리체계 개선	법적 요구사항 준수검토 및 관리체계 점검을 통해 식별된 관리체계상의 문제점에 대한 원인을 분석하고 재발방지 대책을 수립·이행해야 하며, 경영진은 개선 결과의 정확성과 효과성 여부를 확인해야 한다.	법적 요구사항 준수검토 및 관리체계 점검을 통해 식별된 관리체계 상의 문제점의 근본 원인을 분석해 재발방지 및 개선 대책을 수립·이행하고 있는가?
			재발방지 및 개선 결과의 정확성 및 효과성 여부를 확인하기 위한 기준과 절차를 마련했는가?

- 정보보호 및 개인정보보호 관리체계 점검계획 수립
  - 정보보호 및 개인정보보호 관리체계 점검계획은 조직의 일반 감사체계 및 계획에 따라 수립될 수 있다.
  - 계획서에는 점검의 목적, 기준, 범위, 주기 및 방법, 점검인력의 자격요건 등을 정의하고 계획된 일정에 따라 수행해야 한다.
  - 감사에 참여할 조직을 정의하고 외부 전문인력을 활용할 경우, 전문인력에 대한 정의도 포함한다.
  - 계획, 수행, 결과 보고, 이행 확인에 대한 책임과 절차를 포함해야 한다.
- 정보보호 및 개인정보보호 관리체계 점검 조직 구성
  - 정보보호 및 개인정보보호 관리체계 점검 조직을 구성하는 경우, 정보보호 및 관리체계를 이해하고 있는 전문성 및 객관성을 보유한 인력으로 구성해야 한다.
  - 조직 내부에서 점검 조직을 구성하는 경우, 조직 내 독립된 조직이 시행하거나 정보보호정책 기능을 담당하는 조직이 담당하게 해 감사의 독립성 및 전문성을 확보할 수 있도록 해야 한다.
  - 조직 내부에 독립된 조직이나 전문성을 보유한 조직이 없거나 독립성을 훼손할 수 있다고 판단되는 경우 외부 전문가를 활용할 수 있다.
- 정보보호 및 개인정보보호 관리체계 점검 수행 및 조치
  - 정보보호 및 개인정보보호 관리체계를 점검하기 위해 사전에 수립된 계획에 따라 수행되어야 하며, 그 결과를 경영진에 보고해 경영진이 문제점을 충분히 인지하고 근본적인 원인 해결을 위해 지원할 수 있도록 해야 한다.

- 점검 보고서에는 수행한 작업의 범위, 목적, 기간, 제한사항을 명시해야 한다.
- 보고서는 발견사항, 결론, 권고사항, 점검 관련 보류사항이나 한정사항을 기술해야 한다.
- 보고서의 내용에 따라 수검조직, 수신인 및 배포 시 제한될 수 있다.
- 점검 조직은 대상 조직에서 발견된 문제점을 충분히 이해할 수 있도록 내용을 공유하고 문제점 해결을 위해 지원해야 한다.
- 점검 대상 조직은 발견된 보완조치사항을 확인하고 재발방지를 위한 근본적인 원인을 제거하기 위한 조치를 취해야 한다.

발견된 문제점에 대한 조치가 완료된 경우 점검 대상조직의 관리자는 관련 내용을 감사조직에 보고해야 한다.

7. 정보보호 및 개인정보보호 관리체계 운영명세서

정보보호 및 개인정보보호 관리체계 인증을 수행하기 위해 필요한 정보보호 운영명세서는 한국인터넷진흥원에서 제공하는 그림 2-24 양식을 이용해 각 인증기준별 운영 여부와 운영 내용을 확인할 수 있도록 상세하게 작성해야 한다. 정보보호 운영명세서는 취득하고자 하는 인증에 따라 ISMS, ISMS-P, ISMS&ISMS-P로 구분해 보호대책 요구사항과 개인정보 처리단계별 요구사항에서 운영 여부를 선택할 수 있다.

분야	항목	상세 내용	① 운영 여부	② 인증 구분	③ 운영현황 (또는 미선택 사유)	④ 관련문서 (정책, 지침 등 세부조항번호까지)	⑤ 기록 (증적 자료)
1. 관리체계 수립 및 운영							

그림 2-24 정보보호 운영명세서 양식

표 2-15 정보보호 운영명세서 작성 방법

구분	상세 내용
① 운영 여부	• 관리체계 수립 및 운영: 모든 항목 필수 • 보호대책 요구 사항: 운영 여부에 따른 Y/N 선택(Y: 운영하고 있음, N: 운영하고 있지 않음, N/A: 해당사항 없음) • 개인정보 처리단계별 요구 사항: ISMS-P 인증심사만 Y/N 선택
② 인증구분	• ISMS, ISMS-P, ISMS&ISMS-P 인증의 구분자 표시
③ 운영현황	• 인증기준의 통제항목이 아닌 각 점검항목 수준으로 운영하고 있는 내용을 육하원칙으로 상세히 기재 • 인증기준에 대한 구축 및 실제 운영 내용을 요약해 작성하되 구축의 특성 및 정당성을 파악할 수 있도록 인증기준보다 상세히 작성 • 운영하지 않는 경우 위험관리(위험평가 및 처리)의 결과 및 분석에 따른 미선택의 사유를 반드시 작성
④ 관련문서	• 인증기준을 만족하는 내용이 포함돼 있는 기관의 문서(정책, 규정, 지침, 절차, 매뉴얼 등) 제목을 작성하되 문서 내 부분에 해당할 경우 장, 절, 조 등을 상세하게 표시
⑤ 기록	• 인증기준에 따른 운영기록(증적 자료)의 제목(파일명) 및 번호를 작성. 통제사항에 관련된 위험분석결과, 계획, 취약점분석 관련 자료도 기록해 정보보호 운영명세서를 통해 관련 내용을 확인할 수 있도록 함. 관련증이 시스템으로 관리되는 경우 해당 시스템 위치, 시스템명 및 관련 메뉴를 작성.

항목		상세내용	운영 여부	인증 구분	운영현황 (또는 미선택사유)	관련문서 (정책, 지침 등 세부조항번호까지)	기록 (증적자료)
1. 관리체계 수립 및 운영							
1.1.1	경영진의 참여	최고경영자는 정보보호 및 개인정보보호 관리체계의 수립과 운영활동 전반에 경영진의 참여가 이루어질 수 있도록 보고 및 의사결정 체계를 수립하여 운영하여야 한다	Y	ISMS&ISMS-P	ISMS와 ISMS-P 모두 동일하게 운영하는 경우의 운영현황 작성		
1.1.2	최고책임 자의 지정	최고경영자는 정보보호 업무를 총괄하는 정보보호 최고책임자와 개인정보보호 업무를 총괄하는 개인정보보호 책임자를 예산인력 등 자원을 할당할 수 있는 임원급으로 지정하여야 한다.	Y	ISMS	ISMS와 ISMS-P의 운영현황이 다른 경우 구분하여 운영현황 작성		
				ISMS-P	ISMS와 ISMS-P의 운영현황이 다른 경우 구분하여 운영현황 작성		
2. 보호대책 요구사항							
2.1.1			Y	ISMS			
				ISMS-P			
			Y	ISMS&ISMS-P			
3. 개인정보 처리 단계별 요구사항(ISMS-P만 해당)							
3.1.1			Y	ISMS-P			
			N	ISMS-P			

그림 2-25 ISMS & ISMS-P 혼합심사 운영명세서(예시), 한국인터넷진흥원 ISMS-P 설명자료

03

ISMS-P 인증심사 기준 및 심사방법

1. 관리체계 수립 및 운영

1.1 관리체계 기반 마련

가. 인증 분야 및 항목 설명

분야	항목
1.1 관리체계 기반 마련	1.1.1 경영진의 참여
	1.1.2 최고책임자의 지정
	1.1.3 조직 구성
	1.1.4 범위 설정
	1.1.5 정책 수립
	1.1.6 자원 할당

1.1.1 경영진의 참여

최고경영자는 정보보호 및 개인정보보호 관리체계의 수립과 운영활동 전반에 경영진의 참여가 이뤄질 수 있도록 보고 및 의사결정 체계를 수립하고 운영해야 한다.

인증대상 기관 준비사항

🔒 정보보호 및 개인정보보호 관리체계의 수립 및 운영활동 전반에 경영진의 참여가 이뤄질 수 있도록 보고 및 의사결정 등의 책임과 역할을 문서화해야 한다.

정보보호정책 · 지침을 수립해 정보보호 활동에 경영진의 참여가 이뤄질 수 있도록 보고 및 의사결정 등의 책임과 역할을 포함시켜야 한다. 경영진의 의사결정이 필요한 사항은 정보보호정책 제 · 개정 및 승인, 공표, 위험관리, 내부감사 등과 같은 중요한 사안이 포함돼야 한다.

💡 실무 사례

일반적으로 경영진의 참여를 유도하기 위해 정보보호 최상위 문서인 정보보호정책에 경영진의 정보보호에 대한 의지를 포함하고 서명을 받아 보안활동에 대한 지지를 얻을 수 있다. 또한 정보보호조직 지침에 다음과 같이 정보보호위원회를 구성해 경영진 보고 및 중요 사안에 대한 의사결정 기구로 사용할 수 있다.

정보보호조직 지침

제10조【정보보호위원회 운영】 ① 정보보호위원회는 전사적 정보보호 및 개인정보 이슈를 심의·의결하는 기구로 다음과 같이 구성한다.

　1. 정보보호위원회는 CEO, CFO, CTO, 정보보호 최고책임자로 구성한다.
　2. 정보보호위원회는 정보보호정책 제·개정 및 승인, 공표, 위험관리, 내부감사, 예산심의 등의 조직의 정보보호 관련 주요 사안에 대한 의사결정을 수행해야 한다.
　3. 정보보호 최고책임자는 정보보호위원회 개최 및 의사결정 사항에 대한 이력을 관리해야 한다.

🔒 **경영진이 정보보호 및 개인정보보호 활동에 관한 의사결정에 적극적으로 참여할 수 있는 보고, 검토 및 승인 절차를 수립·이행해야 한다.**

경영진은 정보보호 및 개인정보보호 관리체계 내 중요한 활동을 체계적으로 수행하고 관리할 수 있도록 정보보호 최고책임자, 개인정보보호책임자를 지정하고 권한을 위임할 수 있다. 또한 위임된 정보보호 활동에 대한 사항은 정보보호위원회를 통해 지속적으로 공유받고 심의 및 의사결정에 참여해야 한다.

✂ 증적 자료

- 정보보호정책 및 지침
- 정보보호위원회 회의록 및 보고 증적
- 연간 정보보호 계획 및 개인정보보호 내부관리 계획
- 개인정보처리방침 개정 관련 공지 내역(게시판 등)

- 정보보호정책, 지침 등의 규정이 문서화돼 있는지 확인한다.
- 위험평가 및 정보보호 활동을 수행하고, 정보보호위원회 등에서 논의되고 있는지 확인한다.
- 정보보호위원회 등 정보보호 관련 의사결정 기구가 존재하는지, 실제 의사결정 등이 이뤄진 이력이 있는지 확인한다.
- 정보보호 실무조직이 구성돼 있으며, 공식적인 선언이나 절차(조직도) 상으로 존재하는지 확인한다.
- 정보보호 최고책임자가 지정돼 있는지, 정보보호 최고책임자를 정부에 신고한 절차가 있는지 확인한다.

1.1.2 최고책임자의 지정

최고경영자는 정보보호 업무를 총괄하는 정보보호 최고책임자와 개인정보보호 업무를 총괄하는 개인정보보호책임자를 예산·인력 등 자원을 할당할 수 있는 임원급으로 지정해야 한다.

인증대상 기관 준비사항

🔒 **최고경영자는 정보보호 및 개인정보보호 처리에 관한 업무를 총괄해 책임질 최고책임자를 공식적으로 지정해야 하며 예산, 인력 등 지원을 할당할 수 있는 임원급으로 관련 법령에 따른 자격요건을 충족해야 한다.**

최고경영자는 조직 내 정보보호 관리 활동을 효과적으로 추진하기 위해 이를 총괄 관리할 수 있는 임원급의 정보보호 최고책임자^{CISO}를 공식적인 인사발령을 통해 임명해야 한다. 임명된 정보보호 최고책임자는 예산, 인력, 정보보호정책 수립, 침해사고 대응 등을 지원할 수 있는 권한을 위임 받은 임원급으로 지정돼야 한다. 정보보호 최고책임자^{CISO} 지정 관련해서는 기업이 포함돼 있는 산업군이 어느 법률에 해당되는지 확인해 세부적인 요건을 검토해야 한다.

- 관련 법령:
    - 정보통신망법 제45조의3(정보보호 최고책임자의 지정 등)
    - 전자금융거래법 제21조의2(정보보호 최고책임자의 지정 등)
    - 개인정보보호법 시행령 제32조(개인정보 보호책임자의 업무 및 지정요건 등)

정보통신망법에서는 부가통신사업자, 소상공인, 소기업(전기통신사업자, 집적정보통신시설사업자 제외)을 제외한 모든 전기통신사업자와 정보보호 관리체계[ISMS] 인증을 받아야 하는 모든 정보통신서비스 제공자 등은 정보보호 최고책임자를 의무 지정하고 이를 과학기술정보통신부장관에게 180일 이내에 신고해야 한다.

- 정보보호 최고책임자 신고 예외:
    - 가. 자본금이 1억원 이하인 자
    - 나. 「중소기업기본법」 제2조제2항에 따른 소기업
    - 다. 「중소기업기본법」 제2조제2항에 따른 중기업으로서 다음의 어느 하나에 해당하지 않는 자
        - 1) 「전기통신사업법」에 따른 전기통신사업자
        - 2) 법 제47조제2항에 따라 정보보호 관리체계 인증을 받아야 하는 자
        - 3) 「개인정보 보호법」 제30조제2항에 따라 개인정보 처리방침을 공개해야 하는 개인정보처리자
        - 4) 「전자상거래 등에서의 소비자보호에 관한 법률」 제12조에 따라 신고를 해야 하는 통신판매업자

- 정보보호 최고책임자 지정요건(※ 정보통신망법 시행령 제36조의7 제1항)

No	구분(정보통신서비스 제공자)	정보보호 최고책임자 지정 요건
1	• 자본금 1억원 이하인 자 • 소기업 • 중기업으로서 전기통신사업자, 정보보호 관리체계 인증을 받아야 하는 자, 개인정보 처리방침을 공개해야 하는 개인정보처리자, 통신판매업자가 아닌 자	• 사업주 또는 대표자
2	• 직전 사업연도 말 기준 자산총액이 5조원 이상인 자 • 법 제47조제2항에 따라 정보보호 관리체계 인증을 받아야 하는 자 중 직전 사업연도 말 기준 자산총액이 5천억원 이상인자	• 이사(「상법」 제401조의2 제1항 제3호에 따른 자와 같은 법 제408조의 2에 따른 집행임원을 포함) ※ 겸직 제한 요건 준수 필요
3	• 위의 1호, 2호에 해당하지 않는 자	• 사업주 또는 대표자 • 이사(「상법」 제401조의2 제1항 제3호에 따른 자와 같은 법 제408조의2에 따른 집행임원을 포함) • 정보보호 관련 업무를 총괄하는 부서의 장

그림 3-1 정보보호책임자 지정 요건

또한 전년도 말 기준 자산총액 5조 원 이상인 정보통신서비스 제공자, 정보보호 관리체계 인증을 받아야 하는 정보통신서비스 제공자 중 전년도 말 기준 자산총액 5,000억 원 이상인 기업은 정보보호 최고책임자의 겸직을 금지하고 있다. 또한 정보보호 최고책임자의 일반 자격요건을 다음과 같이 정의하고 있다. 법률을 위반하는 경우 3,000만 원 이하의 과태료를 부과받을 수 있다.

- 정보보호 최고책임자 일반자격 요건:
  - 정보보호 또는 정보기술 분야의 석사학위 이상 학위를 취득한 사람
  - 정보보호 또는 정보기술 분야의 학사학위를 취득한 사람으로서 정보보호 또는 정보기술 분야의 업무를 3년 이상 수행한 경력이 있는 사람
  - 정보보호 또는 정보기술 분야의 전문학사학위를 취득한 사람으로서 정보보호 또는 정보기술 분야의 업무를 5년 이상 수행한 경력이 있는 사람
  - 정보보호 또는 정보기술 분야의 업무를 10년 이상 수행한 경력이 있는 사람
  - 정보보호 관리체계 인증심사원의 자격을 취득한 사람
  - 해당 정보통신서비스 제공자의 소속인 정보보호 관련 업무를 담당하는 부서의

장으로 1년 이상 근무한 경력이 있는 사람

- 정보보호 최고책임자 겸직금지 대상 추가 요건:
  - 정보보호 업무를 4년 이상 수행한 경력이 있는 사람
  - 정보보호와 정보기술 업무 수행 경력을 합산한 기간이 5년 이상
    (그중 2년 이상은 정보보호 업무 수행 경력)인 사람

직책	근거	대상	역할	직위	비고
정보보호최고책임자 (CISO)	정보통신망법 제 45조의 3	정보통신서비스 제공자	정보통신시스템 등에 대한 보안 및 정보의 안전한 관리	임원급	신고
정보보호최고책임자 (CISO)	전자금융거래법 제 21조의 2	금융회사, 전자금융업자	전자금융업무 및 기반 정보 기술부문 보안 총괄	임원 (자동)	
정보보호최고책임자 (CISO)	정보통신기반 보호법 제 5조	주요정보통신기반시설 관리기관	시설 보호에 관한 업무 총괄	임원급 영관급 장교 등	통지
개인정보 보호책임자(CPO)	개인정보보호법 제31조	개인정보처리자	개인정보의 처리에 관한 업무 총괄 책임	대표자, 임원 부서장 등	공개
신용정보 관리 · 보호인	신용정보법 제 20조	신용정보회사 금융회사 등	신용정보의 관리 및 보호에 관한 업무	임원 (자동)	공시
고객정보 관리인	금융지주회사법 제 48조의 2	금융지주회사 등	고객정보의 엄격한 관리	임원	
정보화 책임관(CIO)	국가정보화 기본법 제 11조	국가기관, 지방자치단체	국가정보화 시책 수립·시행과 국가 정보화 사업 조정 등의 업무 총괄		통보

- 정보보호 최고책임자의 직위
  - 정보통신서비스 제공자는 정보통신망법 상 임원급으로 정보보호 최고책임자를 지정 해야 함
  - 정보통신망법에 임원급을 정의하는 명시적 규정은 없음

－임원급은 「법인세법 시행령」 제40조제1항의 임원에 관한 규정을 준용하여 적용

> 1. 법인의 회장, 사장, 부사장, 이사장, 대표이사, 전무이사 및 상무이사 등 이사회의 구성원 전원과 청산인
> 2. 합명회사, 합자회사 및 유한회사의 업무집행사원 또는 이사
> 3. 유한책임회사의 업무집행자
> 4. 감사
> 5. 그 밖에 제1호부터 제4호까지의 규정에 준하는 직무에 종사하는 자

－따라서, 상법상 임원이 아닌 경우에도 임원에 준하는 직무에 종사하는 자는 임원급에 해당

○ 임원급은 통상적 명칭과 관계없이 다른 임원과 직무상 독립해서 권한과 책임을 가진 자를 의미

－임원에 준하는 권한과 책임은 이사회 참석 여부, 회사 대표에 대한 직보 여부, 정보보호 관련 업무에 대한 최종 결정권 및 책임, 정보보호 업무 관련 예산·인사에 대한 직접적인 권한 등으로 판단

● 정보보호 최고책임자의 지위

○ 정보보호 최고책임자의 지위는 형식적인 직위가 아니라 정보통신망법 제45조의3제4항 각 호의 정보보호 업무를 실질적으로 책임지는 자를 의미

출처 : 정보보호최고책임자(CISO)지정, 신고제도 안내서 (방송통신위원회, 한국인터넷진흥원)

💡 **실무 사례**

정보보호조직지침 등을 통해 다음과 같이 정보보호 최고책임자 지정 및 역할을 정의할 수 있다.

제6조【정보보호 최고책임자의 지정】 ① 경영진은 아래사항을 고려해 정보보호를 총괄할 수 있도록 정보보호 최고책임자를 지정하고 과기정통부장관에 의무가 발생한 날로부터 180일 이내에 신고해야 한다.

    1) 정보보호 최고책임자는 IT 및 정보보안에 대한 전반적인 지식과 조직 통솔력이 있는 임원급으로 임명해야 한다.

    2) 임명된 정보보호 최고책임자는 겸직을 금지한다.

    3) 정보보호 최고책임자는 아래 요건 중 하나를 충족하는 자로 임명하고 공식적인 인사발령을 통해 발령 근거를 확보해야 한다.

        - 정보보호 또는 정보기술 분야의 석사학위 이상 학위를 취득한 사람

        - 정보보호 또는 정보기술 분야의 학사학위를 취득한 사람으로서 정보보호 또는 정보기술 분야의 업무를 3년 이상 수행한 경력이 있는 사람

        - 정보보호 또는 정보기술 분야의 전문학사학위를 취득한 사람으로서 정보보호 또는 정보기술 분야의 업무를 5년 이상 수행한 경력이 있는 사람

        - 정보보호 또는 정보기술 분야의 업무를 10년 이상 수행한 경력이 있는 사람

        - 정보보호 관리체계 인증심사원의 자격을 취득한 사람

        - 해당 정보통신서비스 제공자의 소속인 정보보호 관련 업무를 담당하는 부서의 장으로 1년 이상 근무한 경력이 있는 사람

        - 정보보호 업무를 4년 이상 수행한 경력이 있는 사람

        - 정보보호와 정보기술 업무 수행 경력을 합산한 기간이 5년 이상(그 중 2년 이상은 정보보호 업무 수행 경력)인 사람

제7조【정보보호 최고책임자】 ① 정보보호 최고책임자의 책임과 역할은 다음과 같다.

    1) 정보보호 최고책임자는 다음 각 목의 업무를 총괄한다.

        - 정보보호 계획의 수립·시행 및 개선

        - 정보보호 실태와 관행의 정기적인 감사 및 개선

        - 정보보호 위험의 식별 평가 및 정보보호 대책 마련

        - 정보보호 교육과 모의훈련 계획의 수립 및 시행

    2) 정보보호 최고책임자는 다음 각 목의 업무를 겸할 수 있다.

        - 정보보호산업의 진흥에 관한 법률 제13조에 따른 정보보호 공시에 관한 업무

        - 정보통신기반 보호법 제5조제5항에 따른 정보보호 책임자의 업무

        - 전자금융거래법 제21조의2제4항에 따른 정보보호 최고책임자의 업무

        - 개인정보 보호법 제31조제2항에 따른 개인정보 보호책임자의 업무

        - 그 밖에 이 법 또는 관계 법령에 따라 정보보호를 위하여 필요한 조치의 이행

✗ 증적 자료

- 정보보호 최고책임자^{CISO} 및 개인정보보호책임자 인사 발령 기록
- 정보보호 및 개인정보보호조직도
- 직무기술서

1.1.3 조직 구성

최고경영자는 정보보호와 개인정보보호의 효과적 구현을 위한 실무조직, 조직 전반의 정보보호와 개인정보보호 관련 주요 사항을 검토 및 의결할 수 있는 위원회, 전사적 보호활동을 위한 부서별 정보보호와 개인정보보호 담당자로 구성된 협의체를 구성하고 운영해야 한다.

인증대상 기관 준비사항

🔒 정보보호 최고책임자 및 개인정보 보호책임자의 업무를 지원하고 조직의 정보보호 및 개인정보보호 활동을 체계적으로 이행하기 위해 전문성을 갖춘 실무조직을 구성하고 운영해야 한다.

경영진은 정보보호조직에 대한 공식적인 선언 및 지정을 통해 기업의 정보보호조직의 구성을 알리고 정보보호 전문성을 고려해 실무조직 구성원을 임명해야 한다. 특히, 클라우드 서비스 이용 기업은 정보보호조직 구성 시 다음과 같은 사항을 고려해야 한다.

- 클라우드 서비스의 범위 및 규모에 따라 클라우드 보안 전담조직 구성 또는 기존 조직에 포함 여부 결정
- 클라우드 서비스 이용 초기 또는 대규모로 서비스를 이관하는 경우 개발자, 시스템관리자, 보안관리자가 포함된 별도의 TF 구성 여부
- 클라우드 서비스 도입 및 운영 시 정보보호 활동을 위해 관련기술에 대한 전문적 지식 및 정보보호 지식을 보유한 인원으로 조직 구성
- 클라우드 서비스 보안인력은 가상 환경에 대한 이해도가 높고, 클라우드 서비스에서 발생할 수 있는 위협을 인지하고 보호 대책을 마련할 수 있어야 함. 기업에서 사용하고 있는 클라우드 서비스에서 제공하거나 별도로 구성 가능한 보안서비스에 대한 충분히 인지 필요

💡 실무 사례

정보보호조직은 기업의 규모나 특성에 따라 구성할 수 있다. 일반적으로 대기업 집단을 기준으로 정보보호조직을 구성해보면 다음과 같이 정의할 수 있다. 조직의 규모에 따라 각각의 조직 또는 담당자로 구성될 수 있다.

- 정보보호조직 구성(예시)
  - 정보보호 최고책임자
  - 개인정보 보호책임자
  - 관리보안 담당자: 정보보호정책 수립, 정보보호인증 대응 등
  - 기술보안 담당자: 취약점 진단, 정보보호솔루션 운영 등
  - 개인정보보호 담당자: 개인정보보호 법률 대응 업무 수행 등

🔒 **조직 전반에 걸친 중요한 정보보호 및 개인정보보호 관련사항에 대해 검토, 승인 및 의사결정을 할 수 있는 위원회를 구성하고 운영해야 한다.**

기업의 중요정보보호 관련 사항에 대한 의사결정을 할 수 있도록 경영진, 부서장, 정보보호 최고책임자 등 정보보호 관련해 조직 내 이해관계를 대변할 수 있는 주요 임직원으로 구성된 정보보호위원회를 구성해 운영해야 한다. 정보보호조직 지침을 통해 정보보호위원회가 주기적으로 운영되도록 역할, 책임, 주기 등을 정의하고 조직

전반에 걸친 중요한 정보보호 관련 사항 검토 및 의사결정, 정보보호 실무조직 구성 및 정보보호 활동을 위한 자원할당 등을 수행해야 한다.

💡 **실무 사례**

정보보호위원회 구성 및 역할은 다음과 같이 정의할 수 있다.

제1조【정보보호위원회 운영】 ① 정보보호위원회는 전사 정보보호, 개인정보보호 이슈에 대응하는 최고 심의·의결 기구로 다음과 같이 구성한다.

1) 정보보호위원회는 CEO, CFO, CTO, 정보보호 최고책임자 등이 참석해야 한다.
2) 정보보호위원회는 조직의 정보보호 및 개인정보보호에 대한 심의·의결 기구로 주요 이슈사항의 대응방안을 마련하고, 다음의 업무를 수행한다.
    - 정보보호정책의 심의 및 승인
    - 정보보호 활동 계획의 심의 및 승인
    - 정보보호 예산 심의 및 승인
    - 보안사고의 심의, 위규자 징계, 우수자 포상 심의 및 승인
    - 위험평가 결과 검토 및 승인
    - 정보통신망 신·증설에 따른 자체 보안성 검토
    - 정보보호 관련 장비 및 프로그램 도입 검토
    - 정보보호정책 및 지침의 제·개정에 관한 사항
    - 연간 정보보호계획 수립과 집행에 관한 사항
    - 내부감사 실시 및 결과에 관한 사항
    - 기타 의장 또는 정보보호책임자가 필요하다고 인정하는 사항
3) 정보보호위원회는 연 1회 정기적으로 운영돼야 한다.
4) 위원장 및 구성원은 정보보호위원회의 소집이 필요하다고 판단될 때에는 위원회의 소집을 간사에게 요청할 수 있고, 간사는 위원장의 승인을 얻어 위원회가 개최될 수 있도록 소집할 수 있다.
5) 정보보호 주관 부서는 정보보호위원회 개최에 대한 이력을 관리해야 한다.

🔒 **전사적 정보보호 및 개인정보보호 활동을 위해 정보보호 및 개인정보보호 관련 담당자 및 부서별 담당자로 구성된 실무 협의체를 구성하고 운영해야 한다.**

조직의 규모, 업무 중요도 등의 특성을 고려해 정보보호 및 개인정보보호 관리체계

구축·운영 활동을 지속적으로 수행해야 한다. 원활한 정보보호 활동을 위해 정보보호조직, 개인정보보호조직, 시스템 운영부서, 개발부서 담당자 등이 참여하는 실무협의체를 구성하고 운영해야 한다.

💡 실무 사례

정보보호실무협의체 구성 및 역할은 다음과 같이 정의할 수 있다.

제1조【정보보호실무협의회 운영】 ① 정보보호실무협의회는 정보보호위원회 심의·의결사항에 대한 실무적인 검토, 세부 이행방안 수립, 원활한 정보보호 관리활동의 조정 등의 업무를 수행한다.

1) 정보보호실무협의회는 정보보호 관리자가 주관하고 정보보호 담당자가 간사 역할을 수행한다.
2) 정보보호실무협의회는 정보보호 담당자, 개인정보보호 담당자, 서버운영 담당자, 데이터베이스 운영 담당자, 개발자로 구성해 운영한다.
3) 정보보호실무협의회는 분기1회 정기적으로 운영하며, 정보보호에 관련해 부서간 협의가 필요한 사항이 발생하는 경우 수시로 협의회를 소집할 수 있다.
4) 정보보호실무협의회에서는 아래와 같은 업무를 수행한다.
   - 정보보호정책 및 지침안 작성 및 검토
   - 정보보호 활동 계획안 수립
   - 정보보호 예산안 수립
   - 위험평가 수행, 위험평가 결과의 실무 검토 및 해결 방안 협의
   - 분야별 정보보호대책의 수립과 집행에 관한 사항
   - 취약점 진단이나 침해사고 대응 결과 적용에 관한 사항
   - 기타 정보보호 업무에 필요한 사항

🛠 증적 자료

- 정보보호조직 발령 기록
- 정보보호 구성원 직무기술서 등 전문성 확인이 가능한 기록
- 정보보호위원회/정보보호 실무 협의체 운영 증적(규정 및 회의록)
- 정보보호위원회를 통한 의사결정 기록

- 정보보호 업무는 전문성을 가진 조직으로 운영되고 있는지 확인한다.
- 정보보호 관련 인력 채용 시 학위 등 정보보호 관련 전문 인력이 채용됐는지 확인한다.
- 조직 내에 정보보호 담당자를 지정하고 있으며, 정보보호 활동에 대한 의사 결정 권한과 책임을 부여 받았는지 확인한다.
- 정보보호조직이 HR 등의 공식적인 발령을 받아 운영되고 있는지 확인한다.

1.1.4 범위 설정

조직의 핵심 서비스와 개인정보 처리 현황 등을 고려해 관리체계 범위를 설정하고 관련된 서비스를 비롯해 개인정보 처리 업무와 조직, 자산, 물리적 위치 등을 문서화해야 한다.

인증대상 기관 준비사항

🔒 **조직의 핵심 서비스 및 개인정보 처리에 영향을 줄 수 있는 핵심자산을 포함하도록 관리체계 범위를 설정해야 한다.**

정보보호 및 개인정보보호 관리체계 범위에는 사업(서비스)과 관련된 임직원, 정보시스템, 정보, 시설 등 유·무형의 핵심자산이 누락 없이 포함돼야 한다. 클라우드 서비스를 이용하는 경우에는 다음 사항을 고려해 정보보호 관리체계 범위를 설정해야 한다.

- 조직에서 사용하는 클라우드 서비스를 유형(IaaS, PaaS, SaaS)에 따라 가상자원을 식별하고 정보보호 및 개인정보보호 관리체계 범위에 포함
- 신청기관이 관리 가능한 운영체제, DB, 응용프로그램은 인증 범위에 포함
- 조직에서 관리할 수 있는 클라우드 서비스 권한 식별 및 관리 범위 설정
- 조직에서 하이브리드 형태로 클라우드를 사용하는 경우, 연동 구간 등 사각지대 식별 및 보호대책 마련
- SaaS 형태의 클라우드 서비스를 사용하는 경우, 클라우드에 저장되는 데이터 등 식별 및 관리 범위 포함

💡 실무 사례

인터넷 쇼핑몰을 기준으로 인증 범위를 설정해보면 다음과 같이 정의된 업무 영역은 모두 정보보호 관리체계 범위에 포함할 수 있다.

- 인터넷 상품판매 서비스
- 인터넷 중계 서비스
- 판매상품 관련 물류 및 배송 서비스
- 결제 및 페이 서비스
- 고객 지원을 위한 콜센터 서비스
- 내부 관리자 Admin 툴(페이지) 등

🔒 **정의된 범위 내에서 예외사항이 있을 경우 명확한 사유 및 관련자 협의·책임자 승인 등 관련 근거를 기록·관리해야 한다.**

정의된 정보보호 관리체계 범위 내 예외 사항이 있을 경우를 대비해 예외사항 관리 절차 마련이 필요하며, 예외 처리가 필요한 경우 관련 이슈에 대한 권한을 가진 책임자의 승인을 받아 근거를 남겨야 한다.

🔒 **정보보호 및 개인정보보호 관리체계 범위를 명확히 확인할 수 있도록 관련된 내용(주요 서비스 및 업무 현황, 정보시스템 목록, 문서목록 등)이 포함된 문서를 작성해 관리해야 한다.**

관리체계의 범위 내 서비스, 업무, 조직, 정보시스템, 설비 등을 명확하게 정의해 정보보호 및 개인정보보호 관리체계 범위를 충분하게 설명 가능해야 하며, 정보보호 및 개인정보보호 관리체계 범위를 설명하기 위해 다음과 같은 내용이 포함된 문서를 작성해야 한다. 정보보호 및 개인정보보호 관리체계 범위가 특정 영역에만 해당되는 경우, 범위 영역 경계를 식별하여 문서화하고 범위가 일부일 경우 전체 사업 대비 해당 범위를 명확하게 식별할 수 있도록 해야 한다.

- 주요 서비스 및 업무 현황
- 정보보호조직, 주요 설비 목록
- 서비스 제공과 관련된 조직

- 정보시스템 목록 및 네트워크 구성도
- 문서 목록(예: 정책, 지침, 매뉴얼, 대책 명세서 등)
- 정보보호 및 개인정보보호 관리체계 수립 방법 및 절차 등

클라우드 서비스를 이용하는 경우에는 클라우드 서비스를 식별하고 문서화해 관리해야 한다.

- 클라우드 서비스 아키텍처
- 가상자원 현황
- 클라우드 서비스 관리자
- 권한 형태
- 클라우드 서비스 운영 정책 및 매뉴얼 등을 문서화

✖ 증적 자료

- 정보보호 및 개인정보보호 관리체계 범위 정의서
- 인증 범위 내 전체 자산 목록
- 개인정보흐름도
- 정보서비스 흐름도
- 클라우드 아키텍처 구성도
- 클라우드 가상자원 목록

📝 심사원 중점 검토사항
- 서비스의 직접적인 운영 및 관리를 위해 사용하고 있는 내부 시스템 등이 인증 범위에 포함돼 있는지 확인한다.
- PC 보안, 백신, 방화벽 등 정보보호 시스템이 인증 범위 내에 포함되고 있는지 확인한다.

1.1.5 정책 수립

정보보호와 개인정보보호정책 및 시행문서를 수립·작성하며, 이때 조직의 정보보호와 개인정보보호 방침 및 방향을 명확하게 제시해야 한다. 또한 정책과 시행문서는 경영진 승인을 받고, 임직원 및 관련자에게 이해하기 쉬운 형태로 전달해야 한다.

인증대상 기관 준비사항

🔒 **조직이 수행하는 모든 정보보호 및 개인정보보호 활동의 근거를 포함하는 최상위 수준의 정보보호 및 개인정보보호정책을 수립해야 한다.**

정보보호정책에는 경영진의 정보보호에 대한 의지, 정보보호 목적, 범위, 책임, 조직이 수행하는 관리적, 기술적, 물리적 정보보호 활동의 근거를 포함해야 한다. 기업에서 제공하는 서비스에서 준수해야 하는 정보보호 관련 법적 요구사항을 포함해 정보보호지침, 절차, 매뉴얼 등의 형식으로 수립해야 한다.

💡 **실무 사례**

일반적으로 최상위 수준의 정보보호정책은 전체 정보보호 관리체계 수립의 기초가 되는 문서로 기업이 정보보호정책의 목적, 대상범위, 정보보호정책의 내용, 책임사항을 포함하고 조직의 최고책임자인 대표이사의 서명을 통해 기업의 정보보호에 대한 의지를 표명한다.

🔒 **정보보호 및 개인정보보호정책의 시행을 위해 필요한 세부적인 방법, 절차, 주기 등을 규정한 지침, 절차, 매뉴얼 등을 수립하고 최고경영자 또는 최고경영자로부터 권한을 위임받은 자의 승인을 받아야 한다.**

정책은 정보보호 활동을 규정한 상위 정보보호정책과 상위 정책 시행을 위한 문서(지침, 절차, 매뉴얼 등)로 구분해 제정한다. 문서의 제·개정 시에는 이해 관련자의 검토(협의 및 조정 등)를 통해 정책, 지침, 절차에서 정하고 있는 정보보호 활동의 주기, 수준, 방법 등을 정의하고 일관성 있게 유지해야 한다. 클라우드 서비스를 이용하는 경우에는 클라우드 서비스 운영 지침, 절차, 매뉴얼과 같은 문서를 클라우드 서비스 제공 모델 및 구축 유형에 따른 보안 요구 사항을 반영해 수립해야 한다. 정보보호정책 제·개정 시에는 정보보호 활동에 대한 최고경영자 등 경영진의 참여와 지원을 보장하기 위해 상위 수준의 정보보호정책은 최고경영자의 승인을 받아야 한다. 지침·절차 등 정책시행 문서는 최고경영자의 승인을 받거나 최고경영자의 위임을 받은 정보보호 최고책임자(CISO 등)의 승인을 받아야 한다.

💡 실무 사례

일반적으로 정보보호정책 및 지침은 정보보호 관리체계를 기준으로 수립하고 있으며, 특화된 서비스에 대한 정책은 기존 정책에 포함시키거나 별도로 수립한다.

- 정보보호정책, 정보보호조직지침, 인원보안지침, 외부자보안지침, 정보보호감사지침, 서버보안지침, 네트워크보안지침, 데이터베이스보안지침, 정보보호시스템 보안지침, 개발보안지침, 물리적보안지침, 업무연속성관리지침, 침해사고 대응지침, 개인정보보호지침, 클라우드 서비스 보안지침 등

🔒 **정보보호 및 개인정보보호정책·시행문서의 최신본을 관련 임직원에게 접근하기 쉬운 형태로 제공해야 한다.**

정보보호 및 개인정보보호정책은 임직원들이 반드시 준수해야 하는 내용을 포함하고 있기 때문에 조직에서 운영하고 있는 그룹웨어, 이메일, 사내 메신저 등을 통해 공지하고 최신본을 임직원이 쉽게 접근할 수 있는 형태로 제공해야 한다.

🔧 증적 자료

- 정보보호정책, 지침, 세부 가이드
- 정보보호정책, 지침 제정 후 승인 이력
- 정보보호정책 협의 확인이 가능한 이력
- 정보보호정책 공지 내역

- 정보보호지침 수립 시 다른 부서와 충분히 사전에 논의되는 절차가 지침 수립 절차에 포함돼 있는지 확인한다.
- 정보보호지침 제개정 시 CEO, CISO 등 경영진의 승인을 받는지 확인한다.
- 정보보호 관련 지침을 수립하고 지침 내에 관련 세부절차 등이 명시돼 있는지 확인한다.
- 부서별 정보보호지침이 수립돼 있는 경우 정보보호 활동의 대상, 주기, 수준, 방법 등이 서로 일관성이 있는지 확인한다.

1.1.6 자원 할당

최고경영자는 정보보호와 개인정보보호 분야별 전문성을 갖춘 인력을 확보하고, 관리체계의 효과적 구현과 지속적 운영을 위한 예산 및 자원을 할당해야 한다.

인증대상 기관 준비사항

🔒 **정보보호 및 개인정보보호 분야별 전문성을 갖춘 인력을 확보해야 한다.**

정보보호 담당자 및 개인정보보호 분야별 전문성을 갖춘 인력 채용 시에는 전문 직무 기술서 등을 통해 역할과 책임을 구체적으로 정의하고 채용 단계부터 전문지식, 학위, 자격증 등을 고려해 적합한 인력을 채용해야 한다. 특히 클라우드 서비스를 이용하는 경우 클라우드 서비스의 특성을 이해하고 보호대책을 마련할 수 있도록 클라우드 서비스 보안에 대한 전문지식, 자격증 보유 등을 고려해 적합한 인력을 채용해야 한다.

🔒 **정보보호 및 개인정보보호 및 개인정보보호 관리체계의 효과적 구현과 지속적 운영을 위해 필요한 자원을 평가해 필요한 예산과 인력을 지원해야 한다.**

정보보호 최고책임자와 정보보호 관련 담당자의 활동을 평가할 수 있도록 OKR^Objectives and Key Results, MBO^Management By Objectives와 같은 책임과 역할을 평가할 수 있는 항목을 포함해 주기적으로 정보보호 최고책임자와 정보보호 관련 담당자의 활동을 평가하는 체계를 마련해야 한다.

🔒 **연도별 정보보호 및 개인정보보호 업무 세부추진 계획을 수립·시행하고 그 추진결과에 대한 심사분석·평가를 실시해야 한다.**

정보보호 최고책임자는 연간 정보보호 계획을 CEO와 협의해 예산, 인력 등을 조율하고 정보보호 실무 담당자는 수립된 정보보호 계획을 주기적으로 체크하고 이행할 수 있는 세부 추진 계획을 수립하고 시행해야 한다.

🛠 증적 자료

- 정보보호 및 개인정보보호 담당자의 전문성을 증명 가능한 채용요청서
- 연간 정보보호 및 개인정보보호 활동 계획서 및 결과 보고서
- 정보보호 투자 내역
- 연간 정보보호 이행 결과 보고 이력

📝 **심사원 중점 검토사항**
- 채용 시 조직 전문성을 고려했는지 확인해야 한다.
- 정보보호 업무 성과가 주기적으로 측정되고 있는지 확인해야 한다.

나. 사례 연구

인증심사원 홍길동은 (주)가나다라의 인증심사에 참여해 정보보호 최고책임자 등의 임명 현황 및 정보보호조직을 확인하기로 했다. 문서 검토, 담당자 인터뷰, 현장실사를 통해 확인된 사항은 다음과 같다. 심사 일자는 12월 30일이다.

(1) 정책 및 지침 확인

정보보호업무지침

제1조【정보보호 최고책임자의 지정】

　가. IT 및 정보보호에 대한 전반적인 지식과 조직 통솔력 및 실무능력이 있는 임원급 관리자를 책임자로 임명해야 한다.

　나. 정보보호 최고책임자 및 개인정보보호책임자는 임원급 관리자인 CTO로 한다. [#1]

제2조【정보보호 주관부서장】

　가. IT 및 정보보호에 대한 전반적인 지식과 조직 통솔력 및 실무능력이 있는 관리자를 임명
　　해야 한다.

제3조【정보보호 담당자】

　가. 조직에 대한 전반적인 이해와 네트워크, 보안시스템 및 서버에 대한 전문적인 지식 소유
　　자로 아래와 같은 주요 직무를 담당한다.

- 정보보호정책 및 지침 수립
- 내부 시스템 개선을 위한 기술적 관리적 보호조치
- 내부 정보보호 컨설팅
- 정보보호 교육 계획 및 인식제고 프로그램 수립
- 정보보호 사고 예방 및 대응 지원
- 사내 시스템 개선 계획 수립 및 이슈 개선 지원
- 유관 부서 커뮤니케이션 및 취약점 분석
- 이슈 사항 개선을 위한 진행 계획 수립

제4조【정보보호정책 검토】

　가. 정보보호 담당자는 연 1회 이상 정기적으로 정보보호정책을 검토해 정보보호 환경 변화
　　내용을 반영해야 한다.

　나. 기업에 직접적으로 영향을 줄 수 있는 법률이 개정됐거나 침해사고 등이 발생한 경우에
　　는 수시로 정보보호정책을 검토하여 최신 변경사항을 반영하여 한다.

인프라보안지침

제5조【침해사고조치】

　가. 정보보호 담당자는 침해사고 발생 시 상세 프로세스는 '침해사고 대응 가이드'에 의거해
　　업무를 진행해야 한다.

　나. 정보보호 담당자는 침해사고를 대응할 최신 비상 연락처를 주기적으로 갱신해야 한다.

　다. 정보보호 최고책임자는 침해사고에 대비해 침해사고 대응 가이드가 최신화돼 유지될 수
　　있도록 유관부서와 협조체계를 마련해야 한다.

(2) 인터뷰 또는 실사를 통한 확인

인증심사원 홍길동은 심사기관인 (주)가나다라의 관리체계 기반 마련 현황을 확인

하기 위해 정보보호팀 인터뷰 및 실사를 통해 다음 내용을 확인할 수 있었다.

■ 인터뷰

첫째, 심사원은 정보보호정책을 담당하고 있는 실무 담당자와 인터뷰를 했다. 심사원이 침해사고 발생 시 상세 프로세스를 찾기 위해 "침해사고 대응가이드"를 찾아본 결과 지침 내 명시한 가이드는 존재하지 않는 것으로 확인했다. 사유를 물어보니 최근 컨설팅을 받았고, 컨설턴트와 지침을 리뷰하면서 해당 내용의 수정이 완료되지 않은 것 같다고 답변했다. [#2]

둘째, 심사원은 정보보호 담당자에게 정보보호 최고책임자 신고 여부를 확인할 수 있는 증적을 요청했고 담당자는 다음과 같이 과학기술정보통신부 장관에게 신고되어 있는 서류를 직접 보여줬다. 심사원 (주)가나다라의 재무현황을 확인해보니 정보보호 및 개인정보보호 관리체계 인증을 받아야 하는 정보통신서비스 제공자 중 자산총액 5천억 원 이상인 기업으로 확인됐다.

> • CISO 과학기술정보통신부 신고서('23 7/27): 정보보호 최고책임자
> • 인사발령('23 7/22): 정보보호 최고책임자 임명의 건

셋째, 심사원은 최근 3개월 이내에 정보통신망법이 개정된 내용을 확인하고, 기관의 정보보호지침에 반영됐는지 확인하기 위해 정보보호 담당자에게 정책·지침 개정 주기에 대해서 문의했다. 정보보호정책의 최근 개정 일자는 심사가 진행되기 약 12개월 전 개정되었음을 확인했다. 담당자는 심사가 끝나고 정보보호지침 정기 개정을 수행할 예정이기 때문에, 곧 현행화가 될 것이다. 따라서 기존에 일부 부족한 부분이 있을 것 같다고 했다. [#3]

넷째, 심사원은 정보보호지침 및 가이드의 결재 및 승인과정을 문의했다. 정보보호 담당자는 정보보호지침을 최초 제정할 때는 CEO까지 결재되고, 그 뒤에 해당 지침의 내용이 일부 수정되거나, 가이드 수준의 문서가 생성되어 결재될 경우에는 CISO(정보보호 최고책임자)까지만 결재하도록 하고 있다고 답변했다.

■ 시스템 확인 및 현장 실사

이에 따라 심사원은 실제로 결재된 내용을 확인해보기로 했다. 이 기업이 가지고 있는 개인정보보호지침 외 7종 모두 개정일이 2018년 11월 05일로 돼 있었다. 그리고 실제 결재일자를 확인한 결과 다음의 세부 내용을 확인할 수 있었다. [#4]

지침명	개정일	상신일	CISO 결재일	CEO 결재일
개인정보보호지침 외 7종	2023.11.25	2023.11.26	2023.11.27	2023.11.30

(3) 결함 요약

결함 포인트

[#1]

정보보호업무지침 내 명기된 내용을 확인해보면 "정보보호 최고책임자 및 개인정보보호책임자는 임원급 관리자인 CTO로 한다."라고 명기돼 있다. 정보통신망법 개정에 따라 정보보호 최고책임자를 지정해 과학기술정보통신부장관(중앙전파관리소장에게 위임)에게 신고해야 한다. 따라서 법률요건에 따라 겸직금지 및 전문성을 갖춘 CISO를 임명해야 한다.

- 정보보호 최고책임자 지정요건(※ 정보통신망법 시행령 제36조의7 제1항)

No	구분(정보통신서비스 제공자)	정보보호 최고책임자 지정 요건
1	• 자본금 1억원 이하인 자 • 소기업 • 중기업으로서 전기통신사업자, 정보보호 관리체계 인증을 받아야 하는 자, 개인정보 처리방침을 공개해야 하는 개인정보처리자, 통신판매업자가 아닌 자	• 사업주 또는 대표자
2	• 직전 사업연도 말 기준 자산총액이 5조원 이상인 자 • 법 제47조제2항에 따라 정보보호 관리체계 인증을 받아야 하는 자 중 직전 사업연도 말 기준 자산총액이 5천억원 이상인자	• 이사(「상법」 제401조의2 제1항 제3호에 따른 자와 같은 법 제408조의 2에 따른 집행임원을 포함) ※ 겸직 제한 요건 준수 필요
3	• 위의 1호, 2호에 해당하지 않는 자	• 사업주 또는 대표자 • 이사(「상법」 제401조의2 제1항 제3호에 따른 자와 같은 법 제408조의2에 따른 집행임원을 포함) • 정보보호 관련 업무를 총괄하는 부서의 장

- 정보보호 최고책임자 일반자격 요건:
  - 정보보호 또는 정보기술 분야의 석사학위 이상 학위를 취득한 사람
  - 정보보호 또는 정보기술 분야의 학사학위를 취득한 사람으로서 정보보호 또는 정보기술 분야의 업무를 3년 이상 수행한 경력이 있는 사람
  - 정보보호 또는 정보기술 분야의 전문학사학위를 취득한 사람으로서 정보보호 또는 정보기술 분야의 업무를 5년 이상 수행한 경력이 있는 사람
  - 정보보호 또는 정보기술 분야의 업무를 10년 이상 수행한 경력이 있는 사람
  - 정보보호 관리체계 인증심사원의 자격을 취득한 사람
  - 해당 정보통신서비스 제공자의 소속인 정보보호 관련 업무를 담당하는 부서의 장으로 1년 이상 근무한 경력이 있는 사람
- 정보보호 최고책임자 겸직금지 대상 추가 요건:
  - 정보보호 업무를 4년 이상 수행한 경력이 있는 사람
  - 정보보호와 정보기술 업무 수행 경력을 합산한 기간이 5년 이상
  (그 중 2년 이상은 정보보호 업무 수행 경력)인 사람

결함 포인트 [#2]
'인프라보안지침' 제5조(침해사고조치)에 명시돼 있는 '침해사고 대응 가이드'가 존재하지 않기 때문에 신규로 가이드를 마련해야 한다.

결함 포인트 [#3]
정보보호정책의 최근 개정 일자는 약 12개월 전으로 정보보호업무 지침에 따라 연 1회 이상 주기적인 검토가 이뤄지지 않은 것으로 볼 수 있다. 또한 최근 정보통신망법이 개정됐으나 법률개정사항에 대한 검토 및 반영이 이뤄지지 않았다.

결함 포인트 [#4]
심사원이 결재된 내용을 확인하니 최종 CEO가 결재일이 2023년 11월 30일이었다. 따라서 문서의 효력을 발생시키는 제정일은 CEO의 결재일 이후로 명기하는 것이 적합할 것으로 보인다. 따라서 CEO 결재일 이후로 지침 제정일을 변경하라는 결함을 줄 수 있다.

지침명	개정일	상신일	CISO 결재일	CEO 결재일
개인정보보호지침 외 7종	2023.11.25	2023.11.26	2023.11.27	2023.11.30

(4) 결함 보고서 작성

결함 보고서

기록일자	2023년 12월 30일		기업명		(주)가나다라
인증 범위	구분	결함유형	인증 범위명		기관 확인자
	ISMS	결함	(주)가나다라 상품판매 서비스		이순신 팀장(인)
심사원명	홍 길 동 (인)				
관계부서	정보보호팀				

관련조항	(관리체계) 1.1.2 최고책임자의 지정
관련 근거	◇ **(인증기준)** 최고경영자는 정보보호 업무를 총괄하는 정보보호 최고책임자와 개인정보보호 업무를 총괄하는 개인정보보호 책임자를 예산·인력 등 자원을 할당할 수 있는 임원급으로 지정해야 한다. ◇ **(법령)** 「정보통신망법 시행령」 제36조의7(정보보호 최고책임자의 지정 및 겸직금지 등)(2021.12.07) ② 법 제45조의3 제1항 정보통신서비스 제공자는 정보통신시스템 등에 대한 보안 및 정보의 안전한 관리를 위하여 대통령령으로 정하는 기준에 해당하는 임직원을 정보보호 최고책임자로 지정하고 과학기술정보통신부장관에게 신고하여야 한다. 　1. 직전 사업연도 말 기준 자산총액이 5조원 이상인 자 　2. 정보통신망법 제47조제2항에 따라 정보보호 관리체계 인증을 받아야 하는 자 중 직전 사업연도 말 기준 자산총액이 5천억원 이상인 자 ◇ **(내부규정)** 「정보보호업무지침」 제1조(정보보호 최고책임자 지정) (2023.11.25) 가. IT 및 정보보호에 대한 전반적인 지식과 조직 통솔력 및 실무능력이 있는 임원급 관리자를 책임자로 임명해야 한다.

운영현황 및 결함내역	◇ **(운영현황)** 정보보호 최고책임자를 지정해 운영하고 있음 　○ 임권급관리자인 CTO를 정보보호 최고책임자 및 개인정보보호책임자로 지정하고 과학기술정보통신부에 신고했음 ◇ **(결함내역)** CTO가 정보보호 최고책임자로 지정돼 겸직 수행하고 있음 　○ (주)가나다라는 정보보호 관리체계 인증을 의무적으로 받아야 하는 정보 통신 서비스 제공자 중 자산총액 5천억 원 이상인 기업임 　○ 정보보호 최고책임자(CISO)의 겸직이 금지되어 있으나 CTO가 정보보 호 최고책임자 및 개인정보보호책임자를 겸직하고 있음 ◇ **(조치사항)** 정보보호 최고책임자를 정보보호 전문성을 갖춘 임원급으로 별도 지정해야 함
근거목록	- 「정보통신망 이용촉진 및 정보보호 등에 관한 법률 시행령」(2021.12.07) - 「정보보호업무지침」(2023.11.25)

결함 보고서

기록일자	2023년 12월 30일		기업명	(주)가나다라	
인증 범위	구분	결함유형	인증 범위명		기관 확인자
	ISMS	결함	(주)가나다라 상품판매 서비스		이순신 팀장(인)
심사원명	홍 길 동 (인)				
관계부서	정보보호팀				

관련조항	**(관리체계) 1.1.5 정책 수립**
관련 근거	◇ **(인증기준)** 정보보호와 개인정보보호정책 및 시행문서를 수립·작성하며, 이 때 조직의 정보보호와 개인정보보호 방침 및 방향을 명확하게 제시하여야 한다. 또한 정책과 시행문서는 경영진 승인을 받고, 임직원 및 관련자에게 이해하기 쉬운 형태로 전달해야 한다. ◇ **(내부규정)** 「인프라보안지침」 제5조(침해사고조치) (2023.11.25) 　가. 정보보호 담당자는 침해사고 발생 시 상세 프로세스는 '침해사고 대 응 가이드'에 의거하여 업무를 진행해야 한다.
운영현황 및 결함내역	◇ **(운영현황)** 침해사고 발생에 대응하기 위한 체계를 수립하여 운영하고 있음 　○ 침해사고 대응 조직 비상 연락망의 주기적인 갱신 　○ 침해사고 관련 유관부서와 협조체계 마련 ◇ **(결함내역)** 인프라보안지침에 명기된 침해사고 대응 가이드가 존재하지 않음 　○ 침해사고 대응을 위한 상세 프로세스가 정의된 침해사고 대응 가이드가 존재하지 않음 ◇ **(조치사항)** 침해사고 발생 시 대응할 수 있도록 상세 프로세스를 정의하고 침해 사고 대응 가이드를 작성해야 함
근거목록	- 「인프라보안지침」(2023.11.25)

✒ 요약

관리체계 기반 마련은 조직의 정보보호 관리체계 수립 및 운영을 위한 기반을 마련하는 것을 주요 목적으로 하고 있다. 정보보호 관리체계 운영활동에 경영진의 적극적인 참여를 유도함으로써 정보보호 업무의 정당성을 확보하고, 정보보호 최고책임자 지정, 전문성을 갖춘 실무조직이 구성함으로써 정보보호 관리체계 운영을 효과적으로 수행할 수 있다. 또한 정보보호 관리체계 범위를 명확하게 설정함으로써 정보보호조직의 업무 범위를 명확히 해야 한다. 정보보호조직은 범위 내의 모든 정보자산의 관리 기준이 되는 정보보호정책을 수립하고 공표해 조직의 모든 인원이 준수할 수 있도록 한다. 경영진에서는 정보보호정책을 기반으로 한 정보보호 관리체계의 효과적인 구현과 지속적인 운영을 지원하기 위한 예산 및 자원을 할당함으로써 조직의 정보보호 목표를 달성할 수 있다.

1.2 위험관리

가. 인증 분야 및 항목 설명

분야	항목
1.2 위험관리	1.2.1 정보자산 식별
	1.2.2 현황 및 흐름분석
	1.2.3 위험평가
	1.2.4 보호대책 선정

1.2.1 정보자산 식별

조직의 업무 특성에 따라 정보자산 분류기준을 수립해 관리체계 범위 내 모든 정보자산을 식별·분류하고, 중요도를 산정한 후 그 목록을 최신으로 관리해야 한다.

> ### 인증대상 기관 준비사항
>
> 🔒 **정보자산의 분류기준을 수립하고 정보보호 및 개인정보보호 관리체계 범위 내의 모든 자산을 식별하여 목록으로 관리해야 한다.**

정보시스템, 정보보호시스템을 포함해 조직 및 업무 특성을 고려한 자산 분류기준을 정의하고 서버, PC, 네트워크 장비, 침입차단시스템, 침입탐지시스템, 침입방지시스템, 개인정보 유출 방지시스템, 응용 프로그램 등 정보 수집, 가공, 저장, 검색, 송수신에 필요한 하드웨어 및 소프트웨어, 하드 카피 형태 문서 이외에 전자결재 등의 전자문서도 식별 범위에 모두 포함해 목록화해야 한다.

클라우드 서비스를 이용하는 경우에는 클라우드 서비스 자원의 분류기준을 수립하고 자원의 생성, 수정, 삭제의 이력관리를 위한 방안을 마련해야 한다.

- 다수의 리전에서 클라우드 서비스를 이용하는 경우 분산돼 있는 가상자원을 식별하고 관리할 수 있는 방안 마련
- 정기적으로 클라우드 서비스 가상자원의 사용 현황을 검토해 미사용 자원의 중지, 효율이 떨어지는 자원에 대한 통합 등의 수행 방안 마련

💡 실무 사례

정보자산 관리 지침을 수립해 정보자산의 분류기준, 정보자산 목록 작성, 정보자산 중요도 평가에 대한 기준을 마련한다.

정보자산 관리 지침

제1조【정보자산의 분류】 ① 정보자산은 유형에 따라 다음과 같이 분류해 관리한다.

　1) 전자 정보: 전자적인 형태로 저장되는 자산으로 데이터베이스나 데이터 파일 내의 업무 관련 정보, 인사정보, 통계자료, 전자 형태의 각종 문서, 매뉴얼 등 서버 및 데이터베이스 내의 각종 자료

　2) 시스템: IT 관련 서비스 및 관련 업무를 위해 사용되는 서버 등의 하드웨어와 소프트웨어

　3) 네트워크: 네트워크와 관련된 장비로 라우터, 스위치 등을 포함

　4) 보안 시스템: 침입차단시스템과 침입탐지시스템, 취약점 분석도구와 같은 정보자산을 보호하기 위한 각종 소프트웨어, 하드웨어

제2조【정보자산 목록 작성】 정보자산을 도입하거나 새로운 정보자산이 생성될 때에는 다음 절차에 따라 정보자산 목록을 작성해야 한다.

　1) 정보자산 책임자는 정보자산을 도입하거나 새로운 자산이 생성될 때 정보자산 목록 작성

　2) 정보자산 책임자는 해당 정보자산 관리자에게 정보자산 목록의 작성을 요청

　3) 해당 정보자산 관리자는 이 지침에서 제시한 정보자산 목록 작성 방법에 따라 양식을 작성해 정보자산 목록 작성

정보자산 목록은 전자정보, 시스템, 네트워크, 보안 시스템 등의 유형에 따라 자산형태, 제품명, 용도, IP, 관리자, 책임자, 관리부서, 중요도, 등급 등을 포함해 작성하고 자산의 변동이 있는 경우 수시로 업데이트를 진행해 최신 상태를 유지해야 한다.

표 3-1 정보자산 목록양식(예시)

기본사항						중요도			등급
관리번호	관리부서	자산명	용도	책임자	관리자	C	I	A	

🔒 **식별된 정보자산의 법적 요구사항 및 업무에 미치는 영향 등을 고려해 중요도를 결정하고 보안등급을 부여해야 한다.**

식별된 정보자산은 자산명, 자산번호, 모델명, 용도, 자산별 책임자, 관리자, 관리부서, 보안등급 등이 포함되도록 목록을 작성해야 하며, 정기적으로 정보자산 현황을 조사해 정보자산 목록을 최신으로 유지해야 한다.

💡 **실무 사례**

식별된 자산에 대해 자산의 중요도를 표 3-2와 같이 평가 기준을 수립해 평가한다. 예를 들어 A사의 경우 주요 시스템 자산 등급 식별은 기밀성, 가용성, 무결성 이외에도 고객 정보 포함 여부에 따라 가점을 다르게 해 최종 등급을 산정하도록 돼 있다. 기밀성, 가용성, 무결성, 고객 정보 포함 여부 총 4가지 평가 항목에 대한 기준은 표 3-2와 수립할 수 있다. 표 3-2는 자산을 평가하기 위해 선정한 Key Factor의 예이며, 각 기업에 맞게 응용할 수 있다.

표 3-2 정보자산 중요도 평가 기준(예시)

구분	작성 및 판단기준	평가
기밀성	해당 시스템에서 데이터 유출 시 초래되는 심각도 정도 5점: 매우 심각 / 4점: 심각 / 3점: 보통 / 2점: 약함 / 1점: 매우 약함	5점~1점
가용성	해당 시스템이 문제 발생 시 비즈니스 연속성에 초래하는 심각도 정도 5점: 매우 심각 / 4점: 심각 / 3점: 보통 / 2점: 약함 / 1점: 매우 약함	5점~1점

구분	작성 및 판단기준	평가
무결성	해당 시스템의 데이터 무결성이 깨지는 경우 초래하는 심각도 정도 5점: 매우 심각 / 4점: 심각 / 3점: 보통 / 2점: 약함 / 1점: 매우 약함	5점~1점
개인정보포함 유무(가중치)	고객 개인정보가 포함된 시스템의 경우: 20점 추가 고객의 개인정보가 아닌 임직원 또는 업체 정보 포함 시: 5점 추가	20점 또는 10점

✕ 증적 자료

- 정보자산 분류기준
- 전체 정보자산 리스트
- 정보자산 중요도 평가 및 보안등급
- 정보자산 실사 내역

📝 심사원 중점 검토사항

- 정보보호지침에 정보자산 분류기준이 수립돼 있는지 확인해야 한다.
- 정보자산 목록에 최신으로 입고된 자산이 포함돼 있는지 확인해야 한다.
- 정보자산 목록에 폐기된 자산 등이 존재하는지 확인해야 한다.
- 클라우드 서비스를 사용하는 경우, 클라우드 서비스 가상자원에 대한 분류기준 등 관련 현황을 확인해야 한다.

1.2.2 현황 및 흐름분석

관리체계 전 영역에 대한 정보서비스 및 개인정보 처리 현황을 분석하고 업무 절차와 흐름을 파악해 문서화하며, 이를 주기적으로 검토해 최신성을 유지해야 한다.

인증대상 기관 준비사항

🔒 관리체계 전 영역에 대한 정보서비스 현황 및 개인정보 처리현황을 식별하고 업무 절차와 흐름을 파악하여 문서화해야 한다.

기업에서 제공하고 있는 서비스 및 각 부서별로 사용하고 있는 정보서비스 식별, 업무 현황 파악을 통해 생성되는 업무 흐름을 식별하고 문서화해야 한다. 또한 해당 서비스에서 개인정보를 처리하는 경우 각 부서별 업무에서 생성·수집·저장·처리·제공·파기되는 개인정보 흐름을 식별하고 문서화해야 한다.

정보서비스 흐름 및 개인정보 흐름은 서비스 및 업무, 정보자산 등의 변화에 따른 업무절차 및 개인정보 흐름을 주기적으로 검토해 흐름도 등 관련 문서의 최신성을 유지해야 한다. 정보서비스 및 개인정보 흐름도 작성의 상세한 예시는 '2장의 2.개인정보 및 정보서비스 흐름도 작성'에서 확인할 수 있다.

🛠 증적 자료

- 정보서비스 흐름도
- 개인정보 흐름도
- 개인정보 흐름표

📝 심사원 중점 검토사항

- 부서별 업무 절차 등이 주기적으로 식별돼 문서화되고 있는지 확인해야 한다.
- 개인정보 흐름이 식별되고, 문서화돼 관리되고 있는지 확인해야 한다.
- 업무 신설, 부서 신설, 시스템 도입 시 업무 흐름 및 개인정보 흐름이 업데이트되는지 확인해야 한다.

1.2.3 위험평가

조직의 대내외 환경분석을 통해 유형별 위협 정보를 수집하고 조직에 적합한 위험평가 방법을 선정해 관리체계 전 영역에 대해 연 1회 이상 위험을 평가하며, 수용할 수 있는 위험은 경영진의 승인을 받아 관리해야 한다.

🔒 **조직 또는 서비스의 특성에 따라 다양한 측면에서 발생할 수 있는 위험을 식별하고 평가할 수 있는 방법을 정의해야 한다.**

기업의 관리적, 물리적, 기술적, 법적 분야 등 전 영역에 대한 위험 식별 및 평가가 가능하도록 각 영역별 특성을 반영한 위험관리 방법을 선정해야 하며 그 방법과 절차를 문서화해야 한다. 수립된 위험관리 지침을 토대로 수행 목적, 수행 범위, 일정, 수행인력, 예산, 위험분석 방법, 위험평가 절차 등을 포함해 연 1회 위험관리계획을 수립해야 한다.

위험관리 대상은 정보보호 및 개인정보보호 관리체계 인증 범위 내 핵심자산 및 서비스가 누락되지 않도록 모두 포함해야 한다. 위험관리 수행인력은 위험관리 전문가, 정보보호 관리자, IT 실무 책임자, 현업부서 실무 책임자 등과 같이 조직의 업무를 전반적으로 이해하고, 시스템에 대한 전문성을 갖춘 인력이 참여해야 한다.

🔒 **위험관리계획에 따라 연 1회 이상 정기적으로 또는 필요한 시점에 위험평가를 수행해야 한다.**

정보보호 및 개인정보보호 관리체계 범위 전체를 대상으로 위험 식별과 평가를 수행해야 하며 이미 적용된 정보보호대책의 실효성 검토도 함께 이뤄져야 한다. 클라우드 서비스를 이용하는 경우 클라우드 특성에 따라 자산 범위, 위협, 취약점이 달라지기 때문에 다음 내용을 고려해 위험평가를 수행해야 한다.

- **자산 특성**: 물리적인 시설 및 지원 설비는 자산에서 제외, 클라우드 업체에서 제공하는 서비스를 이용할 경우 서비스 이용 대상만 자산리스트에 포함(예시: 공용으로 사용하는 S3 Bucket 등).
- **위협 특성**: 클라우드 환경의 특성으로 인해 발생할 수 있는 위협, 클라우드 서비스 유형에 따른 잠재적인 위협을 정의하고 중요도 평가(클라우드 위협은 CSA(Cloud Security Alliance)에서 작성한 "The Treacherous 12 – Cloud Computing Top Threats"에 정의된 위협 참조).
- **취약점 진단 특성**: 기존의 취약점 진단 영역을 포함해 추가적으로 관리콘솔, IAM 권한

취약점 진단, 클라우드 아키텍처 취약점 진단, Security Group 등 접근통제 정책 취약점 진단 영역 추가.

🔒 **조직에서 수용 가능한 목표의 위험수준을 정하고 그 수준을 초과하는 위험을 식별하여야 한다.**

위험평가 결과를 토대로 정보보호 최고책임자 등 경영진의 의사결정에 따라 수용 가능한 목표 위험수준^{DoA: Degree of Assurance}을 정의하고 초과하는 위험을 식별하여 보호대책을 마련해야 한다. 수용가능한 목표 위험 수준과 개선돼야 할 리스크는 보호대책 이행에 도움을 받을 수 있도록 경영진에게 보고돼야 한다.

위험평가에 대한 상세한 예시는 2장에서 확인할 수 있다.

🛠 증적 자료

- 위험평가 방법론 및 위험평가 계획
- 위험평가 결과 보고서
- 위험평가 결과 경영진 보고 기록

📝 **심사원 중점 검토사항**
- 위험평가 기준이 마련돼 있는지 확인해야 한다.
- 위험평가가 주기적으로 진행되고 있으며, 경영진에게 보고됐는지 확인해야 한다.

1.2.4 보호대책 선정

위험평가 결과에 따라 식별된 위험을 처리하기 위해 조직에 적합한 보호대책을 선정하고, 보호대책의 우선순위와 일정·담당자·예산 등을 포함한 이행계획을 수립해 경영진의 승인을 받아야 한다.

🔒 **식별된 위험에 대한 처리 전략(감소, 회피, 전가, 수용 등)을 수립하고 위험처리를 위한 보호대책이 선정돼야 한다.**

위험 식별 및 평가 결과에 근거해 위험수준을 감소시킬 수 있도록 위험회피, 위험전가, 위험수용, 위험감소 등을 고려해 위험처리 전략을 수립해야 한다. 특별한 사유 (예: 기업의 이익에 영향이 미미하다고 판단되는 경우)로 인해 위험수용 전략을 선택하는 경우 경영진, 정보보호 및 개인정보보호 관리체계 인증 심사팀 등 조직 내ㆍ외부에서 객관적으로 인정할 수 있도록 관련 근거를 명확히 마련해야 한다.

🔒 **보호대책의 우선순위를 고려해 일정, 담당부서 및 담당자, 예산 등의 항목을 포함한 보호대책 이행계획을 수립하고 경영진에 보고돼야 한다.**

선정한 정보보호대책은 시급성, 예산, 적용기간에 따라 우선순위를 정해 이행계획을 수립해야 하며, 이행계획을 정보보호 최고책임자 등 경영진에 보고하고 승인을 얻고 이행을 효과적으로 진행할 수 있도록 해야 한다. 클라우드 서비스를 이용하는 경우 위험을 감소시키기 위해 기업 자체적으로 이행해야 하는 부분과 클라우드 제공업체의 도움을 받아 진행해야 하는 부분을 구분해 정리 제공하고 이행 여부를 지속적으로 확인해야 한다.

- 선정된 보호대책 중 자체 해결이 불가할 경우 클라우드 업체에 공유하고 해결 가능한 문제인지 협의
- 클라우드 업체에서 보호대책을 제공하기로 한 경우 회의록, 계약서 등의 근거 문서를 남기고 진행사항을 지속적으로 확인

⚒ 증적 자료

- 위험평가 결과 보호 대책 목록
- 위험평가 결과 이행계획 및 경영진 승인 기록
- 이행계획에 따른 보호대책 적용 현황

나. 사례 연구

인증심사원 홍길동은 (주)가나다라의 인증심사에 참여해 위험관리 현황을 확인하기로 했다. 문서 검토, 담당자 인터뷰, 현장실사를 통해 확인된 사항은 다음과 같다. 심사 일자는 12월 30일이다.

(1) 정책 및 지침 확인

정보보호업무 지침

제3장【정보보호 기본 방침】

(1) 정보 자산: 회사 업무와 관련해 생성된 모든 정보는 회사의 중요 자산이며, 회사가 그 소유권을 갖는다.

(2) 정보 분류: 회사 내 모든 정보는 정보소유자에 의해 등급이 결정되고, 정보관리자에 의해 적절히 통제돼야 한다

(3) 정보시스템 관리: 운영중인 모든 정보시스템은 적절한 절차에 따라 변경한다. 정보시스템에 주기적인 위험분석을 실시하며 그 결과를 정보보호정책 및 지침에 반영한다.

(4) 점검 활동: 주기적인 점검활동을 통해 정보보호정책 및 지침의 준수 여부를 확인하고, 필요 시 대책을 권고한다.

공통보안지침

제29조【중요 데이터 관리】

　가. 기밀 정보는 외부에 공개해서는 안되는 정보를 말한다.

　나. 기밀 정보는 회사 내부에서도 최소한의 인가된 담당자만 접근해야 하는 정보를 말한다.

　다. 기밀 정보에 접근하기 위해서는 조직장 승인 등의 접근 절차가 필요하며, 접근권한 변경 등이 필요할 경우에도 해당 조직장 승인을 통해 허용한다.

　라. 고객 개인정보 또는 위치정보는 반드시 암호화해야 하며 그 외 기밀 정보가 포함된 오피스 파일 등 전자 문서는 취급자 본인이 판단해 다음의 경우 암호화할 수 있다.

　　A. 메일 및 메신저 등을 통한 전송 시

　　B. USB 등 외부 저장장치 보관 시

　　C. 노트북 등 단말기에 보관 시

　　D. 그 외 조직장이 필요하다고 판단한 경우

　바. 기밀 정보가 포함된 책자 바인더 등 오프라인 종이 문서와 시스템과 관련된 매뉴얼, 운영기록 등은 시건 장치가 있는 캐비넷 등에 안전하게 보관해야 한다.

　사. 사내에서 최초 생성된 모든 정보는 기본적으로 대외비로 정의된다.

　아. 대외비 정보는 외부에 공개돼서는 안되며 사내 열람만 가능한 정보를 말한다.

　(이하 생략)

정보자산관리지침

제2조【자산 목록 관리】

　　가. 자산 유형에 정의된 정보처리시설 자산의 등록, 변경, 이관, 폐기와 같은 자산관리를 위
　　　　해 자산목록을 자산 관리 시스템 또는 대장에 작성해 관리해야 한다.

　　나. 자산목록은 자산의 변경 시 즉시 갱신해야 하며, 연 1회 이상 자산 변경사항을 파악해 자
　　　　산 목록을 갱신해야 한다.

　　(중략)

제8조【자산식별 및 위험평가】

　　가. IT 기획 주관 부서장은 서버, 스토리지, 네트워크 장비, 애플리케이션, 소프트웨어 등 사
　　　　내 정보자산의 분류 및 관리 기준과 정보자산을 조사해 분류, 중요도 등급 구분, 담당자
　　　　명기 등의 데이터가 누락되지 않도록 수시로 현황을 점검하고 매월 최신으로 유지해야
　　　　한다. [#1]

　　나. 정보보호 주관부서에서는 위험관리 방법 및 절차(수행인력, 기간, 대상, 방법, 예산 등)를
　　　　구체화한 위험관리계획을 매년 수립해야 한다.

　　다. 정보보호 주관부서에서는 위험관리계획에 따라 연 1회 이상 정기적으로 또는 필요한 시
　　　　점에 위험평가를 수행해야 한다.

　　라. 위험 식별 및 평가 결과는 경영진에게 보고하고 승인을 득한 후 개선과제를 도출해 관리
　　　　해야 한다.

(2) 인터뷰 또는 실사를 통한 확인

인증심사원 홍길동은 심사기관인 (주)가나다라의 위험관리 현황을 확인하기 위해
정보보호팀, 총무팀, IT 기획팀 인터뷰 및 실사를 통해 다음 내용을 확인할 수 있었다.

첫째, 심사원은 우선 정보자산 분류가 되어 있는 자산리스트를 살펴보기로 했다. 회
사는 별도의 자산관리 시스템을 운영하고 있지는 않았으나, IT 기획팀에서 자체적으
로 개발한 자산관리 페이지에서 서버, 네트워크 장비 반입/반출 시스템을 통해 특정
자산에 대한 분류를 수행하고 자체 코드를 입력해 구분하고 있었다.

둘째, 심사원은 IT 기획팀의 자산 관리 페이지에서 서버와 스토리지, 개인정보를 저
장하는 데이터베이스, 네트워크 장비, 정보보호시스템 등 일부 정보자산에 대해 목

록을 관리하는 내용을 확인할 수 있었다.

셋째, 정보보호 담당자 인터뷰 결과, 심사 당일인 현재 7일 전까지의 모든 자산 입고 내역이 최신화되어 관리되고 있다고 답변을 받았다.

넷째, 시스템을 실사한 결과 인증심사 6개월 전의 데이터까지만 입력되어 있었으며, 총무팀 담당자는 다음과 같이 답변을 했다. "저희는 연 2회 정기적으로 실사를 통해 조사를 하고 있고, 해당 데이터는 작년 실사의 마지막 데이터이다. 따라서 약 1개월 뒤에 실사를 진행할 예정이기 때문에 시간적인 공백이 발생할 수밖에 없다."[#1]라고 답변했다.

다섯째, 인증심사원은 위험평가 보고서를 확인해보기로 했다. 오전에 IT 기획팀으로부터 받은 자산관리 페이지의 최신 데이터 중에서 위험평가가 이루어진 2월 기준의 자산관리 리스트를 받아 위험평가 보고서와 비교해본 결과, 실제 자산관리 리스트에 명기되어 있는 자산 중 다음의 자산이 위험평가 대상리스트에서 누락되어 있음을 확인할 수 있었다. [#2]

No	구분 [#3]	대상 [#3]	등록일 [#3]	비고
1	서버	Windows02	2018.07.02	
2	서버	Windows03	2018.07.02	
3	서버	Windows04	2018.07.02	
(중략)				
20	보안 시스템	– AWS Trend Micro	2018.07.03	

여섯째, 자산 리스트에 자산 관리 부서 및 책임자가 명기되어 있지 않았다. [#3]

No	구분 [#3]	대상 [#3]	등록일 [#3]	담당부서	책임자
5	서버	Sv-01-01	2018.01.02		
(중략)					
11	서버	Sv-01-10	2017.07.03		
15	네트워크장비	Nw03-11	2018.03.04		
(중략)					

No	구분 [#3]	대상 [#3]	등록일 [#3]	담당부서	책임자
23	애플리케이션	Ap-02-01	2016.11.07		
24	애플리케이션	Ap-04-03	2018.01.11		
25	애플리케이션	Ap-04-04	2018.01.11		

일곱째, 금년에 실시한 위험평가 보고서에 대한 결재 승인 이력을 확인해보니 최근에 업데이트한 위험평가 결과 보고서는 CISO의 승인을 아직 받지 못했음을 확인했다. [#4]

(3) 결함 요약

결함 포인트 [#1]

심사원이 확인해본 결과 인증심사 직전 6개월 전의 데이터로 입력이 되어 있었다. 그러나 실제 정보보호지침에서는 수시로 확인하고, 매월 최신으로 유지한다고 되어 있다. 따라서 현재 자산을 최신화하도록 하거나, 정기적으로 자산을 업데이트하도록 정보보호지침의 현행화를 요청하는 결함이 발생될 수 있다.

결함 포인트 [#2]

위험평가의 첫 번째 단계가 자산식별이다. 위험평가를 했는데 최신 자산이 리스트업되어 있지 않았다는 것은 위험평가가 일부 미흡하게 이뤄진 것일 수 있다. 따라서 누락된 자산의 위험평가를 다시 실시하고 보호대책을 마련하도록 결함이 발생될 수 있다.

결함 포인트 [#3]

자산관리리스트의 양식을 확인해보면 소유부서, 관리자에 대한 정확한 명기가 없다. 따라서 정확한 관리 주체를 명기하여 관리하도록 결함이 발생될 수 있다.

결함 포인트 [#4]

최신화된 위험평가 보고서는 CISO의 승인을 받아야 한다. 따라서 CISO의 승인이 진행되도록 결함이 발생될 수 있다.

(4) 결함 보고서 작성

<table>
<tr><td colspan="5" align="center">**결함 보고서**</td></tr>
<tr><td>기록일자</td><td colspan="2">2023년 12월 30일</td><td>기업명</td><td>(주)가나다라</td></tr>
<tr><td rowspan="2">인증 범위</td><td>구분</td><td>결함유형</td><td>인증 범위명</td><td>기관 확인자</td></tr>
<tr><td>ISMS</td><td>결함</td><td>(주)가나다라 상품판매 서비스</td><td>이순신 팀장(인)</td></tr>
<tr><td>심사원명</td><td colspan="4" align="center">홍 길 동 (인)</td></tr>
<tr><td>관계부서</td><td colspan="4" align="center">정보보호팀, 총무팀, IT 기획팀</td></tr>
<tr><td>관련조항</td><td colspan="4">(관리체계) 1.2.1 정보자산 식별</td></tr>
<tr><td>관련 근거</td><td colspan="4">◇ (인증기준) 조직의 업무특성에 따라 정보자산 분류기준을 수립해 관리체계 범위 내 모든 정보자산을 식별·분류하고, 중요도를 산정한 후 그 목록을 최신으로 관리해야 한다.
◇ (내부규정)「정보자산관리지침」제8조(자산식별 및 위험평가) (2023.11.25)

가. IT 기획 주관 부서장은 서버, 스토리지, 네트워크 장비, 애플리케이션, 소프트웨어 등 사내 정보자산의 분류 및 관리 기준과 정보자산을 조사해 분류, 중요도 등급 구분, 담당자 명기 등의 데이터가 누락되지 않도록 수시로 현황을 점검하고 매월 최신으로 유지해야 한다.</td></tr>
<tr><td>운영현황 및 결함내역</td><td colspan="4">◇ (운영현황) 자산관리 시스템을 개발해 운영하고 있음
○ 서버, 네트워크 장비 반입/반출 시스템을 통해 자산 분류를 수행하고 자체 코드를 입력해 관리하고 있음.
◇ (결함내역) 정보자산 관리가 미흡하고, 일부 자산이 위험평가에서 누락됨
○ 정보자산 관리가 미흡함
- 정보자산이 인증심사 6개월 전 업데이트 이후 최신화되지 않음
- Sv-01-01, Sv-01-10, Nw03-11, Ap-02-01, Ap-04-03, Ap-04-04에 대한 담당부서 및 책임자가 지정되지 않음
○ 정보자산 업데이트 미흡으로 일부 자산이 위험평가에서 누락됨
- 서버: windows02~04(3식)
- 보안 시스템: AWS Trend Micro 1식
◇ (조치사항) 정보자산을 최신으로 업데이트하고, 관리책임자를 지정해 자산이 누락되지 않도록 관리할 수 있는 프로세스를 수립해야 함</td></tr>
<tr><td>근거목록</td><td colspan="4">-「정보자산관리지침」(2023.11.25)
- 정보자산 목록
- 위험평가 보고서</td></tr>
</table>

결함 보고서

기록일자	2023년 12월 30일		기업명	(주)가나다라	
인증 범위	구분	결함유형	인증 범위명		기관 확인자
	ISMS	결함	(주)가나다라 상품판매 서비스		이순신 팀장(인)
심사원명	홍 길 동 (인)				
관계부서	정보보호팀				

관련조항	(관리체계) 1.2.3 위험평가
관련 근거	◇ **(인증기준)** 조직의 대내외 환경분석을 통해 유형별 위협정보를 수집하고 조직에 적합한 위험평가 방법을 선정해 관리체계 전 영역에 대해 연 1회 이상 위험을 평가하며, 수용할 수 있는 위험은 경영진의 승인을 받아 관리해야 한다. ◇ **(내부규정)**「정보자산관리지침」제8조(자산식별 및 위험평가) (2023.11.25) 라. 위험 식별 및 평가 결과는 경영진에게 보고하고 승인을 득한 후 개선과제를 도출해 관리해야 한다.
운영현황 및 결함내역	◇ **(운영현황)** 매년 위험관리계획 수립 및 위험평가를 수행하고 있음 　○ 연초에 위험관리 방법 및 절차(수행인력, 기간, 대상, 방법, 예산 등)를 구체화한 위험관리계획을 수립함 　○ 위험관리계획에 따라 위험평가를 수행함 ◇ **(결함내역)** 위험평가에 대한 CISO 검토 및 승인이 누락됨 　○ 위험평가 결과에 대한 경영진 승인이력 확인 결과, CISO의 검토 및 승인 이력이 존재하지 않음 ◇ **(조치사항)** 위험평가 결과에 대해 경영진(CISO)의 승인을 득한 후 도출된 위험에 대해 보호대책을 적용해야 함
근거목록	-「정보자산관리지침」(2023.11.25) - 위험관리계획서 - 위험평가 보고서

✏️ 요약

위험관리의 목적은 조직에서 보유하고 있는 모든 정보자산을 식별하고 위험평가를 통해 위험을 식별하는 데 있다. 조직의 정보자산은 식별 업무 특성을 반영해 수립된 정보자산 분류기준에 따라 이뤄지고 최신성을 유지해야 한다. 또한 식별된 자산을 활용해 제공되고 있는 정보서비스 현황을 식별하고 정보의 흐름을 파악해야 한다. 이렇게 식별된 모든 정보자산에서 발생할 수 있는 위험을 식별하기 위해 위험평가 방법, 절차 등을 포함한 위험관리계획을 수립하고 연 1회 이상 위험평가를 수행해 그 결과를 경영진에 보고해야 한다. 위험평가 결과 식별된 위험에 대해서는 보호대책을 선정하고 우선순위, 일정, 담당부서 및 담당자, 예산 등의 항목을 포함해 이행계획을 수립하고 경영진에 보고해야 한다.

1.3 관리체계 운영

가. 인증 분야 및 항목 설명

분야	항목
1.3 관리체계 운영	1.3.1 보호대책 구현
	1.3.2 보호대책 공유
	1.3.3 운영현황 관리

1.3.1 보호대책 구현

선정한 보호대책은 이행계획에 따라 효과적으로 구현하고, 경영진은 이행결과의 정확성과 효과성 여부를 확인해야 한다.

인증대상 기관 준비사항

🔒 **이행계획에 따라 보호대책을 효과적으로 구현하고 이행결과의 정확성 및 효과성 여부를 경영진이 확인할 수 있도록 보고해야 한다.**

이행계획에 따라 정보보호대책을 효과적으로 구현하고 그 이행결과를 정보보호 최고책임자 등 경영진에게 정기적으로 보고해야 하며, 경영진은 정보보호대책이 이행계획에 따라 빠짐없이 효과적으로 이행되었는지 여부를 검토 및 확인해야 한다.

🔒 **관리체계 인증기준별로 보호대책 구현 및 운영 현황을 기록한 정보보호 운영명세서를 구체적으로 작성해야 한다.**

정보보호 및 개인정보보호 관리체계 인증기준 통제항목별로 통제항목 선정 여부, 운영 현황, 관련문서(정책, 지침 등), 기록(증적 자료), 통제항목 미선정 사유 등을 포함해 정보보호 운영명세서를 작성해야 한다. 미선정 통제항목이 있을 경우 미선정 사유를 명시하고 정보보호 최고책임자 등 경영진의 승인을 받아야 한다.

⚒ 증적 자료

- 정보보호 위험평가 결과 보고서
- 정보보호 이행계획서
- 정보보호 이행 결과 보고서
- 정보보호 운영명세서

📝 심사원 중점 검토사항

- 위험관리보고서, 이행계획서, 대책명세서, 이행결과서 등이 존재하는지 확인한다.
- 이행 결과 보고서에 '조치 완료'로 명시된 위험이 실제 조치 완료된 것인지 샘플링을 통해 확인한다.
- 전년도 정보보호대책 이행계획에 따라 중·장기로 분류된 위험들이 해당 연도에 구현이 되고 있는지 확인한다.

1.3.2 보호대책 공유

보호대책의 실제 운영 또는 시행할 부서 및 담당자를 파악해 관련 내용을 공유하고 교육해 지속적으로 운영되도록 해야 한다.

🔒 **구현된 보호대책을 운영 또는 시행할 부서 및 담당자를 명확하게 파악하고 관련 내용을 공유 또는 교육해야 한다.**

정책(지침 및 절차 포함) 신규 제정 및 개정, 정보시스템 신규 도입 및 개선, 정보보호대책 이행계획 등 정보보호 활동업무에 영향이 발생하는 경우, 관련부서 및 담당자를 파악해 정보보호대책의 내용을 회의, 교육, 설명회 등을 통해 공유해야 한다.

🛠 증적 자료

- 정보보호 이행계획 등 공유 내역(이메일, 공지, 회의록 등)
- 보호대책 시행 부서 현황
- 공유자료(공지 내역, 교육, 공유 자료 등)

📝 **심사원 중점 검토사항**
- 당해 연도에 수립된 보호대책 이행계획을 시행부서 담당자를 대상으로 내용 공유 또는 교육을 진행했는지 확인한다.
- 정보보호대책 구현 내용을 실제 운영, 수행 부서의 담당자가 인지하고 있는지 확인한다.

1.3.3 운영현황 관리

조직이 수립한 관리체계에 따라 상시적 또는 주기적으로 수행해야 하는 운영활동 및 수행 내역은 식별 및 추적이 가능하도록 기록해 관리하고, 경영진은 주기적으로 운영활동의 효과성을 확인하고 관리해야 한다.

🔒 **관리체계 운영을 위해 주기적 또는 상시적으로 수행해야 하는 정보보호 및 개인정보보호 활동을 문서화해 관리해야 한다.**

조직 내 정책, 지침, 절차 등에 규정화돼 있는 정보보호 및 개인정보보호 관리체계 운영활동을 식별하고 수행 주기, 수행 주체를 정의한 문서를 관리하고 최신성을 유지해야 한다. 경영진은 주기적으로 관리체계 운영활동의 효과성을 확인하고 이를 관리해야 한다.

💡 **실무 사례**

정보보호 담당자는 기업의 정보보호정책, 관련 법률 등을 검토해 주기적으로 수행해야 하는 보안활동을 수행주기, 업무내용, 담당자, 산출물, 관련 조항을 포함해 문서화하고 주기적으로 정보보호 활동을 이행하거나 이행할 수 있도록 지원해야 한다.

정보보호 활동 이행 결과는 이행 근거자료를 확보해 월 또는 분기 단위로 경영진에 보고해 운영활동이 효과적으로 진행되고 있음을 경영진이 확인할 수 있도록 해야 한다.

법률 또는 정책 변경으로 인한 정보보호 운영활동에 변화가 있는 경우 다음 정보보호 관리체계 운영 현황표에 관련 활동을 추가해 정보보호 운영활동이 누락되지 않도록 관리해야 한다.

정보보호관리체계 운영현황표

수행주기	운영업무	업무내용	팀장자	산출물	정책/지침 조항	근거 조항
연1회	정보보호 정책 및 지침 재제정	1.정보보호 규정 및 지침에 대하여 개정여부를 결정 - 사업상의 변경 - 정보보호 목표 및 전략의 변경 - 정보보호 관련 조직 구조 및 인력의 중대한 변경 - 정보보호 관련 법규 및 계약 관계 기업의 정보보호 정책 요구 - 기타 조직원으로 부터 검토 및 개정에 대한 요구가 있는 경우	정보보호관리자	정보보호 규정 및 지침 재개제정안	정보보호정책 제7조	
연1회	정보보호위원회 운영	1.정보보호/개인정보 계획 및 작전 연도의 정보보호/개인정보보호 결과에 대하여 정보보호위원회에 보고 - 개인정보 수집-이용-제공 원칙의 변동이 있는 경우 그 내용 - 개인정보 처리방침 등 주요 내용의 변경이 있는 경우 그 내용 - 개인정보보호 교육 계획 및 그 결과 - 개인정보보호 진단/감사 계획 및 그 결과 - 개인정보 사고 발생 시 그 원인 및 처리 결과 - 기타, 개인정보보호 업무의 기획, 실행, 평가 및 개선에 관한 사항의 적절성에 대한 심의가 필요한 경우 그 내용 2.정보보호관련 예산 승인 등	정보보호최고책임자	회의록 및 관련 계획서(보고서)	정보보호직운영지침 제7조	
연1회	정보보호 실무 위원회 운영	1.실무에서 발생하는 보안관련 사항에 대한 업무협의 - 보안관련 문제점 해결을 위한 개방방안 협의 - 부서 간 보안업무 조정	정보보호관리자	회의록 및 관련 계획서(보고서)	정보보호직운영지침 제8조	
연1회	정보자산 분류 및 중요도 평가	1. 자산의 등록 및 관리 - 자산목록 및 자산의 평가결과를 토대로 자산관리대장을 업데이트 - 자산심사 결과 및 변경사항에 대해서는 정보보호 책임자에게 보고	정보보호 관리자	정보자산목록	정보자산관리지침 제8조	
연1회	기술적·관리적·물리적 취약점 점검	1. 정보보호 대한 정기적인 실사 2. 정보자산에 대한 수동 및 자동 진단을 통한 기술적 취약점 점검	정보보호 관리자	취약점 점검 계획서 취약점 점검 결과 보고서	정보자산관리지침 제13조	
연1회	위험평가 계획 수립 및 수행	1. 정보자산 현황 파악 및 목록화 2. 정보자산의 중요도 평가 3. 서비스 현황 및 개인정보 흐름도 작성 4. 취약점 식별 및 위험평가 5. 위험관리 대책 및 전략 수립 6. 위험조치 이행 계획 수립	정보보호 관리자	정보자산 목록(중요도 평가 반영) 서비스 현황 및 개인정보 흐름도 위험평가 계획서 위험분석 평가 결과보고서 보호대책 이행 계획서	정보자산관리지침 제14조	
연1회	연간 정보보호 교육 계획 수립	1.정보보호 시기, 기간, 대상, 내용, 방법 등을 포함한 교육 계획 수립 - 임직원 기본교육, 개인정보보호 교육, 신용정보보호 교육, 신입사원 교육 등	정보보호관리자	연간정보보호 교육 계획서 경영진 승인 증적	정보보호교육지침 제5조	
분기1회	비밀번호 변경	1. 정보통신 설비 관리자 계정의 비밀번호는 최소 3개월에 1회 이상 변경하며, 개인정보처리시스템의 사용자와 비밀번호는 분기별 1회이상 변경 2. DB 사용자가 비밀번호를 사용할 수 있는 최대 기간은 3개월로 지정 3. 사용자가 비밀번호를 사용할 수 있는 최대 기간은 3개월로 지정	AWS 서비스 운영자 각 정보시스템 담당자		인증및권한관리지침 제10조 개인정보보호지침 제37조	
연1회	재해복구 계획 수립 및 시행	1. 규정된 재해상황 유형에 따라 복구목표의 복구방안 수립 2. 규정한 재해사항 유형에 따라 가상의 시나리오를 수립하여 IT 재해복구훈련을 실시	정보보호관리자	IT재해복구훈련계획서 IT재해복구운련 결과보고서	IT재해복구지침 제12조	
연1회	침해사고대응 훈련계획 수립 및 시행	1. 연1회 이상 침해사고대응 모의훈련 계획 수립 및 이행	정보보호관리자	침해사고대응 훈련 계획서 침해사고대응 훈련 결과보고서	침해사고대응지침 제13조	
월1회	개인신용정보처리시스템 접속 및 행위이력 점검	1.개인신용정보취급자의 개인신용정보처리시스템 접속 및 행위이력에 대해 이상 유무를 점검	신용정보 관리·보호인	개인신용정보처리시스템 접속 및 행위이력 점검 보고서	개인신용정보보호지침 제29조	

그림 3-2 정보보호 관리체계 운영현황표 예시

✖ 증적 자료

- 정보보호 활동 연간 계획서
- 정보보호 운영현황표
- 정보보호 활동 결과

📝 심사원 중점 검토사항

- 주기적 또는 상시적인 활동이 요구되는 정보보호 활동 현황을 수행 주기, 수행 주체 등을 손쉽게 확인할 수 있도록 문서화하고 있는지 확인한다.
- 정보보호 운영현황에 대해 주기적인 검토가 이뤄지고 있는지 확인한다.

나. 사례 연구

인증심사원 홍길동은 (주)가나다라의 인증심사에 참여해 관리체계 운영 현황을 확인하기로 했다. 문서 검토, 담당자 인터뷰, 현장실사를 통해 확인된 사항은 다음과 같다. 심사 일자는 12월 30일이다.

(1) 정책 및 지침 확인

정보보호업무지침

제6조【위험평가】

가. 정보자산의 효과적인 보호를 위해 위험평가를 연 1회 이상 정기적으로 수행돼야 한다.

나. 위험평가 결과에 따라 수용 가능한 위험수준(DoA)을 결정해야 한다.

다. 위험평가 결과는 정보보호 최고책임자에게 보고해야 한다.

라. 위험평가 결과에 따라 식별된 위험을 처리하기 위해 보호대책을 선정하고, 보호대책의 우선순위와 일정 · 담당자 · 예산 등을 포함한 이행계획을 수립해 경영진의 승인을 받아야 한다.

마. 선정한 보호대책은 이행계획에 따라 구현하고, 경영진에 이행 결과를 보고해야 한다.

바. 보호대책 이행계획은 실제 이행 및 운영부서에 공유 · 교육해 보호대책 구현 및 이행을 지속적으로 수행해야 한다.

사. 미이행된 보호대책은 그 사유를 경영진에 보고하고 후속조치 계획을 수립해야 한다.

정보시스템보안지침

제2조【백업관리】

가. 백업의 대상은 아래와 같다.
- 운영체제(OS) 로그 및 시스템 소프트웨어 (백업주기: 월 1회)
- 네트워크 시스템의 운영상태에 대한 로그(SNMP, ACL, Syslog 등) (백업주기: 월 1회)
- 업무 및 서비스 운영에 필요한 데이터베이스 (백업주기: 일 1회)
- 응용프로그램 로그(개인정보처리시스템 등)(백업주기: 일 1회)
- 개발 소스 (백업주기: 일 1회)

나. 백업담당자는 "가"항에 언급된 데이터에 대해 설정된 백업주기에 따라 백업을 수행해야 한다.

다. 백업된 데이터는 60일 이상 보관해야 한다.

라. 백업 매체관리자는 백업 매체의 손상 및 비인가자에 의한 데이터 유출 또는 오남용을 방지하기 위해 백업 데이터에 대한 접근을 통제해야 한다.

마. 백업담당자는 중요 인프라의 장애 등 긴급 상황 발생 시 신속한 복구를 위해 복구테스트 계획을 수립하고 주기적으로 복구테스트를 수행해야 한다.

바. 백업 매체는 적정한 습도와 온도를 유지할 수 있는 안전한 장소에 보관해, 비상 시 재해로부터 보호될 수 있도록 원격지에 소산돼야 한다.

정보보호시스템보안지침
제4조【보안솔루션 운영】

가. 정보보호 담당자는 도입되는 보안솔루션 장비 목록을 작성/유지/관리해야 한다.

나. 보안솔루션은 외부망과 내부망 사이 또는 내부 중요시스템이 위치한 네트워크에 설치해야 한다.

다. 정보보호 담당자는 보안시스템에 대한 상시 모니터링을 해 장애에 대비해야 한다.

라. 침입차단솔루션을 이용해 회사에서 허가된 서비스 이외 서비스는 차단해야 한다.

마. 침입차단솔루션의 정책 변경은 "방화벽오픈요청" 양식으로 승인 받은 후 변경한다.

바. 침입차단/탐지/DDoS 솔루션 및 AWS Security Group 담당자는 분기 1회 정책 변경에 대한 사항을 검토해 정보보호 최고책임자에 보고해야 한다.

사. 정보보호 담당자는 월 1회 정보보호시스템에 대한 정책의 적정성을 검토해 정보보호 최고책임자에게 보고해야 한다.

아. 보안솔루션 로그는 6개월 이상 보관해야 한다.

자. 보안솔루션의 접근권한은 업무 목적으로 반드시 접근이 필요한 사용자에 한해 최소한으로 허용하고, 정보보호 담당자의 단말기에서만 접근할 수 있도록 통제해야 한다.

차. 정보보호 담당자 클라우드 서비스 이용 시 서비스 유형(SaaS, PaaS, IaaS 등)에 따른 비인가 접근, 설정 오류 등에 따라 중요정보와 개인정보가 유·노출되지 않도록 관리자 접근 및 보안 설정 등에 대한 보호대책을 수립·이행해야 한다.

(2) 인터뷰 또는 실사를 통한 확인

인증심사원 홍길동은 심사기관인 (주)가나다라의 관리체계 운영 현황을 확인하기 위해 정보보호팀, 운영팀 인터뷰 및 실사를 통해 다음 내용을 확인할 수 있었다.

첫째, 홍길동 심사원은 정보보호 담당자와 인터뷰를 한 결과 정보보호 및 개인정보 보호 관리체계 범위에 있는 모든 자산에 대해 위험평가를 수행하고 발견된 취약점을 개선하기 위한 보호대책을 마련하고 담당자를 지정해 이행하고 있는 것을 확인했다.[#1]

둘째, 보호대책 이행결과를 확인하는 과정에서 보호대책 중 "DB 백업관리 정책 문서화 및 소산 방안 미수립"에 대해 백업정책은 수립했으나 백업을 소산할 곳이 마땅치 않아 수행되지 않는 것으로 확인됐다. 미이행 사유는 정보보호 최고책임자에게 보고했으나 향후 구체적인 방안은 수립되지 않는 것을 확인했다.

셋째, 정보보호 담당자와 인터뷰를 통해 보호대책 이행계획 및 정보보호 관리체계 운영 현황표에 따라 AWS 및 사내 방화벽에 대한 접근통제 정책 검토를 수행하는 것으로 확인됐다. 이와 관련해 접근통제 정책 검토 결과 확인을 요청해 사내 방화벽은 정보보호팀에서 관리하고 있어 확인할 수 있었다. 그러나 AWS 접근통제는 운영팀에서 관리하고 있어 운영팀에 해당 내용을 요청했으나 운영팀에서는 "접근통제 관련해 주기적으로 검토하는 절차에 대해서는 공유 받은 것이 없다"는 답변을 받았다.[#2]

보호대책 이행 결과 보고서

취약점 코드	영역	취약점	운영 현황	개선 방안	조치부서	담당자	완료일	상태
M_02	정보보호교육	o 정보보호 교육 미수행	o 전체 임직원에 대한 정보보호 교육 계획수립 및 교육이 이행되지 않음	o 정보보호 교육 계획을 수립하고 계획에 따라 전 임직원을 대상으로 정보보호 교육 수행 및 효과성/적절성 평가. - 임직원 인식교육 - 직무별 보안교육	인사팀 보안팀	김유신 이순신	6.30	완료
M_03	인적보안	o 전배자에 대한 업무상 불필요한 권한 회수 절차 미수립	o 퇴사자에 대해 인사/총무팀에서 공식적인 절차에 의해 자산 및 IT권한을 회수하고 있으나, 전배자에 대한 업무상 불필요한 자산 및 권한의 회수 절차는 수립되지 않음	o 전배자에 대한 공식적인 권한 변경 및 회수 절차 수립 · 이행	인사팀 총무팀 보안팀	김유신 강감찬 이순신	7.31	완료
M_07	침해사고관리	o 침해사고 모의훈련 계획 미수립 및 미실시	o 침해사고 모의훈련 계획 수립 및 실시 안됨	o 침해사고 모의훈련 계획 수립 · 이행	보안팀	이순신	9.30	완료
M_08	IT 재해복구	o IT 재해복구 시험계획 미수립 및 미이행	o IT 재해복구 시험계획 수립 및 실시 안됨	o IT 재해복구 시험계획 수립 및 이행	보안팀	이순신	9.30	완료
T_App_08	운영보안	o DB 백업관리 정책 문서화 및 소산방안 미수립	o 서비스 데이터 DB의 백업 및 복구 정책을 수립하고 있으며, 운영 DB를 일일 full 백업하고 60일 보관하고 있음. 그러나 정책에 구체적인 대상, 방법, 보존기간은 명시되어 있지 않으며 백업에 대한 소산관리가 이루어지고 있지 않음.	o DB 백업정책(대상, 방법, 보존기간 등)을 문서화하고, 소산관리 할 수 있는 방안 마련	DB팀 보안팀	유관순 이순신	11.30	미이행
T_Svr_02	접근 통제	o 응용시스템 및 IT인프라 장비의 주기적 사용자 접근권한 적절성 미검토	o 응용시스템 및 IT인프라 장비(서버, 보안장비)의 주기적 사용자 접근권한 적절성 검토는 부재함 - 퇴직자 계정 존재 여부 - 업무 변경에 따른 계정 필요성 상실 여부 - 장기 미사용자 존재 여부 - 테스트 계정 존재 여부 등	o 응용시스템 및 IT인프라 장비의 주기적(분기1회) 사용자 접근권한 적절성 검토 수행 - 퇴직자 계정 존재 여부 - 업무 변경에 따른 계정 필요성 상실 여부 - 장기 미사용자 존재 여부 - 테스트 계정 존재 여부 등	개발팀 운영팀 DB팀 보안팀	이성계 김좌진 유관순 이순신	8.31	완료
T_Svr_07	운영보안	o 장애대응 절차 미수립 및 기록관리 미흡	o 정보시스템의 공식적인 장애대응 절차가 부재함	o 장애대응 절차 수립 및 처리내역 기록관리	운영팀 보안팀	김좌진 이순신	8.31	완료
T_Svr_08	운영보안	o 서버의 보안패치 적용 검토 절차 미수립	o 서버의 보안패치 적용 검토 절차 부재	o 보안패치 적용 검토 절차 수립 · 이행	운영팀 보안팀	김좌진 이순신	7.31	완료
T_Svr_09	운영보안	o 서버 관리자의 고유 계정 사용 및 접근내역 로그 기록, 보존기간 정의, 모니터링 방안 미수립	o 서버 관리자는 공용 계정을 사용하고 있어 사용자 추적성 및 오용에 대한 모니터링이 불가함. 서버 관리자의 고유 계정 사용 및 접근내역 로그 기록, 보존기간 정의, 모니터링 방안 필요	o 서버 관리자의 고유 계정 사용 및 접근내역 로그 기록, 보존기간 정의, 모니터링 방안 수립	운영팀 보안팀	김좌진 이순신	9.30	완료
T_Sec_01	운영보안	o AWS 및 사내 방화벽 룰 검토, 룰 처리절차 미수립	o AWS 및 사내 방화벽에 대해 접근권한을 최소화하고 있으나, 공식적인 정책 변경관리 절차가 부재하며, 주기적으로 정책의 타당성을 검토하고 있지 않음	o 사내방화벽, AWS Security Group의 any 정책 검토 및 변경관리 절차 수립	보안팀	이순신	11.30	완료

방화벽 정책 검토 결과 보고

<table>
<tr><td colspan="5" align="center">품의서</td></tr>
<tr><td>품의번호</td><td>정보보호-01</td><td rowspan="4">결
재</td><td>정보보호
담당자</td><td>정보보호
관리자</td><td>정보보호
책임자</td></tr>
<tr><td>품의일자</td><td>07.15</td></tr>
<tr><td>품의부서</td><td>보안팀</td><td rowspan="2">07.15</td><td rowspan="2">07.16</td><td rowspan="2">07.19</td></tr>
<tr><td>작성자</td><td>강감찬</td></tr>
</table>

제목	2분기 보안솔루션 정책(룰) 검토결과 보고

2분기 보안솔루션 정책(룰) 검토를 아래와 같이 보고 드립니다.

1.기간 : 4월 ~ 6월
2.정책검토 결과

장비	장소	변경건수	변경내용		비고
사내 방화벽	사옥	14	Deny	1건	
			Permit	0건	
			Delete	13건	

3.상세 검토 내역은 첨부파일 참조

(3) 결함 요약

결함 포인트 [#1]

보호대책 이행 결과 보고서 확인 결과, 보호대책 중 "DB 백업관리 정책 문서화 및 소산 방안 미수립"에 대해 백업정책은 수립했으나 백업이 소산되고 있지 않은 것이 확인됐고 미이행 사유는 정보보호 최고책임자에게 보고했으나 후속 조치 계획이 수립되지 않은 것을 확인할 수 있다.

결함 포인트 [#2]

AWS 및 사내 방화벽에 대한 접근통제 변경관리 절차 및 접근권한 검토를 수행하는 것으로 확인됐으나 해당 정책의 이행은 사내 방화벽에 대해서만 이뤄졌고 AWS 접근통제 담당자에게는 해당 정책이 공유되거나 교육되지 않아 이행되지 않은 것을 확인할 수 있다.

(4) 결함 보고서 작성

<table>
<tr><td colspan="6" align="center">결함 보고서</td></tr>
<tr><td>기록일자</td><td colspan="2">2023년 12월 30일</td><td>기업명</td><td colspan="2">(주)가나다라</td></tr>
<tr><td rowspan="2">인증 범위</td><td>구분</td><td>결함유형</td><td colspan="2">인증 범위명</td><td>기관 확인자</td></tr>
<tr><td>ISMS</td><td>결함</td><td colspan="2">(주)가나다라 상품판매 서비스</td><td>이순신 팀장(인)</td></tr>
<tr><td>심사원명</td><td colspan="5" align="center">홍 길 동 (인)</td></tr>
<tr><td>관계부서</td><td colspan="5" align="center">정보보호팀</td></tr>
<tr><td>관련조항</td><td colspan="5">(관리체계) 1.3.1 보호대책 구현</td></tr>
<tr><td>관련 근거</td><td colspan="5">◇ (인증기준) 선정한 보호대책은 이행계획에 따라 효과적으로 구현하고, 경영진은 이행결과의 정확성과 효과성 여부를 확인해야 한다.
◇ (내부규정) 「정보보호업무지침」 제6조(위험평가) (2023.11.25)

　　사. 미이행된 보호대책은 그 사유를 경영진에 보고하고 후속조치 계획을 수립해야 한다.</td></tr>
<tr><td>운영현황
및
결함내역</td><td colspan="5">◇ (운영현황) 위험평가 결과 도출된 보호대책을 이행하고 있음
　○ 정보보호 및 개인정보보호 관리체계 범위에 있는 모든 자산에 대해 위험평가를 수행함
　○ 발견된 문제점을 개선하기 위한 보호대책을 마련하고 담당자를 지정해 이행하고 있음</td></tr>
<tr><td>운영현황
및
결함내역</td><td colspan="5">◇ (결함내역) 이행계획에 포함된 보호대책 중 이행되지 않은 보호대책이 존재함
　○ DB 백업관리 정책 문서화 및 소산 방안 수립이 이행되지 않음
　○ 문제점을 경영진에 보고는 했으나 후속대책이 마련되지 않음
◇ (조치사항) 미 이행된DB 백업관리 정책 문서화 및 소산 방안에 대한 후속대책을 마련해야 함</td></tr>
<tr><td>근거목록</td><td colspan="5">- 「정보보호업무지침」(2023.11.25)
- 보호대책 이행 결과 보고서</td></tr>
</table>

결함 보고서				
기록일자	2023년 12월 30일		기업명	(주)가나다라
인증 범위	구분	결함유형	인증 범위명	기관 확인자
	ISMS	결함	(주)가나다라 상품판매 서비스	이순신 팀장(인)
심사원명	홍 길 동 (인)			
관계부서	정보보호팀, 운영팀			

관련조항	(관리체계) 1.3.2 보호대책 공유
관련 근거	◇ (인증기준) 보호대책의 실제 운영 또는 시행할 부서 및 담당자를 파악해 관련 내용을 공유하고 교육해 지속적으로 운영되도록 해야 한다. ◇ (내부규정) 「정보보호업무지침」 제6조(위험평가) (2023.11.25) 　바. 보호대책 이행계획은 실제 이행 및 운영부서에 공유·교육해 보호대책 구현 및 이행을 지속적으로 수행해야 한다.
운영현황 및 결함내역	◇ (운영현황) 보호대책을 수립하고 유관부서에 공유해 이행하고 있음 　○ 보호대책 이행계획을 수립해 유관부서에 공유하고 있음 　○ 정보보호 관리체계 운영현황표를 작성해 주기적으로 수행해야 하는 정보보호 활동을 정의하고 유관부서에 공유하고 이행을 확인하고 있음 ◇ (결함내역) 수립된 보호대책에 대한 관련 부서 공유가 미흡함 　○ 운영팀에 보호대책 이행계획 및 정보보호 관리체계 운영현황표에 대한 공유 및 교육이 이뤄지지 않음 　○ 운영팀에서 관리하고 있는 AWS에 대한 접근통제 정책 검토가 이뤄지지 않음 ◇ (조치사항) AWS 접근권한 담당부서에 보호대책 및 및 운영정책을 공유해, 접근통제 정책을 주기적으로 검토하도록 해야 함
근거목록	– 「정보보호업무지침」(2023.11.25) – 보호대책 이행결과 보고서

✏️ 요약

관리체계 운영에서는 위험평가 결과 수립된 이행계획을 효과적으로 구현하는 것을 보증하는데 있다. 이행계획을 효과적으로 구현 및 운영하는지 보증하기 위해서는 보호대책을 실제 운영 또는 시행할 부서 및 담당자를 명확히 파악하고 관련 내용을 상세하게 공유 및 교육해야 한다. 또한 이행결과를 경영진이 확인할 수 있도록 지속적으로 보고해야 한다. 경영진은 주기적으로 관리체계 운영활동에 대해 확인하고 이를 관리해야 한다.

1.4 관리체계 점검 및 개선

가. 인증 분야 및 항목 설명

분야	항목
1.4 관리체계 점검 및 개선	1.4.1 법적 요구사항 준수 검토
	1.4.2 관리체계 점검
	1.4.3 관리체계 개선

1.4.1 법적 요구사항 준수 검토

조직이 준수해야 할 정보보호 및 개인정보보호 관련 법적 요구사항을 주기적으로 파악해 규정에 반영하고, 준수 여부를 지속적으로 검토해야 한다.

인증대상 기관 준비사항

🔒 **조직이 준수해야 하는 정보보호 및 개인정보보호 관련 법적 요구사항을 파악해 최신성을 유지해야 하며, 연 1회 이상 정기적으로 검토해야 한다.**

다음 법령 중 기업 및 기업에서 제공하는 서비스에 해당하는 법령을 파악하고 정보보호 및 개인정보보호 관련해 조직이 준수해야 하는 법령의 관련 조항, 세부내용을 파악하고 준수 여부를 연 1회 이상 주기적으로 검토해 최신성을 유지해야 한다.

- 정보통신망법(정보통신망 이용촉진 및 정보보호 등에 관한 법률)
- 개인정보보호법
- 전자금융거래법
- 신용정보법(신용정보의 이용 및 보호에 관한 법률)
- 위치정보법(위치정보의 보호 및 이용 등에 관한 법률)
- 전자상거래법(전자상거래 등에서의 소비자보호에 관한 법률) 등

또한 개인정보 또는 금융정보를 클라우드에 저장 이용 시에는 관련 법률 세부 사항(개인정보의 국외 이전, 비식별화, 암호화, 망 분리 등)을 검토해 반영해야 한다.

- 클라우드 서비스는 온프레미스 환경에서 법률 요구사항을 준수하기 위해 사용한 수단이 적용되지 않을 가능성이 존재하기 때문에 법률 요구사항을 충분히 분석하고 대응

수단 마련

- 클라우드 특성으로 인해 준수하지 못하는 법률 요구사항이 있는지 확인해 대체 방안 마련

🛠 증적 자료

- 법 준거성 검토 내역
- 정책/지침 개정 이력
- 정책/지침 신구대조표

📝 **심사원 중점 검토사항**

- 정보보호 및 개인정보보호 관련 법적 요구사항의 준수 여부를 주기적으로 검토하는 절차가 수립돼 있는지 확인한다.
- 개인정보보호법 등 관련 법률의 개정된 사항이 검토되고 정책/지침에 올바르게 반영됐는지 확인한다.

1.4.2 관리체계 점검

관리체계가 내부 정책 및 법적 요구사항에 따라 효과적으로 운영되고 있는지 독립성과 전문성이 확보된 인력을 구성해 연 1회 이상 점검하고, 발견된 문제점을 경영진에게 보고해야 한다.

인증대상 기관 준비사항

🔒 **법적 요구사항 및 수립된 정책에 따라 정보보호 및 개인정보보호 관리체계가 효과적으로 운영되는지를 점검하기 위한 관리체계 점검 기준, 범위, 주기, 점검 인력 자격요건 등을 포함한 관리체계 점검계획을 수립해야 한다.**

기업은 정보보호 및 개인정보보호 관리체계가 효과적으로 운영되는지를 점검하기 위해 연간 정보보호 감사계획을 수립해야 하며, 감사계획에는 점검 기준, 범위, 주기,

점검인력 자격요건 등을 포함해야 한다. 감사인력은 감사의 객관성을 확보하기 위해 제3자가 감사를 수행하는 것이 원칙이나 불가피한 경우 제3자 인력을 포함해 정보 보호조직이 감사를 수행할 수 있다.

💡 실무 사례

내부감사 기준, 감사 방법 및 절차, 감사범위, 감사인, 일정 등을 포함한 연간 감사계획을 수립해야 한다.

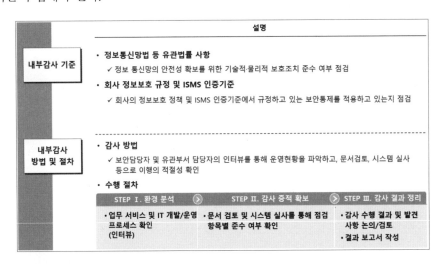

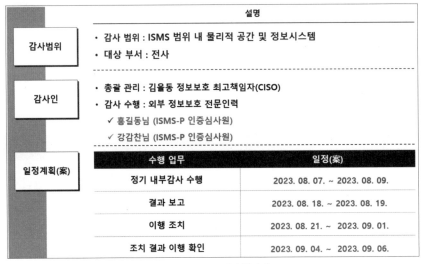

그림 3-3 내부감사계획(예시)

🔒 **관리체계 점검계획에 따라 독립성, 객관성 및 전문성이 확보된 인력을 구성해 연 1회 이상 점검을 수행하고 발견된 문제점을 경영진에게 보고해야 한다.**

이미 수립된 연간 감사계획을 기준으로 연 1회 이상 감사를 수행하고 감사 일정 및 범위, 감사 내용, 발견된 문제점과 보완조치 내용 등을 포함해 정보보호 최고책임자 등 경영진에게 보고해야 한다.

💡 **실무 사례**

감사계획에 따라 감사를 수행하고 감사 결과 보고서를 작성해 경영진에 전자결재 등을 이용해 보고하고 관련 내용을 담당부서에 공유해 문제가 발견된 부분에 대한 개선을 수행해야 한다.

1.1 감사 목적

- 정보보호관리체계(ISMS)가 정보보호 정책 및 법적 요구사항에 따라 효과적으로 운영되고 있는지 점검

1.2 감사 일시

- 2023. 8. 07 ~ 09

1.3 감사인

- 총괄 관리 : 김율동 정보보호 최고책임자(CISO)
- 감사 수행 : 외부 정보보호 전문인력
  - 홍길동님 (ISMS-P 인증심사원), 강감찬님 (ISMS-P 인증심사원)

1.4 감사대상 : 인증범위

- ISMS 범위 내 물리적 공간 및 정보시스템

2.1 종합 평가

- ISMS 관리체계에 대한 감사 결과, ISMS 인증 심사 수준을 충족하고 있었음
- 영역별 보호대책 중 일부 미흡한 부분이 일부 발견되었으나, 조치 계획 및 조치 진행 중인 것으로 확인되었음
- 주요 발견된 사항에 대하여 정보보호담당자와 영역별 보안담당자 교육 및 조치를 진행하고 진행경과 및 완료 사항을 확인할 예정임

2.2 주요 결함 사항 요약

번호	통 제 항 목	결함사항 요약
1	정보보호 정책	정보보호정책에 대해 신규 입사자의 접근성 관리 미흡
2	물리적 보안	통제구역 관리 미흡
3	접근통제	공용계정 관리 미흡
4	접근통제	사용자 접근권한 주기적 검토 미흡
5	운영보안	중요정보 백업관리 미흡
6	운영보안	주기적인 모니터링 활동 증적 미흡

2.3 결함 상세

영역	통 제 항 목	상세내용
1	정보보호 정책	• 정책/지침을 회사 파일 서버에 업로드 하여 공유하고 있으며, 임직원에게 단체 톡 방을 통해 공지(메신저) 하고 있으나 신규 입사자는 공지를 확인하기 어려움

그림 3-4 내부감사 결과 보고서(예시)

🔧 증적 자료

- 내부감사계획서(정보보호 및 개인정보보호 관리체계 점검계획서)
- 내부감사 결과 보고서(이행조치 결과서)
- 경영진 보고 증적

📝 심사원 중점 검토사항

- 감사 기준, 범위, 주기, 방법 등을 구체적으로 정한 내부감사 정책 및 계획이 마련되어 있는지 확인한다.
- 내부감사의 독립성 및 전문성을 확보하기 위한 감사인력의 자격 요건을 정의하고 있고, 내부감사 인력의 자격요건이 충족되었는지 확인한다.
- 감사 범위가 정보보호 및 개인정보보호 관리체계 범위를 포함하는지 확인한다.

1.4.3 관리체계 개선

법적 요구사항 준수검토 및 관리체계 점검을 통해 식별된 관리체계상의 문제점에 대한 원인을 분석하고 재발방지 대책을 수립·이행해야 하며, 경영진은 개선 결과의 정확성과 효과성 여부를 확인해야 한다.

인증대상 기관 준비사항

🔒 법적 요구사항 준수검토 및 관리체계 점검을 통해 식별된 관리체계 상의 문제점에 대한 근본 원인을 분석해 재발방지 및 개선 대책을 수립·이행해야 한다.

내부감사 결과 발견된 문제점은 재발방지를 위해 피감사 부서 혹은 담당자와 원인을 분석해 개선 대책을 마련하고 피감사 부서 혹은 담당자 문제점을 개선할 수 있도록 지원하고 개선 여부에 대한 점검을 수행해야 한다.

재발방지 대책은 다음 예시와 같이 수립할 수 있다.

- 정책 · 지침 개정
- 임직원 교육 강화
- 정보보호 모니터링 시스템 강화 및 프로세스 개선
- 정보보호 시스템 도입을 통한 정보보호 활동 자동화
- 정보보호 관련 처리 프로세스 개선
- 내부 보안감사 등 내부 점검 및 모니터링 강화 등

⚒ 증적 자료

- 내부감사 결과 보고서
- 재발방지 대책
- 경영진 보고 증적

📝 심사원 중점 검토사항

- 내부감사에서 발견된 문제점에 대한 보완조치를 수행하고 점검했으며, 해당 내용을 경영진에 보고했는지 확인한다.

나. 사례 연구

인증심사원 홍길동은 (주)가나다라의 인증심사에 참여해 관리체계 점검 및 개선 현황을 확인하기로 했다. 문서 검토, 담당자 인터뷰, 현장실사를 통해 확인된 사항은 다음과 같다. 심사 일자는 12월 30일이다.

(1) 정책 및 지침 확인

정보보호업무지침

제2조【정보보호지침】

가. 정보보호지침은 임직원이 지켜야 할 기본적인 보안 관련 준수 사항을 포함하도록 한다.

나. 각 업무 영역별로 준수해야 할 보안관련 사항을 포함하도록 한다.

다. 정보보호지침은 배포 전 유관부서와 사전에 협의되고, 검토 의견이 반영될 수 있도록 한다.

라. 정보보호지침은 정보보호 최고책임자가 승인함을 원칙으로 한다.

마. 정보보호지침은 전 임직원이 쉽게 접근할 수 있는 곳에 게시돼야 한다.

바. 정보보호팀은 회사가 준수해야 할 정보보호 및 개인정보보호 유관법률의 요구사항을 지속적으로 파악해 최신성을 유지하고, 연 1회 이상 주기적으로 준수 여부를 검토한다.

사. 법률개정/보안사고 발생 등 정보보호 환경의 중대한 변화가 생길 경우 수시로 검토해 제·개정해야 한다.

제3조【보안감사】

가. 회사의 정보보호 및 개인정보보호 관리체계가 회사의 규정 및 법적 요구사항에 따라 효과적으로 운영되고 있는지를 점검하기 위해 연 1회 이상 보안감사를 수행해야 한다.

나. 감사팀은 전문성, 객관성 및 독립성을 확보할 수 있도록 구성한다. 또한, 외부의 전문인력을 활용할 수 있다.

다. 보안감사 기준, 범위, 감사인, 일정 및 기간, 방법 등을 구체적으로 정하고 감사계획을 수립해 정보보호 최고책임자 승인을 받아 감사를 수행한다.

라. 보안감사를 수검하는 인력은 인터뷰, 시스템 확인, 자료 제출 등 내부감사에 충실히 참여해야 한다.

마. 보안감사 완료 후 결과 보고서를 작성해 정보보호 최고책임자에게 보고해야 하며, 감사 결과 보고서는 유출되지 않도록 해야 한다.

바. 감사팀은 보안감사 결과 도출된 문제점의 조치사항을 해당부서에 통보해야 하며, 해당 부서는 통보 받은 점검결과 및 이행이 필요한 사항에 대해 이의가 있을 시에는 통보 받은 날로부터 1주일 이내 감사팀에 이의를 제기할 수 있다.

사. 보안감사 조치사항을 통보 받은 해당 부서는 점검결과 및 이행이 필요한 사항을 확인하고 명시된 기간 내에 조치 완료해야 하며, 완료 후 감사팀에 조치결과를 알려야 한다.

아. 감사팀은 보안감사 결과 도출된 문제점의 조치내역을 확인하고 적절한 시정조치가 이뤄졌는지 반드시 확인한다. 또한, 그 결과를 정보보호 최고책임자에게 보고해야 한다.

(2) 인터뷰 또는 실사를 통한 확인

인증심사원 홍길동은 심사기관인 (주)가나다라의 관리체계 점검 및 개선 현황을 확인하기 위해 정보보호팀 인터뷰 및 실사를 통해 다음 내용을 확인할 수 있었다.

첫째, 정보보호팀 인터뷰 결과 정보보호팀은 회사가 준수해야 할 정보보호 및 개인정보보호 유관법률의 요구사항을 지속적으로 파악해 최신성을 유지하고, 연 1회 이상 주기적으로 준수 여부를 검토해 지침에 반영하고 있다. 또한 법률개정/보안사고 발생 등 정보보호 환경의 중대한 변화가 생길 경우 수시로 검토해 제·개정하고 있는 것으로 확인됐다.

둘째, 회사의 정보보호 및 개인정보보호 관리체계가 회사의 규정 및 법적 요구사항에 따라 효과적으로 운영되고 있는지를 점검하기 위해 연 1회 이상 보안감사를 수행하고 있으며, 연초에 보안감사 기준, 범위, 감사인, 일정 및 기간, 방법 등을 구체적으로 정하고 감사계획을 수립해 정보보호 최고책임자 승인을 받아 감사를 수행하는 것으로 확인됐다.

셋째, 보안감사 결과 보고서를 작성해 정보보호 최고책임자에게 보고하고 있으며, 보안감사 결과 도출된 문제점의 조치사항을 해당 부서에 통보해 조치하고 있다. 또한, 보안감사 결과 도출된 문제점의 조치내역을 확인하고 적절한 시정조치가 이뤄졌는지 확인해 그 결과를 정보보호 최고책임자에게 보고하고 있는 것으로 확인됐다.

〈정보보호지침 개정이력〉 [#1]

제·개정 이력

날짜	작성 및 개정 내용	담당자	승인자
2020.03.30	정보보안 지침 정기 개정(1차) - 법적 요구사항 반영 - 위험평가 업무 지침 추가 - 솔루션 운영 업무 지침 추가 외	보안팀 신숙주 과장 보안팀 이순신 팀장	정보보호 최고책임자
2021.03.17	정보보안 지침 정기 개정(4차) - 법적 요구사항 반영 - 보안사고 사례 반영	보안팀 신숙주 과장 보안팀 이순신 팀장	정보보호 최고책임자

〈보안감사 결과 보고서〉 [#2]

1. 보안감사 개요

1.1 감사 목적

- 정보보호관리체계(이하 "ISMS"라 한다)의 효과적인 정착을 위한 취약점 및 개선의 문제점 발견을 통해 보완하고자 함

1.2 감사 일시

- 2023.8.7 ~ 2023.8.9

1.3 감사인

- 정보보호관리체계 보안인력은 회사의 서비스 환경을 가장 잘아는 인력으로 구성함
  √ 보안팀 – 이순신 팀장
  √ 법무팀 – 정약용 팀장
  √ 개발팀 – 김유신 팀장
  √ 운영팀 – 강감찬 팀장

1.4 감사대상 : 인증범위

정보보호 관리체계의 범위　　　　　　　　정보시스템 개발 및 운영업무 전체

(3) 결함 요약

결함 포인트 [#1]

정보보호팀은 회사가 준수해야 할 정보보호 및 개인정보보호 유관법률의 요구사항을 지속적으로 파악해 최신성을 유지하고, 연 1회 이상 주기적으로 준수 여부를 검토해 지침에 반영하도록 정의돼 있으나, 지침의 개정이력을 확인해보면 2021년 3월 17일 이후 검토되지 않은 것을 확인할 수 있다.

결함 포인트 [#2]

정보보호팀에서는 회사의 정보보호 및 개인정보보호 관리체계가 회사의 규정 및 법적 요구사항에 따라 효과적으로 운영되고 있는 지를 점검하기 위해 감사팀을 구성해 감사를 수행했다. 그러나 감사범위가 정보시스템 개발 및 운영 업무였으나, 감사팀을 개발팀과 운영팀 인원으로 구성해 객관성 및 독립성이 미흡한 부분을 확인할 수 있다.

(4) 결함 보고서 작성

<table>
<tr><td colspan="5" align="center">**결함 보고서**</td></tr>
<tr><td>기록일자</td><td colspan="2">2023년 12월 30일</td><td>기업명</td><td>(주)가나다라</td></tr>
<tr><td rowspan="2">인증 범위</td><td>구분</td><td>결함유형</td><td>인증 범위명</td><td>기관 확인자</td></tr>
<tr><td>ISMS</td><td>결함</td><td>(주)가나다라 상품판매 서비스</td><td>이순신 팀장(인)</td></tr>
<tr><td>심사원명</td><td colspan="4" align="center">홍 길 동 (인)</td></tr>
<tr><td>관계부서</td><td colspan="4" align="center">정보보호팀</td></tr>
</table>

관련조항	(관리체계) 1.4.1 법적 요구사항 준수 검토
관련 근거	◇ **(인증기준)** 조직이 준수해야 할 정보보호 및 개인정보보호 관련 법적 요구사항을 주기적으로 파악해 규정에 반영하고, 준수 여부를 지속적으로 검토해야 한다. ◇ **(내부규정)** 「정보보호업무지침」 제2조(정보보호지침) (2023.11.25) 바. 정보보호팀은 회사가 준수해야 할 정보보호 및 개인정보보호 유관법률의 요구사항을 지속적으로 파악해 최신성을 유지하고, 연 1회 이상 주기적으로 준수 여부를 검토해야 한다.
운영현황 및 결함내역	◇ **(운영현황)** 정보보호지침을 연 1회 이상 검토하고 있음 ○ 정보보호 및 개인정보보호 유관법률의 요구사항을 지속적으로 파악해 연 1회 이상 주기적으로 준수 여부를 검토해 지침에 반영함 ◇ **(결함내역)** 2021년 이후 정보보호지침 검토가 이뤄지지 않음 ○ 정보보호업무지침의 개정이력을 확인한 결과, 2021년 3월 17일 이후 검토되지 않은 것으로 확인됨 ◇ **(조치사항)** 정보보호 및 개인정보보호 유관법률의 요구사항을 지속적으로 파악 및 검토해 연 1회 이상 주기적으로 지침에 반영해야 함
근거목록	- 「정보보호업무지침」(2023.11.25)

결함 보고서

기록일자	2023년 12월 30일		기업명	(주)가나다라	
인증 범위	구분	결함유형	인증 범위명		기관 확인자
	ISMS	결함	(주)가나다라 상품판매 서비스		이순신 팀장(인)
심사원명	홍 길 동 (인)				
관계부서	정보보호팀				

관련조항	(관리체계) 1.4.2 관리체계 점검
관련 근거	◇ **(인증기준)** 관리체계가 내부 정책 및 법적 요구사항에 따라 효과적으로 운영되고 있는지 독립성과 전문성이 확보된 인력을 구성해 연 1회 이상 점검하고, 발견된 문제점을 경영진에게 보고해야 한다. ◇ **(내부규정)** 「정보보호업무지침」 제3조(보안감사) (2023.11.25) 　나. 감사팀은 전문성, 객관성 및 독립성을 확보할 수 있도록 구성해야 한다.
운영현황 및 결함내역	◇ **(운영현황)** 감사계획을 수립해 감사를 수행하고 있음 　○ 신청기관은 보안감사 기준, 범위, 감사인, 일정 및 기간, 방법 등을 구체적으로 정하고 감사계획을 수립함 　○ 연 1회 정보보호 최고책임자 승인을 받아 감사계획에 따라 감사를 수행함 ◇ **(결함내역)** 보안감사인의 객관성 및 독립성 확보가 미흡함 　○ 보안감사 결과 보고서 확인 결과, 감사를 수행하는 감사인이 감사대상 범위인 정보시스템 개발 및 운영업무를 담당하는 개발팀, 운영팀 인력이 포함돼 있음 　○ 감사대상 부서의 인력인 감사인으로 참여해 객관성 및 독립성 확보가 미흡함 ◇ **(조치사항)** 감사대상 범위의 담당자를 배제해 감사팀 구성 시 객관성 및 독립성 확보를 해야 함
근거목록	- 「정보보호업무지침」(2023.11.25) - 감사계획서 - 감사보고서

✏ 요약

관리체계 점검 및 개선에서는 조직에서 준수해야 할 법적 요구사항을 규정에 반영해 관리체계를 운영하고 있는지 확인하고 개선하는 데 목적이 있다. 조직이 준수해야 할 정보보호 및 개인정보보호 관련 법적 요구사항은 연 1회 이상 정기적으로 검토해 내부 규정에 반영해야 한다. 관리체계가 내부 정책 및 법적 요구사항에 따라 효과적으로 운영되고 있는지 독립성과 전문성이 확보된 인력을 구성해 연 1회 이상 점검하고, 발견된 문제점에 대한 근본 원인을 분석하고 개선해야 한다.

2. 보호대책 요구사항

2.1 정책, 조직, 자산 관리

가. 인증 분야 및 항목 설명

분야	항목
2.1 정책, 조직, 자산 관리	2.1.1 정책의 유지 관리
	2.1.2 조직의 유지관리
	2.1.3 정보자산 관리

2.1.1 정책의 유지관리

정보보호 및 개인정보보호 관련 정책과 시행문서는 법령 및 규제, 상위 조직 및 관련 기관 정책과의 연계성, 조직의 대내외 환경변화 등에 따라 주기적으로 검토해 필요한 경우 제·개정하고 그 내역을 이력 관리해야 한다.

🔒 정보보호 및 개인정보보호 관련 정책 및 시행문서에 대한 정기적인 타당성 검토 절차를 수립·이행하고 이해관계자의 검토 및 개정이력에 대한 관리를 수행해야 한다.

정보보호정책이 상위조직 및 관련 기관 정보보호정책과의 연계성이 있는지 타당성을 주기적(정기 타당상 검토는 연1회이상)으로 검토해야 하며, 정보보호정책·지침 제·개정, 폐기 시 이력(일자, 내용, 작성자, 승인자 등)을 확인할 수 있는 관리절차를 수립하고 이행해야 한다. 또한 조직의 대내외 환경에 중대한 변화 발생 시 정보보호 및 개인정보보호 관련 정책 및 시행문서에 미치는 영향을 검토하고 필요 시 제·개정해야 한다.

- 중대한 보안사고 발생
- 조직 사업 환경의 변화(예: 신규 사업)
- 개인정보 및 정보보호 관련 법령 제·개정
- 새로운 위협 또는 취약점 발견
- 내부감사 수행 결과
- 정보보호 환경의 중대한 변화

정보보호정책·지침 제·개정을 검토한 경우 제·개정 시 실제 정책을 적용 받는 부서와 타당성을 검토해 반영하고 최고경영자 또는 정보보호 최고책임자의 승인을 받아 제·개정을 확정하고 임직원에 공표해야 한다. 제·개정과 관련된 경영진 승인 및 제·개정 이력은 증적이 남을 수 있도록 관리해야 한다.

💡 실무 사례

기업에서 보유하고 있는 정보보호정책에 대한 점검주기는 다음과 같이 관련 지침에 검토주기를 정의하고 주기적인 정보보호 활동에 포함해 정기 또는 수시로 진행한다.

정보보호 업무 지침

제2조【정보보호정책 검토】 ① 정책 및 지침은 연 1회 이상 타당성과 적합성을 검토하며 대내외적 업무 환경의 변화를 반영해야 한다.

    1) 정보보호 관리자는 정보보호정책에 대해 연 1회 이상 정기적으로 검토하고 평가해야 한다.

    2) 정보보호 관리자는 아래와 같은 대내외적 업무 환경 및 법률의 변화가 발생했을 경우 정보보호정책을 검토하고 반영해야 한다.

        - 중대한 보안사고 발생
        - 조직 사업 환경의 변화(예: 신규 사업)
        - 개인정보 및 정보보호 관련 법령 제·개정
        - 새로운 위협 또는 취약점 발견
        - 내부감사 수행 결과
        - 정보보호 환경의 중대한 변화
        - 정보시스템 환경의 중대한 변화(예: 차세대 시스템 구축)

    3) 정보보호 관리자는 정보보호정책 변경이 필요할 경우 다음 절차에 따라 변경한다.

        - 관련 전문가 및 해당 실무자의 검토
        - 정보보호위원회 검토 및 대표이사 승인
        - 개정된 정책 게시, 공고 및 교육
        - 개정된 정책의 적용 및 준수

또한 정책의 점검을 통해 제·개정이 발생하는 경우에는 각 정책·지침에 다음과 같이 검토일, 제·개정 내용, 담당자, 승인자 등이 포함된 이력을 남겨 어떤 부분이 변경됐는지 확인할 수 있도록 해야 한다.

표 3-3 정보보호정책·지침 제·개정이력(예시)

날짜	제·개정 내용	담당자	승인자
2022.07.15	지침 신규 제정	정보보호팀 홍길동	CISO 강감찬
2023.02.11	2019 정보보호지침 수시 개정 - 회사내 내부자에 의한 정보유출 사고로 인한 모니터링 내용 개정	정보보호팀 홍길동	CISO 강감찬

✕ 증적 자료

- 정보보호정책 · 지침 · 절차 · 매뉴얼
- 정보보호정책 및 지침 제 · 개정을 위한 회의록 및 정책에 대한 논의 이력
- 정보보호 법규 변화에 따른 검토 이력
- 정보보호정책 및 지침에 대한 승인 이력
- 정보보호정책 및 지침에 대한 수립 후 배포 이력

📝 심사원 중점 검토사항

- 정보보호 관련 정책(규정, 지침, 절차 등) 제 · 개정 시 CEO 또는 CISO 등이 승인한 문서의 이력이 존재하는지 확인해야 한다.
- 정보보호지침이 유관 부서와 충분히 협의됐는지 확인해야 한다.
- 정책/지침 제개정의 주기 목표가 과도하게 설정된 것은 아닌지 확인해야 한다.
- 정보통신망법 등 개인정보보호 관련 규정이 개정된 경우, 해당 내용이 정보보호지침에 포함됐는지 확인해야 한다.
- 정책의 제개정 일자가 누락되거나 정보보호지침의 작성자, 검토자 등이 누락된 부분은 없는지 확인해야 한다.

2.1.2 조직의 유지관리

조직의 각 구성원에게 정보보호와 개인정보보호 관련 역할 및 책임을 할당하고, 그 활동을 평가할 수 있는 체계와 조직 및 조직의 구성원 간 상호 의사를 소통할 수 있는 체계를 수립하고 운영해야 한다.

인증대상 기관 준비사항

🔒 정보보호 및 개인정보보호 관련 책임자와 담당자의 역할 및 책임을 명확히 정의하고 활동을 평가할 수 있는 체계를 수립해야 한다.

정보보호 관리자, 정보보호 담당자 등 정보보호실무자는 정보보호 최고책임자의 관리 업무를 실무적으로 이행할 수 있도록 직무기술서 등을 통해 책임과 역할을 구체적으로 정의해야 한다. 정보보호 최고책임자, 개인정보 보호책임자는 법적 요구사항 등을 반영하여 다음과 같은 업무를 수행해야 한다. 정보보호활동이 적절히 이뤄지고 있는지 지표로 측정할 수 있는 OKR, KPI 등과 정량적인 측정 체계를 구성해야 한다.

정보보호 최고책임자	개인정보 보호책임자
• 정보보호 관리체계의 수립·시행 및 개선 • 정보보호 실태와 관행의 정기적인 감사 및 개선 • 정보보호 위험의 식별 평가 및 정보보호 대책 마련 • 정보보호 교육과 모의 훈련 계획의 수립 및 시행 • 그 밖에 정보통신망법 또는 관계 법령에 따라 정보보호를 위하여 필요한 조치의 이행	• 개인정보 보호 계획의 수립 및 시행 • 개인정보 처리 실태 및 관행의 정기적인 조사 및 개선 • 개인정보 처리와 관련한 불만의 처리 및 피해 구제 • 개인정보 유출 및 오·남용 방지를 위한 내부통제 시스템의 구축 • 개인정보 보호 교육 계획의 수립 및 시행 • 개인정보파일의 보호 및 관리·감독 • 개인정보 처리방침의 수립·변경 및 시행 • 개인정보보호 관련 자료의 관리 • 처리목적이 달성되거나 보유기간이 경과한 개인정보의 파기

그림 3-5 정보보호 최고책임자, 개인정보 보호책임자 역할(ISMS-P 인증기준 안내서)

- 정보보호정책 및 지침 등 문서 수립

- 정보보호 예산 수립

- 주기적인 정보보호 활동(정보보호 관리체계 수립 및 운영)

- 침해사고 예방 및 대응 조직 구성

- 자산평가, 취약점 분석을 통한 위험평가

- 정보보호 교육

- 정보보호위원회 및 정보보호실무위원회 운영

또한 정보보호 최고책임자와 CEO 간의 소통, 정보보호부서와 영업, 마케팅, 법무 등 다양한 부서들이 소통할 수 있는 커뮤니케이션 체계를 마련해야 한다. 클라우드 서비스를 이용하고 있으며 조직이 DevOps 또는 DevSecOps 형태로 구성돼 있는 경우에는 개발자가 클라우드 서비스 운영과 보안에 많은 부분 관여하고 있기 때문에 클라우드 서비스 보안과 관련 있는 개발자(개발조직)와 보안 조직의 구성원간 상호 의사소통할 수 있는 체계 및 절차를 수립·이행해야 한다.

💡 **실무 사례**

정보보호 최고책임자, 정보보호 관리자, 정보보호 담당자 등 정보보호를 수행하는 인력에 대해 직무코드, 직무명, 역할, 직무내용, 직무요건 등을 포함해 직무기술서를 작성할 수 있으며, 기업의 고유의 직무 분류체계가 있다면 해당 체계와 양식에 따라 직무기술서를 작성한다.

🔒 **임시직원, 외주용역직원 등 외부자에게 정보자산에 대한 접근권한을 부여할 경우 정보보호 및 개인정보보호에 대한 책임, 비밀유지 의무 등이 명시된 서약서를 받아야 한다.**

💡 **실무 사례**

기업은 신규 입사 시, 퇴사 시, 임직원이 개인정보 취급자에 포함될 경우, 또한 기업에서 중요하다고 판단되는 중요정보 또는 주요 자산에 접근하는 경우에는 정보보호 서약서를 징구하고 있으며, 기업의 프로젝트 수행 등이 협력업체에 대해서도 정보보호서약서를 징구하고 있다. 정보보호서약서에 포함될 내용은 기업의 특성을 고려해 작성할 수 있으며, 아래 특허청 영업비밀보호센터 사이트(https://www.tradesecret.or.kr/bbs/standard.do)에서 제공하는 비밀유지서약서 양식 등을 참고할 수 있다.

표 3-4 정보보호 최고책임자 직무기술서(예시)

직 무 기 술 서		
직무코드	**직무명**	**역할**
IS-01	정보보호 최고책임자	정보보호 업무 총괄
직무개요 및 권한	정보보호 최고책임자는 회사의 정보보호 업무를 총괄하며, 정보보호 예산 수립 및 집행 승인, 정보보호 인력 채용 등의 권한을 갖는다.	
직 무 내 용		
1) 정보보호 관리체계의 수립 및 관리 · 운영 2) 정보보호 취약점 분석 · 평가 및 개선 3) 침해사고의 예방 및 대응 4) 사전 정보보호대책 마련 및 보안조치 설계 · 구현 등 5) 정보보호 사전 보안성 검토 6) 중요정보의 암호화 및 보안서버 적합성 검토 7) 그 밖에 이 법 또는 관계 법령에 따라 정보보호를 위해 필요한 조치의 이행		
직 무 요 건		
학력		**경력**
대졸 이상		관리업무 경력 10년 이상

✖ 증적 자료

- 정보보호조직도
- 정보보호 직무기술서 및 정보보호 업무 분장표
- 정보보호조직 마스터 플랜(또는 전략 수립 보고서)
- 정보보호조직 OKR 또는 KPI 등 목표를 확인할 수 있는 문서
- 실무진과 지속적으로 커뮤니케이션을 확인할 수 있는 회의록

2.1.3 정보자산 관리

정보자산의 용도와 중요도에 따른 취급 절차 및 보호대책을 수립·이행하고, 자산별 책임소재를 명확히 정의하고 관리해야 한다.

인증대상 기관 준비사항

🔒 **정보자산의 보안등급에 따른 취급절차(생성·도입, 저장, 이용, 파기) 및 보호대책을 정의하고 이행해야 한다.**

기업에서는 정보자산에 대한 정책을 마련해 식별하고 목록화해서 관리해야 한다. 또한 정보자산의 등급에 따라 취급절차(생성, 저장, 이용, 파기 등)를 정의하고 적절한 보안통제를 적용해야 한다. 문서자산의 경우 각 기밀, 대외비, 일반 등의 문서 등급을 분류하고, 각 등급별로 생성, 저장, 이용, 파기에 대한 취급자 유의 사항을 마련해야 한다.

💡 실무 사례

클라우드 서비스를 이용하는 경우에는 클라우드 서비스 가상자원에 대한 취급절차 및 보호대책을 정의하고 이행해야 한다.

- 조직의 정보자산 분류기준이 클라우드 정보자산 분류에 유효한지 확인하고, 필요 시 클라우드 정보자산 분류기준을 별도로 수립

- 클라우드 서비스 제공자에 의해 서비스 형태로 제공되는 자산과 이용자에 의해 생성·관리되는 가상 정보자산을 구분해 관리
- 클라우드 서비스의 정보자산이 누락되지 않도록 식별하고 목록을 관리할 수 있는 방법 마련
- 클라우드 서비스의 배포가 수시로 발행돼 기존 가상자원이 수시로 변경되는 경우, 이력을 관리할 수 있는 방안 마련
- 클라우드 환경에서의 정보자산에 대한 책임자 및 관리자 지정
- 클라우드 서비스 정보자산의 중요도를 평가하기 위한 기준 수립
- 동일한 종류의 정보자산이라도 서비스 지역, 서비스 모델, 구축 환경에 따라 차이가 발생할 수 있기 때문에 보안등급 평가 시 고려

🔒 **식별된 정보자산의 중요도를 평가할 수 있도록 기준을 수립하고 관리자 및 책임자를 지정해야 한다.**

정보자산은 유출 시 위험도, 장애의 비즈니스 영향도, 침해 사고 발생 시 사회적으로 미치는 영향 등에 따라 중요도가 다르기 때문에 기밀성, 무결성, 가용성, 법적요구사항 등에 따라 중요도를 평가하고 보안등급을 부여해야 한다. 또한 정보자산에 대한 관리책임을 강화하기 위해서 관리자 및 책임자를 명확하게 지정해야 한다.

💡 **실무 사례**

클라우드 환경에서의 자산은 온프레미스 환경에서의 자산관리와 많은 차이가 있다. 온프레미스 환경에서는 물리적인 장비에 IP를 할당해 필요한 서비스를 제공하기 때문에 다음과 같이 자산번호, 자산명, 용도, IP, OS, H/W 정보, 관리자, 중요도 등을 산정할 수 있었다.

구분	자산번호	자산명	HostName	용도	IP	OS(종류/버전)	제조사	제품명	CPU	Memory	HDD	장비이중화	전원이중화	위치	관리자(정)	담당자(부)	관리형태(자체/외주)	소유형태(자체/임대)	주요 기술변경 이력	기밀성	무결성	가용성	자산가치합	중요도(등급)

그림 3-6 온프레미스 정보자산 목록

그러나 클라우드 환경에서는 가상자원을 생성하거나 클라우드 서비스 제공자가 제공하는 서비스 형태의 자원을 사용한다. 가상자원을 생성해 사용하는 경우, 자산을 식별할 수 있도록 네이밍Naming 규칙을 수립해 가상자원 생성 시 해당 규칙을 적용할 수 있도록 해야 한다. 클라우드 자원은 랜덤으로 자산정보가 생성되므로 네이밍 규칙을 적용하지 않을 경우 관리하는 데 어려움이 발생할 수 있다. 클라우드 자원의 경우 목록으로 관리하는 것은 현실적으로 어려운 부분이 존재하나 목록으로 관리하는 것이 필요한 경우에는 상태, 가용 영역, Hostname, 용도, IP, 관리자, 책임자, 관리부서 사용 키, VPC, Subnet, 운영체제, 중요도, 보안등급 등을 포함해 목록으로 관리할 수 있다.

| No | 상태 | 가용영역(위치) | HostName | 용도 | PublicIP | Private IP | 키 이름 | (운영)관리자 | (관리)책임자 | 관리부서 | 세부 구성 정보 | | | | | | 보안등급 |
											운영체제	VPC	Subnet	C	I	A	
5	running	ap-northeast-2a	Product1	상품 판매 서버	13.111.111.111	192.168.1.1	Product	홍길동	강감찬	클라우드운영팀	Microsoft Windows Server 2016	VPC1	subnet-l414999d	3	3	3	1 등급
8	running	ap-northeast-2a	Product2	상품 판매 서버	13.111.111.112	192.168.1.2	Product	홍길동	강감찬	클라우드운영팀	Microsoft Windows Server 2016	VPC1	subnet-l414999d	3	3	3	1 등급
17	running	ap-northeast-2a	Product3	상품 판매 서버	13.111.111.113	192.168.1.3	Product	홍길동	강감찬	클라우드운영팀	Microsoft Windows Server 2016	VPC1	subnet-l414999d	3	3	3	1 등급
18	running	ap-northeast-2a	Product4	상품 판매 서버	13.111.111.114	192.168.1.4	Product	홍길동	강감찬	클라우드운영팀	Microsoft Windows Server 2016	VPC1	subnet-l414999d	3	3	3	1 등급
21	running	ap-northeast-2a	homepage1	쇼핑몰 홈페이지	13.111.111.115	192.168.1.5	home	홍길동	강감찬	클라우드운영팀	Microsoft Windows Server 2016	VPC1	subnet-l414999d	3	3	3	1 등급
25	running	ap-northeast-2a	homepage2	쇼핑몰 홈페이지	13.111.111.116	192.168.1.6	home	홍길동	강감찬	클라우드운영팀	Microsoft Windows Server 2016	VPC1	subnet-l414999d	3	3	3	1 등급
27	running	ap-northeast-2c	homepage3	쇼핑몰 홈페이지	13.111.111.117	192.168.1.7	home	홍길동	강감찬	클라우드운영팀	Microsoft Windows Server 2016	VPC1	subnet-l414999d	3	3	3	1 등급
32	Stopped	ap-northeast-2c	homepage4	쇼핑몰 홈페이지	13.111.111.118	192.168.1.8	home	홍길동	강감찬	클라우드운영팀	Microsoft Windows Server 2016	VPC1	subnet-l414999d	3	3	3	1 등급

그림 3-7 클라우드 정보자산 목록

✖ 증적 자료

- 정보자산 목록
- 정보자산 취급 절차
- 정보자산 관리 주체 및 담당자 지정 목록

📝 심사원 중점 검토사항

- 정보자산 목록이 주기적으로 관리되는지 확인해야 한다.
- 정보자산 목록에 기재된 모든 자산에 관리부서, 관리 책임자 등이 누락돼 있지 않고, 명확히 기재돼 있는지 확인해야 한다.
- 정보자산 목록에 기재된 정보자산별 관리부서, 담당자, 책임자가 실제로 운영하는 주체인지 확인해야 한다.
- 원래 중요도가 높게 평가돼야 할 정보자산이 중요도가 낮게 평가돼 있는 경우는 없는지 확인해야 한다.
- 정보자산에 부여된 보안등급에 대한 취급 절차가 정보보호지침 및 프로세스에 기재돼 있는지 확인해야 한다.
- 정보보호지침에 기재된 정보자산 취급절차가 제대로 자산의 등급에 맞게 운영되고 있는지 확인해야 한다.

나. 사례 연구

인증심사원 홍길동은 심사기관인 (주)가나다라의 인증심사에 참여해 정책, 조직 등에 대해서 확인하기로 했다. 문서 검토, 담당자 인터뷰, 현장실사를 통해 확인된 사항은 다음과 같다. 심사 일자는 12월 30일이다.

(1) 정책 및 지침 확인

인프라보안지침

제5조【침해사고조치】

　가.정보보호 담당자는 침해사고 발생 시 상세 프로세스는 '침해사고 대응 가이드'에 의거해 업무를 진행해야 한다.

　나.정보보호 담당자는 침해사고를 대응할 최신 비상 연락처를 주기적으로 갱신해야 한다.

　다.정보보호 최고책임자는 침해사고에 대비해 침해사고 대응 가이드가 최신화돼 유지될 수 있도록 유관부서와 협조체계를 마련해야 한다.

개인정보보호지침

제23조【개인정보의 파기】

　가. 정보보호 담당자는 3년 이상 서비스를 미이용한 고객에 대해 별도로 분리된 DB에 개인정보를 이전해야 하며, 최소한의 개인정보만이 보관될 수 있도록 조치해야 한다.

　나. 기타 상세한 내용은 개인정보보호법 제21조(개인정보의 파기) 관련된 사항을 준수하도록 한다.

정보보호업무지침

제1조【정보보호정책관리】

　　가. 정보보호주관부서는 정보보호 및 개인정보보호 관련 정책 및 시행문서에 대해 연 1회
　　　정기적인 타당성 검토를 수행해야 한다.

　　나. 조직의 대내외 환경에 중대한 변화 발생 시 정보보호 및 개인정보보호 관련 정책 및 시
　　　행문서에 미치는 영향을 검토하고 필요 시 제·개정해야 한다.

　　다. 정보보호 및 개인정보보호 관련 정책 및 시행문서의 제·개정 시 이해 관계자의 검토를
　　　받아야 한다.

　　라. 정보보호 및 개인정보보호 관련 정책 및 시행문서의 제·개정 내역에 대해 이력 관리를
　　　해야 한다.

제2조【정보보호조직체계】

　　가. 정보보호위원회는 경영진, 정보보호 최고책임자, 정보보안담당자 등이 포함돼야 한다.

제3조【전사 정보보안 주관부서】

　　(중략)

　　나. 전사 정보보안 주관부서는 보안 표준을 반영하고 보안진단 주관부서의 역할을 해야 하
　　　며 업무 수행을 위해 일정 수준 이상의 정보보안 인력을 확보해야 한다.

　　다. 해당 인력에 대한 공표는 개인정보취급방침을 통해서 해야 한다.

제5조【정보보호위원회】

　　가. 위원장은 최고 정보보호 최고책임자(CISO)가 역임하고, 전사 정보보안 주관부서가 사무
　　　국을 수행하며, 정보보안 유관부서의 책임자로 구성한다.

　　나. 위원장은 주관 하에 최소 분기 1회 정보보호위원회 정기 회의를 개최하며, 정보보안 업
　　　무 추진과 관련된 정책, 예산, 인력 확보 등을 심의한다.

　　다. 정보보호위원회에서 결정된 안건을 추진하기 위한 정보보호실무협의회를 월 1회 이상
　　　진행해야 한다.

(2) 인터뷰 또는 실사를 통한 확인

인증심사원 홍길동은 심사기관인 (주)가나다라의 정책, 조직, 자산관리 현황을 확인
하기 위해 정보보호팀 인터뷰 및 실사를 통해 다음 내용을 확인할 수 있었다.

첫째, 정보보호 주관부서 확인 결과 정보보호정책 및 지침은 연 1회 주기적으로 점
검하는 기준에 따라 11월에 타당성 검토를 통해 개정했다는 답변을 받았다.

둘째, '인프라보안지침' 제5조(침해사고조치)에 명시돼 있는 침해사고 대응 가이드를 살펴보려고 했으나, 확인할 수 없었다. 담당자에게 문의한 결과 침해사고 대응 가이드는 인프라 보안 지침에 통합돼 관리되고 있다는 답변을 얻을 수 있었다. [#1]

셋째, 심사원은 확인한 다수의 지침에서 다음과 같은 공통 문제점을 발견할 수 있었다. [#2] 최고정보보호 최고책임자, 정보보호 최고책임자, 정보보안 최고책임자 등 용어가 지침에 혼재 사용되고 있었다. 전반적으로 "개인정보취급방침"이라는 용어가 사용되고 있었다. 개인정보 유효기간제의 기간을 법률 개정 이전인 3년의 기준으로 명시하고 있었다.

넷째, 심사원은 정보보호업무지침에서 명기하고 있는 정보보안위원회 운영 현황을 확인해보기로 했다. 신청기관의 인증심사를 진행하는 당해년도 1월, 2월 마스터 플랜 보고를 포함해, 지속적으로 분기 1회 이상 정보보호위원회는 운영되고 있었다. 그러나, 심사원이 정보보호실무협의회에 대해 문의한 결과 정보보호 및 개인정보보호 관련 조직 및 실무담당자들이 주기적으로 협의할 수 있는 채널이 제대로 운영되고 있지 않아, 정보 공유가 되지 않는다는 답변을 얻을 수 있었다. [#3]

(3) 결함 요약

> **결함 포인트 [#1]**
> '인프라보안지침' 제5조(침해사고조치)에 명시돼 있는 '침해사고 대응 가이드'가 없다. 따라서 기존의 가이드 명칭을 변경하거나 신규로 가이드를 마련해야 하므로 결함이 발생 될 수 있다.
>
> **결함 포인트 [#2]**
> 〈개인정보보호지침〉을 확인해 정보통신망법 제29조를 준수하기 위한 결과 개인정보 유효기간제에 대해서 명기돼 있었으나, 2023년 9월 15일 개인정보보호법 개정에 따라 '개인정보 유효기간제(개정 전 39조의 6)'가 폐지되었기 때문에 해당 지침은 법률을 반영하는 현행화가 미흡한 것으로 판단된다. 또한, CISO를 지칭하는 정보보호 최고책임자는 법률 용어로 정보통신망법에 명기돼 있으므로 해당 용어로 통일이 필요할 것으로 보이며, 개인정보보호법과 정보통신망법의 용어가 통일됨에 따라 기존에 "개인정보취급방침"은 "개인정보처리방침"으로 변경 기재해야 한다.
>
> **결함 포인트 [#3]**
> 심사원은 정보보호업무지침에서 명기하고 있는 정보보호실무협의회가 신청기관 당해년도 1분기 이후 제대로 운영되지 않고 있는 것을 확인했다. 따라서 정보보호 담당자와 각 부서별 실무진이 커뮤니케이션 하는 체계를 수립 및 운영하라는 결함이 발생될 수 있다.

(4) 결함 보고서 작성

<table>
<tr><td colspan="5" align="center">**결함 보고서**</td></tr>
<tr><td>기록일자</td><td colspan="2">2023년 12월 30일</td><td>기업명</td><td>(주)가나다라</td></tr>
<tr><td rowspan="2">인증 범위</td><td>구분</td><td>결함유형</td><td>인증 범위명</td><td>기관 확인자</td></tr>
<tr><td>ISMS</td><td>결함</td><td>(주)가나다라 상품판매 서비스</td><td>이순신 팀장(인)</td></tr>
<tr><td>심사원명</td><td colspan="4" align="center">홍 길 동 (인)</td></tr>
<tr><td>관계부서</td><td colspan="4" align="center">정보보호팀</td></tr>
</table>

<table>
<tr><td>관련조항</td><td>(보호대책) 2.1.1 정책의 유지관리</td></tr>
<tr><td>관련 근거</td><td>◇ **(인증기준)** 정보보호 및 개인정보보호 관련 정책과 시행문서는 법령 및 규제, 상위 조직 및 관련 기관 정책과의 연계성, 조직의 대내외 환경변화 등에 따라 주기적으로 검토해 필요한 경우 제·개정하고 그 내역을 이력관리해야 한다.
◇ **(내부규정)**「정보보호업무지침」제1조(정보보호정책 관리)(2023.11.25)

가. 정보보호 주관부서는 정보보호 및 개인정보보호 관련 정책 및 시행문서에 대한 연 1회 정기적인 타당성 검토를 수행해야 한다.</td></tr>
<tr><td>운영현황
및
결함내역</td><td>◇ **(운영현황)** 정보보호정책 및 지침에 대한 타당성 검토를 수행하고 있음
　○ 신청기관은 정보보호정책 및 지침에 대한 타당성 검토를 연 1회(2018.11) 수행했음
◇ **(결함내역)** 정보보호정책 및 지침에서 다음과 같은 문제점이 발견됨
　○ 각 지침에 정의된 정보보호위원회, 정보보안 주관부서(정보보호 주관부서) 및 최고정보보안책임자(정보보호 최고책임자)에 대한 용어가 일관성이 미흡함
　○ 개인정보보호법 개정에 따라 '개인정보 유효기간제(개정 전 39조의 6)'가 폐지되었으나 반영되지 않음
◇ **(조치사항)** 신청기관은 정책/지침 및 문서 간 용어를 일관성 통일하고 법률 요구사항을 명확하게 정의해 지침에 반영해야 함</td></tr>
<tr><td>근거목록</td><td>-「정보보호업무지침」(2023.11.25)
-「인프라보안지침」(2023.11.25)
-「개인정보보호법」(2023.09.15)</td></tr>
</table>

결함 보고서

기록일자	2023년 12월 30일		기업명	(주)가나다라

인증 범위	구분	결함유형	인증 범위명	기관 확인자
	ISMS	결함	(주)가나다라 상품판매 서비스	이순신 팀장(인)

심사원명	홍 길 동 (인)
관계부서	정보보호팀

관련조항	(보호대책) 2.1.2 조직의 유지관리
관련 근거	◇ **(인증기준)** 조직의 각 구성원에게 정보보호와 개인정보보호 관련 역할 및 책임을 할당하고, 그 활동을 평가할 수 있는 체계와 조직 및 조직의 구성원 간 상호 의사소통할 수 있는 체계를 수립해 운영해야 한다. ◇ **(내부규정)** 「정보보호업무지침」 제5조(정보보호위원회) (2023.11.25) 다. 정보보호위원회에서 결정된 안건을 추진하기 위한 정보보호실무협의회를 월 1회 이상 진행해야 한다.

운영현황 및 결함내역	◇ **(운영현황)** 정보보호위원회를 분기1회 운영하고 있음
	  ○ 당해 년도 1월, 2월 마스터 플랜 보고를 포함해, 지속적으로 분기 1회 이상 정보보호위원회는 운영하고 있음
	◇ **(결함내역)** 정보보호실무협의회가 운영되지 않음
	  ○ 정보보호위원회에서 의결된 안건을 추진하기 위한 정보보호실무협의회가 운영되지 않고 있음

운영현황 및 결함내역	○ 정보보호 및 개인정보보호 관련 조직 및 실무담당자들이 주기적으로 협의할 수 있는 채널이 부족함 ◇ **(조치사항)** 정보보호위원회의 안건을 추진하기 위한 의사소통을 지속적으로 수행할 수 있도록 정보보호실무협의회를 월 1회 운영해야 함
근거목록	- 「정보보호업무지침」(2023.11.25) - 정보보호위원회 운영 이력

요약

정책, 조직, 자산 관리에서는 정보보호정책의 유지관리, 정보보호조직의 구성 및 의사소통 체계수립, 식별된 정보자산을 관리하는 데 목적이 있다. 정보보호정책은 정기적으로 타당성을 검토하고 조직의 대내외 환경에 중대한 변화가 있을 경우에는 그 영향을 검토하고 이력을 관리해야 한다. 이러한 정책을 효율적으로 운영하기 위해 정보보호 및 개인정보보호 관련 책임자와 담당자의 역할 및 책임을 명확히 정의하고 활동을 평가할 수 있는 체계를 수립해야 한다. 또한 조직 구성원 간의 의사소통을 원활히 할 수 있는 체계를 마련해야 한다. 정보자산은 보안등급에 따라 취급절차 및 보호대책을 수립하고 책임자 및 관리자를 지정해 관리해야 한다.

2.2 인적 보안

가. 인증 분야 및 항목 설명

분야	항목
2.2 인적 보안	2.2.1 주요 직무자 지정 및 관리
	2.2.2 직무 분리
	2.2.3 보안 서약
	2.2.4 인식제고 및 교육 훈련
	2.2.5 퇴직 및 직무 변경 관리
	2.2.6 보안 위반 시 조치

2.2.1 주요 직무자 지정 및 관리

개인정보 및 중요정보의 취급이나 주요 시스템 접근 등 주요 직무의 기준과 관리 방안을 수립하고, 주요 직무자를 최소한으로 지정해 그 목록을 최신으로 관리해야 한다.

🔒 **개인정보 및 중요정보의 취급, 주요 시스템 접근 등 주요 직무의 기준을 명확히 정의하고 그 목록을 최신으로 관리해야 한다.**

다음과 같이 기업의 중요정보를 취급하는 임직원은 주요 직무자로 정의해 관리해야 한다. 개인정보 열람, 개인정보 다운로더, 개인정보 DB 접근자 등 개인정보를 취급하는 자는 개인정보 취급자로 정의하고 개인정보 취급자를 관리할 수 있는 법률적 준수 사항을 고려해 정보보호지침 내 기준을 수립하고 목록으로 관리해야 한다. 또한 클라우드 서비스를 이용하는 경우 클라우드 서비스 관리자는 클라우드 자원 생성, 변경, 삭제 등의 모든 권한을 가지고 있기 때문에 중요 직무자로 지정해야 한다.

- 개인정보를 취급하는 자
- 중요정보(인사정보, 매출 정보 등 영업비밀, 재무정보 등)를 취급하는 자
- 운영, 개발을 위해 주요 시스템(서버, DB, 응용 프로그램 등)에 접근하는 자
- 주요 시스템의 권한을 부여하거나, 마스터 권한을 보유하고 있는 자
- 정보보호시스템(방화벽, IPS, IDS 등)을 관리하는 자
- 정보보호 관리업무를 수행하는 자
- 클라우드 서비스 관리자

🔒 **업무 필요성에 따라 주요 직무자 및 개인정보 취급자 지정을 최소화하는 등 관리방안을 수립·이행해야 한다.**

주요 직무자 목록은 직무 변경, 부서이동, 입·퇴사 등 인력 변경이 있을 경우 최신으로 업데이트해야 하며, 직무자별 업무 성격에 따라 적정한 권한이 부여됐는지 여부를 주기적으로 검토해야 한다. 또한 범위 및 목적에 벗어나는 정보 처리 권한을 부여하지 않도록 관련 직무자를 최소한으로 지정해야 한다.

💡 **실무 사례**

기업에서는 인적보안과 관련된 지침을 통해 주요직무자 지정 원칙 및 관련 활동을 정의하고 이행해야 한다. 특히 개인정보 취급자에 대한 목록을 반드시 유지해야 하며, 개인정보 처리 업무에 대한 위탁을 받은 수탁사의 개인정보 취급자도 포함하는

것이 좋다.

인적보안 지침

제1조【주요 직무자 지정】 ① 회사는 다음 각 호에 해당하는 임직원을 주요 직무자로 지정하고 목록을 관리해야 한다.

1) 개인정보 취급자, 운영, 개발 시스템(서버, DB, 응용 프로그램 등) 접근 및 권한 부여자, 클라우드 서비스 관리자는 주요 직무자로 지정해야 한다.

2) 정기 또는 수시 인사 발령 등을 통해 직무 변경, 부서이동, 입·퇴사가 발생하는 경우 주요 직무변동 여부를 확인하고 목록을 업데이트해야 한다.

3) 직무별 업무 성격에 따라 적정한 권한이 부여됐는지 분기 1회 이상 검토해야 한다.

4) 주요 직무자는 최소한으로 지정해야 한다.

5) 개인정보 처리 업무를 위탁받은 수탁자의 개인정보 취급자도 목록에 포함시켜야 한다.

표 3-5 주요 직무자 목록 양식(예시)

구분	성명	부서	취급시스템	개인정보	비고
임직원	홍길동	운영팀	클라우드 가상 콘솔	–	
임직원	이순신	정보보호팀	개인정보처리시스템 권한부여 시스템	–	
임직원	강감찬	DB관리팀	개인정보처리DB	이름, 성별, 전화번호, 주소, 계좌번호, 카드번호	
임직원	유관순	DB관리팀	개인정보처리DB		
임직원	김유신	DB관리팀	개인정보처리DB		
수탁자	김좌진	(주)상품배송	상품배송 시스템	이름, 주소	

✖ 증적 자료

- 주요 직무자의 기준
- 개인정보 취급자 등 주요 직무자의 목록
- 중요정보시스템 및 개인정보처리시스템 계정 및 권한 관리 현황
- 직무 변경 및 부서 이동에 따른 검토 이력(분기별 검토 보고서 등)

- 정보보호지침의 주요 직무자 분류기준에 따라 주요 직무자 명단에 반영돼 있는지 확인해야 한다.
- 개인정보 취급자 이외 주요 매출 데이터 접근자(영업비밀 접근자), 인사정보 관리자, 정보보호 담당자, 클라우드 서비스 관리자 등이 목록에서 누락돼 있지 않았는지 확인해야 한다.
- 조직변경 또는 직무 변경을 반영해 주기적으로 주요 직무자 목록이 갱신되고 있는지 확인해야 한다.

2.2.2 직무 분리

지정 및 관리 개인정보 및 중요정보의 취급이나 주요 시스템 접근 등 주요 직무의 기준과 관리방안을 수립하고, 주요 직무자를 최소한으로 지정해 그 목록을 최신으로 관리해야 한다.

인증대상 기관 준비사항

🔒 **권한 오·남용 등으로 인한 잠재적인 피해 예방을 위해 직무 분리 기준을 수립해 적용하고 직무 분리가 어려운 경우 별도의 통제 방안을 마련해야 한다.**

특정 임직원에게 권한이 집중될 경우, 권한 오·남용이 발생할 수 있기 때문에 다음과 같이 별도의 권한과 책임을 분산시키는 것이 필요하다.

- 개발, 이관, 운영 직무 분리
- 정보시스템(서버, DB, 네트워크 등) 운영 직무 분리
- 정보보호와 정보시스템 운영 직무 분리
- 정보보호와 정보시스템 개발 직무 분리 등

그러나 조직 규모가 작거나 전문 인력이 부족해 직무 분리에 어려움이 있는 경우 또는 DevOps, DevSecOps 형태의 조직구조를 가지고 있어 현실적으로 분리가 쉽지 않은 환경인 경우에는 직무자간 상호 검토, 상위관리자 정기 모니터링 및 변경사항 승인, 책임추적성 확보 방안 등의 보안통제를 마련해야 한다.

💡 실무 사례

클라우드 환경을 사용하는 많은 기업들은 클라우드 자원생성, 개발, 배포, 운영, 자원 삭제 등을 자동화하고 개발자가 직접 서비스 운영이나 보안설정 적용 등의 업무에 참여하거나 운영, 보안, 개발의 경계가 모호해지는 경우가 존재한다. 이런 경우에는 전통적인 방식의 직무 분리 원칙을 적용하기가 현실적으로 어렵기 때문에 표 3-6과 같이 가상서버, 가상 저장소, 가상데이터베이스, DNS 등 이용하는 서비스 별로 세밀하게 권한을 적용해 통제할 수 있다.

표 3-6 AWS RDS 서비스 상제 권한 정의(예시)

Service	Category	Detail Function	운영	DBA	보안	개발
RDS	Resource	AddTagsToResource	X	O	X	X
	Source Identifier	AddSourceIdentifierToSubscription	X	O	X	X
	Maintenance	ApplyPendingMaintenanceAction	X	O	X	X
	Security Group	AuthorizeDBSecurityGroupIngress	X	O	X	X
	Cluster	CopyDBClusterSnapshot	X	O	X	X
	Parameter	CopyDBParameterGroup	X	O	X	X
	Snapshot	CopyDBSnapshot	X	O	X	X
	Option	CopyOptionGroup	X	O	X	X
	Parameter	CreateDBClusterParameterGroup	X	O	X	X
	Snapshot	CreateDBClusterSnapshot	X	O	X	X
RDS	Cluster	CreateDBCluster	X	O	X	X
	Instance	CreateDBInstance	X	O	X	X
	Instance	CreateDBInstanceReadReplica	X	O	X	X
	Account	DescribeAccountAttributes	O	O	O	O
	Certificates	DescribeCertificates	O	O	O	O
	Parameter	escribeEngineDefaultClusterParameters	O	O	O	O
	Parameter	DescribeEngineDefaultParameters	O	O	O	O
	Parameter	DescribeDBClusterParameterGroups	O	O	O	O
	Parameter	DescribeDBClusterParameters	O	O	O	O
	Snapshot	DescribeDBClusterSnapshots	O	O	O	O

또한 클라우드 관리콘솔, 소스코드 형상관리 솔루션, 배포솔루션 등 자동화를 통해 운영되는 시스템 별로 접근통제를 적용하고 접근 이력과 행위 이력을 로깅할 수 있는 기능을 활성화해 시스템에서 발생하고 있는 모든 행위를 로깅한다. 주기적으로 해당 로그를 검토하고 상위권에게 보고하는 프로세스를 수립해 직무 분리가 이뤄지지 않아 발생하는 권한 오·남용을 최소화해야 한다.

✄ 증적 자료

- 직무 분리 관련 지침
- 직무기술서
- 권한 분류 상세 목록
- 직무 미분리 시 통제 기준 및 활동 이력

📝 심사원 중점 검토사항
- 조직 특성상 개발과 운영 업무가 동시에 병행되고 있는 부분이 존재하는지 확인해야 한다.
- 업무 담당자의 과도한 권한 활용 등을 방지하기 위한 검토, 승인, 모니터링 등의 통제 방안이 마련돼 있는지 확인해야 한다.

2.2.3 보안 서약

정보자산을 취급하거나 접근권한이 부여된 임직원·임시직원·외부자 등이 내부 정책 및 관련 법규, 비밀유지 의무 등 준수사항을 명확히 인지할 수 있도록 업무 특성에 따른 정보보호 서약을 받아야 한다.

인증대상 기관 준비사항

🔒 신규 인력 채용 시나 임직원 퇴사 시에는 정보보호 및 개인정보보호 책임이 명시된 정보보호 및 개인정보보호 서약서를 받아야 한다.

신규 직원이 채용된 경우 정보보호 및 개인정보보호 책임이 명시된 정보보호 및 개인정보보호 서약서를 받아야 하며, 정보보호서약서는 정보보호 책임, 조직 내 정보보호 규정 준수 의무, 정보보호 의무에 미준수로 인한 사건·사고 발생 시 손해배상 책임 등의 내용이 포함돼야 한다.

임직원이 퇴사하는 경우에도 정보보호서약서를 받아야 하며, 업무를 수행하면서 알게 된 조직 중요정보 누설 금지, 위반 시 법적 책임 등의 내용을 포함해 서약을 받아야 한다. 계약조건이 변경되거나 직무가 변경돼 다른 업무를 수행하는 경우에도 정보보호서약서를 다시 받거나 기존의 계약 내용을 환기시키는 것이 바람직하다.

정보보호서약서를 관리하는 부서는 신규 입사자가 서명한 정보보호서약서가 유실되지 않도록 시건장치가 부착된 물리적으로 안전한 공간에 보관 및 관리해야 한다.

표 3-7 입사자 비밀유지 서약서 양식(예시)

비밀유지서약서(입사자)

성   명 :

생년월일 : _____년 ___월 ___일

　　위 본인은 20__년_월_일자로 주식회사 ABC(이하 '회사'라 함)에 입사해, 회사로부터 영업비밀 및 영업자산의 중요성과 영업비밀 등의 보호와 관련한 법령 및 회사의 취업규칙, 영업비밀 관리규정 기타 사규, 방침, 정책 등에 관해 충분한 설명을 듣고 그 내용을 이해했기에, 다음 사항을 준수할 것을 서약합니다.

1. 본인은, 다음과 같은 정보가 회사의 영업비밀에 해당함을 확인하며, 회사의 취업규칙, 영업비밀 관리규정 기타 사규, 방침, 정책 등을 준수할 것을 서약합니다.

   ① 영업비밀 관리규정 기타 회사의 내부 규정에 기재된 영업비밀 보호대상
   ② 영업비밀임이 표시된 기술자료, 공장 배치도, 제품 설계도면, 금형, 시제품, 제조 및 판매 매뉴얼, 제조원가, 판매 및 가격결정, 거래선 자료, 인력정보 등에 관한 정보 등
   ③ 통제구역, 시건장치, 비밀번호 등으로 접근이 제한된 컴퓨터시스템, 보관함, 통제구역에 보관된 기록매체, 문서, 물건, 정보 등
   ④ [추가 사항 기재]
   ⑤ 그 밖에 회사가 영업비밀로 지정하고 표시했거나, 회사가 영업비밀로 관리하고 있는 비밀정보

2. 본인은, 회사에 재직 중 취득하게 되는 회사의 영업비밀, 회사의 연구개발·영업·재산 등에

영향을 미칠 수 있는 유형·무형의 정보 기타 회사의 주요 영업자산을 재직 시는 물론 퇴사 후에도 이를 비밀로 유지하고, 회사의 사전 서면 동의 없이는 경쟁업체나 제3자에게 제공하거나 누설하지 않으며, 부정한 목적으로 공개하거나 사용하지 않을 것을 서약합니다.

3. 본인은, 회사에 재직 중 취득하게 되는 회사의 영업비밀, 회사의 연구개발·영업·재산 등에 영향을 미칠 수 있는 유형·무형의 정보 기타 회사의 주요 영업자산에 대한 모든 권리가 회사의 소유임을 인정하고, 이를 회사에 귀속시킬 것을 서약합니다.

4. 본인은, 회사에 재직 중 회사의 승인을 받지 아니하고는 통제구역, 허가 받지 않은 정보, 시설 등에 접근하지 아니하며, 회사의 영업비밀을 복제하거나 사본 등의 형태로 보관하지 아니할 것을 서약합니다.

5. 본인은, 입사 전 또는 재직 중에 취득한 타인의 영업비밀 등에 해당하는 정보를 회사에 제공하거나 개시하지 않을 것이며, 업무상 그 정보의 개시가 불가피하다고 판단되는 경우에는 사전에 회사와 상의해 타인의 영업비밀 등을 침해하지 않도록 할 것을 서약합니다.

6. 본인은, 회사 재직 중에 회사의 사전 승인을 받지 아니하고는 회사와 동종, 유사업체의 임직원으로 겸직하거나 자문을 제공하지 아니할 것을 서약합니다.

7. 본인은, 회사의 컴퓨터 등 정보처리장치와 정보통신망을 업무용으로만 사용할 것이며, 회사가 불법 행위 방지 및 영업비밀 등의 보호를 위해 필요한 경우 본인의 컴퓨터 등 정보처리장치나 전자 우편 또는 인터넷 등 정보통신망의 사용 내역, 기타 필요한 정보를 모니터링할 수 있으며, 불법행위 또는 영업비밀 등의 누설이나 침해의 우려가 있을 경우 관련 내용을 열람할 수 있음을 (이해하고, 이에 동의합니다.)

8. 본인은, 퇴사 시 재직 중에 보유했던 회사의 영업비밀, 회사의 연구개발·영업·재산 등에 영향을 미칠 수 있는 유형·무형의 정보 기타 회사의 주요 영업자산과 관련된 자료 모두를 회사에 반납하고, 이에 관한 어떠한 형태의 사본도 개인적으로 보유하지 않으며, 반납할 수 없는 것은 폐기할 것을 서약합니다.

위 서약한 사항을 위반할 경우 관련 법규에 의한 민·형사상 책임을 감수할 것임을 서약합니다.

(위 내용을 확인하고 이해했으며, 이에 서명함)

20__. __. __.

서약자: (서명)

주식회사 ABC 귀하

표 3-8 개인정보보호 서약서 양식(예시)

개인정보보호서약서

본인은 개인정보 취급자로써 개인정보보호와 관련한 다음사항을 준수하겠습니다.

1. 업무와 관련한 개인정보의 수집, 생성, 기록, 저장, 보유, 가공, 편집, 검색, 출력, 정정, 복구, 이용, 제공, 공개, 파기 및 그 밖에 이와 유사한 일체의 행위에 대해 회사의 정책을 준수한다.

2. 업무상 알게 된 개인정보를 허가없이 제3자에게 제공하거나 수집목적외로 이용하지 않는다.

3. 기관으로부터 제공받은 개인정보자산(서류, 사진, 영상, 전자파일, 저장매체 등)을 무단변조, 복사, 훼손, 분실 등으로부터 안전하게 관리하고, 승인받지 않은 프로그램 정보저장매체를 기관 내에서 사용하지 않는다.

4. 나는 퇴직 시 기관에서 제공받은 모든 정보자산을 반드시 반납할 것이며, 퇴직 후에도 퇴직전의 모든 개인정보에 대해 일체 누설하지 않는다.

5. 본인에게 할당된 사용자 ID, 비밀번호, 출입증, 개인정보 처리시스템을 타인과 공동 사용하거나 관련정보를 누설하지 않는다.

위 사항을 숙지하고 이를 성실히 준수할 것을 동의하며 위 사항을 위반했을 경우에는 "개인정보보호법", "정보통신망이용촉진 및 정보보호 등에 관한 법률" 등 관련법령에 의한 민/형사상의 책임 및 회사 규정에 따른 징계조치 등 어떠한 불이익도 감수하고 회사에 끼친 손해에 대해 변상 및 복구할 것을 서약합니다.

20○○년 ○○월 ○○일

소 속 :

직 급 :

성 명 :   (인)

✕ 증적 자료

- 입사 시 정보보호 서약서
- 퇴사 시 정보보호 서약서
- 주요 직무자 정보보호 서약서

📝 심사원 중점 검토사항

- 정보보호 서약서에 정보보호 책임, 조직 내 정보보호 규정 준수 의무, 정보보호 의무에 미준수로 인한 사건·사고 발생 시 손해배상 책임 등이 포함돼 있는지 확인해야 한다.
- 정보보호 서약서가 모든 인력에 대해서 징구되고 있는지 확인해야 한다.
- 일반 직무에서 주요 직무자로 변경된 경우 정보보호 서약 내용을 환기시키는 절차가 있는지 확인해야 한다.
- 퇴사 시에 비밀 유지 서약 또는 정보보호 서약을 징구하고 있는지 확인해야 한다.
- 정보보호 서약서를 관리부서에서 안전한 곳에 보관하고 있는지 확인해야 한다.

2.2.4 인식제고 및 교육훈련

임직원 및 관련 외부자가 조직의 관리체계와 정책을 이해하고 직무별 전문성을 확보할 수 있도록 연간 인식제고 활동 및 교육훈련 계획을 수립·운영하고, 그 결과에 따른 효과성을 평가해 다음 계획에 반영해야 한다.

인증대상 기관 준비사항

🔒 정보보호 및 개인정보보호 교육의 시기, 기간, 대상, 내용, 방법 등의 내용이 포함된 연간 교육 계획을 수립하고 경영진의 승인을 받아 관리체계 범위 내 모든 임직원과 외부자를 대상으로 연간 교육계획에 따라 연 1회 이상 정기적으로 교육을 수행하고, 관련 법규 및 규정의 중대한 변경 시 이에 대한 추가교육을 수행해야 한다.

정보보호교육과 관련한 계획은 전년도 말 또는 1분기 이내에 교육 시점, 교육 기간, 교육 대상, 교육 내용, 교육 형식 등을 포함해 수립하고 정보보호 최고책임자의 승인을 받아야 한다. 교육 형식은 기업의 특성에 따라 교육을 효과적으로 시행하기 위해 집합교육, 온라인교육, 전달교육 등에서 선택할 수 있다. 교육대상은 정규직, 계약직, 임시직원, 파트타이머 등 정보보호 및 개인정보보호 관리체계 범위 내 정보자산에 직·간접적으로 접근하는 모든 인력이 포함돼야 하며, 외부 업체로부터 파견된 프로젝트 인력, 청소원, 경비원 등도 정보보호 교육에 참여하는 것을 원칙으로 한다. 기본교육에는 다음 사항이 포함돼야 한다.

- 정보보호정책, 지침, 절차 등 정보보호 관련 내부규정
- 정보보호 관련 법률 및 위반 시 법적 책임
- 침해사고 사례 및 대응방안
- 사내 정보보호지침 및 가이드 안내
- 침해사고 대응 절차 등 임직원이 준수해야 할 정보보호 관련 내부 규정
- 최근 침해사고 사례 및 정보보호 관련 국내외 동향
- 정보보호 규정 위반 시 상벌규정, 법적 책임 등

또한 임직원 채용 및 외부자 신규 계약 시, 업무 시작 전에 정보보호 및 개인정보보호 교육을 시행해야 한다. IT 및 정보보호, 개인정보보호조직 내 임직원은 정보보호 및 개인정보보호와 관련해 직무별 전문성 제고를 위한 별도의 교육을 받아야 한다.

🔒 **교육시행에 대한 기록을 남기고 교육 효과와 적정성을 평가해 다음 교육 계획에 반영해야 한다.**

교육 수행 시에는 출석부 등을 마련해 교육 이수자에 대한 증적을 남기고, 교육 진행 이후 내용 이해도, 교육 시간, 교육 전달 방식 등 교육 진행과 관련한 간단한 설문 등을 실시해 교육에 대한 효과와 적정성을 평가하고 평가 결과는 다음 교육과정에 반영하도록 한다.

💡 **실무 사례**

기업에 전사교육을 담당자는 부서가 별도로 존재할 경우 정보보호 교육도 전사 교육에 포함해 진행할 수 있으며, 정보보호 담당 부서에서는 교육 콘텐츠에 대한 부분을 제공해야 한다.

표 3-9 정보보호 교육 계획서(예시)

2023년 정보보호 교육 계획서

1. 목적

- 개인정보보호법에 따른 개인정보처리자에 대한 교육 수행
- 회사의 직무별 특성에 따른 보안교육을 수행하여 보안사고 및 해킹 대응 능력을 높이고 회사의 보안 기술 및 보안 의식 강화.

2. 교육 개요

전체임직원, 개인정보 취급자, 개발자를 대상으로 정보보호교육을 수행함

구분	임직원교육	개인정보보호교육	게임보안교육
일시			
대상			
장소			
교육 내용			
요약			
강사			

3. 세부 교육 내용

전체임직원, 개인정보 취급자, 개발자를 대상으로 정보보호교육을 수행함

교육명	교육 목차
① 임직원 교육	1. 교육목적 2. 정보보호 이슈 사례 3. 변화된 회사 보안 정책 　3.1. 개인정보보호 　3.2. 사내보안 　3.3. 보안교육 　3.4. 인원보안 4. 결론
② 개인정보보호 교육	1. 개인정보란? 2. 개인정보 침해사고 사례 3. 개인정보 취급자 준수사항 4. 회사 개인정보보호정책, 지침
③ 개발보안	1. 간단하게 살펴보는 시큐어 코딩원리 2. SQL Injection 3. XSS(Cross Site Script) 등

표 3-10 정보보호 교육 출석부(예시)

NO.	이름	팀	직책	차수	서명(사인)
1					
2					
3					
4					
5					

표 3-11 정보보호 교육 설문 양식(예시)

임직원 보안인식 교육 설문지

본 설문은 차기 교육의 질적 향상을 위해 여러분의 소중한 의견을 반영하기 위한 것입니다.

1) 과정 만족도

설문 항목	낮음 ↔ 높음				
1. 교육 참석 전 기대수준은 어떠했습니까?	1	2	3	4	5
2. 교육 후에 전반적으로 만족도는 어떠한가요?	1	2	3	4	5
3. 본 교육이 본인 업무에 도움이 되는 정도는 어떠한가요?	1	2	3	4	5
4. 교육 수강에 참가한 시간대비 교육내용의 가치는 어느 정도입니까?	1	2	3	4	5
5. 본 교육을 다른 사람에게 추천할 의향이 있나요?	1	2	3	4	5
6. 본 교육에서 가장 좋았던 부분은 무엇인가요?					
7. 좀 더 나은 교육과정이 될 수 있도록 보완해주길 바라는 점이 있다면 무엇인가요?					

2) 학습목표 달성 및 강사 만족도

설문 항목	낮음 ↔ 높음				
1. 교육의 내용이 짜임새 있게 잘 구성됐다.	1	2	3	4	5
2. 강사는 강의스킬(목소리, 태도, 전달력)에 있어 적절했다.	1	2	3	4	5
3. 정보보안의 필요성에 대해 이해할 수 있었다.	1	2	3	4	5
4. 최신 해킹 트렌드에 대해 이해할 수 있었다.	1	2	3	4	5
5. 정보보호를 위해 임직원으로서 지켜야 할 준수사항에 대해 이해할 수 있었다.	1	2	3	4	5
개선 의견					

- 정보보호 교육 수행에 대한 기준이 포함된 정보보호지침
- 개인정보보호교육이 포함된 연간 교육계획
- 연간 교육 계획 CISO 승인 내역(오프라인 서명 또는 온라인 결재)
- 해당 교육 대상자 및 참석자 명단(계약, 파견, 파트타이머 등 포함)
- IT 및 정보보호 담당자의 교육 이수 내역 제출 교육 이수 후 만족도 조사 자료

📝 **심사원 중점 검토사항**

- 정보보호 교육 계획서가 CISO 등 책임자의 승인을 받았는지 확인해야 한다.
- 정보보호 교육 계획을 수립한 후 해당 교육을 일정에 맞춰 진행했는지 확인해야 한다.
- 신규 입사한 인력이 교육 대상에서 누락돼 차기 교육까지 교육의 공백이 존재하는지 확인해야 한다.
- IT 인력 또는 정보보호 인력에 대해 별도 교육 계획을 수립한 후 공통교육 등으로 포함해 일괄 진행했는지 등에 대해서 확인해야 한다.
- 업무상 불가피하게 참석하지 못한 교육 미이수자에 대해 추가적인 보수 교육이 진행됐는지 확인해야 한다.
- 중요 자산에 접근하는 청소원, 경비원, 외주인력 등이 교육 대상에 포함돼 있는지 확인해야 한다.
- 개인정보보호교육을 수행한 후 결과 보고서가 CISO의 승인을 득했는지 확인해야 한다.
- 교육 이수 후 교육 내용 평가, 교육 전달 방식 등의 만족도 조사 등을 통해 교육 내용을 피드백을 받았는지 확인해야 한다.

2.2.5 퇴직 및 직무 변경 관리

퇴직 및 직무 변경 시 인사 · 정보보호 · 개인정보보호 · IT 등 관련 부서별 이행해야 할 자산반납, 계정 및 접근권한 회수 · 조정, 결과확인 등의 절차를 수립 · 관리해야 한다.

🔒 **퇴직, 직무 변경, 부서이동, 휴직 등으로 인한 인사변경 내용이 인사부서, 정보보호 및 개인정보보호 부서, 정보시스템 및 개인정보처리시스템 운영부서 간에 공유돼야 하며, 지체 없이 정보자산 반납, 접근권한 회수 및 조정할 수 있도록 절차를 마련하고 이행해야 한다.**

기업의 임직원에 대한 퇴직, 직무 변경, 부서이동, 휴직 등 인사 변경 발생 시 해당 내용이 공유되고 시스템 자산 반납, 접근권한의 변경·회수 조치가 신속하게 이뤄질 수 있도록 프로세스가 수립돼 있어야 한다.

💡 **실무 사례**

기업에서 인사 발령에 대한 사항은 인사 부서에서 작성해 그룹웨어나 전사 메일을 통해 공지한다. 정보보호 담당 부서에서는 전사에 공지되기 전에 공유받을 수 있도록 인사 부서와 협업 프로세스를 수립하고 전사 공지와 동일한 시점에 권한 변경 및 회수 작업을 수행하는 것이 좋다. 특히 퇴사자의 경우 다양한 형태로 내부 자료를 외부로 유출할 수 있기 때문에 퇴사 의사를 인지한 즉시 공유할 수 있도록 프로세스를 수립하고 퇴사 시점에서 퇴사자 체크리스트를 작성해 모든 자산 반납 및 권한이 회수된 것을 확인하고 퇴사가 진행될 수 있도록 프로세스가 수립돼야 한다. 서비스 특성상 직무 변경자 혹은 퇴직자의 정보시스템 및 정보보호시스템 계정을 불가피하게 회수할 수 없다면 계정의 비밀번호를 즉시 변경해야 한다.

표 3-12 퇴사자 체크리스트(예시)

퇴사자 보안 점검 항목	성명	서명
1. 회사에서 제공하는 퇴사자 정보보호서약서를 작성했는가?		
2. 업무 시스템에 대한 계정 및 권한은 모두 회수했는가? (그룹웨어, 메일, 서비스 시스템 등)		
3. 회사에서 제공받은 IT 자산(PC, 노트북 등)은 모두 반납했는가?		
4. 회사의 물리적인 공간 출입권한은 모두 회수했는가? (출입카드 반납, 지문인식기 권한 삭제 등)		
5. 회사의 R&R에 따라 업무자료 인계등 인수인계가 완료됐는가?		

✕ 증적 자료

- 직원 퇴사, 직무 변경 시 접근권한 회수 등 조치에 대한 절차서
- 직원 퇴사 시 시스템 접근권한 및 자산 반납 내역(퇴사자 체크리스트 등)

📝 심사원 중점 검토사항

- 정보보호지침에 퇴사, 휴직, 직무 변경 등 인사변동에 따른 시스템 접근권한 회수, 자산 회수, 기타 지급된 사내 장비의 회수 절차가 명기돼 있는지 확인해야 한다.
- 신청기관에서 제출한 중요 자산 목록에 대해 권한 회수 절차가 존재하는지 확인해야 한다.
- 임직원 퇴사, 휴직, 직무 변경 사항이 발생 시 해당 인력 변동 발생 주관 부서장, HR부서, 정보보호 부서간의 유기적인 커뮤니케이션이 되고 있는지 확인해야 한다.
- 아르바이트, 계약직, 정규직 등 기업 내에서 근무한 모든 인력에 대해서 계약 종료 또는 퇴사 시 인사 규정에서 정한 프로세스가 운영되는지 확인해야 한다.

2.2.6 보안 위반 시 조치

임직원 및 관련 외부자가 법령, 규제 및 내부정책을 위반한 경우 이에 따른 조치 절차를 수립·이행해야 한다.

인증대상 기관 준비사항

🔒 **임직원 및 관련 외부자가 법령과 규제 및 내부정책에 따른 정보보호 및 개인정보보호 책임과 의무를 위반한 경우에 대한 처벌 규정을 수립하고 위반 사항이 적발된 경우 내부 절차에 따른 조치를 수행해야 한다.**

기업의 인사규정에 임직원 및 외부자가 정보보호 규정 등을 위반하거나 조직 내 중요정보를 훼손, 누출한 경우, 관계법령상의 책임 및 처벌규정과 정보보호 책임을 충실히 이행한 경우에 대한 포상 규정을 인사규정에 포함해 문서화해야 한다. 또한 정보보호 관련 규정을 위반 시 인사위원회, 정보보호위원회 등에 회부돼 적법한 조치 등을 취하는 프로세스를 수립해야 한다.

🔆 실무 사례

기업의 정보보호정책을 위반하는 경우 해당 사고의 중요도에 따라 조직장의 1차 구두 경고, 2차 문서 경고, 3차 인사팀 공유 및 징계위원회 회부 등의 절차를 진행할 수 있다.

인적보안 지침

제10조 【보안 정책 위반자 징계】 ① 회사는 다음 각 호와 같이 보안정책 위반자를 징계할 수 있다.

1) 정보보호정책 및 지침을 위반하거나 업무상 비밀 및 기밀을 누설해 회사에 피해를 입힌 자는 징계위원회에 회부할 수 있다.
2) 회사는 보안 사고와 관련된 민형사상의 소송 등의 조치를 유관기관에 의뢰할 수 있다.
3) 정당한 이유 없이 회사의 물품을 무단으로 반출한 자는 정보보호 관리자가 원상회복 및 경고 조치를 할 수 있다.

🛠 증적 자료

- 인사규정
- 정보보호 규정 위반자 책임 및 경고 내역
- 정보보호 우수 실천자 포상 내역
- 사고 사례 전파 및 교육 이력

📝 심사원 중점 검토사항

- 정보보호지침 또는 인사 규정 등에 정보보호 위반에 대한 패널티 규정 등이 포함돼 있는지 확인해야 한다.
- 이메일 모니터링시스템, DLP, DB 접근통제시스템 등 운영중인 정보보호시스템을 통해서 이상행위와 관련한 당사자에게 소명하는 절차를 구현하고 있는지 확인해야 한다.
- 이상행위를 소명하는 절차 이후 공식적인 상벌 규정 등이 적용되고 있는지 확인해야 한다.

나. 사례 연구

인증심사원 홍길동은 (주)가나다라의 인증심사에 참여해 인적 보안에 대해 확인하기로 했다. 문서 검토, 담당자 인터뷰, 현장실사를 통해 확인된 사항은 다음과 같다. 심사 일자는 12월 30일이다.

(1) 정책 및 지침 확인

개인정보보호지침

제15조【개인정보처리시스템 안전성 확보 조치】

3. 개인정보처리시스템

    가. 개인정보를 열람 또는 다운로드할 수 있는 Application을 의미한다.

    나. 개인정보가 저장된 DB 또는 운영을 위해 활용하는 DBMS는 개인정보처리시스템을 포함해 관리한다.

    다. 개인정보보호책임자는 개인정보보호법 등 법률에서 요구하는 안전성 확보 조치 수행 여부를 점검하고 반영해야 한다.

    (중략)

5. 접근통제

    가. 회사에서 취급하는 개인정보는 불법적인 접근을 차단하기 위해 침입차단시스템, 침입방지시스템 등 접근 통제장치를 설치·운영하도록 해야 한다.

    나. 개인정보 취급자에 대한 공용 ID의 사용은 원칙적으로 금하며, 업무상 부득이하게 필요할 경우 부서장의 승인을 받은 후 사용해야 한다.

    라. 직무 변경 또는 퇴직 시에는 해당 시스템에 대한 접근권한 타당성을 검토하고, 불필요한 권한의 경우 즉시 회수해야 한다.

    (중략)

7. 주요 직무자 관리

    가. 개인정보 다운로드 인력, DB 관리자 등 개인정보 취급자와 클라우드 서비스 관리자는 주요 직무자로 지정한다.

    나. 회사는 주요 직무자 현황을 주기적으로 파악해 현행화해야 한다.

(2) 인터뷰 또는 실사를 통한 확인

인증심사원 홍길동은 심사기관인 (주)가나다라의 인적 보안 현황을 확인하기 위해 정보보호팀, 인사팀 인터뷰 및 실사를 통해 다음 내용을 확인할 수 있었다.

첫째, 심사원은 주요 직무자 리스트가 어떻게 관리되고 있는지 문의했다. 정보보호 담당자는 주요 직무자의 경우 반기 1회 이상 취합돼 CISO까지 결재 승인하고 있다고 답변했다.

둘째, 심사원은 개인정보처리시스템에 대한 권한부여 현황을 확인하기 위해 클라우드 서비스에서 운영되고 있는 개인정보처리시스템에 대한 권한부여 현황을 요청했다. 그 결과 다음 자료를 확인할 수 있었고 개인정보를 처리하는 시스템의 권한은 주기적으로 조사되며 일반 사용자, Admin, 개인정보 다운로더로 분류하고 있다는 답변을 얻었다. 또한 클라우드 서비스는 인프라팀의 장영실 팀장이 관리하고 있는 것으로 확인됐다.

〈개인정보처리시스템 권한부여 현황〉

순번	부서명	이름	백오피스			IPCC			통합지표시스템		
			일반유저	Admin	개인정보 다운로더	일반유저	Admin	개인정보 다운로더	일반유저	Admin	개인정보 다운로더
1	CEO	김OO	O								
2	홍보	홍OO									
3	인사	신OO									O
4	인사	금OO									
5	인사	신OO	O								
6	재무	이OO	O								
7	재무	박OO			O						
8	재무	서OO			O						
9	재무	길OO			O						
10	재무	박OO	O								
11	마케팅	박OO	O			O					
12	마케팅	신OO	O			O					
13	마케팅	신OO	O			O			O		
14	마케팅	홍OO	O			O					

순번	부서명	이름	백오피스			IPCC			통합지표시스템		
			일반유저	Admin	개인정보 다운로더	일반유저	Admin	개인정보 다운로더	일반유저	Admin	개인정보 다운로더
15	영업	김유신	O					O			
16	영업	박○○	O					O			O
17	고객센터	최 영	O					O			O

셋째, 심사원은 주요 직무자 리스트를 요청해 확인한 결과 통합지표시스템에 접근하는 인력 중 개인정보 취급자가 주요 직무자로 지정되지 않는 것을 확인했다. 해당 매출 데이터를 확인하는 직무자들은 주요 직무자에 포함시키지 않고 있다는 답변을 얻을 수 있었다. [#1]

〈주요 직무자 지정현황〉

순번	부서명	이름	주요 직무
1	인사	신○○	개인정보 취급자
2	재무	박○○	개인정보 취급자
3	재무	서○○	개인정보 취급자
4	재무	길○○	개인정보 취급자
5	영업	박○○	개인정보 취급자

넷째, 시스템에 대한 권한관리는 월 1회 인사발령 사항을 인사팀에서 공유 받아 직무 변경 또는 퇴직 시의 권한을 회수하는 것으로 확인됐다. 심사원이 확인 결과, 영업부서 김유신 책임은 고객센터 시스템을 약 6개월 이상 접속하지 않았던 것으로 확인했다. 사유를 확인해보니 고객센터 시스템에 접속한 김유신 책임은 최근 영업부서 내에서 직무가 변경돼 해당 시스템을 이용하지 않는 것으로 확인됐다. 그러나 여전히 개인정보 다운로더 권한은 유지되고 있음을 확인했으며, 해당 권한 부여 기록을 확인해보니 개인정보 다운로드 권한은 약 4개월 전에 부여됐다. [#2]

(3) 결함 요약

결함 포인트 [#1]

정보보호지침에 주요 직무자 기준을 확인해 본 결과 주요 매출 데이터 등 중요정보를 확인하는 인력을 주요 직무자로 지정할 기준이 부재하다. 따라서 주요 직무자를 추가로 지정하는 결함이 발생될 수 있다.

결함 포인트 [#2]

영업 직원인 김유신 책임은 고객센터 직원이 아님에도 불구하고 고객센터 시스템을 사용하고 있다. 또한 장기 미사용자임에도 해당 시스템의 권한이 회수되지 않았다. 따라서 시스템 권한 회수 프로세스를 수립하는 것을 요구하는 결함이 발생될 수 있다.

(4) 결함 보고서 작성

결함 보고서

기록일자	2023년 12월 30일		기업명	(주)가나다라	
인증 범위	구분	결함유형	인증 범위명		기관 확인자
	ISMS	결함	(주)가나다라 상품판매 서비스		이순신 팀장(인)
심사원명	홍 길 동 (인)				
관계부서	정보보호팀				

관련조항	(보호대책) 2.2.1 주요 직무자 지정 및 관리
관련 근거	◇ **(인증기준)** 개인정보 및 중요정보의 취급이나 주요 시스템 접근 등 주요 직무의 기준과 관리방안을 수립하고, 주요 직무자를 최소한으로 지정해 그 목록을 최신으로 관리해야 한다. ◇ **(내부규정)** 「개인정보보호지침」 제15조(개인정보처리시스템 안전성 확보 조치) (2023.11.25) 7. 주요 직무자 관리 가. 개인정보 다운로드 인력, DB 관리자 등 개인정보 취급자와 클라우드 서비스 관리자 주요 직무자로 지정한다. 나. 회사는 주요 직무자 현황을 주기적으로 파악해 현행화해야 한다.
운영현황 및 결함내역	◇ **(운영현황)** 반기 1회 주요 직무자 현황을 검토하고 있음 ○ 주요 직무자는 반기 1회 이상 취합돼 CISO까지 결재 승인 받아 관리하고 있음 ◇ **(결함내역)** 주요 직무자 지정이 누락된 문제점이 발견됨 ○ 주요 직무자 지정현황을 확인한 결과, 다음과 같이 개인정보 다운로드 업무를 수행하는 개인정보 취급자와 클라우드 서비스 관리자에 대한 주요 직무자 지정이 누락된 것이 확인됨 표참조 ◇ **(조치사항)** 개인정보보호지침에 따라 개인정보 취급자, 클라우드 서비스 관리자를 주요 직무자에 포함해 현행화해야 함
근거목록	- 「개인정보보호지침」(2023.11.25) - 주요 직무자 리스트

구분	부서명	이름	주요 직무
누락된 주요 직무자	고객센터	최 영	개인정보 취급자
	인프라	장영실	클라우드 서비스 관리자

결함 보고서

기록일자	2023년 12월 30일		기업명		(주)가나다라
인증 범위	구분	결함유형	인증 범위명		기관 확인자
	ISMS	결함	(주)가나다라 상품판매 서비스		이순신 팀장(인)
심사원명	홍 길 동 (인)				
관계부서	정보보호팀, 인사팀				

관련조항	(보호대책) 2.2.5 퇴직 및 직무 변경 관리
관련 근거	◇ **(인증기준)** 퇴직 및 직무 변경 시 인사 · 정보보호 · 개인정보보호 · IT 등 관련 부서별 이행해야 할 자산반납, 계정 및 접근권한 회수 · 조정, 결과확인 등의 절차를 수립 · 관리해야 한다. ◇ **(내부규정)**「개인정보보호지침」 제15조(개인정보처리시스템 안전성 확보 조치) (2023.11.25) 라. 직무 변경 또는 퇴직 시에는 해당 시스템에 대한 접근권한 타당성을 검토하고, 불필요한 권한의 경우 즉시 회수해야 한다.
운영현황 및 결함내역	◇ **(운영현황)** 월 1회 퇴직 및 직무 변경 현황을 검토하고 있음 　○ 월 1회 인사팀에서 인사발령 사항을 공유받아 직무 변경 또는 퇴직 시의 권한 회수를 수행하고 있음 ◇ **(결함내역)** 직무 변경자의 권한 변경이 미흡한 문제점이 발견됨 　○ 영업부서 내에서 직무가 변경됐으나 고객센터 시스템의 권한이 회수되지 않음 표: ◇ **(조치사항)** 직무 변경자에 대한 권한을 회수하고 월 1회 정기 권한 검토 프로세스에 문제가 있는지 검토하고 개선해 권한 검토 시 직무 변경자가 누락되지 않도록 해야 함
근거목록	- 「개인정보보호지침」(2023.11.25) - 주요 직무자 리스트 - 고객센터시스템

대상시스템	대상자	미흡사항
고객센터 시스템	영업부서 김유신	개인정보 다운로더 권한 미회수

✏️ 요약

인적 보안에서는 주요 직무자 지정 및 관리, 직무 분리, 보안서약, 인식제고 및 교육, 퇴직 및 직무 변경 관리, 보안 위반 시 조치 등 임직원의 보안 수준을 제고하는 데 목적이 있다. 개인정보 및 중요정보의 취급, 주요 시스템 접근 등 주요 직무의 기준을 명확히 정의하고 주요 직무자를 지정해 목록으로 관리해야 하며, 권한 오·남용 등으로 인한 잠재적인 피해 예방을 위해 직무 분리 기준을 수립해 적용해야 한다. 또한 퇴직 및 직무 변경이 발생한 경우에는 지체 없이 정보자산 반납, 접근권한 회수·조정해야 한다. 임직원 입·퇴사 시 또는 임시직원, 외주용역직원에게 정보시스템 접근 권한을 부여할 경우에는 정보보호 서약서를 징구하고 연간 교육 계획을 수립해 연 1회 이상 주기적으로 교육 훈련을 수행해야 한다. 지속적으로 인식제고 및 통제를 수행함에도 불구하고 보안 규정을 위반한 경우를 대비해 절차를 마련해야 한다.

2.3 외부자 보안

가. 인증 분야 및 항목 설명

분야	항목
2.3 외부자 보안	2.3.1 외부자 현황 관리
	2.3.2 외부자 계약 시 보안
	2.3.3 외부자 보안 이행 관리
	2.3.4 외부자 계약 변경 및 만료 시 보안

2.3.1 외부자 현황 관리

업무의 일부(개인정보취급, 정보보호, 정보시스템 운영 또는 개발 등)를 외부에 위탁하거나 외부의 시설 또는 서비스(집적정보통신시설, 클라우드 서비스, 애플리케이션 서비스 등)를 이용하는 경우 그 현황을 식별하고 법적 요구사항 및 외부 조직·서비스로부터 발생되는 위험을 파악해 적절한 보호대책을 마련해야 한다.

🔒 **관리체계 범위 내에서 발생하고 있는 업무 위탁 및 외부 시설·서비스의 이용 현황을 식별하고 법적요구사항 및 위험에 따라 적절한 보호대책을 마련해야 한다.**

정보보호 및 개인정보보호 관리체계 범위 내에서 계약중인 외부 파트너사, 개인정보 처리위탁사, 사용 중인 IDC 또는 클라우드 서비스 관리 업체 등 외부자 현황 및 계약 관계를 명확히 식별하여야 한다. 해당 업체들과 협업함에 있어 파생되는 법적요구사항 및 위험사항을 파악하고 보호대책을 마련해야 한다.

💡 **실무 사례**

기업의 업무처리를 위해서는 정보시스템 개발·운영·유지보수, 보안관제 및 보안장비 운영, 물리적인 출입관리 및 경비, 컨설팅, 고객상담, IDC, 클라우드 서비스 이용 등 많은 외부자와 협업을 수행하게 된다. 이러한 모든 경우를 정보보호팀에서 개별적으로 식별하기에는 현실적인 어려움이 있다. 특히, 단발성으로 끝나는 소규모 프로젝트 같은 경우에는 더욱 식별하기 어렵기 때문에 전사 차원 또는 외주 협력이 빈번하게 일어나는 부서와 외주관련 사항을 공유할 수 있는 프로세스를 수립하는 것이 필요하다. 또한 외주인력에 대한 정보보호 관련 책임이 계약 담당부서 및 담당자에게 있음을 지속적으로 교육한다. 외주 계약 시 계약서에 보안 요구사항을 반영할 수 있도록 표준계약서 제공, 서약서 양식 제공, 개인정보처리시스템의 경우 추가 보안 요구사항 제공, 상주하는 외주인력에 대한 보안 요구사항 등을 제공해 업무 수행 시 활용할 수 있도록 지원해야 한다.

🔧 **증적 자료**

* 외부 위탁 및 서비스 사용 현황
* 표준 위탁 계약서 및 정보보호 확약서
* 수탁자 보안점검 방안 및 체크리스트

- 외부 위탁, 시설, 서비스 현황을 목록으로 관리하고 지속적으로 현행화가 이뤄지고 있는 지 확인해야 한다.
- 클라우드 서비스 등으로 이전된 개인정보 등도 식별하고 위험평가를 수행하고 있는지 확인해야 한다.

2.3.2 외부자 계약 시 보안

외부 서비스를 이용하거나 외부자에게 업무를 위탁하는 경우 이에 따른 정보보호 및 개인정보보호 요구사항을 식별하고, 관련 내용을 계약서 또는 협정서 등에 명시해야 한다.

인증대상 기관 준비사항

🔒 **중요정보 및 개인정보 처리와 관련된 외부 서비스 및 위탁업체를 선정하는 경 우 정보보호 및 개인정보보호 역량을 고려하도록 절차를 마련하고 외부 서비스 이용 및 업무 위탁에 따른 정보보호 및 개인정보보호 요구사항을 식별하여 이 를 계약서 또는 협정서에 명시해야 한다.**

외부 서비스 및 위탁업체 선정 시에는 해당 업체가 정보보호에 대한 역량을 보유하고 있는지 평가하기 위해 제안요청서[RFP]에 정보보호 요건을 반영하는 것이 필요하다. 또한 계약서 작성 시 해당 서비스 위탁으로 인한 법률요구사항, 인증요구사항, 회사 정보보호정책 요구사항을 식별하고 계약서 및 협정서에 명시해야 한다.

- 정보보호 및 개인정보 서약서 제출
- 업무 수행을 통해 수집한 정보유출 방지 대책
- 위탁 수행자 정보보호 교육 수행
- 주기적인 보안점검 수행
- 네트워크 접속 통제(내부망 접속 통제, 인터넷망 접속 통제, 무선 네트워크 접속 통제 등)
- 정보시스템 반출입통제 및 단말기 보안

- 정보시스템 권한 부여 현황 관리 및 주기적인 점검
- 재위탁 제한 및 재위탁 시 보안 요구사항 명시
- 보안 요구사항 위반 시 손해배상 명시

개인정보 관련 업무를 위탁하는 경우에는 관련 법률요구사항을 계약서에 명시해야 한다.

- 위탁업무의 목적 및 범위(예: 고객만족도 조사 업무, 회원가입 및 운영 업무, 사은품 배송을 위한 이름, 주소, 연락처 처리 등)
- 개인정보의 위탁 목적외 사용 금지
- 계약상 권리와 의무의 전부 또는 일부를 제3자에게 양도하거나 재위탁 금지
- 개인정보의 관리적·기술적 보호방안 마련
- 개인정보의 현황 관리 및 관리 감독에 관한 사항
- 계약 종료 후에도 위탁업무 수행 목적 범위를 넘어 개인정보를 이용하거나 이를 제3자에게 제공 또는 누설 금지
- 수탁자 등을 관리감독(예: 1. 개인정보의 처리 현황, 2. 개인정보의 접근 또는 접속현황, 3. 개인정보 접근 또는 접속 대상자, 4. 목적외 이용·제공 및 재위탁 금지 준수 여부, 5. 암호화 등 안전성 확보조치 이행 여부, 6. 그 밖에 개인정보의 보호를 위해 필요한 사항)
- 개인정보 취급자 교육 및 주기적인 점검에 대한 사항
- 계약 위반 시 손해 배상에 대한 사항

정보시스템 및 개인정보처리시스템 개발을 위탁하는 경우에는 개발 업무와 관련된 보안 요구사항을 식별하고 정보보호 및 개인정보보호 요구사항을 계약서에 명시해야 한다.

- 법률 요구사항 개발 시 정보보호 요구사항에 반영 여부
- 시큐어 코딩 절차 및 적용방안
- 법률 보안 요구사항 반영 여부 및 시큐어 코딩 반영 확인을 위한 보안테스트 방안(취약점 점검 등)
- 개발산출물 및 개발과정에서 취약한 정보의 보호방안

개인정보를 외부에 위탁해 처리하는 경우에는 개인정보보호 종합포털(https://talk. privacy.go.kr/talk/share/shareDataList.do?pageIndex=3)에서 제공하는 "표준 개인정보 처리위탁 계약서(샘플)"를 참고해 사용할 수 있다. 해당 위탁계약서에는 위탁업무의 목적 및 범위, 재위탁 제한, 개인정보의 안전성 확보조치, 개인정보의 처리제한, 수탁자 관리감독 등의 내용을 포함하고 있다.

⚒ 증적 자료

- 위탁관련 내부 지침
- 위탁업체 선정 기준
- 위탁 계약서
- 외부 위탁업체 목록
- 개인정보처리 표준 위탁 계약서

📝 심사원 중점 검토사항

- 외주 업체와 업무를 진행할 때 관련 계약서가 존재하는지 확인해야 한다.
- 계약서내 위탁업무 특성(예: 시스템 운영, 인프라 운영, 개인정보 처리위탁 등)에 따른 보안 요구사항이 제대로 식별돼 반영되고 있는지 확인해야 한다.
- 개인정보 처리 업무를 외부에 위탁하는 경우 비밀 유지, 손해배상 등이 포함된 계약 내용이 반영돼 있는지 확인해야 한다.
- 정보보호지침 등 내부 규정에 외부 위탁업체와 계약 시, 업무 진행 시, 계약 시에 수행해야 할 정보보호기준이 포함돼 있는지 확인해야 한다.

2.3.3 외부자 보안 이행 관리

계약서, 협정서, 내부정책에 명시된 정보보호 및 개인정보보호 요구사항에 따라 외부자의 보호대책 이행 여부를 주기적인 점검 또는 감사 등 관리 · 감독해야 한다.

🔒 **외부자가 계약서, 협정서, 내부정책에 명시된 정보보호 및 개인정보보호 요구사항을 준수하고 있는지 주기적으로 점검 또는 감사를 수행하고 발견된 문제점에 대해 개선계획을 수립 · 이행해야 한다.**

외부계약 담당자는 외부자와 계약 시 정의한 보안 요구사항을 준수하고 있는지 여부를 업무 시작 시, 업무 수행 중간, 업무 수행 종료 전 등 주기적으로 점검 또는 감사를 수행해 위반사항이나 문제점이 없는지 확인해야 한다.

- 외부 파트너사 또는 개인정보 처리업무를 위탁받는 수탁자가 계약서에 명시된 보안 요구사항을 준수하는지 여부를 관리 · 감독

- 외부 업체가 정보시스템 개발 또는 운영을 담당하고 있는 업체인 경우 소프트웨어 개발 단계(분석/설계/구현/시험)에서 보안 준수 여부 관리 및 감독

- 외부 업체에게 턴키로 개발을 담당시킨 경우 해당 정보시스템의 보안취약점을 확인한 후 제거 여부, SW 보안취약점 발견사항 조치를 포함해 검수

- 외부자가 위탁 업무 수행과정에서 담당자 퇴직 등의 변경사항이 발생할 경우 위탁사 관련 부서에 보고하고 공식적인 절차에 따른 정보자산 반납, 접근계정 삭제 등의 조치 확인

🔒 **개인정보 처리업무를 위탁 받은 수탁자가 관련 업무를 제3자에게 재위탁하는 경우 위탁자의 승인을 받도록 해야 한다.**

- 개인정보처리 표준 위탁서 등에 명시된 수탁자의 재위탁 금지 조항 준수 원칙

- 수탁자가 불가피하게 개인정보 처리 등을 재위탁하는 경우 재위탁하는 내용에 대해서 알리고 이에 대한 승인 확보

- 재위탁을 한 경우 관리 감독(또는 직접 관리 감독할 수 있는 체계 수립)

💡 실무 사례

외부자가 기업 내부에 상주하는 경우에는 계약 시 보안 요구사항에 따라, 프로젝트 시작전 별도의 프로젝트룸 제공, 보안서약서 징구, 반입되는 IT 자산 보안점검(보안패치, 백신설치 등) 또는 IT 자산 반입 금지(별도 제공), 내부 네트워크 통제(Guest망 제공), 회사 보안소프트웨어 설치 등을 통해 보안을 강화한다. 장기 프로젝트의 경우 회사 담당자가 수시로 초기 보안상태가 유지되고 있는지 확인하고 프로젝트 종료 시점에 다시 한 번 보안 상태를 점검하고 저장매체 포맷 등을 통해 회사의 자료가 외부로 유출되는 것을 방지할 수 있다.

개인정보를 외부에 위탁하는 경우에는 개인정보보호법 제26조(업무위탁에 따른 개인정보의 처리제한)에 따라 수탁자를 점검해야 하기 때문에 수탁자 선정 및 계약 체결 시 개인정보를 안전하게 처리하고 보호할 역량을 가지고 있는지에 대해 검토한 후 선정한다. 보안 요구사항을 준수하고 있는지 주기적으로(일반적으로 연 1회) 관리·감독해야 한다. 개인정보 처리위탁과 관련된 사항은 개인정보보호 종합포털에서 제공하는 "IT 수탁자 개인정보 관리실태 이행확인 가이드라인"을 참고해 수행할 수 있다. 해당 가이드라인에는 개인정보보호법 조항별 설명, 위탁사/수탁자 보안준수, 이행확인 방법 및 자료 등을 포함하고 있다.

⚒ 증적 자료

- 외부자 및 수탁업체 보안점검 결과
- 외부자 및 수탁업체 교육 내역

2.3.4 외부자 계약 변경 및 만료 시 보안

외부자 계약만료, 업무종료, 담당자 변경 시에는 제공한 정보자산 반납, 정보시스템 접근계정 삭제, 중요정보 파기, 업무 수행 중 취득정보의 비밀유지 확약서 징구 등의 보호대책을 이행해야 한다.

인증대상 기관 준비사항

🔒 **외부자 계약만료, 업무 종료, 담당자 변경 시 공식적인 절차에 따른 정보자산 반납, 정보시스템 접근계정 삭제, 비밀유지 확약서 징구 등이 이뤄질 수 있도록 보안대책을 수립·이행해야 한다.**

외부자와의 계약 만료, 업무 종료 시 정보자산 반납, 시스템 접근계정 삭제, 중요정보 파기, 출입권한 및 자산 회수, 비밀유지서약서 작성 등 공식적인 절차가 마련돼야 한다. 중요정보의 파기여부 확인 시에는 담당자 PC, 이메일, 파일 서버 등 중요정보가 저장된 모든 장치에서 복구가 불가능하도록 삭제됐는지 여부를 확인해야 하며, 파기 확인서를 징구해야 한다. 클라우드 서비스 종료 시에는 물리적으로 주요정보 파기 여부를 확인할 수 없기 때문에 파기 확약서를 더욱 세밀하게 작성해, 클라우드 서비스에 중요정보가 남아있지 않다는 것을 근거로 남겨야 한다.

외부자와의 계약 만료 시 보안 요구사항 준수 여부를 담당자가 직접 확인하고 점검하는 것이 가장 좋지만 모든 부분은 완벽하게 확인하는 것은 현실적으로 어려움이 있다. 그렇기 때문에 반드시 다음과 같은 파기 확인서를 징구해야 한다.

표 3-13 고객정보 및 데이터 파기 확인서(예시)

고객정보 및 데이터 파기 확인서

___년 _월 _일부터 ___년 _월 _일까지 (　)가 _____업무 위탁을 통해 수집한 정보에 대해 다음과 같이 폐기업무를 이행했음을 확인합니다

1) 폐기정보
   - 성명, 전화번호, 주소 폐기

2) 폐기방법
   - 문서분쇄, USB 폐기, 컴퓨터 파일 삭제, 기타 저장(웹하드, 이메일 등) 매체 폐기/삭제

3) 폐기일: ~

상기 업무 불이행 및 이행 태만 등으로 인해 _____분쟁이 발생한 경우, (　)는 _____해당 분쟁을 신속히 해결할 것이며, _____(　)에 발생한 제반 손해를 배상할 것 임을 확약합니다.

(회사명)

(소재지)

(대표이사)   (인)

✕ 증적 자료

* 외부자 계약 종료 관련 지침
* 외부자 정보보호 및 개인정보보호 서약서
* 정보 파기 확약서

📝 심사원 중점 검토사항

* 정보시스템에 계약 만료된 외부자의 계정이 삭제되고 있는지 확인한다.
* 외부 용역 시 담당자 교체가 발생한 경우 보안서약서 징구 등 보안조치가 이뤄졌는지 확인한다.
* 개인정보 처리위탁업체와 계약이 종료된 경우 개인정보를 법률이 요구하는 수준으로 파기했는지 파기 이력을 확인한다.

나. 사례 연구

인증심사원 홍길동은 (주)가나다라의 인증심사에 참여해 외부인력에 대한 신청기관의 기준 및 운영 현황을 확인하기로 했다. 문서 검토, 담당자 인터뷰, 현장실사를 통해 확인된 사항은 다음과 같다. 심사 일자는 12월 30일이다.

(1) 정책 및 지침 확인

정보보호업무지침

제15조【외부자 위탁 계약】

　가. 회사는 외부 업체와 위탁 계약을 할 경우 반드시 표준 위탁 계약서 등에서 요구하고 있는 항목을 반영해야 한다.

　나. 회사는 수탁 계약 등을 진행할 때 반드시 법무검토를 거쳐 기밀유지조항 등 필요한 조항이 누락되지 않도록 해야 한다.

제25조【수탁자 등 외부 업체 관리】

    가. 정보보호 최고책임자는 수탁업체 등 외부 업체에 대한 감사 계획을 수립해야 한다.

    나. 정보보호 담당자는 감사 계획에 의거해 정기적으로 수탁업체를 점검하고 개선사항을 확인해야 한다.

    다. 수탁업체의 재위탁은 원칙적으로 금지하며, 재위탁의 경우 본사 법무팀의 검토 이후 진행할 수 있어야 한다. 단, 불가피하게 재위탁이 발생하는 경우 본사에서 수탁한 업체가 재위탁업체를 관리할 수 있도록 계획서를 수령하고 이를 근거로 관리감독해야 한다.

    라. 계약이 만료된 업체의 시스템 계정, 권한 등은 즉시 회수될 수 있도록 조치해야 하며, 별도의 개인정보 파기 확인서 등을 수령해야 한다.

    마. 계약이 만료된 업체의 인력에 대한 별도의 정보보호서약서를 수령해야 한다.

(2) 인터뷰 또는 실사를 통한 확인

인증심사원 홍길동은 심사기관인 (주)가나다라의 외부자 보안 현황을 확인하기 위해 정보보호팀, CS운영팀, L사 인터뷰 및 실사를 통해 다음 내용을 확인할 수 있었다.

■ **인터뷰**

첫째, 인터뷰 결과 신청기관은 외부 업체에 대한 연간 감사계획을 수립하고 정기적으로 점검하는 것으로 확인됐다.

둘째, 심사원은 신청기관에서 업무 위탁한 고객센터의 법인사업체명이 L사라는 것을 확인했다. 그러나, 신청기관이 직접 계약한 L사가 다시 재위탁 계약을 진행해 M사에 업무를 재위탁한다는 답변을 얻었다.

셋째, 심사원은 고객센터 관리를 하고 있는 신청기관의 CS 운영팀과 인터뷰를 통해 신청기관에서 M사를 어떻게 관리하고 있는지 문의했다. 그 결과 CS 운영팀의 담당자는 "L사에서 M사에 자체적인 교육을 제공하고 있는 것으로 알고 있습니다"라고 답변했다.

■ 시스템 확인 및 현장 실사

첫째, 신청기관에서 사용하고 있는 표준계약서를 확인한 결과, 다음과 같은 보안 요구사항을 포함하고 있는 것을 확인할 수 있었다.

○ 보안사고 발생 시 면책 및 손해배상에 관련된 사항
○ 고객의 콘텐츠가 사고 또는 불법행위로 인해 분실, 접근 또는 공개되는 것으로부터 보호하기 위한 방안
○ 고객의 콘텐츠나 정보에 법적 요구사항으로 접근하는 경우 방법, 절차, 통지에 관한 사항
○ 데이터 저장 시 암호화 및 전송 시 암호화 관련 사항
○ 이용자 정보의 보호에 관한 사항
○ 계약해지 및 기간만료 등으로 인한 계약 종료 시 이용자 정보 파기에 관한 사항
○ 폐업 등 서비스 제공 중단 시 이용자 보호에 관련한 사항
○ 법령에서 요구하는 이용기관 및 이용자의 정보보호에 관련된 사항

둘째, 신청기관의 고객상담 업무를 위탁한 고객센터 계약서를 확인해보기로 하고, "고객센터 용역 L사 위탁 계약 건"을 먼저 살펴봤다. 관련 계약은 신청기관이 운영하는 온라인 쇼핑몰에서 상품을 구매한 고객에 대한 응대 업무 위탁과 관련한 계약이었다. 법무 담당자와 인터뷰를 한 결과 고객센터 용역 계약은 최초 2013년에 체결된 것으로 확인됐다. 그 이후 매년 거의 유사한 내용으로 법무부서 검토 후에, 지속적으로 계약 연장을 진행해 온 것을 확인할 수 있었다.

셋째, 심사원은 "고객센터 용역 위탁 계약서"의 내용을 면밀하게 검토해보기로 했다. 그 결과 "제8조(기밀유지 의무)"를 제외하고는 정보보호와 관련된 어떠한 조항 및 내용도 포함돼 있지 않은 것을 확인할 수 있었다. [#1]

넷째, 심사원은 신청기관에서 업무 위탁한 고객센터의 법인사업체명이 L사라는 것을 확인했다. 그러나 신청기관이 직접 계약한 L사가 다시 재위탁 계약을 진행해 M사에 업무를 재위탁한 내용이 확인되었다. 즉 고객센터에 대한 실제 운영은 L사가 아닌 M사가 전담하고 있었다. [#2] 그러나 L사가 M사에 업무를 재 위탁할 경우 신청기관은 어떠한 법무 검토도 관여하지 않은 것으로 확인할 수 있었다.

다섯째, 심사원은 심사 다음날 위탁사인 L사를 방문했다. L사의 고객센터 운영본부 장을 통해, 전날 신청기관의 CS운영팀 담당자가 말한대로 L사에서 M사에 대한 교육 관리를 하는지에 대해서 직접 들여다보기로 했다. 그러나 수탁사 L사가 재위탁한 M 사를 점검했다는 어떤 점검 기록도 확인할 수 없었다. [#3]

(3) 결함 요약

결함 포인트 [#1]

고객센터 운영 등 개인정보 처리위탁을 하는 계약을 체결할 개인정보보호와 관련된 조항을 포함하는 것이 바람직하다. 또한 ISMS-P 통제항목에서 요구하고 있는 정보보호와 관련된 조항들을 포함해 계약서에 반영해야 한다. 신청기관의 일부 계약서 내용을 면밀히 검토한 결과 "(제8조) 기밀유지 의무"를 제외하고는 정보보호와 관련된 어떠한 내용도 들어가 있지 않다. 조직의 정보처리 업무를 외부자에게 위탁하거나 정보자산에 대한 접근을 허용할 경우, 또는 업무를 위해 클라우드 서비스 등 외부 서비스를 이용하는 경우에는 정보보호 요구사항을 식별하고 관련 내용을 계약서 및 협정서 등에 명시하나 이 부분이 누락돼 있다. 따라서 심사원은 고객센터 운영 등 개인정보 처리위탁 계약서 내에 정보보호 요구사항이 포함되도록 결함이 발생될 수 있다.

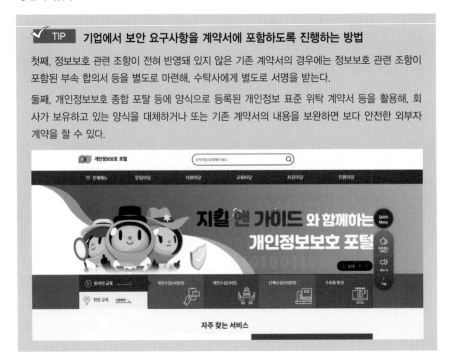

✓ TIP **기업에서 보안 요구사항을 계약서에 포함하도록 진행하는 방법**

첫째, 정보보호 관련 조항이 전혀 반영돼 있지 않은 기존 계약서의 경우에는 정보보호 관련 조항이 포함된 부속 합의서 등을 별도로 마련해, 수탁사에게 별도로 서명을 받는다.

둘째, 개인정보보호 종합 포털 등에 양식으로 등록된 개인정보 표준 위탁 계약서 등을 활용해, 회사가 보유하고 있는 양식을 대체하거나 또는 기존 계약서의 내용을 보완하면 보다 안전한 외부자 계약을 할 수 있다.

자료 〉 정책자료 메뉴에서 개인정보처리위탁 계약서(샘플)을 확인할 수 있다.

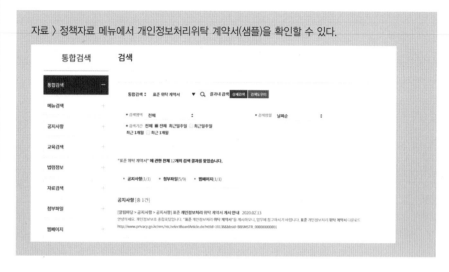

결함 포인트 [#2] [#3]

신청기관은 업무를 L사에 위탁했으며, L사가 다시 M에 개인정보를 위탁했으므로 "재위탁"의 개념이 성립한다. 신청기관의 정보보호업무지침에는 다음과 같은 내용이 포함돼 있었다.

"정보보호 담당자는 년간 감사계획에 의거해 정기적으로 수탁업체를 점검하고 개선사항을 확인해야 한다".

"수탁업체의 재위탁은 원칙적으로 금지하며, 재위탁의 경우 본사 법무팀의 검토 이후 진행할 수 있어야 한다."고 명기돼 있다.

그러나 신청기관은 인터뷰한 결과 재위탁 시 법무부서의 관여가 전혀 없었고, 수탁자인 L사가 M사를 제대로 관리 및 감독을 하지 않고 있는 것으로 판단된다. 따라서 수탁자 관리 감독을 이행하라는 결함이 발생될 수 있다.

(4) 결함 보고서 작성

결함 보고서				
기록일자	2023년 12월 30일		기업명	(주)가나다라
인증 범위	구분	결함유형	인증 범위명	기관 확인자
	ISMS	결함	(주)가나다라 상품판매 서비스	이순신 팀장(인)
심사원명	홍 길 동 (인)			
관계부서	정보보호팀			

관련조항	(보호대책) 2.3.2 외부자 계약시 보안
관련 근거	◇ (인증기준) 외부 서비스를 이용하거나 외부자에게 업무를 위탁하는 경우 이에 따른 정보보호 및 개인정보보호 요구사항을 식별하고, 관련 내용을 계약서 또는 협정서 등에 명시해야 한다. ◇ (내부규정))「정보보호업무지침」제15조(외부자 위탁 계약) (2023.11.25) 　가. 회사는 외부 업체와 위탁 계약을 할 경우 반드시 표준 위탁 계약서 등에서 요구하고 있는 항목을 반영해야 한다. 　나. 회사는 수탁 계약 등을 진행할 때 반드시 법무검토를 거쳐 기밀유지 조항 등 필요한 조항이 누락되지 않도록 해야 한다.
운영현황 및 결함내역	◇ (운영현황) 외부자 계약 시 표준계약서를 통해 계약을 수행하고 있음 　○ 신청기관은 외부자 계약 시 보안사고 발생 시 손해배상, 이용자 정보의 보호에 관한 사항, 계약 종료 시 이용자 정보 파기 등 정보보호 요구사항이 포함된 표준계약서를 제공하고 있음 ◇ (결함내역) 정보보호 요구사항이 반영되지 않은 계약이 존재함 　○ "고객센터 용역 위탁계약서" 내용을 검토한 결과 기밀유지 의무를 제외하고는 정보보호 요구사항이 반영되지 않음 ◇ (조치사항) 기존에 체결된 위·수탁자 계약에 대해 정보보호 및 개인정보보호 조항을 포함해 재계약하거나 별도의 협약서를 작성해 관리해야 함
근거목록	-「정보보호업무지침」(2023.11.25) - 외부자 계약서 - 표준 계약서

결함 보고서

기록일자	2023년 12월 30일		기업명	(주)가나다라
인증 범위	구분	결함유형	인증 범위명	기관 확인자
	ISMS	결함	(주)가나다라 상품판매 서비스	이순신 팀장(인)
심사원명	홍 길 동 (인)			
관계부서	정보보호팀, CS운영팀, L사			

관련조항	(보호대책) 2.3.3 외부자 보안 이행 관리
관련 근거	◇ **(인증기준)** 계약서, 협정서, 내부정책에 명시된 정보보호 및 개인정보보호 요구사항에 따라 외부자의 보호대책 이행 여부를 주기적인 점검 또는 감사 등 관리 · 감독해야 한다. ◇ **(내부규정)** 「개인정보보호지침」 제25조(수탁자 등 외부 업체 관리) (2023.11.25) 가. 정보보호 최고책임자는 수탁업체 등 외부 업체에 대한 감사계획을 수립해야 한다. 나. 정보보호 담당자는 감사계획에 의거해 정기적으로 수탁업체를 점검하고 개선사항을 확인해야 한다.

운영현황 및 결함내역	◇ **(운영현황) 수탁사에 대한 관리감독을 수행하고 있음**
	  ○ 신청기관은 정보보호 요구사항이 포함된 표준계약서를 제공하고 있음
	  ○ 외부 업체에 대한 연간 감사계획을 수립하고 정기적으로 감사를 수행함
	◇ **(결함내역) 재위탁사에 대한 관리감독이 수행되지 않는 문제점이 발견됨**
	  ○ 신청기관이 위탁한 고객센터 업무를 L사가 M사에게 재위탁하고 있음
	  ○ 수탁사 L사가 재위탁한 M사에 대한 점검 기록이 확인되지 않음
	◇ **(조치사항) 재위탁사인 M사를 관리감독할 수 있는 프로세스를 수립하고 정기적으로 관리 감독을 수행해야 함**

근거목록	- 「개인정보보호지침」(2023.11.25) - 외부 업체 연간 감사계획 - 외부 업체 연간 감사보고서

🖋 요약

외부자 보안에서는 외부자 현황을 식별, 외부자 계약 시 보안 요구사항, 외부자 보안 이행관리, 계약 만료 시 보안 등을 관리하는 데 목적이 있다. 관리체계 범위 내에서 발생하고 있는 업무 위탁 및 외부 시설 · 서비스의 이용 현황을 식별하여 누락 없이 관리체계 내에 포함시켜야 한다. 외부자 계약 시에는 보안 요구사항을 정의해 계약서 또는 협정서에 명시하고 외부자가 계약서, 협정서, 내부정책에 명시된 정보보호 및 개인정보보호 요구사항을 준수하고 있는지 주기적으로 점검 또는 감사를 수행해야 한다. 외부자 계약만료, 업무 종료, 담당자 변경 시 공식적인 절차에 따른 정보자산 반납, 정보시스템 접근계정 삭제, 비밀유지 확약서 징구 등이 이뤄질 수 있도록 보안대책을 수립·이행해야 한다. 위탁 업무와 관련해 외부자가 중요정보 및 개인정보를 보유하고 있는지 확인하고 이를 회수·파기할 수 있는 절차를 마련해야 한다.

2.4 물리보안

가. 인증 분야 및 항목 설명

분야	항목
2.4 물리 보안	2.4.1 보호구역 지정
	2.4.2 출입통제
	2.4.3 정보시스템 보호
	2.4.4 보호설비 운영
	2.4.5 보호구역 내 작업
	2.4.6 반출입 기기 통제
	2.4.7 업무환경 보안

2.4.1 보호구역 지정

물리적, 환경적 위협으로부터 개인정보 및 중요정보, 문서, 저장매체, 주요 설비 및 시스템 등을 보호하기 위해 통제구역·제한구역·접견구역 등 물리적 보호구역을 지정하고 각 구역별 보호대책을 수립·이행해야 한다.

🔒 **물리적, 환경적 위협으로부터 개인정보 및 중요정보, 문서, 저장매체, 주요 설비 및 시스템 등을 보호하기 위해 통제구역, 제한구역, 접견구역 등 물리적 보호구역 지정기준을 마련하고 보호구역별 보호대책을 수립·이행해야 한다.**

정보보호지침 내에 접견구역, 제한구역, 통제구역 등 물리적 보호구역 지정기준을 마련해야 하며, 외부인이 출입할 수 있는 구역은 접견구역, 사무실 등의 공간은 제한구역, 주요 정보처리 설비 및 시스템 구역 등은 통제구역으로 지정해야 한다.

- **접견구역**: 외부인이 별다른 출입 허가 없이 출입이 가능한 구역
- **제한구역**: 인가된 인력 이외 출입이 불가하도록 별도의 출입통제 장치 및 감시시스템이 설치된 장소(예: 사무실 등)
- **통제구역**: 제한구역의 통제항목을 모두 포함하고 출입자격이 최소 인원으로 유지되며 출입을 위해 추가적인 인증 절차가 필요한 곳(예: 전산실, 통신장비실, 관제실, 공조실, 발전실, 전원실 등)

물리적 보호구역으로 지정된 장소는 지정기준에 따라 보호구역을 지정하고 구역별 보호대책을 수립·이행해야 한다.

- 구역별로 출입통제시스템을 설치해 비인가자의 출입통제
- 전산실 등 통제 구역은 내부 인력의 출입현황을 기록하도록 하며, CCTV 등의 장치를 통해 출입 기록을 명확히 확보하기 위한 노력 수행
- 통신장비실, 전산실, 시스템 개발 구역, 관제실 등 업무 특성상 보호가 필요한 물리적 구역은 통제구역 표시판을 부착해 접근시도를 최소화하고 불법적인 접근시도의 주기적인 모니터링

💡 **실무 사례**

물리적인 보호구역으로 지정된 제한구역과 통제구역은 다음과 같은 표지를 부착해야 한다. 보호구역 표지는 출입문 중앙부 또는 비인가자가 쉽게 알아볼 수 있도록 잘 보이는 곳에 부착한다.

통제구역
관계자외출입금지

그림 3-8 보호구역 표시판(예시)

✖ 증적 자료

- 물리보안지침
- 제한구역, 통제구역 지정 현황
- 통제구역 내 표지판
- 통제구역 내 출입기록 검토 이력
- 통제구역 내 CCTV 설치 등 보호조치 현황

📝 심사원 중점 검토사항
- 정보보호지침 내 명기된 통제구역이 누락 없이 지정됐는지 확인해야 한다.
- 통제구역 내 보호대책이 이행되고 있는지 확인해야 한다.
- 상위 규정 및 물리적 보안지침 등에 명기된 통제구역 표지판이 제대로 부착돼 있는지 확인한다.

2.4.2 출입통제

보호구역은 인가된 사람만이 출입하도록 통제하고 책임추적성을 확보할 수 있도록 출입 및 접근 이력을 주기적으로 검토해야 한다.

🔒 **보호구역은 출입절차에 따라 출입이 허가된 자만 출입하도록 통제해야 한다.**

각 보호구역별 출입이 허가된 자만 출입이 가능하도록 임직원 및 외부인 출입통제 절차를 마련하고, 출입통제시스템(ID 카드, 지문인식 등)을 구축해서 시스템에 출입 가능한 임직원 현황을 등록하는 등의 관리를 해야 한다. 회사 규모상 출입로그를 남기지 않고 수동 자물쇠 등을 활용해 보호구역을 통제하는 경우 출입자에 대한 기록을 대장으로 남겨 반드시 물리적 출입기록을 확인할 수 있도록 해야 한다.

🔒 **각 보호구역에 대한 내 · 외부자 출입기록을 일정기간 보존하고 출입기록 및 출입권한을 주기적으로 검토해야 한다.**

보호구역에 대한 출입 신청, 관리자 승인, 권한부여, 권한 회수 등을 검토하는 절차를 마련해야 한다. 보호구역에 대한 내 · 외부자 출입기록을 일정기간 보존하고 출입기록 및 출입권한을 주기적으로 검토해야 한다. 출입기록을 검토할 때에는 업무 목적에 적합한 출입권한 부여, 퇴사자 또는 직무 변경으로 해당 보호구역 출입이 불필요한 인력에 대한 출입권한 회수, 장기 미출입자, 비정상적인 출입 시도, 업무 시간 이외 출입 등이 없는지 확인해야 한다.

💡 **실무 사례**

통제구역 등 보호구역에 대한 출입을 통제하기 위해 출입통제시스템을 구축하고 다음과 같은 출입관리대장을 작성하도록 해야 한다. 정보보호 담당자는 주기적(월 1회 또는 분기 1회)으로 출입통제시스템 로그와 출입관리대장을 점검해 비정상적인 출입이 없었는지 검토해야 한다.

표 3-14 통제구역 출입관리대장(예시)

통제구역 출입관리대장

통제구역명:

관리책임자:

출입 연월일	출입 시간	출입 목적	출입자				입회자			
			소속	직위/ 직급	성명	서명	소속	직위/ 직급	성명	서명

⚒ 증적 자료

- 제한구역 및 통제구역 출입자 명단
- 통제구역 출입 기록 검토 현황
- 통제구역 출입 신청 프로세스
- 통제구역 출입 신청 및 승인 이력 현황
- 통제구역 중요 장비 반·출입 기록 현황

- 보호구역 출입자에 대해서는 방문일자, 목적, 출입시각 등이 출입대장에 기입되고 있는지 확인해야 한다.
- 통제구역 출입 기록을 주기적으로 검토하고 있는지 확인해야 한다.
- CCTV 시스템 관리를 위한 DVR이 불필요한 인력이 접근하지 않도록 통제되고 있는지 확인해야 한다.
- 외부인 통제를 위한 지문인식, 출입카드 등의 출입통제장치를 설치 운영되고 있는지 확인해야 한다.
- 시스템 유지 보수 용역 담당자 등에게 지정된 통제 구역만 접근이 가능한 권한을 부여하고 있는지 확인해야 한다.

2.4.3 정보시스템 보호

정보시스템은 환경적 위협과 유해요소, 비인가 접근 가능성을 감소시킬 수 있도록 중요도와 특성을 고려해 배치하고, 통신 및 전력 케이블이 손상을 입지 않도록 보호해야 한다.

인증대상 기관 준비사항

🔒 **정보시스템의 중요도, 용도, 특성 등을 고려해 배치 장소를 분리하고 물리적 위치를 손쉽게 확인할 수 있는 방안을 마련해야 한다.**

개인정보 또는 사내 기밀정보 등 중요정보를 저장하고 있는 서버나 중요 네트워크 장비(백본 등)의 경우 정보시스템 특성에 따라 전산 랙 등에 분리해 배치하고 전산 랙에 잠금장치를 설치하는 등 인가된 자에 한해 접근이 가능하도록 관리해야 한다. 또한 보안사고나 장애 발생 시 신속한 대응을 위해 정보시스템의 위치를 빠르게 확인할 수 있도록 물리적 배치도(시설 단면도, 배치도 등) 또는 목록을 최신본으로 관리해야 한다.

🔒 **전력 및 통신케이블을 외부로부터의 물리적 손상 및 전기적 영향으로부터 안전하게 보호해야 한다.**

전력 및 통신케이블 전력 및 통신케이블은 물리적으로 구분해 배선해야 하고, 전력 및 통신케이블 사이의 상호간섭을 방지하기 위한 거리유지 및 도청이나 손상이 일어나지 않도록 케이블을 보이지 않게 매설해야 한다. 또한 어느 시스템에 연결돼 있는지 식별할 수 있도록 라벨 등을 부착해 관리해야 한다.

💡 **실무 사례**

정보시스템을 IDC에 운영하는 경우에는 IDC에 제공하는 케이지와 전산 랙에 잠금장치를 제공하고 있기 때문에 해당 장치를 이용해 접근할 수 있도록 절차를 마련해 운영한다. 일부 사내에서 사용하는 정보시스템을 서버실, 통신실 등을 마련해 구축하는 경우에는 해당 정보시스템의 중요도에 따라 물리적 위치, 출입통제 장치, 전원장치, 케이블보안 등의 보안관리를 수행해야 한다. 소화기를 미비치하거나 점검을 수행하지 않거나, 케이블이 정리되지 않은 상태에서 운영되지 않도록 해야 한다.

🛠️ **증적 자료**

- 정보시스템시설 도면 및 실장도
- 정보시스템 배치 현황

📝 **심사원 중점 검토사항**
- 전산장비가 보관된 바닥의 케이블이 잘 정리돼 있는지 확인해야 한다.
- 전산장비가 전산실 바닥에 배치되지 않도록 랙 등이 잘 관리되고 있는지 확인해야 한다.
- 배전반에 주의를 안내하는 표지판 등이 부착돼 있는지 확인해야 한다.
- 장애 또는 문제 발생 시 장비의 위치를 확인할 수 있는 자산 목록 및 배치도 등이 최신화돼 있는지 확인해야 한다.

2.4.4 보호설비 운영

보호구역에 위치한 정보시스템의 중요도 및 특성에 따라 온도·습도 조절, 화재감지, 소화설비, 누수감지, UPS, 비상발전기, 이중전원선 등의 보호설비를 갖추고 운영절차를 수립·운영해야 한다.

인증대상 기관 준비사항

🔒 **각 보호구역의 중요도 및 특성에 따라 화재, 수해, 전력 이상 등 인재 및 자연재해 등에 대비해 필요한 설비를 갖추고 운영절차를 수립해 운영해야 한다.**

보호구역으로 지정된 장소는 비인가된 외부 침입, 화재, 전력 이상 등의 비상상황을 대비하기 위해서 보호구역 중요도 및 특성을 고려한 보호구역별 설비를 배치하고, 운영 절차를 수립해야 한다. 전산실 등 통제구역은 상기설비를 갖추고 화재, 전력이상, 장애 등 비상 시 신속한 복구 및 대응이 가능한 운영 절차를 구체적으로 수립해야 한다.

- 항온항습기, 에어컨
- 소화설비, 화재감지기, 누수감지기
- UPS, 비상발전기, 전압유지기, 전력선 이중화, 접지시설
- CCTV, 외부 침입감지 및 경보, 출입통제시스템(예: 지문인식, 출입카드 등)
- 파손방지(예: 정보시스템기기의 랙 설치 등) 등
- 비상등, 비상로 안내표지 등

소방시설의 경우 소방시설 설치·유지 및 안전관리에 관한 법률 등을 고려해 화재감지기(예: 열감지, 연기감지)를 적절한 간격으로 설치하고 충분한 용량의 소화기를 비치해야 한다. 화재감지기 및 소화기 상태는 주기적으로 점검해야 한다.

에어컨 또는 항온항습기는 전산실 등에는 적정한 규모를 고려해 설치하고, 적절한 온도 및 습도(온도 16~26도, 습도 40~70%)를 항시 유지해야 한다. 정전, 전기 사고 등 전력이 갑자기 중단되는 사태를 대비해 보호구역 내 주요 시스템이 전력을 안정적으

로 공급받을 수 있도록 시설을 설치하고 지속적으로 운영·관리해야 한다. 비상벨, 비상등, 비상통로 안내표지 등을 설치해 재난, 화재 등의 재해 발생 시 안전하게 대피할 수 있도록 해야 한다.

IDC나 클라우드 서비스를 이용하는 경우 화재, 수재, 전력 이상, 온도, 습도, 환기 등의 환경적 위협 및 파손, 도난 등 물리적 위협으로부터 보호되도록 보안 요구사항을 계약서에 반영해야 한다. 정보통신망법 등에서 요구하는 보험 가입(예: IDC의 책임보험 등)이 제대로 돼 있는지 검토해야 한다. 또한 실제 계약서에 반영한 내용이 제대로 운영되고 있는지 주기적으로 상태를 확인해야 한다.

- 집적정보통신시설 보호지침
- 정보통신망법 제46조(직접된 정보통신시설의 보호)
- 정보통신망법 시행령 제38조(보험가입)

💡 실무 사례

정보시스템 운영을 IDC 또는 클라우드 서비스에 위탁하는 경우 IDC 또는 클라우드 서비스 선정 시 항온항습, 화재방지, 누수방지, 비상전력, 통제구역 통제 등의 물리적인 보안 요구사항을 준수하는지 확인해야 한다. 또는 물리적인 보안 현황을 요청할 경우 제공 받을 수 있도록 계약서에 명시해야 한다.

일부 사내에서 사용하는 정보시스템을 서버실, 통신실 등을 마련해 구축하는 경우에는 해당 정보시스템의 중요도에 따라 항온항습, 화재방지, 누수방지, 비상전력, 통제구역 통제 등의 보안관리를 수행해야 한다.

✂ 증적 자료

- 물리적 설비 현황
- 보호구역 내 소화기 설치 배치 현황(실사 가능)
- 에어컨 또는 항온항습기 등 운영 현황
- IDC 계약서 현황

- 정보보호지침에서 규정한 설비가 전산실 보호구역에 제대로 비치돼 있는지 점검해야 한다.
- 보호구역 내 비치돼 있는 소화설비, UPS, 항온항습기 등을 주기적으로 점검하고 있는지 확인해야 한다.
- 항온항습기, 에어컨 등이 표준 온도 또는 습도를 제대로 유지하고 있는지 확인해야 한다.

2.4.5 보호구역 내 작업

보호구역 내에서의 비인가행위 및 권한 오 · 남용 등을 방지하기 위한 작업 절차를 수립 · 이행하고, 작업 기록을 주기적으로 검토해야 한다.

인증대상 기관 준비사항

🔒 **정보시스템 도입, 유지보수 등으로 보호구역 내 작업이 필요한 경우에 대한 공식적인 작업신청 및 수행 절차를 수립 · 이행해야 한다.**

주요 시설 및 정보시스템이 위치한 통제구역(전산실 등)에서 임직원 및 외부인이 정보시스템 도입 및 폐기, 유지보수(정기점검 포함) 등의 사유로 작업을 하는 경우 작업을 신청하는 절차를 수립하고 작업 신청서 등을 통해 작업 사유, 모바일 기기 반출입 여부 등을 기록한다. 이 경우 관련 책임자가 승인한 후 작업이 이뤄질 수 있도록 해야 한다. 작업기록에는 작업일자, 작업시간, 작업목적, 작업내용, 작업업체 및 담당자명, 검토자, 승인자 등을 포함하고 작업 수행을 위한 모바일 기기를 반출입한 경우 모바일 기기 안전성 확보(백신 설치 등) 방안을 기록해야 한다.

보호구역내 작업 담당자는 작업신청 및 승인, 작업기록 작성, 모바일 기기 반출입 통제 등의 절차가 제대로 이행되고 있는지 출입 신청서, 출입관리대장 또는 출입관리시스템 로그기록을 정기적으로 검토해야 한다.

보호구역 내 작업의 경우 작업일지 등을 작성하고 인가된 작업 이외에 비정상적으로 수행된 작업은 없는지 주기적으로 검토해야 한다.

표 3-15 보호구역 작업관리대장(예시)

보호구역 작업관리대장

작업일시	작업시간	작업 목적	작업 내용	업체	작업자	검토자	승인

🛠 증적 자료

- 작업 신청서
- 보호구역 작업 일지
- 통제구역 출입 대장
- 보호구역 출입 기록 검토 결과 보고서
- 보호구역 작업 기록 검토 결과 보고서

📝 심사원 중점 검토사항

- 장비 반출·입이 있는 경우 정보보호지침 내에 명기된 규정에 따라 관리되고 있는지 확인해야 한다.
- 장비 반출입 기록이 관리 책임자에게 보고되고 있는지 확인해야 한다.
- 정기적으로 방문하는 유지보수업체 직원 등의 작업 기록 등이 검토되고 있는지 확인해야 한다.

2.4.6 반출입 기기 통제

보호구역 내 정보시스템, 모바일 기기, 저장매체 등에 대한 반출입통제절차를 수립·이행하고 주기적으로 검토해야 한다.

인증대상 기관 준비사항

🔒 **정보시스템, 모바일 기기, 저장매체 등을 보호구역에 반입하거나 반출하는 경우 정보유출, 악성코드 감염 등 보안사고 예방을 위한 통제 절차를 수립·이행해야 한다.**

주요 시설 및 정보자산이 위치한 통제구역 내 모바일 기기(노트북, 탭, 패드, 외장하드, USB 메모리, 등)의 반입은 원칙적으로 금지하는 것을 원칙으로 한다. 업무상 반드시 필요한 경우 책임자의 승인을 받은 후 반·출입 관리대장에 반드시 기록을 작성해야 한다. 정보시스템, 모바일 기기, 저장매체 반출입 시에는 중요정보 유출, 내부망 악성코드 감염 등의 보안사고를 예방하기 위해 반입 시에 안티바이러스 소프트웨어 설치 및 악성코드 감염 여부, 보안 업데이트 여부를 확인하고 USB 포트 차단(보안 스티커 등) 등을 수행한다. 반출 시에는 모바일 기기 등에 중요정보가 저장됐는지 확인해야 한다.

반출입 관리 대장에는 일시, 사용자, 기종(모델), 기기식별번호(MAC, 시리얼 번호 등), 반출입 사유, 반출입 장소, 보안점검 결과, 관리자 확인서명 등을 포함해 기록하고 반출입 이력을 주기적으로 점검해 보호구역 내 반출입에 이상이 없는지 점검해야 한다.

💡 **실무 사례**

보호구역에 전산장비를 반출한 경우에는 신청서와 관리대장을 작성하고 관련 내용을 주기적으로 검토해 비인가된 전산장비가 반출·입되지 않았는지 검토해야 한다.

표 3-16 장비 반·출입 신청서 양식(예시)

<table>
<tr><td colspan="6" align="center"><h1>장비 반입·반출 신청(승인)서</h1></td></tr>
</table>

신청인	성 명			소속	
	반입·출 일시			반입·출 사유	

물품내역	품 명	규격(모델)	수량	용 도	비고
	확인담당자	(인)	연락처		

위 장비의 (반입·반출)을 신청합니다.

년   월   일

위 신청인 :   (인)

표 3-17 장비 반·출입 관리대장 양식(예시)

장비 반출입 관리대장

반출입일시	사용자	기종(모델)	반출입 사유	보안점검 결과	담당자	서명

✕ 증적 자료

- 보호구역 내 반·출입 신청서 및 관리 대장
- 보호구역 내 모바일 기기 반·출입 현황 및 이력 검토 결과

📝 심사원 중점 검토사항

- 보호구역 출입 시 모바일 기기 반출입에 대한 통제 절차가 수립돼 있는지 확인해야 한다.
- 보호구역 출입 시 모바일 기기에 대한 반·출입 통제 절차가 제대로 이행되고 있는지 확인해야 한다.

2.4.7 업무환경 보안

공용으로 사용하는 사무용 기기(문서고, 공용 PC, 복합기, 파일 서버 등) 및 개인 업무환경(업무용 PC, 책상 등)을 통해 개인정보 및 중요정보가 비인가자에게 노출 또는 유출되지 않도록 클린데스크, 정기점검 등 업무환경 보호대책을 수립·이행해야 한다.

인증대상 기관 준비사항

🔒 **문서고, 공용 PC, 복합기, 파일 서버 등 공용으로 사용하는 시설 및 사무용 기기에 대한 보호대책을 수립·이행해야 한다.**

회의실, 프로젝트룸, 화상회의실 등 공용사무실 및 팩스, 복사기, 프린트 등의 공용사무기기 주변에 중요정보문서를 방치하지 않도록 해야 한다. 파일 서버 및 중요문서 보관소에 대한 접근권한을 부서별, 업무별 등으로 부여해 불필요한 정보공개를 최소화해야 한다. 공용 PC를 사용하는 경우에는 담당자 지정, 화면보호기 설정, 암호설정, 중요정보 저장 제한, 백신설치 및 보안업데이트 설치, 비밀번호의 주기적 변경을 통해 보호해야 한다.

🔒 **업무용 PC, 책상, 서랍 등 개인업무 환경을 통한 개인정보 및 중요정보의 유·노출을 방지하기 위한 보호대책을 수립·이행해야 한다.**

개인업무 환경에서의 정보보호에 대한 정책은 다음 내용을 포함해야 한다.

- 자리 이석, 퇴근, 휴가 시 책상 위에 중요문서, 저장매체방치 금지
- 중요문서가 보관된 서랍장, 캐비넷 잠금장치 사용
- 일정시간 컴퓨터 미사용 시 화면보호기를 설정
- 안전한 로그인 비밀번호 사용 및 주기적 변경
- 로그인 정보(ID, 비밀번호) 노출 금지(포스트잇 기록 부착 등)
- 개인용 컴퓨터 백신 설치, 최신 패치, 공유폴더 설정 제한
- 중요정보가 포함된 문서 폐기 시 세절기를 이용한 파쇄 등
- 자리 이석 시 중요문서 및 저장매체 방치 금지 등

🔒 개인정보가 포함된 종이 인쇄물 등 개인정보의 출력·복사물을 통한 개인정보의 분실·도난·유출 등을 방지하고 출력·복사물을 안전하게 관리하기 위하여 필요한 보호조치를 해야 한다.

※ 출력·복사물 보호조치(예시)

- 출력·복사물 보호 및 관리 정책, 규정, 지침 등 마련
- 출력·복사물 생산·관리 대장 마련 및 기록
- 출력·복사물 운영·관리 부서 지정 및 운영
- 출력·복사물 외부반출 및 재생산 통제·신고·제한
- 인쇄자, 인쇄일시 등 출력·복사물 기록 저장·관리
- 종이 인쇄물에 대한 파기 절차, 파기여부 확인 등을 포함하는 파기계획 수립 및 주기적 점검
- 복합기 보안, 출력물 워터마크 등 출력·복사물 보안기술 적용 등

🔒 개인 및 공용업무 환경에서의 정보보호 준수 여부를 주기적으로 검토해야 한다.
임직원에게 책임이 있는 개인업무환경 및 공용업무환경에서의 정보보호 준수 여부를 자가 진단할 수 있도록 프로세스를 수립하고 관리부서에서 주기적으로 정보보호 준수 여부를 점검하고 미준수자는 상벌규정에 따라 관리해야 한다.

💡 실무 사례

임직원이 관리하는 개인 또는 공용 업무용 장비들의 보안을 위해서는 지속적인 임직원 교육을 수행하고 주기적으로 생활보안점검을 통해 우수자 포상 및 미준수자 페널티를 부여해 보안의식 수준을 높여야 한다.

표 3-18 생활보안점검 체크리스트(예시)

점검 항목		설명
중요정보 보관장소 잠금	노트북	노트북 잠금장치 설치 여부 점검
	서랍, 캐비넷 등	– 자리 이석, 퇴근, 휴가 시 책상 서랍에 잠금장치 점검 – 공용 캐비넷 잠금장치 점검 – 서랍, 캐비넷 등의 잠금 열쇠 보안 상태 점검
중요정보 방치	USB, 외장하드	중요정보가 저장되는 이동형 저장장치를 안전한 장소에 보관하는지 점검
	사원증 관리	사원증 방치 여부 점검
	출력물등 문서 관리	– 자리이석, 퇴근, 휴가 시 중요문서 방치 여부 점검 – 프린터, 복사기 등에 중요문서 방치 여부 점검
	회의실 필기 및 자료	– 회의실 내 회의 후 중요문서 방치 여부 점검 – 회의 중 칠판에 필기한 내용 삭제 여부 점검
PC 보안	로그인 비밀번호 설정	PC, 공용장비에 로그인, 비밀번호 설정 점검
	화면 보호기 설정	PC, 공용장비에 화면 보호기 설정 점검
	모든 계정 접속 공유폴더	공유 폴더 사용 시 인가된 사용자만 접속할 수 있도록 설정됐는지 여부 점검
	최신 보안패치	최신 보안패치 설치 여부 점검
	백신 설치	백신 설치 및 최신 업데이트, 실시간 감시기 활성화 여부 점검
	P2P 등 비인가 프로그램 설치	P2P 등 불법 프로그램 설치 여부 점검
	중요정보 암호화 저장	개인정보 등 중요정보 저장 파일에 암호설정 여부 점검

🛠 증적 자료

- 공용 환경 점검에 대한 기준
- 생활보안 점검 등 클린데스크 점검표 및 점검 이력
- 미준수자에 대한 조치 결과
- 우수 이행자에 대한 포상 이행 증적

- 정보보호지침 또는 인사규정 등에 정보보호 위반에 대한 페널티 규정 등이 포함돼 있는 지 확인해야 한다.
- 공용 사무기기(공용 PC, 문서고, 파일 서버, 복합기 등) 및 개인 업무환경(PC, 책상 등)에 서 회사의 기밀정보가 유출되지 않도록 주기적으로 점검하고 모니터링되고 있는지 확인 해야 한다.
- 이상행위를 소명하는 절차 이후 공식적인 상벌 규정 등이 적용되고 있는지 확인해야 한다.

나. 사례 연구

인증심사원 홍길동은 (주)가나다라의 인증심사에 참여해 물리보안에 대한 현황을 확인하기로 했다. 문서 검토, 담당자 인터뷰, 현장실사를 통해 확인된 사항은 다음과 같다. 심사 일자는 12월 30일이다.

(1) 정책 및 지침 확인

물리적 보안 지침

제5조【통제구역 및 제한구역】

가. 회사는 사무실 등 임직원만 출입하는 공간을 제한구역으로 설정해야 한다. 또한 제한 구 역 중 서버, 네트워크 장비 등이 보존돼 있는 곳을 통제구역으로 설정해야 한다.

나. 제한구역과 통제구역에는 해당 구역을 정확히 알 수 있는 표식을 부착해야 한다.

다. 통제구역 및 제한구역의 출입 보안 목적으로 저장되는 영상 데이터는 120일간 보관할 수 있다.

(중략)

제14조【통제구역 내 보호설비】

가. 주요 시설 및 시스템이 위치하고 있는 통제구역의 경우 업무목적에 따라 최소한의 인원 만 출입할 수 있도록 통제해야 한다.

나. 보호구역에 외부인 출입이 필요한 경우 내부 임직원 출입절차와는 별도의 절차(방문객 출입증 발급 및 패용, 방문장소로 출입권한 제한, 담당자 동행, 출입대장 작성 등)를 마련 해 출입을 통제해야 한다.

다. 보호구역 내 정보시스템, 모바일 기기, 저장매체 등에 대한 반출입이 필요한 경우 인프라

부서장의 승인을 받아야 한다.

제29조【공용공간 보안】

가. 팩스, 복합기 등이 비치된 공용 공간에는 출력물 등이 방치되지 않도록 해야 한다.

나. 팩스, 복합기 등이 비치된 공용 공간에는 문서 파쇄를 위한 장치를 마련해야 한다.

나. 정보보안 주관 부서는 공용 공간의 보안 유지 상태를 주기적으로 점검해야 한다.

(2) 인터뷰 또는 실사를 통한 확인

인증심사원 홍길동은 심사기관인 (주)가나다라의 물리적인 보안을 확인하기 위해 정보보호팀, 운영팀 인터뷰 및 실사를 통해 다음 내용을 확인할 수 있었다.

첫째, 신청기관은 건물 출입 보안을 위해 총 5대의 CCTV를 운영하고 있었다. CCTV 서버 룸의 출입문에는 "제한구역"이라는 표지가 붙어 있음을 확인할 수 있었다. [#1]

둘째, CCTV 서버 룸은 특정한 사람만이 출입할 수 있도록 사원증을 출입통제 시스템에 가져가면 신분을 인식할 수 있도록 돼 있었고, CCTV룸 안으로 출입했을 때, 심사원은 CCTV 관리자 장비가 랙에 의해서 보호되고 있었음을 확인할 수 있었다. 또한 해당 랙은 특정한 사람만 장비를 조작할 수 있도록 열쇠로 잠겨 있었다.

셋째, 네트워크 장비 룸은 네트워트 전산실의 출입문에는 "통제구역"이라는 표지가 붙어 있었으며, 출입증을 패용한 일부 인원에 대해서만 출입이 허용하도록 돼 있었다. 심사원이 해당 출입권한을 어디서 부여하는지 묻자 해당 권한은 HR 부서에서 담당한다고 했다. 통제구역의 경우 업무목적에 따라 최소한의 인원만 출입할 수 있도록 통제하고 있고 보호구역에 외부인 출입이 필요한 경우 내부 임직원 출입절차와는 별도의 절차(방문객 출입증 발급 및 패용, 방문장소로 출입권한 제한, 담당자 동행, 출입대장 작성 등)를 마련해 출입을 통제하고 있다.

넷째, 심사원이 모바일 또는 노트북 등을 가지고 해당 구역에 출입할 수 있는지에 확인한 결과, 모바일 기기에 대한 반출입을 기록한 관리대장을 확인할 수 없었다. 운영팀 담당자 확인 결과, 전산실 출입 시 모바일 또는 노트북에 대한 반출입을 통제하는 정책이 명확하게 수립돼 있지는 않다고 답변했다. [#2]

다섯째, 심사원이 네트워크 전산실 장비 룸을 돌아본 결과 특이한 점을 발견했다. 1개의 서버가 다른 장비가 위치한 전산 랙에 위치해 있지 않고, 전산실 바닥에 비치돼 운영되고 있었다. 사유를 물어보니 최근에 구매한 서버 장비의 사이즈가 기존과 다른데, 해당 랙을 비치할 공간이 없어 부득이하게 바닥에서 운영하고 있다고 답변했다. [#3]

여섯째, 심사원은 회사 사무실을 점검하는 동안 특정 부서가 모두 자리에 부재함을 확인했다. 또한 팩스, 복사기 등 복합기가 있는 공간을 점검한 결과, 3일전 팩스를 보냈던 전송 기록 문서와 어제 출력됐던 문서가 회수되지 않고 그대로 방치되고 있음을 확인했다. [#4]

(3) 결함 요약

결함 포인트 [#1]
CCTV 서버 룸에는 '제한구역'이 부착돼 있었다. ISMS-P 인증기준에는 비인가자의 물리적 접근 및 각종 물리적, 환경적 재난으로부터 주요 설비 및 시스템을 보호하기 위해 통제구역, 제한구역, 접견구역 등 물리적 보호구역을 지정하고 각 구역별 보호 대책을 수립·이행해야 한다고 되어 있다. 따라서 CCTV 서버 룸은 사무실 공간에서도 소수의 인원만 들어가야 하는 곳이므로, 통제구역으로 지정해야 한다.

결함 포인트 [#2]
주요 시설 및 정보자산이 위치한 통제구역 내 모바일 기기(노트북, 탭, 패드 등)의 반입은 원칙적으로 금지하는 것이 바람직하며 업무목적으로 작업의 원활한 수행을 위해 불가피하게 모바일 기기를 사용해야 하는 경우 사전 승인을 받아야 한다. 통제구역 내에 노트북, 태블릿 등을 가지고 출입하지 않도록 하는 명확한 정책 수립이 필요하다. 따라서, 모바일 기기 반출입 정책을 준수하지 못한 것이며, 관련 정책을 수립하도록 결함이 도출될 수 있다.

결함 포인트 [#3]
심사원이 확인한 장비가 전산 랙에 위치해 있지 않고, 전산실 바닥에 비치돼 운영되고 있음을 확인했다. 따라서 심사원은 해당 서버 등을 승인된 사람만 접근하도록 해야 한다고 요구할 수 있으며, 결함이 도출될 수 있다.

결함 포인트 [#4]
심사원이 복합기 등이 위치한 공간에서 3일 전 팩스를 보냈던 전송 기록 문서와 어제 출력됐던 문서가 회수되지 않고 그대로 방치되고 있음을 확인했다. 따라서 공용 공간의 문서가 제대로 회수되도록 주기적인 점검을 시행하는 결함을 줄 수 있다.

(4) 결함 보고서 작성

<table>
<tr><td colspan="6" align="center"><h2>결함 보고서</h2></td></tr>
<tr><td>기록일자</td><td colspan="2">2023년 12월 30일</td><td>기업명</td><td colspan="2">(주)가나다라</td></tr>
<tr><td rowspan="2">인증 범위</td><td>구분</td><td>결함유형</td><td colspan="2">인증 범위명</td><td>기관 확인자</td></tr>
<tr><td>ISMS</td><td>결함</td><td colspan="2">(주)가나다라 상품판매 서비스</td><td>이순신 팀장(인)</td></tr>
<tr><td>심사원명</td><td colspan="5" align="center">홍 길 동 (인)</td></tr>
<tr><td>관계부서</td><td colspan="5" align="center">정보보호팀</td></tr>
<tr><td>관련조항</td><td colspan="5">(보호대책) 2.4.1 보호구역 지정</td></tr>
<tr><td rowspan="2">관련 근거</td><td colspan="5">◇ (인증기준) 물리적·환경적 위협으로부터 개인정보 및 중요정보, 문서, 저장매체, 주요 설비 및 시스템 등을 보호하기 위해 통제구역·제한구역·접견구역 등 물리적 보호구역을 지정하고 각 구역별 보호대책을 수립·이행해야 한다.
◇ (내부규정)「물리적보안지침」제5조(통제구역 및 제한구역) (2023.11.25)</td></tr>
<tr><td colspan="5">가. 회사는 사무실 등 임직원만 출입하는 공간을 제한구역으로 설정해야 한다. 또한 제한 구역 중 서버, 네트워크 장비 등이 보존돼 있는 곳을 통제구역으로 설정해야 한다.
나. 제한구역과 통제구역에는 해당 구역을 정확히 알 수 있는 표식을 부착해야 한다.</td></tr>
<tr><td>운영현황
및
결함내역</td><td colspan="5">◇ (운영현황) 통제구역을 지정해 운영하고 있음
　○ 본사 네트워크 장비 룸을 통제구역으로 지정해 운영하고 있음
◇ (결함내역) CCTV 서버 룸이 통제구역이 아닌, 제한구역으로 잘못 지정돼 있음
　○ 주요 영상정보를 처리하고 있는 CCTV 서버 룸을 제한구역으로 지정하고 있음
◇ (조치사항) CCTV 서버 룸을 통제구역으로 지정하고, 통제구역의 표지판을 부착해 통제구역의 보호대책을 적용해야 함</td></tr>
<tr><td>근거목록</td><td colspan="5">-「물리적보안지침」(2023.11.25)
- 네트워크 장비룸, 서버 룸 실사</td></tr>
</table>

결함 보고서

기록일자	2023년 12월 30일		기업명	(주)가나다라
인증 범위	구분	결함유형	인증 범위명	기관 확인자
	ISMS	결함	(주)가나다라 상품판매 서비스	이순신 팀장(인)
심사원명	홍 길 동 (인)			
관계부서	정보보호팀, 운영팀			

관련조항	(보호대책) 2.4.6 반출입 기기 통제
관련 근거	◇ **(인증기준)** 보호구역 내 정보시스템, 모바일 기기, 저장매체 등에 대한 반출입 통제절차를 수립·이행하고 주기적으로 검토해야 한다. ◇ **(내부규정)** 「물리적보안지침」 제14조(통제구역 내 보호설비) (2023.11.25) 다. 보호구역 내 정보시스템, 모바일 기기, 저장매체 등에 대한 반출입 필요한 경우 인프라 부서장의 승인을 받아야 한다.

운영현황 및 결함내역	◇ **(운영현황)** 통제구역을 지정하고 접근을 통제하고 있음
	  ○ 통제구역의 경우 업무목적에 따라 최소한의 인원만 출입할 수 있도록 통제하고 있음
	  ○ 보호구역에 외부인 출입이 필요한 경우 내부 임직원 출입절차와는 별도의 절차(방문객 출입증 발급 및 패용, 방문장소로 출입권한 제한, 담당자 동행, 출입대장 작성 등)를 마련해 출입을 통제하고 있음
	◇ **(결함내역)** 통제구역 내 모바일 기기 반출입 프로세스 미이행 문제점이 발견됨
	  ○ 통제구역 내 노트북, 태블릿 등의 모바일 기기 등을 반출입 시 승인 프로세스를 이행하고 있지 않음
	◇ **(조치사항)** 통제구역 내 모바일 기기를 반입하는 경우에는 사전 승인을 받고 관리대장을 작성해 기록을 남겨야 함

근거목록	- 「물리적보안지침」(2023.11.25) - 통제구역 출입관리대장

🖋 요약

물리보안에서는 물리적·환경적 위협으로부터 주요 시설을 보호하기 위한 절차를 마련하고 시설을 구축하는 데 목적이 있다. 주요설비 및 시스템이 구축된 장소는 보호구역으로 지정하고 출입통제, 정보시스템 보호, 보호설비 운영, 보호 구역내 작업 관리, 반출입통제 등을 수행해야 한다. 외부 집적정보통신시설(IDC)에 위탁 운영하는 경우에는 물리적 보호에 필요한 요구사항을 계약서에 반영하고 운영상태를 주기적으로 검토해야 한다. 또한 문서고, 공용 PC, 복합기, 파일 서버 등 공용으로 사용하는 시설 및 사무용 기기에 대한 보호대책을 수립하고 개인 및 공용업무 환경에서의 정보보호 준수 여부를 주기적으로 검토해야 한다.

2.5 인증 및 권한관리

가. 인증 분야 및 항목 설명

분야	항목
2.5 인증 및 접근통제	2.5.1 사용자 계정 관리
	2.5.2 사용자 식별
	2.5.3 사용자 인증
	2.5.4 비밀번호 관리
	2.5.5 특수 계정 및 권한 관리
	2.5.6 접근권한 검토

2.5.1 사용자 계정관리

정보시스템과 개인정보 및 중요정보에 대한 비인가 접근을 통제하고 업무 목적에 따른 접근권한을 최소한으로 부여할 수 있도록 사용자 등록 · 해지 및 접근권한 부여 · 변경 · 말소 절차를 수립 · 이행한다. 사용자 등록 및 권한부여 시 사용자에게 보안책임이 있음을 규정화하고 인식시켜야 한다.

인증대상 기관 준비사항

🔒 **정보시스템과 개인정보 및 중요정보에 접근할 수 있는 사용자 계정 및 접근권한의 등록 · 변경 · 삭제에 관한 공식적인 절차를 수립 · 이행해야 한다.**

정보시스템 및 개인정보처리시스템의 사용자 계정 등록 · 삭제(비활성화) 및 접근권한 등록 · 변경 · 삭제는 수립된 절차에 따라 사용자가 신청하고 책임자의 승인이 완료된 후 수행돼야 한다. 계정은 고유한 사용자 계정을 발급하고 공유 사용을 금지해야 하며 전보, 퇴직, 부서이동 등 인사이동 발생 시 지체 없이 권한 회수 또는 변경 작업을 수행해야 한다. 사용자 계정 발급 및 접근권한 부여의 적정성 검토를 위해 정보시스템에 등록된 사용자 계정 및 접근권한 부여 현황을 기록·관리해야 한다. 클라우드 서비스를 이용하는 경우 클라우드 서비스 관리콘솔 계정, 롤^{Role} 등의 접근권한 등록·변경·삭제에 관한 절차를 추가로 포함해야 한다.

💡 실무 사례

정보시스템을 사용하기 위한 계정을 신청하는 경우에는 다음과 같은 사용자 계정 신청서를 작성해 전자결재시스템 등을 이용해 해당 정보시스템을 관리하고 있는 부서 책임자의 승인을 받아야 한다. 정보시스템 담당자는 책임자의 승인이 확인된 경우에 한해 사용자 계정 생성 및 권한을 부여하고 관련 내용을 기록해야 한다. 전보, 퇴직, 부서이동 등 인사이동 발생 시 권한을 즉시 회수하거나 변경해야 한다. 하지만 인사 발령에 대한 정보를 공유하는 프로세스가 수립돼 있어야 해당 프로세스를 차질 없이 이행할 수 있기 때문에 인사팀으로부터 인사이동 정보를 공유할 수 있는 프로세스를 먼저 수립해야 한다.

표 3-19 사용자 계정 신청서 양식(예시)

사용자 계정 신청서

신 청 자	
부 서 명	
신 청 일	
사용자ID	
구 분	신규( ), 추가( ), 삭제( ), 기타( )
사용기간	20 . . . ~ 20 . . , 영구( )
신청사유	
비 고	

🔒 정보시스템과 개인정보 및 중요정보에 접근할 수 있는 사용자 계정 및 접근권한 생성·등록·변경 시 직무별 접근권한 분류 체계에 따라 업무상 필요한 최소한의 권한만을 부여하고 해당 계정에 대한 보안책임이 본인에게 있음을 명확히 인식시켜야 한다.

개인정보 및 중요정보를 취급하는 직무별 또는 역할별로 분류체계를 작성해 정보시스템 접근권한을 정의하고 정보시스템 및 개인정보처리시스템에 대한 접근권한은 업무 수행에 필요한 최소한으로 할당하고 최소인원에 대해 할당해야 한다.

사용자 계정 등록·삭제(비활성화) 및 접근권한 등록·변경·삭제 권한을 한 사람에게 집중되지 않도록 하고 사용자 접근권한 변경이력에 대한 감사추적이 될 수 있도록 이력을 기록해야 한다. 불가피하게 계정관리 및 권한부여 권한이 한 사람에게 집중될 경우 권한부여 활동의 적정성을 주기적으로 검토해야 한다.

개인정보처리시스템의 접근권한부여 현황, 변경 또는 말소 내역 등을 기록하고 관련 법령에 따라 보관해야 하며 개인정보 취급자의 퇴직, 계약 종결 또는 직무 변경 시 접근권한을 제거 또는 변경해야 한다. 클라우드 서비스를 이용하는 경우 관리자, 일반사용자 등 권한을 차등해서 부여할 수 있는 기능을 제공하는지 여부와 각 계정의 로그인, 로그아웃 등 행위이력을 기록하는 기능을 제공하는지 검토해야 한다.

사용자에게 계정 및 접근권한을 부여하는 경우 정보보호정책, 서약서 등을 통해 계정에 대한 책임은 사용자에게 있음을 명기하고 이메일, 공지, 교육 등을 통해 지속적으로 인식을 제공해야 한다.

💡 실무 사례

정보시스템 및 개인정보처리시스템 도입, 구축, 개발 시 접근권한을 업무 수행 목적에 따라 최소한의 범위로 차등 부여할 수 있는 기능, 계정생성/변경/삭제, 권한부여에 대한 기록을 남길 수 있는 기능, 로그인/로그아웃/메뉴접근 등의 행위 이력을 남길 수 있는 기능을 제공하는지 확인해야 한다. 특히 개인정보처리시스템은 계정생성 및 권한부여 이력을 개인정보보호법 '개인정보의 안정성 확보조치 기준 제5조(접근권한의 관리) 3항'에 따라 3년간 보관하거나 '개인정보의 기술적·관리적 보호조치 기준 제4조(접근통제) 3항'에 따라 5년간 보관해야 한다.

✗ 증적 자료

- 사용자 계정 및 권한부여 정책
- 직무별/역할별 접근권한 분류체계
- 계정 발급 신청 및 승인 이력
- 계정 등록 · 삭제(비활성화) 및 접근권한 등록 · 변경 · 삭제 이력
- 개인정보처리시스템의 접근권한 부여 현황, 변경 또는 말소 내역(로그)
- 정보시스템 및 개인정보처리시스템 접근권한 현황 검토 보고서

📝 심사원 중점 검토사항

- 공식적인 사용자 등록 · 해지 요청 및 승인 절차를 거치지 않고 필요에 따라 권한을 부여 또는 삭제하고 있거나 접근권한 부여에 대한 승인이력이 존재하는지 확인해야 한다.
- 정보시스템 또는 응용프로그램 사용자에게 필요 이상의 과도한 권한을 부여하고 있거나 업무 필요성에 상관없이 조직 내 모든 구성원에게 해당 정보시스템 또는 응용프로그램에 대한 접근권한을 부여하고 있는지 확인해야 한다.

2.5.2 사용자 식별

사용자 계정은 사용자별로 유일하게 구분할 수 있도록 식별자를 할당하고 추측 가능한 식별자 사용을 제한해야 한다. 동일한 식별자를 공유해 사용하는 경우 그 사유와 타당성을 검토해 책임자의 승인 및 책임추적성 확보 등 보완대책을 수립 · 이행해야 한다.

인증대상 기관 준비사항

🔒 **정보시스템 및 개인정보처리시스템에서 사용자 및 개인정보 취급자를 유일하게 구분할 수 있는 식별자를 할당하고 추측 가능한 식별자의 사용을 제한해야 한다.**

정보시스템에서 사용자를 유일하게 구분할 수 있는 식별자(아이디)를 할당해 모든 사

용자의 책임추적성을 보장해야 하며, 관리자 및 특수권한 계정의 경우 추측 가능한 식별자(root, admin, administrator 등)의 사용을 제한해야 한다. 시스템 설치 후 정보시스템의 기본 계정은 제거 또는 추측이 어려운 계정으로 변경해야 하며, 변경이 어려울 경우 비밀번호를 변경해야 한다.

불가피한 사유로 공용계정을 사용하는 경우 그 사유와 타당성을 검토하고 책임자의 승인을 받아야 하며, 책임추적성을 보장할 수 있도록 통제방안을 마련해야 한다.

💡 실무 사례

대부분 root, administrator의 경우 계정명을 변경하거나 원격에서의 직접적인 접근을 차단하고 관리자 권한이 필요할 때 로그인한 후 관리자 권한으로 변경해 사용하는 프로세스를 운영하고 있다. 또한 업무 목적으로 제공되는 서비스의 경우(웹 서비스 apache 계정 등) 일반 계정이지만 해당 서비스를 운영하기 위한 서비스에 대한 모든 권한을 보유하고 있기 때문에 관리자 계정 수준으로 관리해야 한다. 그러나 서비스의 운영 및 장애 대응을 위해 공용 서비스 계정을 원격에서 접근을 허용하는 경우가 많다. 책임추적성이 회손될 수 있기 때문에 서비스 관리계정도 원격 접속을 차단하고, 사용자는 개별 계정으로 접속해서 권한을 변경해 사용하도록 프로세스를 수립해 책임추적성을 확보해야 한다.

🛠 증적 자료

- 사용자 계정 및 권한부여 정책
- 정보시스템 및 개인정보처리시스템 로그인 화면
- 정보시스템 관리자, 사용자, 개인정보 취급자 목록
- 동일 계정 사용에 대한 책임자 승인 이력

2.5.3 사용자 인증

정보시스템과 개인정보 및 중요정보에 대한 사용자의 접근은 안전한 인증절차와 필요에 따라 강화된 인증방식을 적용해야 한다. 또한 로그인 횟수 제한, 불법 로그인 시도 경고 등 비인가자 접근통제방안을 수립·이행해야 한다.

인증대상 기관 준비사항

🔒 정보시스템 및 개인정보처리시스템에 대한 접근은 사용자 인증, 로그인 횟수 제한, 불법 로그인 시도 경고 등 안전한 사용자 인증 절차에 의해 통제해야 한다. 정보통신망을 통해 외부에서 개인정보처리시스템에 접속하려는 경우에는 법적 요구사항에 따라 안전한 인증수단 또는 안전한 접속수단을 적용해야 한다.

정보시스템 및 개인정보처리시스템에 대한 접근은 계정 및 비밀번호, 지문·홍채·얼굴 인식, 공인인증서, OTP, 전화인증 등 안전한 인증수단을 이용해 통제해야 하며 인증 시도가 실패했을 경우 실패 시마다 경고문구를 삽입하고 특정 횟수가 초과된 경우에는 캡챠 등으로 추가 인증할 수 있도록 제한해야 한다.

공개 인터넷망을 통해 접속을 허용하는 개인정보처리시스템의 경우 개인정보보호법의 '개인정보의 안전성 확보조치 기준(고시)' 제6조(접근통제)에 따라 아이디, 비밀번호 인증 이외의 강화된 인증수단(인증서, 보안토큰, 일회용 비밀번호 등)을 적용해야 하며, 이용자가 아닌 정보주체의 개인정보를 처리하는 개인정보처리시스템의 경우 가상

사설망 등 안전한 접속수단 또는 안전한 인증수단을 적용해야 한다.

💡 실무 사례

인증 시도가 실패했을 경우 실패 시 마다 경고문구를 삽입하고 인증 실패가 특정 횟수를 초과한 경우에는 다음과 같이 캡챠 등을 추가해 비인가자의 로그인 시도를 차단해야 한다.

그림 3-9 캡챠 적용 사례(예시)

그러나 캡챠의 경우 해킹 사례가 다수 확인되고 있기 때문에 개인정보 취급자가 불가피하게 외부에서 개인정보처리시스템에 접속하는 경우, 개인정보처리시스템을 외부에 오픈할 수밖에 없는 경우, 클라우드 관리콘솔 로그인의 경우, 그 밖에 회사에서 중요하다고 생각하는 데이터를 보유한 정보시스템에 로그인하는 경우 2Factor 인증 등 강화된 인증 방식을 사용해야 한다. VPN 및 전용망을 사용해 연결된 경우에도 아이디, 비밀번호 인증만 사용할 경우 키로거 등의 악성코드로 인해 인증정보가 유출될 수 있기 때문에 2Factor 인증 등 강화된 인증 방식을 추가로 적용해야 한다.

🔧 증적 자료

- 사용자 계정 및 권한부여 정책
- 로그인 횟수 제한 설정
- 로그인 실패 메시지 화면
- 외부 접속 시 정책 및 접속화면

2.5.4 비밀번호 관리

법적 요구사항, 외부 위협요인 등을 고려하여 정보시스템 사용자 및 고객, 회원 등 정보주체(이용자)가 사용하는 비밀번호 관리절차를 수립·이행하여야 한다.

인증대상 기관 준비사항

🔒 **정보시스템 및 개인정보처리시스템에 대한 안전한 사용자 비밀번호 관리절차 및 작성 규칙을 수립·이행해야 한다.**

비밀번호의 경우 문자(영문 대소문자), 숫자, 특수문자 중 2종류 이상을 조합해 최소 10자리 이상 또는 3종류 이상을 조합해 최소 8자리 이상의 길이로 작성 규칙을 수립하고 주기적(변경 주기는 위험평가 결과 등을 고려하여 자체적으로 결정)으로 변경해야 한다. 또한 악의적인 사용자가 유추하기 쉬운 연속 숫자, 생일, 전화번호, 아이디 등 추측하기 쉬운 개인 신상정보를 활용한 취약한 비밀번호 사용을 제한하고 정보시스템 도입 시 기본/임시 비밀번호는 최초 로그인 시 지체 없이 변경해야 한다. 사용자가 의도하지 않게 인증정보를 노출할 수 있는 종이, 파일, 모바일 기기 등에 비밀번호의 기록·저장을 제한하고 부득이하게 기록·저장해야 하는 경우 암호화 등의 보호대책을 적용해야 한다. 또한 정보시스템 침해사고 발생 또는 비밀번호의 노출 징후가 의심될 경우 지체 없이 변경해야 한다.

※개정된 개인정보 안전성 확보조치 기준(2023.09.22)에서는 비밀번호 관련 부분을 확대하여 인증으로 통합하였으나 인증기준에서는 비밀번호 관리절차를 수립 및 이행하도록 요구함

비밀번호의 경우 서버, 네트워크, 정보보호솔루션, 응용시스템 등 사용하고 있는 모든 정보시스템에 공통적으로 적용할 수 있도록 정책을 수립하고 수립된 정책은 불가피한 경우를 제외하고는 시스템에서 강제화해야 한다. 또한 IT 기기의 성능이 빠르게 향상됨에 따라 적용된 비밀번호 알고리즘이 빠르게 깨질 가능성도 증가하기 때문에 정보시스템의 중요도에 따라 법률에서 요구하는 기준보다 더 강화된 수준의 비밀번호를 적용하는 것도 고려할 수 있다.

🔒 **정보주체(이용자)가 안전한 비밀번호를 이용할 수 있도록 비밀번호 작성 규칙을 수립 · 이행해야 한다.**

이용자의 비밀번호는 서비스의 특성을 고려해 비밀번호 작성 규칙을 적용하고 이용자가 비밀번호를 분실한 경우에는 본인확인(공인 인증, 이메일 인증, SMS 인증, 가입 시 질문, 응답 등) 등을 통해 안전하게 재발급 받을 수 있도록 해야 한다.

💡 실무 사례

이용자(정보주체)의 비밀번호 작성 규칙은 사용자(서비스 제공자)의 비밀번호 작성 규칙과 동일하게 적용하는 것이 좋다. 그러나 서비스의 특성 및 민감도에 따라서 적절한 수준의 비밀번호 작성 규칙을 적용할 수 있다. 해킹 사고가 빈번하게 발생하는 인터넷뱅킹 서비스나 게임 서비스의 경우 공인인증서를 강제화하거나 전화인증, OTP 등을 이용자가 선택 사용할 수 있도록 제공해서 아이디, 비빌번호 인증에서 발생할 수 있는 문제점을 보완하고 있다.

🔒 **개인정보취급자 또는 정보주체의 인증수단을 안전하게 적용하고 관리하여야 한다.**

개인정보취급자 또는 정보주체의 인증수단으로 비밀번호를 사용할 경우 안전한 비밀번호 작성규칙을 수립 · 적용하고

비밀번호 외의 인증수단(인증서, PIN, 생체인식, 보안토큰 등)을 사용할 경우 해당 인증수단이 비인가자에게 탈취되거나 도용되지 않도록 보호대책 적용해야 한다.

- 사용자 비밀번호 정책
- 관리자 비밀번호 보관 현황
- 이용자 비밀번호 정책
- 정보시스템의 비밀번호 정책 적용 현황(샘플)

📝 **심사원 중점 검토사항**

- 내부 관련 지침 등에 정의된 비밀번호 정책이 정보시스템 계정에 반영되어 있는지 확인해야 한다.
- 내부 관련 지침 등에 비밀번호에 대한 변경 절차를 명시하고 있고 이에 따라 정보시스템에서 임시 또는 초기 비밀번호 변경, 주기적인 비밀번호 변경를 수행하고 있는지 확인해야 한다.
- 프로그램에 시스템 관리자 비밀번호를 자동 저장해 사용하거나 텍스트 또는 엑셀 파일 형식으로 비밀번호 목록을 정리하고 있는 경우 적절한 보호조치를 취하고 있는지 확인한다.
- 이용자가 이용하는 웹 서비스에 대한 안전한 비밀번호 작성 규칙이 수립, 적용되고 있는지 확인한다.

2.5.5 특수 계정 및 권한 관리

정보시스템 관리, 개인정보 및 중요정보 관리 등 특수 목적을 위해 사용하는 계정 및 권한은 최소한으로 부여하고 별도로 식별하여 통제해야 한다.

인증대상 기관 준비사항

🔒 **관리자 권한 등 특수권한은 최소한의 인원에게만 부여될 수 있도록 공식적인 권한 신청 및 승인 절차를 수립·이행해야 한다.**

관리자(root, administrator, admin 등) 및 특수 권한(배치나 모니터링을 위해 부여받은 권한, 계정 및 접근 설정 권한 등) 할당 시 책임자의 승인을 받고 사용자를 최소한으로 제한해야 한다. 또한 특수목적을 위해 부여한 계정 및 권한을 식별하고 별도의 목록으로 관리, 예외조치 최소화, 모니터링 강화 등의 통제절차를 마련해야 한다.

외부자에게 부여하는 계정은 한시적으로 부여한 계정 등 특수 목적을 위한 계정도 별도의 목록으로 관리하고 업무 목적이 달성된 경우에는 즉시 삭제 또는 권한을 회수하는 등의 통제절차를 마련해야 한다.

💡 실무 사례

클라우드 서비스를 이용하는 경우 클라우드 관리콘솔의 최고 사용자 권한(Root 권한 등)은 모든 가상자원에 대한 생성·변경·삭제가 가능하기 때문에 사용을 제한하고 일부 권한을 부여한 계정을 생성해서 사용해야 한다.

- Root, admin 등의 관리자 계정은 MFA(2factor 인증)를 적용해 보호
- Access Key를 사용할 경우, 암호화 키 생성/삭제/변경 절차를 수립해야 하며, 주기적으로 Access Key 교체

🔧 증적 자료

- 특수권한 부여 관련 기준
- 관리자 권한 신청 절차(승인 내역 포함)
- 특수권한자 목록
- 권한 검토 내역

📝 심사원 중점 검토사항

- 특수권한 관리대장을 작성해 관리하고 있는 경우 정보보호시스템, 응용시스템 등의 중요 정보시스템에 대한 관리자 및 특수 권한 계정과 해당 계정 사용자 현황이 모두 식별되어 있는지 확인한다.
- 정보시스템의 관리자 및 특수 권한 부여에 대한 승인 이력이 모두 존재하는지 확인한다.
- 관리자 권한을 불필요하게 많은 인원에게 부여하고 있는지 확인한다.
- 정보시스템 유지보수 등을 위해 외부자에게 제공된 계정이 절차에 따라 관리되고 있는지 확인한다.

2.5.6 접근권한 검토

정보시스템과 개인정보 및 중요정보에 접근하는 사용자 계정의 등록·이용·삭제 및 접근권한의 부여·변경·삭제 이력을 남기고 주기적으로 검토해 적정성 여부를 점검해야 한다.

인증대상 기관 준비사항

🔒 **정보시스템과 개인정보 및 중요정보에 대한 사용자 계정 및 접근권한 생성·등록·부여·이용·변경·말소 등의 이력을 남기고 사용자 계정 및 접근권한의 적정성 검토 기준, 검토주체, 검토방법, 주기 등을 수립해 정기적 검토를 이행해야 한다.**

사용자 계정 및 접근권한에 대한 책임추적성을 확보할 수 있도록 신청자, 신청일시, 목적, 사용기간, 승인자, 승인일시, 접근권한 부여자, 부여일시 등을 빠짐 없이 남겨야 한다. 특히 개인정보처리시스템의 경우 권한 부여 이력을 개인정보의 안전성 보호조치 기준(최소 3년간 보관)에 따라 보관해야 한다. 또한 생성된 계정 및 부여된 권한에 대해서는 검토 기준, 검토주체, 검토방법, 주기 등을 수립해 정기적 검토하고 검토결과를 보고해야 한다.

💡 실무 사례

모든 정보시스템(서버, 네트워크, 정보보호솔루션, 응용시스템, 클라우드 관리콘솔 등)에 생성된 사용자 계정 및 접근권한에 대해 정기적으로 검토하는 절차를 마련하고 공식적인 절차에 따라 검토 결과를 정보보호 최고책임자에게 보고해야 한다. 그러나 정보보호 담당부서에서 모든 시스템에 대한 검토를 수행하는 것은 서비스를 상세하게 알지 못하기 때문에 권한의 과도한 부여 여부를 확인하는 데 한계가 있다. 그렇기 때문에 다음과 같은 검토 기준을 마련해 각 정보시스템 담당자에게 교육을 수행하고 정기적으로 검토를 수행하게 하는 것이 좋다. 정보보호 담당자는 각 정보시스템 부서에서 검토한 내용을 취합하고 확인해 정보보호 최고책임자에게 보고할 수 있다.

- 공식적인 절차에 따른 접근권한 부여 여부
- 접근권한 분류체계의 업무목적(직무) 및 보안정책 부합 여부

- 접근권한 부여 승인자에 대한 적절성
- 직무 변경 시 기존 권한 회수 후 신규 업무에 적합한 권한 부여 여부
- 업무 목적 이외의 과도한 접근권한 부여
- 장기 미사용(3개월 권고) 계정 및 접근권한 삭제
- 직무 변경 시 기존 권한을 회수하고 신규 업무에 적합한 권한을 부여
- 휴직(병가, 출산 등) 시 계정 및 권한 회수
- 퇴직 시 지체 없이 계정을 삭제(단, 계정 삭제가 어려운 경우 권한을 회수한 후 계정을 정지)
- 접근권한 검토 기준별로 검토주체, 검토방법, 주기(최소 분기 1회 이상 권고) 등을 구체적으로 정의해 이행
- 접근권한 검토 대상은 개인정보처리시스템, 주요 정보시스템 및 정보보호시스템으로 정의

🔒 **접근권한 검토 결과 접근권한 과다 부여, 권한부여 절차 미준수, 권한 오남용 등 문제점이 발견된 경우 그에 따른 조치절차를 수립 · 이행해야 한다.**

접근권한 검토 결과 권한의 과다 부여, 오남용 등 의심스러운 상황이 발견된 경우, 소명요청 및 부여과정 등의 오류 원인을 분석하고 접근권한을 변경 적용해야 한다. 변경 적용된 권한에 대해서는 사용자 및 관련자에게 통지하고 문제가 반복되지 않도록 재발방지 대책을 마련해야 한다.

✖ 증적 자료

- 사용자 계정 및 접근권한 생성 · 등록 · 부여 · 이용 · 변경 · 말소 이력
- 접근권한 검토 기준
- 접근권한 검토 결과 보고서 및 승인 이력
- 접근권한 검토 후속조치 내역

- 접근권한의 검토 대상, 보고체계, 보고 주기 등이 명확히 정의되어 있는지 확인하고 정책에 따라 접근권한 관리의 적정성에 대한 정기적인 검토가 수행되고 있는지 확인한다.
- 관리자용 응용프로그램, 정보시스템, 개인정보처리시스템 등에 장기 미사용 계정이 활성화되어 있는지 확인한다.
- 퇴사자 또는 직무 변경자에 대한 인사변동 사항이 정보시스템에 반영되는 절차가 존재하는지 확인하고 정보시스템에 적절하게 반영되고 있는지 확인한다.
- 특정 관리자 1인에게 사내 모든 정보시스템 사용자 계정 등록, 삭제, 접근권한 수정 권한이 집중되어 있는 경우 계정 및 권한관리 활동을 주기적으로 검토하고 있는지 확인한다.

나. 사례 연구

인증심사원 홍길동은 (주)가나다라의 인증심사에 참여해 인증 및 권한 관리 현황을 확인하기로 했다. 문서 검토, 담당자 인터뷰, 현장실사를 통해 확인된 사항은 다음과 같다. 심사 일자는 12월 30일이다.

(1) 정책 및 지침 확인

서버보안지침

제6조【계정 생성 및 삭제】

가. 모든 정보시스템의 계정생성 및 권한 부여는 정보시스템 관리 담당부서장의 승인을 받아야 한다.

나. 모든 사용자 계정은 1인 1계정으로 생성해야 한다.

다. 업무목적 달성, 퇴사, 전배 등의 경우 즉시 계정을 삭제해야 한다. 단, 삭제할 수 없는 계정의 경우 비밀번호를 변경해야 한다.

제7조【계정의 관리】

가. 모든 정보시스템 관리자는 아래 항목을 준수해 계정 및 권한을 관리해야 한다.

나. 공용계정의 사용은 원칙적으로 금지한다. 단 업무 목적달성을 위해 불가피한 경우 정보보호 최고책임자의 승인을 받은 후 사용해야 한다.

다. 관리자 계정은 담당자 이외에 사용할 수 없으며 장애복구, 점검 등의 특별한 목적으로 부득이하게 사용할 경우 사용 후 반드시 비밀번호를 변경해야 한다.

라. 계정 생성 및 권한 부여에 대한 기록은 3년 이상 저장 및 보관해야 한다.

마. 모든 정보시스템의 계정에 대해 월 1회 정기적으로 접근권한을 점검하고, 검토 결과는 정보보호 최고책임자에게 보고해야 한다.

제8조【비밀번호 생성】

가. 비밀번호 생성은 문자(소문자, 대문자), 숫자, 특수문자 등 3가지 조합으로 8자리 이상 또는 2가지 조합으로 10자리 이상으로 생성해야 한다.

나. 사용자가 단순한 비밀번호를 사용할 수 없도록 제한 정책을 마련하고 안내해야 한다.

다. 비밀번호는 3개월 단위로 변경해야 하며, 강제 변경될 수 있도록 해야 한다.

라. 기존의 동일한 비밀번호가 재사용되지 않도록 해야 한다.

마. 소프트웨어 공급 시 설정되는 기본 비밀번호는 반드시 변경해야 한다.

제9조【비밀번호 관리】

가. 정보시스템의 권한을 부여받은 자는 비밀번호 노출에 따른 책임을 인지하고 외부에 노출되지 않도록 해야 한다.

나. 서버 관리자 및 사용자는 비밀번호를 공유하지 말아야 하며, 종이 등에 기록해 사용하지 않아야 한다.

다. 비밀번호의 분실 및 유출이 의심될 경우에는 서버 관리자에게 연락해 즉시 변경해야 한다.

라. 최초 계정 생성 시 임의의 비밀번호를 부여하고, 최초 로그인 시 비밀번호를 변경하도록 해야 한다.

(2) 인터뷰 또는 실사를 통한 확인

인증심사원 홍길동은 심사기관인 (주)가나다라의 인증 및 권한관리 현황을 확인하기 위해 정보보호팀, 운영팀 인터뷰 및 실사를 통해 다음 내용을 확인할 수 있었다.

■ 인터뷰

첫째, 홍길동 심사원은 정보보호 담당자와 인터뷰를 한 결과 모든 계정에 대한 생성은 전자결재시스템을 이용해 신청하고 있으며, 해당 부서장의 승인을 받고 있는 것으로 확인했다.

둘째, 퇴사자가 발생할 경우, 퇴직 프로세스에 의해 모든 시스템의 권한을 반납하고 담당자의 확인을 받아야만 퇴사가 가능한 것을 확인했다.

셋째, 판매자가 상품을 등록할 수 있도록 외부에서 접근이 가능한 판매자 관리시스템은 계정과 비밀번호를 발급받아 로그인하고 있는 것으로 확인됐다.

■ 시스템 확인 및 현장 실사

홍길동 심사원은 (주)가나다라의 인증 및 권한관리를 확인한 결과, 다음과 같은 내용이 확인됐다.

[공지] 조직 변경 공지

시스템팀 이성계 → 퇴사

시스템팀 강감찬 → 사내 인프라팀 강감찬

정보보호팀 이순신 → 정보보호팀 팀장 이순신

인사팀 유관순 → 총무팀 유관순

서비스 개발팀 김유신 → 플랫폼 개발팀 김유신

또한 상품 판매관리를 수행하는 상품판매관리시스템의 계정현황 및 비밀번호 현황 확인 결과 다음과 같이 확인됐다.

[상품판매시스템 계정현황] [#1]

Admin: 서버 관리자 계정

lees: 이성계 퇴사로 계정 비활성화

Kang: 강감찬 계정

Lee: 월 1회 정기점검을 위해 상시 활성화

[상품판매시스템 비밀번호 정책 현황] [#2]

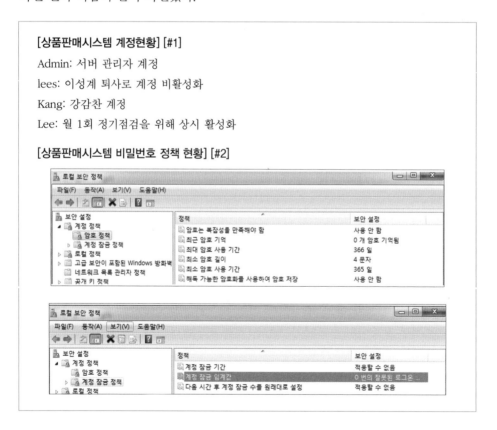

(3) 결함 요약

결함 포인트 [#1]

모든 정보시스템의 계정에 대해 월 1회 정기적으로 접근권한을 점검하고, 검토 결과는 정보보호 최고책임자에게 보고해야 하는 프로세스를 수립하고 있으나 상품판매시스템의 계정현황을 확인해보면 회사 조직이 변경됐음에도 불구하고 반영되지 않은 것을 확인할 수 있다. 조직변경에 대한 내용이 시스템에 반영되지 않았음에도 불구하고 접근권한 검토 시 누락된 부분에 대해 결함을 줄 수 있다.

결함 포인트 [#2]

비밀번호 정책에 복잡도(비밀번호 생성은 문자(소문자, 대문자), 숫자, 특수문자 등 3가지 조합으로 8자리 이상 또는 2가지 조합으로 10자리 이상으로 생성), 변경주기(3개월), 재사용 제한, 기본 비밀번호 변경에 대한 규칙을 명시하고 있으나 상품판매시스템의 비밀번호 정책 적용현황을 확인해보면 비밀번호 복잡도, 최근 암호기억, 최대 암호사용기간, 최소 암호길이, 최소 암호사용기간, 계정 잠금 정책 등이 설정되어 있지 않은 것을 확인할 수 있다. 정책에 따라 시스템의 설정이 적용되지 않는 부분에 대해 결함을 줄 수 있다.

(4) 결함 보고서 작성

<table>
<tr><td colspan="5" align="center">결함 보고서</td></tr>
<tr><td>기록일자</td><td colspan="2">2023년 12월 30일</td><td>기업명</td><td>(주)가나다라</td></tr>
<tr><td rowspan="2">인증 범위</td><td>구분</td><td>결함유형</td><td>인증 범위명</td><td>기관 확인자</td></tr>
<tr><td>ISMS</td><td>결함</td><td>(주)가나다라 상품판매 서비스</td><td>이순신 팀장(인)</td></tr>
<tr><td>심사원명</td><td colspan="4" align="center">홍 길 동 (인)</td></tr>
<tr><td>관계부서</td><td colspan="4" align="center">정보보호팀, 운영팀</td></tr>
</table>

<table>
<tr><td>관련조항</td><td>(보호대책) 2.5.4 비밀번호 관리</td></tr>
<tr><td rowspan="2">관련 근거</td><td>◇ (인증기준) 법적 요구사항, 외부 위협요인 등을 고려해 정보시스템 사용자 및 고객, 회원 등 정보주체(이용자)가 사용하는 비밀번호 관리절차를 수립·이행해야 한다.
◇ (내부규정) 「서버보안지침」 제8조(비밀번호 생성) (2023.11.25)</td></tr>
<tr><td>가. 비밀번호 생성은 문자(소문자, 대문자), 숫자, 특수문자 등 3가지 조합으로 8자리 이상 또는 2가지 조합으로 10자리 이상으로 생성해야 한다.
나. 사용자가 단순한 비밀번호를 사용할 수 없도록 제한 정책을 마련하고 안내해야 한다.</td></tr>
<tr><td>운영현황 및 결함내역</td><td>◇ (운영현황) 비밀번호 생성 규칙에 수립해 운영하고 있음
○ 신청기관은 비밀번호 생성 규칙에 따라 서버 계정에 대한 비밀번호 정책을 설정하고 있음
◇ (결함내역) 비밀번호 정책이 적용되지 않은 서버가 존재하는 문제점이 발견됨
○ 상품판매관리시스템 확인 결과, 다음과 같이 암호정책이 설정되어 있지 않음

[로컬 보안 정책 화면]
파일(F) 동작(A) 보기(V) 도움말(H)

보안 설정
계정 정책
　암호 정책
　계정 잠금 정책
로컬 정책
고급 보안이 포함된 Windows 방화벽
네트워크 목록 관리자 정책
공개 키 정책

정책 / 보안 설정
암호는 복잡성을 만족해야 함 / 사용 안 함
최근 암호 기억 / 0 개 암호 기억됨
최대 암호 사용 기간 / 366 일
최소 암호 길이 / 4 문자
최소 암호 사용 기간 / 365 일
해독 가능한 암호화를 사용하여 암호 저장 / 사용 안 함

◇ (조치사항) 상품판매관리시스템에 대해 비밀번호 복잡도, 최근 암호 기억, 최대 암호 사용기간, 최소 암호길이 등 비밀번호 정책을 적용해야 함</td></tr>
<tr><td>근거목록</td><td>- 「서버보안지침」(2023.11.25)
- 상품판매관리시스템 실사</td></tr>
</table>

결함 보고서

기록일자	2023년 12월 30일		기업명	(주)가나다라	
인증 범위	구분	결함유형	인증 범위명		기관 확인자
	ISMS	결함	(주)가나다라 상품판매 서비스		이순신 팀장(인)
심사원명	홍 길 동 (인)				
관계부서	정보보호팀				

관련조항	(보호대책) 2.5.6 접근권한 검토
관련 근거	◇ **(인증기준)** 정보시스템과 개인정보 및 중요정보에 접근하는 사용자 계정의 등록·이용·삭제 및 접근권한의 부여·변경·삭제 이력을 남기고 주기적으로 검토해 적정성 여부를 점검해야 한다. ◇ **(내부규정)**「서버보안지침」제7조(계정관리) (2023.11.25) 마. 모든 정보시스템의 계정에 대해 월 1회 정기적으로 접근권한을 점검하고, 검토 결과는 정보보호 최고책임자에게 보고해야 한다.

운영현황 및 결함내역	◇ **(운영현황)** 매월 접근권한을 점검하고 있음
	
	   ○ 매월 게시되는 그룹웨어 공지를 통해 조직변경 정보를 확인하고 조직이동 및 퇴사자의 계정을 비활성화하고 있음
	
	◇ **(결함내역)** 조직 변경자에 대한 권한조정이 미흡한 문제점이 발견됨
	
	   ○ 상품판매관리시스템 확인 결과, 강감찬의 조직(시스템팀 → 인프라팀)이 변경됐으나 권한 조정이 이뤄지지 않음
	
	◇ **(조치사항)** 해당 계정(Kang)을 비활성화하고, 퇴사자와 함께 조직이 변경된 임직원의 계정에 대한 권한검토도 수행할 수 있도록 접근권한 검토 프로세스를 개선해야 함.

근거목록	-「서버보안지침」(2023.11.25) - 접근권한 검토결과

✎ 요약

인증 및 권한관리에서는 사용자 계정관리, 비밀번호 관리, 특수계정 권한관리, 접근 권한 검토를 수행해 사용자 인증을 강화하고 접근권한 과다 부여, 권한부여 절차 미준수, 권한 오남용 등의 부적절한 행위를 차단하는 데 있다. 정보시스템의 접근권한은 등록·변경·삭제에 관한 공식적인 절차에 따라 부여돼야 하며, 사용자 및 개인정보 취급자를 유일하게 구분할 수 있는 식별자를 할당해야 한다. 부여된 계정은 사용자 인증, 로그인 횟수 제한, 불법 로그인 시도 경고, 안전한 비밀번호 적용 등 안전한 사용자 인증절차로 통제돼야 한다. 사용자 계정 및 접근권한 생성·등록·부여·이용·변경·말소 등의 이력을 남기고 사용자 계정 및 접근권한의 적정성 검토 기준, 검토주체, 검토방법, 주기 등을 수립해 정기적으로 검토해야 한다.

2.6 접근통제

가. 인증 분야 및 항목 설명

분야	항목
2.6 접근통제	2.6.1 네트워크 접근
	2.6.2 정보시스템 접근
	2.6.3 응용프로그램 접근
	2.6.4 데이터베이스 접근
	2.6.5 무선 네트워크 접근
	2.6.6 원격접근통제
	2.6.7 인터넷 접속 통제

2.6.1 네트워크 접근

네트워크에 대한 비인가 접근을 통제하기 위해 IP 관리, 단말인증 등 관리절차를 수립·이행하고, 업무목적 및 중요도에 따라 네트워크 분리(DMZ, 서버팜, DB존, 개발존 등)와 접근통제를 적용해야 한다.

🔒 **조직의 네트워크에 접근할 수 있는 모든 경로를 식별하고 접근통제 정책에 따라 내부 네트워크는 인가된 사용자만이 접근할 수 있도록 통제해야 한다.**

회사에서 정보시스템, PC 등에 부여하는 IP는 인가된 사용자만이 사용할 수 있도록 승인절차를 마련해 관리해야 한다. 또한 내부 네트워크에 접속할 수 있는 사용자 및 단말을 식별하여 비인가된 사용자나 단말이 내부 네트워크에 접속하는 것을 통제해야 한다. 네트워크를 구성하는 주요자산목록, 구성도, IP 현황 등을 최신으로 유지하고 외부에 유출되지 않도록 관리해야 한다.

💡 **실무 사례**

회사의 네트워크에 비인가된 사용자 및 단말이 접근하는 것을 식별하여 수동으로 차단하는 것은 현실적으로 어렵기 때문에 자동으로 관리할 수 있는 NAC[Network Access Control]와 같은 솔루션을 구축해 운영해야 한다.

NAC의 특징은 다음과 같다.

- **검역기능**: 기업의 정책 검사
- **인증기능**: 엔드포인트(Endpoint)의 네트워크 접근에 대한 인증 수행
- **관한관리**: 엔드포인트의 회사 기준에 따른 물리적인 접근 제어
- **모니터링**: 접속 후 엔드포인트의 행위 분석 및 필요 시 격리, 유해트래픽 차단 등
- **장치통제**: 백신 미설치, 패치 미설치, 비인가 시스템 등 자동 검출

🔒 **서비스, 사용자 그룹, 정보자산의 중요도, 법적 요구사항에 따라 네트워크 영역을 물리적 또는 논리적으로 분리하고 각 영역간 접근통제를 적용해야 한다.**

네트워크 구성은 서비스, 사용자 그룹, 정보자산의 중요도, 법적 요구사항에 따라 DMZ, 서버팜, DB팜 등으로 구분할 수 있다. 외부로부터의 접근이 불가피한 웹 서버, 메일 서버 등의 공개용 서버는 DMZ 영역에 위치시키고 공개 서버를 경유해 내부 업무망으로의 접근이 이뤄지지 않도록 통제해야 한다. 서버들이 위치하는 서버팜과 DB팜은 다른 네트워크 영역과 구분되고 인가받은 내부 사용자의 접근만을 허용하도록 통제해야 한다.

서버, 보안장비, 네트워크장비 등을 운영하는 인력이 사용하는 네트워크 영역, 개발
업무(개발자 PC, 개발 서버, 테스트 서버 등)에 사용되는 네트워크, 외부자에게 제공하는
네트워크(무선 네트워크 포함) 영역도 분리해야 한다. 기업의 규모에 따라 네트워크를
세부적으로 분리하기 어려운 경우에는 위험평가 등을 수행해 추가적인 보완대책을
마련해야 한다. 접근통제 정책에 따라 분리된 네트워크 영역간에는 침입차단시스템,
ACL^Access Control List 설정이 가능한 네트워크 장비 등을 활용해 네트워크 영역 간 업무
수행에 필요한 서비스의 접근만 허용하도록 통제해야 한다.

💡 실무 사례

웹 서비스를 제공하는 네트워크를 구축하는 경우에는 DMZ Zone(웹 서비스 구간),
WAS Zone, DB Zone(사설 IP 사용)으로 서비스망을 구성하고 각각의 Zone 간에는
방화벽을 구축해 Zone간의 통신을 통제하는 것이 일반적이다. 개발 네트워크는 서
비스 네트워크와 별도로 구성해 소스 서버, 빌드 서버, 배포 서버 등을 위치시키고
개발 DB는 별도의 Zone으로 분리해 구성할 수 있다. 오피스 네트워크의 경우 운영
자 Zone, 개발자 Zone, 개인정보 취급자 Zone, 내부용 무선 Zone, Guest용 무선
Zone으로 구분해 구성할 수 있다. 특히 개인정보 취급자 Zone은 인터넷 차단 등의
추가 조치를 적용해 안전하게 구성해야 하며, Guest용 무선 Zone 은 인터넷은 가능
하나 내부망에는 접근할 수 없도록 접근통제를 적용해야 한다.

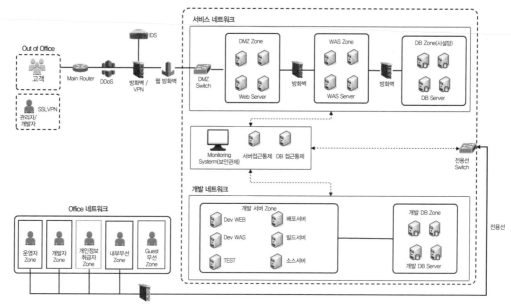

그림 3-10 네트워크 분리(예시)

클라우드 서비스를 이용하는 경우에는 클라우드 서비스 특성에 따라 기존의 네트워크 분리와 접근통제 방식을 적용하지 못할 수 있기 때문에 업체에서 제공하는 가상 네트워크 구성 방법 및 접근통제 방법을 식별하고 기존의 방식을 전환해 적용할 수 있는지 검토해야 한다. 클라우드 서비스에서는 가상의 네트워크 존, 서버, DB, 응용프로그램, 클라우드 서비스 기능 등 시스템의 구성요소별 세부적인 접근통제영역을 재정의해야 할 수 있기 때문에 접근통제 정책은 아키텍처 설계 단계에서 반드시 같이 검토되고 아키텍처 구축 과정에서 반영돼야 한다.

🔒 **네트워크 대역별 IP 주소 부여 기준을 마련하고 DB 서버 등 외부 연결이 필요하지 않은 경우 사설 IP로 할당하는 등의 대책을 적용해야 한다. 물리적으로 떨어진 IDC, 지사, 대리점 등과의 네트워크 연결 시 전송구간 보호대책을 마련해야 한다.**

사설 IP로 구성가능한 회사의 IT 자원의 현황을 고려해 국제표준으로 제공하는 사설 IP 주소대역을 적용해야 한다.

- A Class: 10.0.0.0 ~ 10.255.255.255

- B Class: 172.16.0.0 ~ 172.31.255.255

- C Class: 192.168.0.0 ~ 192.168.255.255

💡 실무 사례

사내 업무용 네트워크, 서비스망 중 외부와 접근이 불필요한 DB 서버, 클라우드 서비스에 구성된 서브넷^{Subnet} 등은 사설 IP로 네트워크를 구축해 외부에서의 직접적인 접근을 차단해 보안성을 강화할 수 있다. 또한 물리적으로 떨어져 있는 지사, 협력업체, 고객센터나 클라우드 서비스를 이용하기 위해서는 전용선이나 VPN을 구축해 안전한 접속 환경을 구성해야 한다.

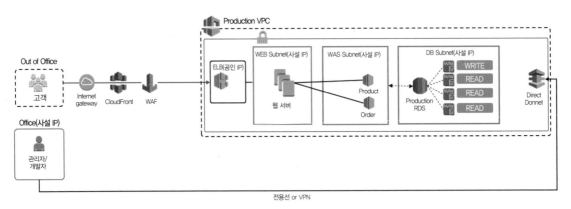

그림 3-11 클라우드 서비스 사설 IP 적용(예시)

🔧 증적 자료

- 네트워크 구성도
- 네트워크 접근통제 정책
- IP 관리대장 및 정보자산 목록
- 침입차단시스템, ACL 정책 현황(시스템 실사)

- MAC 주소 인증, 필수 보안 소프트웨어 설치 등의 보호대책을 적용하지 않은 상태로 네트워크 케이블 연결만으로 사내 네트워크에 접근 및 이용할 수 있는지 확인한다.
- 외부자(외부 개발자, 방문자 등)에게 제공되는 네트워크가 내부 업무 네트워크와 분리돼 있는지 확인한다.
- 내부 직원이 이용하는 관리 목적의 정보시스템을 DMZ 등에 배치해 외부 인터넷망을 통한 접근 및 이용이 가능한지 확인한다.
- 중요도가 상이한 네트워크 영역 간(서버팜과 DB팜 등)의 통신이 네트워크 또는 호스트 기반의 접근통제를 통해 통제되고 있는지 확인한다.

2.6.2 정보시스템 접근

서버, 네트워크 시스템 등 정보시스템에 접근을 허용하는 사용자, 접근제한 방식, 안전한 접근수단 등을 정의해 통제해야 한다.

인증대상 기관 준비사항

🔒 **서버, 네트워크 시스템, 보안 시스템 등 정보시스템별 운영체제(OS)에 접근이 허용되는 사용자, 접근 가능 위치, 접근 수단 등을 정의해 통제해야 한다.**

서버별로 계정 및 권한신청을 한 사용자만 접근이 허용되도록 사용자를 명확하게 식별하여 접속 시 인증 및 접속 IP를 통제하고 원격 접근 시 암호화된 통신 수단(SSH, SFTP 등)을 사용해야 한다. 관리자 등 특수권한에 대한 접근은 OTP 등의 강화된 인증수단 적용을 고려하고 침해사고 발생 시 확산을 최소화하기 위해 서버간의 접속통제도 적용해야 한다.

💡 실무 사례

서버 접근을 통제하기 위해서는 서버 접근통제솔루션을 도입해 운영하거나 게이트웨이Gateway 서버를 안전Secure하게 구축해 서버 접근의 통로로 사용할 수 있다. 이렇게 구축한 솔루션을 활용해 접근제어, 계정관리, 비밀번호 관리, 암호화 통신, 명령어 제어, 세션관리, 로그 감사 등을 집중적으로 적용하고 모니터링할 수 있다. 또한 침해사고 발생 시 확산을 최소화하기 위해 SeucreOS 솔루션, IPtables, 윈도우 방화벽, TCP Wrapper 등을 이용해 서버간의 접근을 통제할 수 있다. 네트워크 시스템, 보안시스템의 경우에는 장비 자체에서 제공하는 기능을 활용해 관리자 IP에서만 접근할 수 있도록 통제할 수 있다. 이러한 정보시스템에 대한 접근을 통제하기 위해 도입 및 구축된 솔루션들을 우회할 수 없도록 방화벽을 통해 우회경로를 모두 통제해야 하며, 안전한 접근을 위해 통신 채널이 암호화된 SSH, SFTP를 사용해야 한다.

🔒 **정보시스템은 독립 서버로 운영하고 보안강화를 위해 세션 타임아웃, 불필요한 서비스 제거 등의 보안조치를 적용해야 한다.**

외부에 서비스를 제공하는 웹, 민감한 정보를 보관·처리하고 있는 DB와 응용프로그램 등은 공용 서버로 사용하지 않고 독립된 서버를 사용해야 하고, 업무 환경 및 법적 요구사항을 고려해 세션 유지기간 설정 및 서버 사용 목적과 관련이 없거나 침해사고를 유발할 수 있는 서비스 및 포트는 차단해야 한다.

💡 **실무 사례**

웹 서버와 DB 서버는 네트워크 존을 구분하고 방화벽을 통해 외부접점 구간이나 존 간의 접근을 서비스 목적에 필요한 포트만 오픈하고 모든 불필요한 서비스는 차단한다. 모든 서버는 불필요한 서비스는 모두 중지하고 모니터링 등 특수 목적을 가진 서버를 제외하고는 세션 타임아웃(권고: 30분)을 설정해 일정시간 업무처리를 하지 않는 경우에는 접속이 차단되도록 해야 한다.

🛠 **증적 자료**

- 서버 보안설정 기준
- 서버 보안설정 현황
- 시스템 구성도 또는 서비스 구성도
- 서버 자산 목록
- 서버 계정 현황

- 서버 간의 SSH 또는 원격 데스크톱 연결이 인가된 서버에 접속한 후 해당 서버를 통해 다른 인가되지 않은 서버로 접속되지 않도록 제한되고 있는지 확인한다.
- 서버 접속자를 제한하기 위한 시스템(통합계정권한관리시스템, 서버접근통제시스템 등) 을 도입·운영하고 있는 경우 해당 시스템을 통하지 않고도 우회해 서버에 직접 접속할 수 있는 방법이 있는지 확인한다.
- 타당한 사유 또는 보완대책 없이 안전하지 않은 프로토콜(telnet, ftp 등)을 사용해 접근하고 있거나 불필요한 서비스 또는 포트를 오픈하고 있는지 확인한다.

2.6.3 응용프로그램 접근

사용자별 업무 및 접근 정보의 중요도 등에 따라 응용프로그램 접근권한을 제한하고, 불필요한 정보 또는 중요정보 노출을 최소화할 수 있도록 기준을 수립해 적용해야 한다.

인증대상 기관 준비사항

🔒 **중요정보 접근을 통제하기 위해 사용자의 업무에 따라 응용프로그램 접근권한을 차등 부여해야 한다.**

사용자의 업무(직무)에 따라 응용프로그램 접근권한을 분류해 업무(직무)별 권한의 차등 부여가 가능하도록 분류체계를 마련하고 응용프로그램에 기능을 구현해야 한다. 또한 응용프로그램 및 개인정보처리시스템에 대한 계정 및 권한을 부여하는 절차를 수립하고 권한부여에 관련된 기록을 보관하고 주기적으로 접근권한의 타당성을 검토해야 한다.

💡 **실무 사례**

조직의 모든 임직원에 대한 통제를 중앙에서 할 수 있어야 하지만 권한을 부여하는 부서에서 모든 응용프로그램을 파악해 관리하는 것이 쉽지 않기 때문에 조직의 모든 응용시스템을 연결해 권한을 관리할 수 있는 시스템을 구축하는 것이 좋다. 권한 관리시스템을 구축할 경우에는 다음과 같은 사항을 고려해 권한 부여체계를 구축하고 권한관리시스템을 통해 사용자가 권한을 신청한다. 중요정보는 해당 중요정보를 취급하는 부서에서 권한 부여의 적정성을 검토한 후 승인한다. 개인정보의 경우 개인정보 책임부서(개인정보팀 등)에서 권한 부여 여부 검토를 통해 개인정보 취급자 등록, 망 분리 대상 여부 검토 등 추가 조치를 취한 후 권한을 부여할 수 있도록 할 수 있다. 또한 중요정보 및 개인정보 권한부여 이력, 접근이력, 처리이력을 주기적으로 검토할 수 있도록 로깅 기능이 마련돼야 한다.

- 관리자 계정과 일반 사용자 계정 권한 정의
- 직무별 접근권한 정의(직무 변경 시 권한 자동 회수 등)
- 직무별 접근 가능한 메뉴 또는 항목
- 개인정보 취급자별 접근 가능한 개인정보
- 중요정보 및 개인정보 처리 권한(입력, 조회, 변경, 삭제, 다운로드 등)
- 일회 또는 일일 처리 가능한 중요정보 및 개인정보 처리 수
- 장기 미사용자 권한 자동 횟수 및 비활성화 등
- 중요정보 및 개인정보 권한부여 이력, 접근이력, 처리이력 로깅 및 저장

표 3-20 개인정보 취급자 권한 신청서 양식(예시)

메뉴	세부권한 신청
회원관리	■ 접근가능 회원정보(■ 이름, ■ 주민번호, ■ 계좌번호, ■ 전화번호, ■ 주소) ■ 회원정보 입력, 변경, 삭제 ■ 회원정보 조회 ■ 회원정보 다운로드 ■ 1회 처리 건수: 1,000건 이상, 1일 처리 건수: 5,000건 이상 여부 (기준 처리 건수 이상 처리 필요 시 별도 정보보호 최고책임자 승인 요청)

🔒 **중요정보의 불필요한 노출(조회, 화면표시, 인쇄, 다운로드 등)을 최소화, 세션 자동차단, 동시 세션 수 제한, 관리자 전용 응용프로그램(관리자 웹페이지, 관리 콘솔 등)은 비인가자가 접근할 수 있도록 응용프로그램을 구현해 운영해야 한다.** 응용프로그램에서 중요정보 출력 시 출력항목을 최소화해야 한다. 특히 개인정보처리시스템의 경우 개인정보보호법 '개인정보의 안전성 확보조치 기준(고시)' 제 12조

(출력·복사시 보호조치)에 따라 법률 요건에 위배되지 않도록 기능을 구현해야 한다. 업무의 특성을 고려해 일정기간 업무를 하지 않는 경우 접속 차단 및 동일계정으로 동시에 접속하지 못하도록 제한해야 한다.

관리자만 접속이 필요한 웹페이지나 관리콘솔의 경우, 외부에서 접속할 수 없도록 IP 등을 차단하고 불가피하게 접속이 필요한 경우에는 OTP 등의 추가인증을 적용해야 한다.

개인정보 및 중요정보의 불필요한 노출(조회, 화면표시, 인쇄, 다운로드 등)을 최소화할 수 있도록 응용프로그램을 구현하여 운영하여야 한다.

- 응용프로그램(개인정보처리시스템 등)에서 개인정보 및 중요정보 출력 시(인쇄, 화면표시, 다운로드 등) 용도를 특정하고 용도에 따라 출력항목 최소화
- 업무 수행 형태 및 목적, 유형, 장소 등 여건 및 환경에 따라 개인정보처리시스템에 대한 접근권한 범위 내에서 최소한의 개인정보 출력
- 업무상 반드시 필요한 경우가 아니라면 개인정보 검색 시 like 검색이 되지 않도록 조치
- 개인정보 검색 시에는 불필요하거나 과도한 정보가 조회되지 않도록 일치검색(equal 검색) 또는 두 가지 항목 이상의 검색조건 사용 등

💡 실무 사례

중요정보 및 개인정보의 불필요한 노출을 최소화하기 위해 다음과 같이 마스킹 기준 (예시)을 수립해 적용할 수 있다. 이러한 마스킹 기준은 화면 출력, 파일 다운로드, 인쇄 시에도 동일하게 적용돼야 한다. 특히 웹브라우저의 소스보기 화면에서도 동일하게 적용돼야 한다.

- 성명: 김**, 김*용, KIM *********
- 주소: 서울시 서초구 서초동 *** 번지, 서울시 종로구 세종대왕로 ***, *** 호(세종로)
- 주민번호: 711231-*******, 711231-1******
- 연락처: 02-1234-****, 010-1234-****
- 여권번호: 12345****

- 이메일주소: at******@gmail.com
- 카드번호: 9430-20**-****-2399, 9430-****-****-239*
- 카드유효기간: **/**
- 계좌번호: 430-20-1*****, 484220-01-1*****, 103-910096-*****

※개정된 개인정보 안전성 확보조치 기준(2023.09.22)에서는 '개인정보의 표시제한 조치'가 삭제되었으나 인증기준에서는 해당 기능 적용을 요구함

✄ 증적 자료

- 업무(직무)별 접근권한 분류기준
- 응용프로그램 계정 현황
- 관리 웹페이지 접근통제, 세션 타임아웃 설정 현황
- 계정 접속로그 모니터링 내역
- 응용프로그램 사용자 화면
- 관리자/사용자 개인정보 취급 화면

📝 심사원 중점 검토사항

- 응용프로그램의 관리자 페이지가 외부 인터넷에 불필요하게 오픈돼 있거나 접근이 지정된 단말기로 접근이 제한돼 있는지 확인한다.
- 응용프로그램에 대해 타당한 사유 및 관리 책임자의 승인 없이 세션 타임아웃 또는 동일 사용자의 동시 세션 수를 제한하지 않고 있는 응용프로그램이 존재하는지 확인한다.
- 응용프로그램에서 사용하지 않는 불필요한 메뉴 또는 리스트 형태의 정보 표시 등을 통해 중요정보가 필요 이상으로 과도하게 노출되고 있는지 확인한다.

2.6.4 데이터베이스 접근

테이블 목록 등 데이터베이스 내에서 저장·관리되고 있는 정보를 식별하고, 정보의 중요도와 응용프로그램 및 사용자 유형 등에 따른 접근통제 정책을 수립·이행해야 한다.

🔒 **데이터베이스의 테이블 목록 등 저장·관리되고 있는 정보를 식별하고 데이터베이스 내 정보에 접근이 필요한 응용프로그램, 정보시스템(서버) 및 사용자를 명확히 식별하고 접근통제 정책에 따라 통제해야 한다.**

데이터베이스, 테이블에 저장되어 있는 중요정보를 식별하고 정기적으로 조사해 현행화해야 한다. DB 서버 및 DBMS 접속에 대한 권한은 데이터베이스 관리자[DBA, Database Administrator], 사용자 등으로 구분하고 직무별로 접근을 통제할 수 있도록 정책을 수립하고 적용해야 한다.

데이터베이스 관리자[DBA] 및 사용자의 활동을 감사·추적할 수 있도록 유일한 식별자를 할당해야 하며, 특히 응용프로그램(웹 등)용으로 부여된 데이터베이스 계정의 경우 데이터베이스 관리자, 사용자 등이 공용으로 사용하지 않아야 한다. 일반 사용자는 응용프로그램을 통해서만 데이터베이스에 접근 가능하도록 한다. DBMS에 직접 접속하는 경우 DB 관리용 프로그램(DB 툴 등)을 이용해 접속하고 관련 기록을 모두 남길 수 있도록 해야 한다. 중요정보(개인정보, 인사정보, 급여정도 등)가 포함된 테이블 또는 컬럼에 대해서는 업무상 취급 권한이 있는 자(개인정보 취급자 등)만이 사용할 수 있도록 제한해야 한다.

- 데이터베이스 접속 권한을 관리자(DBA), 사용자로 구분하여 직무별 접근통제 정책 수립·이행(최소권한 원칙에 따른 테이블, 뷰, 컬럼, 쿼리 레벨에서 접근통제 등)
- 중요정보가 포함된 테이블, 컬럼은 업무상 처리 권한이 있는 자만 접근할 수 있도록 제한
- DBA 권한이 부여된 계정과 조회 등 기타 권한이 부여된 계정 구분
- 응용프로그램에서 사용하는 계정과 사용자 계정의 공용 사용 제한
- 계정별 사용 가능 명령어 제한
- 사용하지 않는 계정, 테스트용 계정, 기본 계정 등 삭제
- 일정시간 이상 업무를 수행하지 않는 경우 자동 접속차단
- 비인가자의 데이터베이스 접근 제한
- 개인정보를 저장하고 있는 데이터베이스는 DMZ 등 공개된 네트워크에 위치하지 않도

록 제한
- 다른 네트워크 영역 및 다른 서버에서의 비인가 접근 차단
- 데이터베이스 접근을 허용하는 IP주소, 포트, 응용프로그램 제한
- 일반 사용자는 원칙적으로 응용프로그램을 통해서만 데이터베이스에 접근 가능하도록 조치 등

💡 실무 사례

다수의 데이터베이스를 운영하는 경우 중요정보 및 개인정보를 식별하는 것이 쉽지 않기 때문에 아키텍처 설계 시 중요정보를 포함하고 있는 데이터베이스는 가능하면 최소화하는 것이 바람직하다. DB 서버의 경우 응용시스템 서버와 분리된 네트워크에 위치시키고 서비스 목적을 달성하기 위한 포트 이외의 모든 서비스는 차단해야 한다. 데이터베이스의 접근은 DBA(전체권한 등), 개발자 및 사용자(읽기 권한 등) 등에 대해 접근권한을 차등해서 부여한다. 데이터베이스 설정 또는 DB 접근통제솔루션을 도입해 계정별 접근통제 및 사용할 수 있는 명령어를 통제하고 관련 로그를 모두 저장하고 접근권한 부여 이력, 접근이력, 행위이력을 주기적(월 1회)으로 점검해야 한다.

클라우드 서비스에서 제공하는 데이터베이스(RDS, Redshift 등)를 이용해 중요정보 및 개인정보를 저장하는 경우에는 법률적인 요구사항이나 조직의 정책 요구사항이 지원 가능한지 사전 검토 후에 사용 여부를 결정해야 한다. 또한 데이터베이스 서비스를 이용하는 경우에는 OS 접근, 환경설정 등에 제약이 있고 Agent 형태의 솔루션은 사용하기 어렵기 때문에 DB 접근통제솔루션을 사용해 접근을 통제하는 경우 클라우드 환경에서도 동일하게 통제가 가능한지 검토해야 한다.

⚒ 증적 자료

- 데이터베이스 사용자 비밀번호 정책
- 데이터베이스의 사용자 현황 및 비밀번호 정책 적용 현황
- 데이터베이스 현황(테이블, 컬럼 등)
- DB접근통제 현황

- DB접근통제 정책(로깅 등)
- DB접근기록 검토 결과

📝 심사원 중점 검토사항

- 중요정보를 보관·처리하고 있는 데이터베이스에 대한 관리자 및 사용자의 직무별 접근통제 기준이 수립돼 있는지 확인한다.
- 중요정보(개인정보, 금융거래정보 등)를 보관·처리하고 있는 데이터베이스의 주요 테이블 및 주요 정보에 대한 접근(또는 접근시도) 내역이 기록되고 있는지 확인한다.
- 접근내역에 대한 타당성 검토가 주기적으로 이뤄지고 있는지 확인한다.
- DB 접근통제솔루션을 도입해 운영하고 있는 경우 DB 접속자에 대한 IP가 적절히 통제되고 있지 않거나 공식적인 승인 또는 타당한 사유 없이 DBA 이외 개발자가 운영 중인 DB에 관리자 권한으로 접근하고 있는지 확인한다.
- 대량의 중요정보(개인정보 등)를 보관 또는 처리하고 있는 데이터베이스를 인터넷을 통해 접근 가능한 웹 응용프로그램과 물리적으로 동일한 서버에서 운영하고 있는 것이 없는지 확인한다.

2.6.5 무선 네트워크 접근

무선 네트워크를 사용하는 경우 사용자 인증, 송수신 데이터 암호화, AP 통제 등 무선 네트워크 보호대책을 적용해야 한다. 또한 AD Hoc 접속, 비인가 AP 사용 등 비인가 무선 네트워크 접속으로부터 보호대책을 수립·이행해야 한다.

인증대상 기관 준비사항

🔒 무선 네트워크를 업무적으로 사용하는 경우 무선 AP 및 네트워크 구간 보안을 위해 인증, 송수신 데이터 암호화, 비인가된 무선 네트워크 등 보호대책을 수립·이행해야 한다.

무선 네트워크를 업무 목적으로 사용하는 경우 인가된 임직원만이 무선 네트워크를 사용할 수 있도록 사용 신청 및 해지 절차를 수립·이행해야 한다. AD Hoc 접속 및 조직내 허가 받지 않은 무선 AP 탐지·차단 등 비인가된 무선 네트워크에 대한 보호 대책을 마련해야 하고 인가된 무선 AP의 경우 무선 네트워크를 통해 접근할 수 있는 정보시스템 범위를 정의하고 다음과 같은 보안 설정을 적용해야 한다.

- 무선 네트워크 장비(AP) 접속 단말 인증
- 무선 네트워크 장비(AP) 정보 송수신 시 암호화 기능 설정(WPA2 이상 권고)
- 무선 네트워크 장비(AP) SSID 숨김(브로드캐스팅 중지) 설정
- 사용자 식별 및 인증
- 무선 네트워크 서비스 거리 제한(주파수 세기 조정)
- 무선 AP의 관리자 접근 IP 통제

또한, WIPS^{Wireless Intrusion Prevention System, 무선 침입방지시스템}를 설치해 보호하고 외부인에게 제공하는 무선 네트워크는 임직원 업무용 무선 네트워크와 분리해 내부 네트워크 접속을 차단할 수 있다.

💡 실무 사례

일반적으로 휴대폰 테더링이나 비인가^{Rogue} AP는 사용자 편의성을 위해 무선 보안 기능을 설정하지 않고 회사 내부망에 연결하는 경우가 많으며 무선랜 스위치나 방화벽 등 기존 솔루션으로 통제하기 어렵다. 또한 개인화된 기기들을 정보보호팀에서 수동으로 조사하여 제한하는 것은 한계가 있기 때문에 WIPS 등의 보안솔루션을 도입해 인가된 AP 통합관리, 불법 무선 공유기 탐지, 무선 방화벽 기능을 통한 외부AP 접속 차단, Ad-HOC 접속 차단, 외부침입방어, 무선을 통한 내부정보유출 탐지 등의 업무를 수행할 수 있다.

✂ 증적 자료

- 무선 네트워크 보안 정책
- 무선 네트워크 구성
- AP 보안 설정
- 무선 네트워크 사용 신청 및 승인 이력

- 무선 네트워크 보안정책에 따라 무선랜 사용자 현황 검토, 무선 AP 접속 제한, 주기적인 비밀번호 변경, 인증 강화 등의 보호대책이 적절히 적용되고 있는지 확인한다.
- 무선 네트워크 접속을 통해 특정 서버에 대한 접근이 허용되는지 확인한다.

2.6.6 원격접근통제

보호구역 이외 장소에서의 정보시스템 관리 및 개인정보 처리는 원칙적으로 금지한다. 재택근무 · 장애대응 · 원격협업 등 불가피한 사유로 원격접근을 허용하는 경우 책임자 승인, 접근 단말 지정, 접근 허용범위 및 기간 설정, 강화된 인증, 구간 암호화, 접속단말 보안(백신, 패치 등) 등 보호대책을 수립 · 이행해야 한다.

인증대상 기관 준비사항

🔒 **인터넷과 같은 외부 네트워크를 통한 정보시스템 원격운영은 원칙적으로 금지하고 장애대응 등 부득이하게 허용하는 경우 보완대책을 마련하고 내부 네트워크를 통해서 원격으로 정보시스템을 운영하는 경우 특정 단말에 한해서만 접근을 허용해야 한다.**

외부 네트워크를 통한 정보시스템 원격운영은 원칙적으로 금지하고 장애대응 등 부득이하게 허용하는 경우, 원격운영에 대한 정보보호 최고책임자 승인을 받아 한시적으로 접근권한을 부여해 업무 목적이 달성된 경우에는 차단해야 한다. 원격 접근은 VPN 등 전송구간이 암호된 장비를 사용하고 ID/PW 이외의 강화된 인증방식(공인인증서, OTP 등)을 적용해야 한다. 또한 접속 단말은 백신 설치, 보안패치 등을 적용해 보안을 강화하고 원격 접속 기록은 로깅하고 주기적으로 이상 유무를 점검해야 한다.

내부 네트워크를 통해 정보시스템을 운영하는 경우 관리자는 지정된 단말을 통해서만 접근할 수 있도록 통제해야 한다. 패드, 스마트폰 등 스마트기기를 통한 정보시스템 원격운영은 원칙적으로 금지하고 부득이한 경우 스마트기기에 대한 보안대책을 마련하고 책임자가 승인한 후 사용해야 한다.

재택근무, 원격협업, 스마트워크 등과 같은 원격업무 수행 시에는 업무형태에 따른 업무 허가 범위를 설정하고 스마트워크 업무 승인절차, 원격접근에 따른 보호대책 등을 마련해 중요정보 유출, 해킹 등 침해사고를 예방해야 한다.

개인정보처리시스템의 관리, 운영, 개발, 보안 등을 목적으로 원격으로 개인정보처리 시스템에 직접 접속하는 단말기는 관리용 단말기 지정, 임의조작 및 목적 외 사용 금지, 악성프로그램 감염 방지 등 안전조치를 적용해야 한다.

🔋 실무 사례

대부분의 조직에서 외부에서의 내부 네트워크 접근 및 정보시스템의 원격 운영은 원칙적으로 금지하고 있다. 그러나 장애대응 등의 이슈로 외부에서 내부 네트워크 접근이 필요한 경우가 존재한다. 이러한 경우에는 전용 VPN 시스템을 구축하거나 방화벽에서 제공하는 VPN 기능을 활용해 접근을 허용할 수 있다. 최근에는 대부분 보안성이 강화된 SSL VPN을 구축해 사용하고 있으며 다음과 같이 통제 기능을 적용할 수 있다.

- SSL VPN 접근 시 아이디/비밀번호 인증 + OTP 인증
- VPN 계정별로 접근가능한 서비스(IP) 통제 또는 게이트웨이(Gateway) 서버를 통한 접근통제
- VPN 접속 단말 보안패치 및 백신 설치 여부 검증(VPN 클라이언트에서 제공하는 Host Checker 등 이용)
- 권한 부여이력, 접근이력 등을 주기적으로 검토하고 장기 미사용자 접속 차단 등 수행

또한 최근에는 제로 트러스트Zero Trust, 사용자 또는 기기를 조직의 네트워크 내에 이미 있더라도 기본적으로 신뢰해서는 안 된다는 아이디어를 바탕으로 조직을 보호하는 데 사용되는 보안 모델 개념을 도입한 보안솔루션 또는 보안 서비스가 많이 출시되고 있기 때문에 기존의 VPN의 단점을 보완하거나 대체하여 보안을 강화할 수 있다.

✗ 증적 자료

- VPN 사용 정책
- VPN 사용 신청서 및 승인 이력
- VPN 접근제어 정책 설정
- VPN 계정 목록
- VPN 접근권한 검토 결과 보고서 및 승인 이력

📝 심사원 중점 검토사항

- 외부 근무자를 위해 개인 스마트 기기에 업무용 모바일 앱을 설치해 운영하는 경우 백신, 초기화, 암호화, MDM 등의 보호대책을 적용하고 있는지 확인한다.
- 원격운영관리를 위해 VPN을 구축해 운영하고 있는 경우 VPN에 대한 사용승인 또는 접속기간 제한 등의 정책이 적용돼 있는지 확인한다.

2.6.7 인터넷 접속 통제

인터넷을 통한 정보 유출, 악성코드 감염, 내부망 침투 등을 예방하기 위해 주요 정보시스템, 주요 직무 수행 및 개인정보 취급 단말기 등에 대한 인터넷 접속 또는 서비스(P2P, 웹하드, 메신저 등)를 제한하는 등 인터넷 접속 통제 정책을 수립·이행해야 한다.

인증대상 기관 준비사항

🔒 **주요 직무 수행 및 개인정보 취급 단말기 등 업무용 PC의 인터넷 접속에 대한 통제 및 주요 정보시스템(DB 서버 등)에서 불필요한 외부 인터넷 접속을 통제해야 한다.**

주요 직무 수행 및 개인정보 취급 단말기 등 업무용 PC의 경우 외부 이메일, 웹하드, P2P, 메신저, 성인사이트 등의 업무 목적과 관련이 없는 인터넷 접속을 차단해야 한다. 특히 개인정보를 처리(다운로드, 파기, 접근권한 설정)하는 개인정보 취급자 컴퓨터는 외부 인터넷 접속을 차단해야 한다.

DB 서버 등의 중요 서버는 업무 목적을 식별하여 외부 인터넷 접근이 불필요한 경우 인터넷 접속을 차단해 외부 인터넷 접속을 통한 악성코드 감염, 정보유출, 역방향 접속^{Rverse Connection} 등을 차단해야 한다.

💡 **실무 사례**

일반적으로 대부분의 조직에서는 모든 임직원에 대해 외부 이메일, 웹하드, P2P, 메신저, 성인사이트, 악성코드 유포 및 경유지 등을 차단하고 있다. 전통적인 방화벽을 이용해 IP를 차단하는 경우, IP 변경 현황을 지속적으로 업데이트하거나 차단이 불가능할 수 있기 때문에 애플리케이션 방화벽을 통한 애플리케이션 레벨에서의 차단을 통해 IP가 변경되더라도 차단 정책이 유지되도록 하거나 메신저의 대화 기능은 허용하되 파일 전송을 차단하는 등의 세부적인 통제를 수행하기도 한다. 또한 유해사이트를 전용으로 차단해 주는 유해사이트차단 솔루션을 구축해 통제할 수도 있다.

🔒 **관련 법령에 따라 인터넷망 분리 의무가 부과된 경우 망 분리 대상자를 식별하여 안전한 방식으로 망 분리를 적용해야 한다.**

개인정보보호법에 따른(전년도 말 기준 직전 3개월간 그 개인정보가 저장·관리되고 있는 이용자 수가 일일평균 100만명 이상인 개인정보처리자는 개인정보처리시스템에서 개인정보를 다운로드 또는 파기 할 수 있거나 개인정보처리시스템에 대한 접근 권한을 설정할 수 있는 개인정보 취급자의 컴퓨터 등) 망 분리 의무대상자 및 망 분리 적용이 필요하다고 판단되는 경우에는 망 분리 대상자를 식별하고 물리적 또는 논리적으로 망 분리를 적용해야 한다. 「클라우드컴퓨팅 발전 및 이용자 보호에 관한 법률」제2조제3호에 따른 클라우드 컴퓨팅서비스를 이용하여 개인정보처리시스템을 구성·운영하는 경우에는 해당 서비스에 대한 접속 외에는 인터넷을 차단하는 조치를 하여야 한다. 망을 분리한 경우 우회경로가 있는지 파악해 차단하고 망 분리 PC와 인터넷 PC간의 자료전송을 통제해야 한다. 자료 전송이 필요한 경우에는 망연계솔루션 구축 등의 별도의 보호대책을 마련하고 관련 로그를 주기적으로 검토해야 한다.

금융정보, 개인정보 등 중요정보 취급자는 전자금융감독규정, 개인정보보호법에 따라 물리적 또는 논리적 망 분리를 수행해야 한다. 전자금융감독 규정의 적용을 받는 조직의 경우 물리적인 망 분리를 수행해야 하며 네트회선 분리, 2대의 PC 지급, PC의 물리적인 봉인 등을 수행해 물리적으로 완벽하게 분리하고 망 분리 PC는 인터넷 등의 네트워크를 완벽하게 차단한다. 개인정보보호법에서 정의한 바에 따라 정보통신서비스 제공자이면서 망 분리 대상 조직인 경우 물리적 또는 논리적 망 분리를 선택해 적용할 수 있다. 논리적인 망 분리는 VDI^{Virtual Desktop Infrastructure} 등을 이용해 물리적인 PC는 인터넷을 차단해 내부 시스템에만 접근할 수 있도록 통제하고 인터넷 등 외부 네트워크에 접근하기 위해서는 VDI에 접속한 후에 수행하도록 통제할 수 있다. 논리적인 망 분리를 사용하는 경우에는 가상환경이라는 특수성으로 인해 속도가 느려질 수 있다. 이러한 망 분리를 적용한 경우에는 다음과 같은 사항을 사전에 검토하고 정책을 마련해야 한다.

- 내부 업무시스템 식별
- 망 분리 우회 경로 파악(VDI 상에서의 Copy + Paste 등)
- 망 분리 환경에서의 접근통제 정책(업무 목적상 반드시 허용이 필요한 서비스 등)
- 분리된 망 간의 자료 공유를 위한 연계시스템 구축(TCP/IP가 아닌 다른 프로토콜 사용)
- 망 연계시스템 사용 절차(승인, 암호화, 악성코드 검색 등)
- 망 분리 환경 보호를 위한 솔루션 도입 검토(방화벽, NAC, PMS, 보조기억매체 통제 등)
- VPN 계정 별로 접근가능한 서비스(IP) 통제 또는 게이트웨이(Gateway) 서버를 통한 접근통제
- VPN 접속 단말 보안패치 및 백신 설치 여부 검증(VPN 클라이언트에서 제공하는 Host Checker 등 이용)
- 권한 부여이력, 접근이력 등을 주기적으로 검토하고 장기 미사용자 접속 차단 등 수행

표 3-21 망 분리 방식별 구축 방안

구분	물리적 망 분리	서버 가상화 기반	클라이언트 가상화 기반
구축방법	PC 2대 사용	인터넷망은 서버, 업무망은 PC	PC의 일부분을 가상화
도입비용	높음	보통	낮음
보안성	매우 높음	높음	높음
장점	공격자의 직접적인 접근차단	문서보안 등 높은 보안성	도입비용 최소화, 쉽고 간편한 설치
단점	유지 관리 비용 증가	최초 도입비용 높음 서버 가상화 접근 시 아이디/비밀번호 사용(유출 가능성)	고장 시 복구가 어려움

✄ 증적 자료

- 유해사이트 차단 정책 및 적용 현황(P2P 등)
- 망 분리 정책
- 망 분리 대상자 리스트
- 망 분리 구성도
- 망간 자료전송 절차 및 현황

📝 심사원 중점 검토사항

- 망 분리해야 하는 주요 직무자(개인정보 취급자, 시스템 관리자 등)를 식별하고 해당 직무자 PC에서 불필요한 인터넷 접속(웹하드, P2P 등)을 제한하고 있는지 확인한다.
- 서버에서 목적 이외의 불필요한 인터넷 접속을 통제하고 있는지 확인한다.
- 인터넷 PC와 내부 업무용 PC의 망을 분리하고 망간 자료전송시스템을 구축해 운영하고 있는 경우 자료 전송 시 승인 및 자료전송 내역에 대한 주기적 검토가 이뤄지고 있는지 확인한다.
- 유해사이트 차단 솔루션을 도입해 운영하고 있는 경우, 예외 적용돼 있는 사이트가 없는지 확인한다.

나. 사례 연구

인증심사원 홍길동은 (주)가나다라의 인증심사에 참여해 접근통제 현황을 확인하기로 했다. 문서 검토, 담당자 인터뷰, 현장실사를 통해 확인된 사항은 다음과 같다. 심사 일자는 12월 30일이다.

(1) 정책 및 지침 확인

서버보안지침

제9조【서버 접근통제】

　　가. 회사의 정보시스템 구성은 개발·운영 환경으로 분리해야 한다.

　　나. 운영서버에 대한 접근은 반드시 게이트웨이(Gateway) 서버를 통해서만 접속을 허용하고 우회경로가 없도록 네트워크 단에서 방화벽으로 통제해야 한다.

　　다. 운영서버 접근은 업무 목적으로 반드시 접근이 필요한 사용자에 한해 최소한으로 허용하고 서버 간의 접근은 TCP 래퍼(Wrapper)를 이용해 접근을 통제해야 한다.

　　라. 서버별로 접근이 허용된 사용자를 명확하게 식별하고 서버의 접근은 암호화된 통신 수단(ssh 등)을 사용해야 한다.

　　마. 개발서버 환경에서 운영 환경으로의 접근은 원칙적으로 금지한다. 단, 업무목적상 접근이 필요한 경우 정보보호 최고책임자의 승인을 받아야 한다.

　　바. 서버에 접속한 후 30분 이상 입력이 없는 경우 자동적으로 로그오프시키거나 해당 세션을 차단시켜야 한다.

　　사. 30분 이상 사용자가 자리를 비울 경우 비인가자가 자료를 보거나 변경하지 못하도록 비밀번호가 설정된 화면보호기 기능을 설정해야 한다.

　　아. 서버의 사용목적과 관계없는 서비스를 제거해야 한다.

　　자. 중요 서비스를 제공하는 서버는 독립된 서버로 운영해야 한다.

정보보호시스템보안지침

제14조【원격운영】

가. 내부 네트워크를 통해 정보시스템(서버, 네트워크 장비, 정보보호시스템 등)을 운영하거나 웹 관리자 페이지에 접속하는 경우 관리자는 지정된 단말을 통해서만 접근할 수 있도록 IP 또는 MAC 인증을 받아야 한다.

나. 패드, 스마트폰 등 스마트기기를 통한 정보시스템 원격운영은 원칙적으로 금지해야 한다.

다. 외부에서 내부 네트워크 접근은 장애대응 등 긴급사항의 경우에 허용되며, 반드시 VPN을 통해서만 접근해야 하며 다음과 같은 보안대책을 마련해야 한다.

- 원격운영은 사내에 구축되어 있는 VPN을 통해서만 수행해야 함
- 원격운영에 대해 전자결재를 통해 정보보호 최고책임자 승인을 받아야 함
- ID/PW 이외의 OTP 인증을 수행해야 함
- VPN 사용 시 계정별 접근 대상 서버를 명확히 해 접근을 통제해야 함
- 접속 단말 보안(예: 백신 설치, 보안패치 적용 등)
- 원격 접속 기록은 모두 로깅해야 함

라. 정보보호 담당자는 VPN 사용현황을 분석해 불필요한 권한부여, 사용이 만료된 권한 등 권한부여 현황 및 사용이력을 월 1회 점검해 정보보호 최고책임자에게 보고해야 한다.

응용프로그램보안지침

제5조【응용프로그램 접근통제】

가. 응용프로그램은 사용자의 접근권한 확인 후에 사용자의 접근을 허용해야 한다.

나. 모든 응용프로그램은 접근이 필요한 최소한의 메뉴, 기능 또는 정보에 대해서만 사용자의 접근권한이 부여될 수 있도록 설계·구현돼야 한다.

다. 관리자 전용 응용프로그램(관리자 웹페이지, 관리콘솔 등)은 비인가자가 접근할 수 없도록 외부에서의 접근을 차단하고, 내부 관리자 IP만 접근할 수 있도록 통제해야 한다.

라. 동일한 계정에 대해서는 서비스 중복 로그인을 허용하지 않아야 한다.

마. 개인정보를 다운로드해야 하는 경우에는 사용자의 접근권한 보유 여부 및 인가된 IP인지 확인해야 한다.

바. 30분 이상 사용자의 입력이 없을 경우 해당 세션을 차단하도록 해야 한다. 단, 서비스 특성 상 시간 조정이 필요한 경우에는 서비스 개발 담당자와 서비스 보안 담당자가 협의해 정할 수 있다.

(2) 인터뷰 또는 실사를 통한 확인

인증심사원 홍길동은 심사기관인 (주)가나다라의 접근통제 현황을 확인하기 위해 정보보호팀, 운영팀 인터뷰 및 실사를 통해 다음 내용을 확인할 수 있었다.

■ 인터뷰

첫째, 네트워크 구성은 DMZ와 내부망으로 구성하고 DB 서버구간은 별도의 사설네트워크로 구성하고 있으며 네트워크 구간에서는 방화벽을 설치해 통제하고 있다.

둘째, 서버로 접근하기 위해서는 반드시 SSH를 사용해 회사에서 허용된 게이트웨이 서버에 접근한 후 서버에 접근할 수 있다.

셋째, DBMS에 접근하기 위해서는 DB 접근통제솔루션을 통해서만 접근할 수 있으며, 개발자는 select 권한만 부여하고 있다.

넷째, 정보보호 담당자는 원격 운영을 위해서는 반드시 VPN을 사용해야 하며, VPN 사용 신청서를 작성해 전자결재를 통해 정보보호 최고책임자의 승인을 받고 있다.

다섯째, VPN 사용 이력에 대해서는 월 1회 검토해 정보보호 최고책임자에게 보고하는 것으로 확인했다.

여섯째, 응용프로그램의 관리자 페이지는 회사 정책에 따라 외부에서는 접근할 수 없도록 접근통제를 수행하고 있고, 내부 관리자만 접근할 수 있도록 IP를 통제하고 있다.

■ 시스템 확인 및 현장 실사

홍길동 심사원이 (주)가나다라의 접근통제 정책을 확인한 결과 다음과 같은 내용이 확인됐다.

〈네트워크 구성도〉

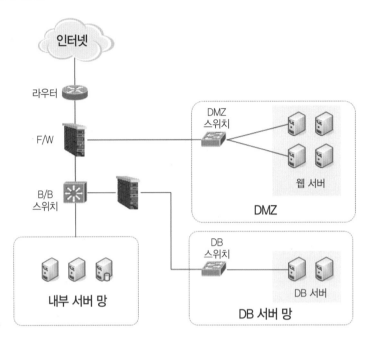

〈상품판매관리시스템 설정확인 결과〉[#1]

```
#
# hosts.allow     This file contains access rules which are used to
#                 allow or deny connections to network services that
#                 either use the tcp_wrappers library or that have been
#                 started through a tcp_wrappers-enabled xinetd.
#
#                 See 'man 5 hosts_options' and 'man 5 hosts_access'
#                 for information on rule syntax.
#                 See 'man tcpd' for information on tcp_wrappers
#

"hosts.allow" line 1 of 10 --10%-- col 1 (3 of 4)
```

```
# hosts.deny          This file contains access rules which are used to
#                     deny connections to network services that either use
#                     the tcp_wrappers library or that have been
#                     started through a tcp_wrappers-enabled xinetd.
#
#                     The rules in this file can also be set up in
#                     /etc/hosts.allow with a 'deny' option instead.
#
#                     See 'man 5 hosts_options' and 'man 5 hosts_access'
#                     for information on rule syntax.
#                     See 'man tcpd' for information on tcp_wrappers
#

"hosts.deny" 13L, 460C
```

SSL-VPN 사용 신청서

※ 신청자는 항목을 빠짐없이 작성하시기 바랍니다.

등록구분	□ 신규 □ 변경 □ 삭제		※ 해당 사항에 ✓ 표시
사용자	아이디(ID)		※ 8~12자 이내, 영문·숫자 사용
	성 명	부서/직급	
사용기간	20 년 월 일 ~ 20 년 월 일		
신청 사유 및 용도	신청 사유		※ 사유를 구체적으로 기재
	접속프로토콜	□WWW(80) □SSH □ SFTP □윈도우터미널 □기타( )	※ 해당 사항에 ✓ 표시
비고(선택사항)			※ 참고 될 만한 사항 기입

〈VPN 권한 부여 및 사용 현황〉 [#2]

사용자	아이디	사용기간	접속대상 서버
이순신	Leess	2023.12.28 ~ 2024.01.06	ALL
강감찬	Kanggc	2023.08.01 ~ 2023.08.03	192.168.100.2
임꺽정	Limgj	2023.12.28 ~ 2024.01.05	ALL
김유신	Kimys	2023.07.28 ~ 2023.07.30	192.168.100.5

〈외부 인터넷망에서 상품판매관리시스템 Admin 페이지 접근통제 현황〉 [#3]

(3) 결함 요약

결함 포인트 [#1]

접근통제는 네트워크 구간, 서버간의 접근통제를 모두 구현해야 한다. 이에 따라 신청기관에서는 방화벽을 설치해 네트워크 구간에 대한 접근통제를 수행하고 있다. 또한 서버보안지침을 확인해보면 "다. 운영서버 접근은 업무 목적으로 반드시 접근이 필요한 사용자에 한해 최소한으로 허용하고 서버 간의 접근은 TCP Wrapper를 이용해 접근을 통제해야 한다."라고 돼 있으나 실제 서버에 설정된 내역을 확인해보면 hosts.allow, hosts.deny 파일에 접근을 통제할 수 있는 설정이 적용돼 있지 않아 지침을 준수하고 있지 않다.

결함 포인트 [#2]

외부에서의 원격운영은 VPN을 통해서만 수행하고 있고, 사용이 필요한 경우에는 "SSL-VPN 사용 신청서"를 통해 사용기간을 명시하고 승인을 받고 권한을 부여해 주고 있다. 또한 정보보호시스템 운영지침을 보면 "정보보호 담당자는 VPN 사용현황을 분석해 불필요한 권한을 부여, 사용이 만료된 권한 등 권한부여 현황 및 사용이력을 월 1회 점검해 정보보호 최고책임자에게 보고해야 한다."고 돼 있다. 그러나 VPN 권한 부여 및 사용 현황을 확인해보면 현재 날짜기준(12.30) 이전에 만료된 계정이 존재하고 모든 계정이 접속 대상 서버가 명확하게 설정돼 있지 않은 것을 확인할 수 있다.

결함 포인트 [#3]

관리자 전용 응용프로그램(관리자 웹페이지, 관리콘솔 등)은 비인가자가 접근할 수 없도록 외부에서의 접근을 차단하고, 내부 관리자 IP만 접근할 수 있도록 통제해야 한다. 그러나 상품판매관리시스템의 어드민 페이지가 외부 인터넷망에서 접근되는 것을 확인할 수 있다. 어드민 페이지가 외부 인터넷망에서 노출된 부분에 대해 결함을 줄 수 있다.

(4) 결함 보고서 작성

<table>
<tr><td colspan="5" align="center">결함 보고서</td></tr>
<tr><td>기록일자</td><td colspan="2">2023년 12월 30일</td><td>기업명</td><td>(주)가나다라</td></tr>
<tr><td rowspan="2">인증 범위</td><td>구분</td><td>결함유형</td><td>인증 범위명</td><td>기관 확인자</td></tr>
<tr><td>ISMS</td><td>결함</td><td>(주)가나다라 상품판매 서비스</td><td>이순신 팀장(인)</td></tr>
<tr><td>심사원명</td><td colspan="4" align="center">홍 길 동 (인)</td></tr>
<tr><td>관계부서</td><td colspan="4" align="center">정보보호팀, 운영팀</td></tr>
</table>

관련조항	(보호대책) 2.6.2 정보시스템 접근
관련 근거	◇ **(인증기준)** 서버, 네트워크 시스템 등 정보시스템에 접근을 허용하는 사용자, 접근제한 방식, 안전한 접근수단 등을 정의해 통제해야 한다. ◇ **(내부규정)** 「서버보안지침」 제9조(서버 접근통제) (2023.11.25) 나. 운영서버에 대한 접근은 반드시 게이트웨이 서버를 통해서만 허용하고 우회경로가 없도록 네트워크 단에서 방화벽으로 통제해야 한다. 다. 운영서버 접근은 업무 목적으로 반드시 접근이 필요한 사용자에 한해 최소한으로 허용하고 서버 간의 접근은 TCP Wrapper를 이용해 접근을 통제해야 한다.

운영현황
및
결함내역
	◇ **(운영현황)** 운영서버 접근을 통제하고 있음
	  ○ 서버로 접근하기 위해서는 반드시 SSH를 사용해 게이트웨이 서버에 접근한 후 서버에 접근하도록 통제하고 있음
	  o 우회경로가 없도록 네트워크 단에서 방화벽으로 통제하고 있음
	◇ **(결함내역)** 서버간의 접근을 통제하지 않는 문제점이 발견됨
	  ○ 서버간의 접근은 TCP Wrapper를 이용해 통제하도록 정책이 수립돼 있으나 상품판매관리시스템 확인 결과 접근통제 정책이 적용되지 않음
	
	◇ **(조치사항)** 서버보안지침에 따라 TCP Wrapper를 활용해 서버간의 접근을 통제할 수 있도록 접근통제 정책을 적용해야 함

근거목록	- 「서버보안지침」(2023.11.25) - 네트워크 구성도 - 상품판매관리시스템 실사

결함 보고서

기록일자	2023년 12월 30일		기업명	(주)가나다라	
인증 범위	구분	결함유형	인증 범위명		기관 확인자
	ISMS	결함	(주)가나다라 상품판매 서비스		이순신 팀장(인)
심사원명	홍 길 동 (인)				
관계부서	정보보호팀, 운영팀				

관련조항	(보호대책) 2.6.7 원격접근통제
관련 근거	◇ **(인증기준)** 인터넷을 통한 정보 유출, 악성코드 감염, 내부망 침투 등을 예방하기 위해 주요 정보시스템, 주요 직무 수행 및 개인정보 취급 단말기 등에 대한 인터넷 접속 또는 서비스(P2P, 웹하드, 메신저 등)를 제한하는 등 인터넷 접속 통제 정책을 수립·이행해야 한다. ◇ **(내부규정)** 「정보시스템보안지침」 제14조(원격운영) (2023.11.25) 다. 외부에서 내부 네트워크 접근은 장애대응 등 긴급사항의 경우에 허용되며, 반드시 VPN을 통해서만 접근해야 하며 다음과 같은 보안대책을 마련해야 한다. • VPN 사용 시 계정별 접근 대상 서버를 명확히해 접근을 통제해야 함 라. 정보보호 담당자는 VPN 사용현황을 분석해 불필요한 권한부여, 사용이 만료된 권한 등 권한부여 현황 및 사용이력을 월 1회 점검해 정보보호 최고책임자에게 보고해야 한다.
운영현황 및 결함내역	◇ **(운영현황)** 외부에서의 원격운영을 통제하고 있음 ○ 외부에서의 원격운영은 장애발생 등 긴급사항이 발생할 경우에만 허용하며, VPN을 통해서만 수행하고 있음 ○ "SSL-VPN 사용 신청서"를 통해 사용기간을 명시하고 승인을 받아 권한을 부여하고 있음 ◇ **(결함내역)** VPN 사용 정책 위반사항이 존재하는 문제점이 발견됨 ○ VPN 설정 현황을 확인한 결과 다음과 같이 사용기간이 만료된 계정이 존재하는 것으로 확인됨

사용자	아이디	사용기간	접속대상 서버
강감찬	kanggc	2023.08.01 ~ 2023.08.03	192.168.100.2
김유신	kimys	2023.07.28 ~ 2023.07.30	192.168.100.5

	○ 또한 접속대상 서버가 설정되지 않은 것으로 확인됨			

<table>
<tr><td rowspan="3">운영현황
및
결함내역</td><td>사용자</td><td>아이디</td><td>사용기간</td><td>접속대상 서버</td></tr>
<tr><td>이순신</td><td>Leess</td><td>2023.12.28 ~ 2024.01.05</td><td>ALL</td></tr>
<tr><td>임꺽정</td><td>Limgj</td><td>2023.12.28 ~ 2024.01.05</td><td>ALL</td></tr>
</table>

운영현황 및 결함내역	◇ (조치사항) "SSL-VPN 사용 신청서" 양식에 접속대상 서버를 식별할 수 있는 항목을 추가해 적용하고, VPN 권한부여 현황을 정책에 따라 점검해 불필요하게 부여된 권한을 제거해야 함
근거목록	- 「정보시스템보안지침」(2023.11.25) - SSL-VPN 사용 신청서 - VPN 정책 실사

✏️ 요약

접근통제에서는 네트워크, 정보시스템, 응용프로그램, 데이터베이스, 무선 네트워크, 원격접근, 인터넷 접속 등 정보자산에 대한 모든 접근을 식별하고 통제하는 데 목적이 있다. 네트워크에 대한 비인가 접근을 통제하기 위해 IP 관리, 단말인증 등 관리절차를 수립·이행하고, 업무목적 및 중요도에 따라 네트워크 분리(DMZ, 서버팜, DB존, 개발존 등)와 접근통제를 적용해야 한다. 정보시스템에 접근을 허용하는 사용자, 접근제한 방식, 안전한 접근수단 등을 정의해 통제하고 응용시스템의 경우는 접근권한 차등 부여, 불필요한 노출 최소화, 세션 타임아웃 설정, 관리자 페이지 접근통제 등을 통해 보호해야 한다. 데이터베이스는 저장 관리되고 있는 정보를 식별하고 접근이 필요한 응용프로그램, 정보시스템(서버) 및 사용자를 명확히 식별하여 접근을 통제해야 한다. 인터넷과 같은 외부 네트워크를 통한 정보시스템 원격운영은 원칙적으로 금지하고 재택근무, 원격협업, 스마트워크 등과 같은 원격업무 수행 시 중요정보 유출, 해킹 등 침해사고 예방을 위한 보호대책을 마련해야 한다. DB 서버 등 주요 정보시스템은 외부 인터넷 접속을 통제하고 관련 법령에 따라 인터넷 망 분리 의무가 부과된 경우 망 분리 대상자를 식별하여 안전한 방식으로 망 분리해야 한다.

2.7 암호화 적용

가. 인증 분야 및 항목 설명

분야	항목
2.7 암호화 적용	2.7.1 암호정책 적용
	2.7.2 암호키 관리

2.7.1 암호정책 적용

개인정보 및 주요정보 보호를 위해 법적 요구사항을 반영한 암호화 대상, 암호 강도, 암호 사용 정책을 수립하고 개인정보 및 주요정보의 저장 · 전송 · 전달 시 암호화를 적용해야 한다.

인증대상 기관 준비사항

🔒 **개인정보 및 주요정보의 보호를 위해 법적 요구사항을 반영한 암호화 대상, 암호강도, 암호사용 등이 포함된 암호정책을 수립해야 한다.**

개인정보 및 주요정보 보호를 위한 암호화 관련 법적 요구사항(개인정보보호 관련 법률 등)을 반영해 암호대상, 암호화 방식, 알고리즘 강도, 암호키 관리 대책 등을 정의하고 정보 전송 및 저장 시 암호화 방안을 마련해야 한다. 법률에서 정의한 암호화 대상 및 적용 기준은 표 3-22와 같다.

표 3-22 개인정보보호법에 따른 암호화 대상(ISMS-P 인증기준 안내서)

구분		개인정보 보호법에 따른 암호화 대상 개인정보	
		이용자가 아닌 정보주체의 개인정보	암호화 기준
정보통신망을 통한 송·수신 시	정보통신망	인증정보(비밀번호, 생체인식정보 등)	
	인터넷망	개인정보 ※단, 종전의 개인정보의 안전성 확보조치 기준 적용대상의 경우 2024.9.15 시행	
저장 시	저장 위치 무관	인증정보(비밀번호, 생체인식정보) ※단, 비밀번호는 일방향암호화	
		주민등록번호 ※법 제24조의2 제2항에 따라 암호화	
	인터넷구간, DMZ	고유식별정보	주민등록번호, 여권번호, 운전면허번호, 외국인등록번호, 신용카드번호, 계좌번호, 생체인식정보 ※저장 위치 무관
	내부망	※단, 주민등록번호 외의 고유식별정보를 내부망에 저장하는 경우에는 개인정보영향평가의 결과 또는 위험도 분석에 따른 결과에 따라 암호화의 적용여부 및 적용범위를 정하여 시행 가능	
개인정보취급자 컴퓨터, 모바일기기, 보조저장매체 등에 저장 시		고유식별정보, 생체인식정보	개인정보

이용자 및 내부 사용자(임직원 등) 비밀번호는 안전한 알고리즘(예: SHA 256, SHA 384/512 등)을 통한 일방향 암호화를 적용하고 대칭키 암호화의 경우에도 안전한 알고리즘(예: SEED, ARIA-128/192/256, AES-128/192/256, HIGHT, LEA 등)을 사용해 암호화해야 한다.

개인정보 암호화 관련한 자세한 사항은 다음 관련 법률 및 '개인정보의 암호화 조치 안내서'를 참고한다.

※ 관련 법률 ※

- 개인정보보호법 제24조(고유식별정보의 처리 제한), 제24조의2(주민등록번호 처리의 제한), 제29조(안정조치의무)

- 개인정보보호법 시행령 제21조(고유식별정보의 안전성 확보 조치), 제21조의2(주민등록번호 암호화 적용대상 등), 제30조(개인정보의 안전성 확보 조치)

- 개인정보보호법 '개인정보의 안전성 확보조치 기준(개인정보보호위원회 고시 제2023-6호)' 제7조(개인정보의 암호화)

- 전자금융거래법 '전자금융감독규정(금융위원회고시 제2022-44호)' 제15조(해킹 등

방지대책), 제17조(홈페이지 등 공개용 웹서버 관리대책), 제32조(내부사용자 비밀번호 관리), 제33조(이용자 비밀번호 관리), 제34조(전자금융거래 시 준수사항)

- 위치정보의 보호 및 이용에 관한 법률 제16조(위치정보의 보호조치 등)

💡 실무 사례

개인정보를 처리하고 관리하는 개인정보처리시스템은 DB에 저장된 개인정보를 암호화해 유출, 위·변조, 훼손 등을 방지해야 한다. 암호화하는 방식은 조직의 업무 형태에 따라 적절한 방법을 선택해야 한다. 암호화 관련 자세한 사항은 인터넷진흥원에서 발간한 『개인정보의 암호화 조치 안내서』에서 상세하게 확인할 수 있다.

표 3-23 암호화 방식

암호화 방식	암·복호화 모듈 위치	설명
응용프로그램 자체 암호화	애플리케이션 서버(응용프로그램)	응용프로그램에서 암·복호화 모듈을 호출하는 방식으로 서버에 영향을 주지 않아 성능저하가 적지만 전체 또는 일부 응용프로램을 수정해야 함
DB 서버 암호화	DB 서버(응용프로그램)	암·복호화 모듈이 DB 서버에 설치되고 호출되는 방식으로 응용프로그램 수정은 최소화할 수 있으나 DB 서버 부하, DB 스키마 추가 필요
DBMS 자체 암호화	DB 서버	DBMS 자체적으로 암·복호화 기능을 수행하며, 응용프로그램 수정이 필요 없으나 DB 스키마의 지정이 필요
DBMS 암호화 기능 호출	DB 서버(응용프로그램)	응용프로그램에서 DBMS 암·복호화 모듈을 호출하는 방식으로 응용프로그램 수정 필요

클라우드 서비스에서 제공하는 암호화 서비스를 이용하는 경우에는 제공되는 암호화 방식 및 키 관리 방안을 식별하고 법적 요구사항 및 조직의 요구사항을 충족하는지 확인해야 한다. 클라우드 서비스는 기본적으로 전송구간에 대한 암호화는 제공하고 저장 시 암호화 및 키관리 서비스를 제공한다. 그러나 그렇지 않은 경우도 있기 때문에 전송하거나 저장할 경우에 제공되는 암호화 방식 등을 검토하고 적합한 서비스를 선택하고 적용해야 한다.

표 3-24 클라우드 서비스 암호화 지원 범위

구분	AWS	Azure
전송구간 암호화	– HTTPS(공용 인터넷 구간) – SSH, SSL/TLS – VPN – Object	– HTTPS(공용 인터넷 구간) – SMB 3.0 프로토콜 암호화(파일 공유 시 암호화) – 클라이언트 응용프로그램 및 저장소 간에 데이터 전송 시 암호화
저장소 암호화	– VM 저장소(EBS) 볼륨 암호화 – AWS RDS(DBMS) 암호화 – TDE(Transparent Data Encryption) DB 암호화 – AWS S3(외부 저장소) 암호화 – EMR(빅데이터 분석 시스템) 전송 및 저장 암호화	– Azure 디스크 암호화: IaaS 가상 컴퓨터에서 OS 및 데이터 디스크 암호화 시 사용 – SSE(저장소 서비스 암호화): 저장소 서비스가 Azure Storage에 데이터를 쓸 때 데이터를 자동으로 암호화

✖ 증적 자료

- 암호화 정책
- 암호화 적용 대상, 암호화 알고리즘, 키관리 등 중요정보 저장, 전송 시 암호화 현황

📝 심사원 중점 검토사항

- 회사의 보안정책 · 지침에 암호화 관련 법적 요구사항을 고려해 암호화 대상, 암호 알고리즘, 암호 강도, 키관리 방안, 중요정보 전송 및 저장 시 암호화 방법, 암호화 관련 담당자의 역할 및 책임 등에 관한 사항이 적절히 명시돼 있는지 확인한다.
- 회사의 정책 · 지침에 명시하고 있는 정책에 따라 데이터베이스 암호화, 파일 암호화를 적용하고 있는지 확인한다.
- 서버 및 응용프로그램에서 사용하고 있는 비밀번호 암호화가 취약한 암호화 알고리즘 (MD5, SHA1, DES 등)을 사용하고 있는지 확인한다.

2.7.2 암호키 관리

암호키의 안전한 생성·이용·보관·배포·파기를 위한 관리 절차를 수립·이행하고, 필요 시 복구방안을 마련해야 한다.

🔒 **암호키 생성, 이용, 보관, 배포, 변경, 복구, 파기 등에 관한 절차를 수립·이행하고 암호키는 필요 시 복구가 가능하도록 별도의 안전한 장소에 보관하고 암호키 사용에 관한 접근권한을 최소화해야 한다.**

암호키는 암호키 관리 담당자 지정, 암호키 생성·보관(소산 백업 등) 방법, 암호키 배포 대상 및 배포방법, 암호키 사용 유효기간, 복구 및 폐기 절차 및 방법 등을 마련해 관리해야 한다.

암호키는 암호키를 이용하는 시스템(웹 서버 또는 DB 서버 등)에 저장할 수 있으나 암호키는 하드코딩 방식으로 구현해서는 안되며, 별도의 매체에 저장한 후 안전한 장소에 보관(소산 백업 포함)해야 한다. 암호키의 변경은 기업의 정보자산 및 업무 중요도를 고려해 자체적으로 변경주기를 자체적으로 정할 수 있으나 암호키 유출, 암호 시스템 해킹이 의심되는 경우, 즉시 암호키를 변경해야 한다.

💡 **실무 사례**

암호키가 변조, 유출되는 경우 암호화된 중요정보가 유출될 수 있기 때문에 암호화 모듈이 위치한 응용시스템이나 서버에 위치시키지 않는 것이 좋다. 또한 암호키 관리시스템을 별도로 구축해 서버나 응용시스템이 해킹되더라도 암호키가 유출되지 않도록 구성해야 한다. 일반적으로 다양한 애플리케이션에서 사용할 수 있도록 암호키를 생성 및 저장하는 전용 장치인 HSM^{Hardware Security Module}을 이용해 암호키 관리를 수행한다. HSM은 FIPS 등 인증을 받은 전용 장치이기 때문에 안전하고 애플리케이션이 처리해야 할 작업을 대신 처리하기 때문에 키 생성 및 처리 관련 부하를 줄일 수 있다. 또한 HSM을 사용하면 중앙집중적인 키 관리를 할 수 있다. 그러나 HSM의 경우 상용 솔루션으로 도입이 어려운 경우에는 그림 3-10과 같이 별도의 키관리 서버를 자체 구축해 개발할 수 있다. 암호키 관리 관련 자세한 사항은 인터넷진흥원에서 발간한『개인정보의 암호화 조치 안내서』에서 상세하게 확인할 수 있다.

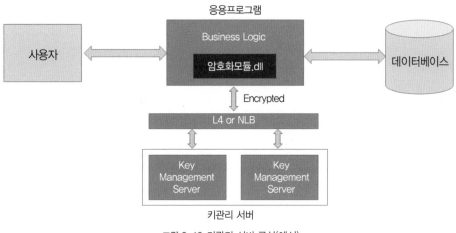

그림 3-12 키관리 서버 구성(예시)

✕ 증적 자료

- 암호키 관리 정책
- 암호키 사용 및 관리 현황

📝 심사원 중점 검토사항

- 내부 지침에 암호키 생성, 이용, 보관, 배포, 변경, 복구, 파기 등에 대한 구체적인 관리 절차가 수립돼 있는지 확인한다.
- 내부 지침에 중요정보를 암호화할 경우 관련 책임자 승인 하에 암호화 키를 생성하고 암호키 관리대장을 작성하고 있는지 확인하고 암호키 관리대장에 누락 없이 현행화돼 있는지 확인한다.
- 운영 중인 서버의 특정 디렉터리에 적절한 접근권한 설정 없이 암호키를 보관하고 있거나 별도의 관리절차 마련 없이 다수의 PC에 동일한 암호키를 보관하고 있는 등 암호키의 보관 및 접근권한 관리가 미흡한 부분이 있는지 확인한다.

나. 사례 연구

인증심사원 홍길동은 (주)가나다라의 인증심사에 참여해 암호화 적용 현황을 확인하기로 했다. 문서 검토, 담당자 인터뷰, 현장실사를 통해 확인된 사항은 다음과 같다. 심사 일자는 12월 30일이다.

(1) 정책 및 지침 확인

암호정책지침

제4조【암호정책】

　가. 관련 법률에 따라 비밀번호, 바이오정보, 주민등록번호, 신용카드번호, 계좌번호, 여권번호, 운전 면허번호, 외국인 등록 번호 등은 저장 시 암호화해야 한다.

　나. 이용자 및 내부 사용자(임직원 등)의 비밀번호는 안전한 알고리즘(예: 128비트 이상. SHA 256, SHA384 등)을 통해 일방향 암호화해야 한다.

　다. 바이오정보, 주민등록번호, 신용카드번호, 계좌번호, 여권번호, 운전 면허번호, 외국인 등록 번호 등은 저장 시 안전한 알고리즘(128비트 이상, SEED, AES128 등)으로 암호화해야 한다.

　라. 개인정보 및 인증정보를 정보통신망을 통해 송·수신할 경우 보안서버 구축(SSL 인증서 등) 등을 통해 전송구간을 암호화해야 한다.

　마. 이용자, 내부 임직원 등의 개인정보를 개인용 컴퓨터(PC 등)에 저장할 경우 암호화를 해야 한다.

제5조【암호키 관리 정책】

　가. 암호키의 생성은 보안 담당자가 하는 것을 원칙으로 한다.

　나. 암호화 키 생성 시 보안 책임자의 승인 하에 생성하고 암호키관리대장을 작성해 관리해야 한다.

　다. 암호키는 운영되는 서비스와 동일한 곳에 위치하지 않아야 하며, 생성된 암호키는 암호키 손상 시 시스템 또는 암호화된 정보의 복구를 위해 별도의 매체에 저장 후 안전한 장소에 보관(소산 백업 포함)해야 한다.

　라. 암호키는 하드코딩 방식으로 구현해서는 안된다.

　마. 암호키 변경은 암호기술 구현 안내서(KISA)에서 권고하는 암호키의 사용기간인 최대 2년, 유효기간은 최대 5년을 준수해야 한다.

(2) 인터뷰 또는 실사를 통한 확인

인증심사원 홍길동은 심사기관인 (주)가나다라의 암호화 적용 현황을 확인하기 위해 정보보호팀, 운영팀, 개발팀 인터뷰 및 실사를 통해 다음 내용을 확인할 수 있었다.

■ 인터뷰

첫째, 홍길동 심사원은 정보보호 담당자와 인터뷰를 한 결과 서비스 이용자 비밀번호는 SHA512로 암호화하고 있는 것으로 확인했다.

둘째, 주민등록번호 등 중요 개인정보에 대해서는 AES256으로 암호화하고 있으며, 암호키 관리는 보안 책임자의 승인을 받아 개발자가 암호키관리대장을 작성해 관리하고 있음을 확인했다.

셋째, 개인정보 및 인증정보를 정보통신망을 통해 송·수신할 경우 웹 서비스 상단의 웹방화벽에서 SSL 인증서를 통해 전송구간을 암호화하고 있음을 확인했다.

■ 시스템 확인 및 현장 실사

홍길동 심사원은 (주)가나다라의 웹 서버에 접속해 비밀번호 사용현황을 확인해 보니, 다음과 같았다.

〈OS 계정 암호 알고리즘〉[#1]

```
password hashing algorithm is md5
```

```
/etc/shadow
user01:$1$itP82JoI~:0:0:99999:7:::
user02:$1$DPoXaS~:17696:0:99999:7:::
-        중략 -
```

또한 소스코드 확인 결과는 다음과 같았다.

〈암호화 모듈 소스코드 확인〉 [#2]

```
import java.io.*;
import javax.crypto.KeyGenerator;
import javax.crypto.spec.SecretKeySpec;
import javax.crypto.Cipher;
......
public String encriptString(String usr) {
String key = "22df#########3sf@#/>as";
if (key != null) {
byte[] bToEncrypt = usr.getBytes("UTF-8");
SecretKeySpec sKeySpec = new SecretKeySpec(key.getBytes(), "AES");
Cipher aesCipher = Cipher.getInstance("AES");
aesCipher.init(Cipher.ENCRYPT_MODE, sKeySpec);
byte[] bCipherText = aesCipher.doFinal(bToEncrypt);
return String(bCipherText);
```

(3) 결함 요약

결함 포인트 [#1]

신청기관은 「암호정책지침」을 수립해 사용자 비밀번호에 대해 안전한 알고리즘(예: 128비트 이상. SHA 256, SHA384 등)을 통해 일방향 암호화를 해야 한다고 명시하고 있으나 웹 서버의 OS계정 비밀번호 알고리즘을 확인한 결과 md5 알고리즘을 사용하고 있는 것을 확인할 수 있다.

결함 포인트 [#2]

신청기관은 「암호정책지침」을 수립해 키관리에 대한 절차를 수립하고 있다. 이에 따라 주민등록번호 등 중요 개인정보에 대해서는 AES256으로 암호화하고 있으며, 암호키 관리는 보안책임자의 승인을 받아 개발자가 암호키 관리대장을 작성해 관리하고 있다. 그러나 소스코드를 확인한 결과, 암호키가 소스코드에 하드코딩된 것을 확인할 수 있다.

(4) 결함 보고서 작성

<table>
<tr><td colspan="6" align="center">**결함 보고서**</td></tr>
<tr><td>기록일자</td><td colspan="2">2023년 12월 30일</td><td>기업명</td><td colspan="2">(주)가나다라</td></tr>
<tr><td rowspan="2">인증 범위</td><td>구분</td><td>결함유형</td><td colspan="2">인증 범위명</td><td>기관 확인자</td></tr>
<tr><td>ISMS</td><td>결함</td><td colspan="2">(주)가나다라 상품판매 서비스</td><td>이순신 팀장(인)</td></tr>
<tr><td>심사원명</td><td colspan="5" align="center">홍 길 동 (인)</td></tr>
<tr><td>관계부서</td><td colspan="5" align="center">정보보호팀, 운영팀</td></tr>
</table>

관련조항	(보호대책) 2.7.1 암호정책 적용
관련 근거	◇ **(인증기준)** 개인정보 및 주요정보 보호를 위해 법적 요구사항을 반영한 암호화 대상, 암호 강도, 암호 사용 정책을 수립하고 개인정보 및 주요 정보의 저장·전송·전달 시 암호화를 적용해야 한다. ◇ **(내부규정)** 「암호정책지침」 제4조(암호정책) (2023.11.25) 　나. 이용자 및 내부 사용자(임직원 등)의 비밀번호는 안전한 알고리즘(예: 128비트 이상. SHA 256, SHA384 등)을 통해 일방향 암호화해야 한다.
운영현황 및 결함내역	◇ **(운영현황)** 안전한 알고리즘으로 중요정보를 암호화하고 있음 　○ 서비스 이용자 비밀번호는 SHA512로 암호화하고 있음 　○ 주민등록번호 등 중요 개인정보에 대해서는 AES256으로 암호화하고 있음 ◇ **(결함내역)** 안전하지 않은 알고리즘을 사용하는 문제점이 발견됨 　○ 웹 서버의 OS 계정 비밀번호 알고리즘을 확인한 결과, 다음과 같이 md5 알고리즘을 사용하고 있음 `password hashing algorithm is md5` ◇ **(조치사항)** 식별된 모든 서버를 점검해 md5로 비밀번호가 암호화돼 있는 경우 안전한 알고리즘으로 변경해야 함.
근거목록	- 「암호정책지침」(2023.11.25) - 웹 서버 실사

결함 보고서

기록일자	2023년 12월 30일		기업명	(주)가나다라

인증 범위	구분	결함유형	인증 범위명	기관 확인자
	ISMS	결함	(주)가나다라 상품판매 서비스	이순신 팀장(인)

심사원명	홍 길 동 (인)
관계부서	정보보호팀, 개발팀

관련조항	(보호대책) 2.7.2 암호키 관리
관련 근거	◇ **(인증기준)** 암호키의 안전한 생성·이용·보관·배포·파기를 위한 관리 절차를 수립·이행하고, 필요 시 복구방안을 마련해야 한다. ◇ **(내부규정)** 「암호정책지침」 제4조(암호정책) (2023.11.25) 다. 암호키는 운영되는 서비스와 동일한 곳에 위치하지 않아야 하며, 생성된 암호키는 암호키 손상 시 시스템 또는 암호화된 정보의 복구를 위해 별도의 매체에 저장 후 안전한 장소에 보관(소산 백업 포함)해야 한다.

운영현황 및 결함내역	◇ **(운영현황)** 안전한 알고리즘으로 중요정보를 암호화하고 있음
	  ○ 주민등록번호 등 중요 개인정보에 대해서는 AES256으로 암호화하고 있음
	  ○ 암호키 관리는 보안 책임자의 승인을 받아 개발자가 암호키관리대장을 작성해 관리하고 있음
	◇ **(결함내역)** 암호키가 소스코드에 하드코딩되는 문제점이 발견됨
	  ○ 웹 소스코드 확인 결과, 다음과 같이 암호키가 하드코딩돼 있는 것이 확인됨
	
	`public String encriptString(String usr) {`
	`String key = "22df##########3sf@#/>as";`
	
	◇ **(조치사항)** 하드코딩돼 있는 암호키를 서비스와 분리된 별도의 공간으로 위치를 변경하고 하드코딩된 암호키를 제거해야 함

근거목록	- 「암호정책지침」(2023.11.25) - 웹 소스코드

✏ 요약

암호화 적용에서는 중요정보를 보호화기 위한 암호화 및 암호키 관리를 안전하게 수행하는 데 목적이 있다. 개인정보 및 주요정보 보호를 위해 법적 요구사항을 반영한 암호화 대상, 암호 강도, 암호 사용 정책을 수립하고 개인정보 및 주요정보의 저장·전송·전달 시 암호화를 적용해야 한다. 이때 사용되는 암호키는 안전하게 생성·이용·보관·배포·파기돼야 하며, 필요 시 복구가 가능하도록 별도의 안전한 장소에 보관하고 암호키 사용에 관한 접근권한을 최소화해야 한다.

2.8 정보시스템 도입 및 개발 보안

가. 인증 분야 및 항목 설명

분야	항목
2.8 정보시스템 도입 및 개발 보안	2.8.1 보안 요구사항 정의
	2.8.2 보안 요구사항 검토 및 시험
	2.8.3 시험과 운영 환경 분리
	2.8.4 시험 데이터 보안
	2.8.5 소스 프로그램 관리
	2.8.6 운영환경 이관

2.8.1 보안 요구사항 정의

정보시스템의 도입·개발·변경 시 정보보호 및 개인정보보호 관련 법적 요구사항, 최신 보안취약점, 안전한 코딩방법 등 보안 요구사항을 정의하고 적용해야 한다.

인증대상 기관 준비사항

🔒 정보시스템을 신규로 도입·개발 또는 변경하는 경우 정보보호 및 개인정보보호 측면의 타당성 검토 및 인수 절차를 수립·이행해야 한다.

정보시스템(서버, 네트워크 장비, 상용 소프트웨어 등)의 신규 도입·개발·변경 시 개인정보보호 측면(개인정보보호법)과 기술적인 취약점 측면에서 기업에서 수립한 보안 요구사항(법률적인 요구사항, 취약점 제거 등)을 만족하는지 점검하는 타당성 검토 및 인수절차가 수립돼야 한다. 사전에 수립되어 있는 정보보호 및 개인정보보호 요구사항은 제안요청서(RFP)에 반영하고 정보시스템 선정과 도입 시 계약서에 반영해 인수기준으로 활용할 수 있다.

💡 실무 사례

정보시스템 도입·개발에 대한 정보보호 측면의 타당성 검토 및 인수 절차가 마련되어 있지 않은 경우에는 도입 및 개발이 완료된 후 법률적인 요구사항 및 기업의 보안 요구사항을 만족하도록 개선이 불가능한 경우가 발생할 수 있다. 이러한 경우 재도입 또는 다시 개발하거나 취약한 상태를 그대로 유지할 수밖에 없다. 정보보호 담당 부서는 모든 제안요청서 또는 계약서에 포함시킬 수 있도록 다음과 같은 내용(예시)을 포함한 표준 보안 요구사항을 작성해 제공해야 한다.

- 정보시스템 도입·개발 시 취득한 정보에 대한 비밀유지 및 위반 시 불이익에 대한 사항
- 용역사업 전반에 대한 보안관리 계획(비밀정보의 범위, 비밀유지 방안, 부정당업자의 제재조치, 지적재산권, 자료의 반환 등)
- 용역사업 참여인원에 대한 보안준수 사항(서약서 작성 등)
- 용역사업에 개인정보와 관련된 내용이 포함될 경우 개인정보보호에 관련된 사항(기술적·관리적 보호조치 또는 안전성 확보조치 기준 등)
- 용역사업 수행 장소 등의 물리적인 보안, IT 자산에 대한 보안관리 방안(PC 보안, 보조기억매체 사용 등)
- 내부 전산망 이용 시 보안 요구사항
- 개발사업의 경우 시큐어 코딩 및 보안취약점 제거 가이드 준수에 관한 사항
- 용역업체가 사업에 대한 하도급 계약을 체결할 경우 보안관리 및 비밀유지 방안

🔒 정보시스템을 신규로 도입·개발 또는 변경하는 경우 법적 요구사항, 최신 취약점 등을 포함한 보안 요구사항을 명확히 정의하고 설계 단계에서부터 반영하고 정보시스템의 안전한 구현을 위한 코딩 표준을 수립해 적용해야 한다.

개인정보 취급자 권한 부여 기록, 접속기록, 암호화 대상 정보 등 개인정보처리에 관련된 법적 요구사항, 접근권한 정의 및 통제 원칙, 암호화 대상 선정 등 사용자 부서 및 기관의 정보보호 요구사항, 시큐어 코딩, 인증, 암호화 등 정보보호 관련 기술적인 요구사항 등 보안 요구사항을 명확히 정의하고 설계 단계에서부터 적용할 수 있도록 코딩 표준에 반영해야 한다.

💡 실무 사례

정보시스템을 신규로 도입·개발 또는 변경하는 경우에는 관리적인 요구사항(법적 요구사항 포함)과 기술적인 보안 요구사항을 모두 정의해 설계 단계부터 적용할 수 있도록 해야 한다.

개인정보처리시스템의 경우에는 개인정보 라이프 사이클 전반에 대한 보안 요구사항, 시큐어 코딩 등 개발보안 요구사항, OS, DBMS 등의 보안 설정에 대한 요구사항을 모두 포함해야 한다. 인프라 보안 요구사항, 시큐어 코딩 등의 기술적인 보안 요구사항은 다음 가이드를 참조해 작성할 수 있다.

- 홈페이지 SW(웹) 개발보안 가이드(KISA), 소프트웨어 개발보안(시큐어 코딩) 관련 가이드(자바, C, Android-JAVA)(안전행정부) 등을 참조
- 주요정보통신기반시설 기술적 취약점 분석 평가 상세 가이드(KISA)

표 3-25 개인정보보호 요구사항(예시)

구분	체크항목
1. 개인정보 수집	1.1 수집 항목
	1.2 민감정보
	1.3 고유식별정보
2. 개인정보 제공	2.1 개인정보 제3자 제공
	2.2 개인정보 제3자 제공 동의
	2.2 개인정보 국외 이전
3. 개인정보 취급자 식별	3.3 개인정보 취급자 식별
4. 개인정보 마스킹	4.1 계좌번호, 카드번호
5. 개인정보 암호화	5.1 주민번호(고유식별번호)
	5.2 카드번호, 계좌번호
	5.3 비밀번호
6. 권한 부여 및 삭제	6.1 권한 부여, 수정, 삭제 로그
	6.2 권한 부여 프로세스 설계
	6.3 특수 권한 관리
	6.4 망 분리 관리
	6.5 시스템 접속 로그
	6.6 로그 백업
7. 개인정보 삭제	7.1 이용목적 달성한 개인정보 삭제

표 3-26 개발보안 요구사항(예시)

구분	체크항목
1. 사용자 인증	사용자 계정 정책
	계정 잠금정책 적용
	비밀번호 복잡도 설정
	비밀번호 최소 길이 설정
	비밀번호 최대 사용 기간
	추가 인증 사용
2. 세션 관리	중복 로그인 제한
	세션 ID 재사용 제한
	세션 타임아웃 설정
3. 계정 관리	장기 미사용 계정 잠금
4. 접근통제	사용자 권한 부여 기능 제공
	사용자 파일 실행 제한
	관리자 페이지 접근 제한
5. 입력값 검증	사용자 입력값 검증
6. 암호화	전송 구간 암호화 적용
	비밀번호 단방향 암호화
	중요정보 양방향 암호화
7. 출력값 통제	중요정보 마스킹 적용
8. 에러 처리	오류 메시지 최소화
	에러 페이지 설정
9. 패치 배포	업데이트 서버 무결성 검증
	디지털 서명 검증
10. 감사 및 로깅	애플리케이션 로그 저장
	사용자 행위 로그 저장

✖ 증적 자료

- 정보시스템 도입 시 인수 기준 및 절차
- 정보시스템 도입 · 개발 보안 정책
- 시큐어 코딩 가이드
- 개인정보 영향평가 가이드
- 개발 관련 산출물

2.8.2 보안 요구사항 검토 및 시험

사전 정의된 보안 요구사항에 따라 정보시스템이 도입 또는 구현됐는지를 검토하기 위해 법적 요구사항 준수, 최신 보안취약점 점검, 안전한 코딩 구현, 개인정보 영향평가 등의 검토 기준과 절차를 수립 · 이행하고, 발견된 문제점에 대한 개선조치를 수행해야 한다.

인증대상 기관 준비사항

🔒 **정보시스템의 도입, 개발, 변경 시 분석 및 설계 단계에서 정의한 보안 요구사항이 효과적으로 적용됐는지를 확인하기 위한 시험 및 취약점 점검을 수행해야 한다.**

정보시스템의 도입 · 개발 · 변경 시 사전 정의된 보안 요구사항이 반영됐는지 점검하는 절차를 수립하고 보안기능 점검, 운영환경과 동일한 환경에서 취약점 점검도구 또는 모의진단을 통한 취약점 점검 등의 테스트를 수행해야 한다. 시험 및 취약점 점검 과정에서 발견된 문제점이 시스템 도입 전, 시스템 오픈 전에 개선될 수 있도록 개선계획을 수립하고 이행해야 한다. 불가피하게 오픈 전 개선이 불가능할 경우에는 영향도 평가를 통한 보완대책을 마련해야 한다.

공공기관은 개인정보처리시스템 신규 개발 또는 변경을 위한 계획 수립 시 개인정보 영향평가 의무대상 여부를 검토하고, 행정안전부장관이 지정한 영향평가기관을 통해 영향평가를 수행해 그 결과를 개발에 반영하고 개인정보 영향평가서를 영향평가 결과를 사업완료 후 2개월 이내에 개인정보보호위원회에 제출해야 한다. 또한 개선사항으로 지적된 부분에 대한 이행점검 확인서를 1년 이내에 개인정보보호위원회에 제출해야 한다. 개인정보 영향평가 의무 대상(개인정보보호법 시행령 제35조)은 다음과 같다(자세한 사항은 '개인정보 영향평가 수행안내서' 참조).

- 1. 구축·운용 또는 변경하려는 개인정보파일로서 5만명 이상의 정보주체에 관한 민감정보 또는 고유식별정보의 처리가 수반되는 개인정보파일
- 2. 구축·운용하고 있는 개인정보파일을 해당 공공기관 내부 또는 외부에서 구축·운용하고 있는 다른 개인정보파일과 연계하려는 경우로서 연계 결과 50만명 이상의 정보주체에 관한 개인정보가 포함되는 개인정보파일
- 3. 구축·운용 또는 변경하려는 개인정보파일로서 100만명 이상의 정보주체에 관한 개인정보파일
- 4. 영향평가를 받은 후에 개인정보 검색체계 등 개인정보파일의 운용체계를 변경하려는 경우 그 개인정보파일. 이 경우 영향평가 대상은 변경된 부분으로 한정한다.

💡 실무 사례

사전에 정의된 요구사항이 적절히 반영됐는지 정보시스템 도입 검수 프로세스에 추가해 취약점 점검을 수행해야 한다.

- 개인정보보호 요구사항 등 법률 요구사항 충족 여부 점검
- 보안기능 개발, 시큐어 코딩 등 개발 보안 요구사항 충족 여부 점검
- 네트워크, OS, WEB, WAS, DBMS 등 인프라 보안 요구사항 충족 여부 점검

✕ 증적 자료

- 정보시스템 도입 · 개발 보안 정책
- 정보시스템 인수 시험 결과
- 취약점 점검 결과서
- 개인정보 영향평가 가이드
- 보안취약점 점검 결과 보고서
- 개인정보 영향평가서
- 개인정보 영향평가 및 보안취약점 조치 보고서

📝 심사원 중점 검토사항

- 웹 사이트에서 쿠키 또는 매개변수 형태로 전달되는 값의 무결성을 적절히 확인하고 있는지 점검한다.
- 응용프로그램에서 사용자 권한 부여, 변경 등에 관한 이력을 기록하도록 설계 · 구현돼 있는지 확인한다.
- 개인정보처리시스템에서 개인정보 조회, 수정 등에 관한 기록을 남기지 않도록 설계 · 구현하고 있는지 확인한다.
- 관리용 응용프로그램에서 회원정보 전체 조회 및 LIKE 검색 등과 같은 불필요한 일괄조회 기능을 제공하도록 설계 · 구현돼 있는지 확인한다.
- 업무용 응용프로그램에서 메뉴에 대한 접근권한을 부서 · 그룹 단위로만 부여할 수 있도록 설계 • 구현하고 있어 과도한 권한을 보유하고 있는 사용자가 있는지 확인한다.
- 응용프로그램에서 특정 페이지 또는 메뉴에 대한 접근권한(접근, 읽기, 쓰기, 수정, 삭제, 다운로드, 업로드 등)이 설계 • 구현돼 있는지 확인한다.
- 정보시스템 구현 이후 개발 관련 내부 지침 및 문서에 정의된 보안 요구사항을 시험하고 있는지 확인한다.
- 응용프로그램 테스트 시나리오 및 기술적 취약점 점검항목에 입력값 유효성 체크 등의 중요 점검항목이 모두 포함돼 있는지 확인한다.
- 구현 또는 시험 과정에서 알려진 기술적 취약성이 존재하는지 여부를 점검하고, 취약성에 대한 보호조치를 이행했는지 점검한다.

2.8.3 시험과 운영 환경 분리

개발 및 시험 시스템은 운영시스템에 대한 비인가 접근 및 변경의 위험을 감소시키기 위해 원칙적으로 분리해야 한다.

🔒 **정보시스템의 개발 및 시험 시스템을 운영시스템과 분리해야 하며 불가피한 사유로 개발과 운영환경의 분리가 어려운 경우 상호검토, 상급자 모니터링, 변경 승인, 책임추적성 확보 등의 보안대책을 마련해야 한다.**

개발 및 시험 서버는 운영시스템과 분리해 구성하고 운영시스템에는 직무 분리 원칙에 따라 개발자가 접근할 수 없도록 해야 한다. 조직 규모가 작거나 인적 자원 부족 등의 사유로 인해 불가피하게 개발과 운영 직무 분리가 어려운 경우에는 직무자간의 상호 검토, 상위관리자의 주기적인 직무수행 모니터링 및 변경 사항 검토/승인, 직무자의 책임추적성 확보 등의 보완통제를 마련해야 한다.

⚒ 증적 자료

- 네트워크 및 시스템 구성도
- 운영 · 개발 · 시험 환경 접근통제 현황
- 보완통제 현황

📝 심사원 중점 검토사항

- 운영환경과 개발환경이 분리돼 있는지 확인한다.
- 개발환경을 구성하지 않은 경우 타당한 사유 또는 승인이 존재하는지 확인한다.
- 불가피하게 개발시스템과 운영시스템을 분리하지 않고 운영 중인 경우, 이에 대한 상호 검토 내역, 모니터링 내역 등이 존재하는지 확인한다.

2.8.4 시험 데이터 보안

시스템 시험 과정에서 운영데이터의 유출을 예방하기 위해 시험 데이터의 생성과 이용 및 관리, 파기, 기술적 보호조치에 관한 절차를 수립 · 이행해야 한다.

🔒 **정보시스템의 개발 및 시험 과정에서 실제 운영 데이터의 사용을 제한해야 하며, 불가피하게 운영데이터를 시험 환경에서 사용할 경우 책임자 승인, 접근 및 유출 모니터링, 시험 후 데이터 삭제 등의 통제 절차를 수립 · 이행해야 한다.**

시험 데이터는 임의로 생성된 가상의 데이터 혹은 운영데이터를 가공 · 변환 후에 사용해야 하며, 임의대로 운영데이터를 사용할 수 없도록 운영데이터의 복제 · 사용 현황에 대해 모니터링하고 정기적으로 점검해야 한다. 불가피하게 운영데이터를 시험 환경에서 사용하는 경우에는 정보보호 최고책임자에 사전 사용승인을 받아 사용하고 목적이 달성된 이후에는 즉시 폐기해야 한다.

💡 **실무 사례**

일반적으로 개발환경에서는 개발자가 임의로 생성한 데이터를 사용하거나 데이터 치환, 변환솔루션을 이용해 운영데이터를 가공 · 변환한 후에 사용한다. 일부 운영환경 수준의 데이터 정합성을 불가피하게 검증해야 하는 경우 운영데이터를 테스트 환경에서 사용할 수 있으며 이런 경우에는 정보보호 최고책임자에게 사용승인을 받아 사용하고 사용 후 즉시 폐기해야 한다.

⚒ **증적 자료**

- 시험 데이터 생성 및 운영데이터 가공 절차
- 시험 데이터 현황
- 운영 데이터 사용 시 승인 절차 및 이력

- 개발 서버에서 사용할 시험 데이터 생성 및 이용에 대한 구체적 정책 및 절차가 수립돼 있는지 확인한다.
- 중요정보 비식별화, 사용기간 미지정, 사용승인 없이 실 운영 데이터를 테스트 데이터로 사용하고 있는지 확인한다.
- 실 운영 데이터를 저장하고 있는 테스트 DB에 대해 운영 DB와 동일한 수준의 보호대책을 적용하고 있는지 확인한다.
- 테스트 완료 후 테스트 서버 내의 실 운영 데이터를 삭제하고 있는지 점검한다.

2.8.5 소스 프로그램 관리

소스 프로그램은 인가된 사용자만이 접근할 수 있도록 관리하고, 운영환경에 보관하지 않는 것을 원칙으로 해야 한다.

인증대상 기관 준비사항

🔒 **비인가된 자에 의한 소스 프로그램 접근을 통제하기 위한 절차를 수립·이행하고 소스 프로그램은 장애 등 비상 시를 대비해 운영환경이 아닌 곳에 안전하게 보관해야 한다.**

소스 프로그램은 인가된 개발자만 접근할 수 있도록 접근권한을 부여하고 주기적으로 백업을 수행하여 비상 시 등을 대비해야 한다. 소스 프로그램에 대한 변경이력을 남기고 변경에 대한 검토 및 승인절차를 마련해 운영해야 한다.

💡 **실무 사례**

일반적으로 소스코드에 대한 형상관리는 CVS, SVN, GIT 등의 솔루션을 이용한다. 이러한 솔루션들은 접근권한 부여, 소스코드 버전 관리, 소스코드 변경 이력 관리, 소스코드 공유개발 시 출동 제어, 이전 버전으로 원상복구 등의 기능을 지원한다. 이러한 솔루션을 활용해 소스코드에 대한 관리를 효율적으로 수행할 수 있다. 그러나 접근권한에 대한 검토 등은 다른 정보시스템과 동일하게 주기적으로 검토하는 것이 좋다. 특히 외부 온라인에서 소스를 관리해주는 깃허브^{Github}를 사용하는 경우 접근권한, 접근이력, 사용 이력 등에 대한 주기적인 점검은 반드시 수행하는 것이 바람직하며, 보안 요구사항을 반영할 수 있도록 자동화 단계별 적용방안을 마련해야 하며, 책임추적성을 확보할 수 있도록 로깅을 수행해야 한다.

자동화된 환경에서는 사후 모니터링을 강화하며 발생할 수 있는 문제점을 즉시 탐지하고 차단할 수 있도록 해야 한다.

✗ 증적 자료

- 소스코드 형상관리 현황
- 소스코드 형상관리 시스템 접근권한 및 접근통제 현황
- 소스 프로그램 변경 이력

📝 심사원 중점 검토사항

- 백업 · 형상관리시스템이 구축돼 있는지 확인해야 한다.
- 소스코드를 운영 서버 또는 개발자 PC에 승인 및 이력관리 없이 보관하고 있는지 확인한다.
- 형상관리시스템을 구축해 운영하고 있는 경우 형상관리시스템 또는 형상관리시스템에 저장된 소스코드에 대한 접근제한, 접근 및 변경이력이 적절히 관리되고 있는지 확인한다.

2.8.6 운영환경 이관

신규 도입 · 개발 또는 변경된 시스템을 운영환경으로 이관할 때는 통제된 절차를 따라야 하고, 실행코드는 시험 및 사용자 인수 절차에 따라 실행돼야 한다.

🔒 신규 도입·개발 및 변경된 시스템을 운영환경으로 안전하게 이관하기 위한 통제 절차를 수립·이행하고 이관 시 발생할 수 있는 문제에 대한 대응 방안을 마련해야 한다.

개발된 시스템을 운영환경으로 이관할 경우에는 개발자 이외의 이관담당자를 지정하여 이관하게 하고, 시험완료 여부 확인, 이관 전략, 이관 시 문제 대응 방안(Rollback 등), 이관에 대한 책임자 승인 등을 이관 전에 고려해야 한다. 또한 이관 시에는 실행에 필요한 파일만 설치해야 하며 개발도구, 소스프로그램, 백업파일 등 실행에 불필요한 파일은 제외해야 한다.

💡 실무 사례

일반적으로 서비스에 대한 기능 점검, 운영환경 이관을 수행하는 QA^Quality Assurance 조직을 구성해 운영한다. 이렇게 QA 조직을 운영하는 경우에는 테스트 이관 프로세스를 수립해 시험완료 여부 확인, 이관 전략, 이관 시 문제 대응 방안(Rollback 등), 이관에 대한 책임자 승인 등을 포함한다. 그러나 최근 DevOps 도입 및 형상관리, 빌드, 테스트, 배포 등의 개발환경이 자동화됨에 따라 개발자가 배포 업무를 직접 수행하는 경우도 존재한다. 이런 조직구조를 가진 경우에도 모든 개발자가 배포 관련 업무를 담당하기보다는 배포시스템에 대한 권한 및 업무는 특정 인원에 한정하는 것이 바람직하며, 보안 요구사항을 반영할 수 있도록 자동화 단계별 적용방안을 마련하고 책임추적성을 확보할 수 있도록 로깅을 수행해야 한다.

자동화된 환경에서는 사후 모니터링을 강화하며 발생할 수 있는 문제점을 즉시 탐지하고 차단할 수 있도록 해야 한다.

✂ 증적 자료

- 운영환경 이관절차
- 이관 내역
- 운영환경이 불필요한 파일 존재 여부 확인

📝 심사원 중점 검토사항

- 개발·변경이 완료된 응용프로그램을 운영환경으로 이관 시 검토·승인하는 절차가 마련돼 있는지 확인한다.
- 운영 서버에 서비스 실행에 불필요한 파일(소스코드 또는 배포모듈 백업본, 개발 관련 문서, 매뉴얼 등)이 존재하는지 확인한다.
- 운영환경 이관 시 안전한 이관·복구를 위해 변경작업 요청서 및 결과서를 작성하도록 정하고 있는 경우 관련 증적이 존재하는지 확인해야 한다.

나. 사례 연구

인증심사원 홍길동은 (주)가나다라의 인증심사에 참여해 정보시스템 도입 및 개발 보안 현황을 확인하기로 했다. 문서 검토, 담당자 인터뷰, 현장실사를 통해 확인된 사항은 다음과 같다. 심사 일자는 12월 30일이다.

(1) 정책 및 지침 확인

개발보안지침

제1조【인증설계】

가. 서비스 및 응용시스템의 사용을 위혜 반드시 인증절차를 거치도록 하며, 사용자 계정은 유일한 고유계정을 발급해야 한다.

나. 정보주체 및 정보통신서비스의 고객, 이용자가 안전한 비밀번호를 이용할 수 있도록 비밀번호 작성 규칙을 만족하도록 설계해야 한다.

다. 비밀번호는 영문자, 숫자, 특수문자의 문자 중 2종류 이상을 조합해 최소 10자리 이상, 3종류 이상 조합해 최소 8자리 이상의 길이를 사용할 수 있도록 설계해야 한다.

라. 비밀번호에 유효기간을 설정해 분기별 1회 이상 변경하도록 설계해야 한다.

마. 개인정보 취급자, 정보주체 및 이용자의 비밀번호는 노출 또는 위·변조되지 않도록 일방향 함수(해시 함수)를 이용해 저장해야 한다.

제2조【권한설계】

가. 서비스 및 응용시스템은 사용자 계정별 접근권한 및 접근 범위가 통제될 수 있도록 설계돼야 한다.

나. 접근권한은 업무담당자에 따라 차등 부여할 수 있도록 설계해야 한다.

제3조【입출력설계】

가. 입/출력 값에 대한 유효성(타입, 사이즈 등과 특수문자에 대한 적절성) 검사를 Server Side에서 빠짐 없이 수행할 수 있도록 설계해야 한다.

나. 사용자의 입력 값이 DB 질의 구문(SQL Query 등)에 영향을 미치지 않도록 설계해야 한다.

다. 첨부파일 업로드 기능 구현 시 첨부파일 확장자 적합성을 Server Side에서 검사하도록 설계해야 한다.

라. 인증 시 Client Side 세션 방식에 비해 보안성이 강한 Server Side 세션을 사용하도록 설계해야 한다.

마. 모든 Parameter는 변조되지 않도록 유효성 점검을 수행하도록 설계해야 한다.

제4조【로그 설계】

가. 다음 각 호와 같은 사항에 대해 로그를 1년 이상 확보할 수 있도록 설계해야 한다.
   - 로그인 성공/실패 기록 및 로그아웃 기록
   - 권한 부여, 변경 및 말소기록(5년 이상)
   - 서비스 시작 및 중지
   - 주요 업무 관련 행위에 대한 로그

제5조【개발환경 보안】

가. 운영 서버와 물리적으로 분리해 개발 및 테스트 서버를 구축해 운영한다.

나. 개발 환경은 원칙적으로 외부에서 접근이 불가능하며, 외부에서의 접근 필요 시 업무상 필요한 최소한의 접근만 가능하도록 통제해야 한다.

제6조【소스코드 관리】

가. 서비스 개발 담당자는 프로그램 소스의 변경 사유, 변경자, 변경 날짜 등의 변경 이력을 형상관리 도구를 이용해 기록해야 한다.

나. 서비스 개발 담당자는 프로그램 소스에 대한 접근권한이 필요한 경우 서비스 개발 관리
　　　자의 승인 후에 소스 관리 담당자에게 접근권한을 요청한다.

　　다. 개발 · 운영자는 소스코드 및 소스코드 내에서 사용되는 변수의 명명규칙을 수립해 적용
　　　해야 한다.

　　라. 모든 소스코드는 표준 형상관리 툴을 사용해 버전관리가 돼야 한다.

　　마. 소스코드는 전사 공용저장소를 이용해야 하며, 독립적인 저장소를 설정해 사용할 경우
　　　개발 · 운영부서 관리자의 승인을 받아야 한다.

　　바. 비인가된 사람이 소스 프로그램에 접근할 수 없도록 접근을 통제해야 하며, 적절한 인가
　　　자만이 프로그램을 수정해야만 한다.

제7조【데이터 관리】

　　가. 테스트 담당자는 실 데이터가 아닌 가상의 데이터를 테스트 시스템 내 활용해 테스트를
　　　수행한다.

　　나. 테스트 단계에서 개인정보 혹은 직원정보가 포함된 실 데이터 취급은 원칙적으로 금지
　　　한다. 단, 업무상 반드시 필요할 경우 부서장, 정보보호 담당자 검토/승인을 통해 실 데이
　　　터 보호 방안(비식별화 등)을 수립해 제한적으로 허용될 수 있다.

제8조【보안성 검토 수행】

　　가. 신규 개발되었거나 대규모 변경이 발생한 경우에는 정보보호 담당자에게 요청하여 보안
　　　성 검토를 받아야 한다.

　　나. 정보보호 담당자는 기술적측면, 개인정보보호 측면 등 모든 보안 요구사항을 고려하여 보
　　　안성 검토를 수행해야 한다.

제9조【운영환경 이관】

　　가. 개발 완료된 서비스의 운영환경 이관은 별도의 이관담당자를 지정해 수행해야 한다.

　　나. 이관담당자는 승인을 득한 후 서비스 제공에 필요한 파일에 한해서만 운영 서버로 이관
　　　해야 한다.

　　다. 서비스 개발 담당자는 운영환경 이관 후에 서비스 정상 여부를 확인해야 한다.

　　라. 운영서버에는 서비스 실행에 불필요한 파일(소스코드 또는 배포모듈 백업본, 개발관련
　　　문서, 매뉴얼 등)은 모두 제거해야 한다.

(2) 인터뷰 또는 실사를 통한 확인

인증심사원 홍길동은 심사기관인 (주)가나다라의 정보시스템 도입 및 개발 보안 현

황을 확인하기 위해 정보보호팀, 개발팀 인터뷰 및 실사를 통해 다음 내용을 확인할 수 있었다.

■ 인터뷰

첫째, 서비스 개발자와 인터뷰 결과 서비스 개발보안지침에 따라 인증, 권한, 입출력, 로그 등의 요구사항을 설계에 반영하는 것을 확인했다.

둘째, 개발 시에는 "시큐어 코딩 가이드"를 준수해 보안취약점에 대응하기 위한 코드를 추가하는 것으로 확인됐다.

셋째, 개발환경이나 테스트 환경에서는 운영환경의 실 데이터 사용은 원칙적으로 금지돼 있고 테스트 환경에서는 실 데이터를 사용할 일이 없어 임의로 생성한 테스트 데이터만 사용하는 것으로 확인됐다.

넷째, 서비스 이관 담당자는 개발부서 내에 이관담당자가 별도로 선임돼 있고 운영에 필요한 실행파일만 이관하고 있으며, 이관은 배포시스템을 통해 진행돼 이관에 대한 기록은 배포시스템 로그에 모두 남아 있는 것으로 확인됐다.

다섯째, 로그파일에는 로그인 성공/실패, 권한 부여, 서비스 시작 및 중지, 주요 업무 관련 행위에 대한 로그가 product.log 파일에 저장되는 것으로 확인됐다.

■ 시스템 확인 및 현장 실사

홍길동 심사원이 (주)가나다라의 상품판매관리시스템을 확인한 결과, 다음과 같았다.

〈Product.log 파일 내용 확인〉 [#1]

```
23/11/24 19:09:32 192.168.1.6 Login Success Hong
23/11/24 14:14:12 192.168.1.7 Login Success Kang
23/11/24 12:13:37 192.168.1.6 Login Fail    Hong
23/11/24 12:34:36 192.168.1.6 Login Success Hong
23/11/24 11:50:55 192.168.1.6 Login Success Hong
23/11/24 11:40:32 192.168.1.7 Login Success Kang
```

```
23/11/24 10:36:42 192.168.1.6 Login Success Hong
23/11/24 09:30:52 192.168.1.8 Login Fail     Kim
23/11/24 09:25:12 192.168.1.8 Login Success Kim
23/11/24 19:00:42 192.168.1.6 Login Success Hong
23/11/24 17:10:34 192.168.1.6 Login Success Hong
23/11/24 15:20:32 192.168.1.6 Login Success Hong
23/11/24 13:30:36 192.168.1.6 Login Success Hong
23/11/24 13:15:37 192.168.1.7 Login Success Kang
23/11/24 11:04:31 192.168.1.7 Login Success Kang
23/11/24 10:45:38 192.168.1.8 Login Success Kim
23/11/24 09:12:52 192.168.1.8 Login Success Kim
23/11/24 09:23:34 192.168.1.8 Login Fail     Kim
23/11/24 09:04:59 192.168.1.6 Login Success Hong
23/11/24 09:00:00 Starting product service
```

〈테스트 서버 DB 확인 결과〉 [#2]

```
SQL> select * from product_auth_old;

GNo   GName    GMail               GPhone
-----  --------  -------------------  ----------------

231   홍길동    Hong@naver.com     010-8882-8888
232   강감찬    kang@naver.com     010-1288-8823
233   김유신    kim@naver.com      010-8441-8811
234   이순신    lee@naver.com      010-1238-8844
235   유관순    you@naver.com      010-4567-8128
236   신채호    shin@naver.com     010-8765-8448
237   정약용    jung@naver.com     010-7898-8998
238   장영실    jang@naver.com     010-2348-8128
239   정도전    jungD@naver.com    010-8434-2388
240   성상문    sung@naver.com     010-1238-8421
241   맹사성    mang@naver.com     010-8790-1288
242   신숙주    shinS@naver.com    010-8099-8678
.................................. .

1,458,752개의 행이 선택되었습니다.
```

〈상품판매관리시스템 운영서버 확인 결과〉[#3]

```
              ]$ ls -al *java *bak
-rw-rw-r--. 1 skyeon skyeon    0 Dec 11 17:40 connect.cfg.bak
-rw-rw-r--. 1 skyeon skyeon  134 Dec 11 17:41 DBConect.cfg.bak
-rw-rw-r--. 1 skyeon skyeon  286 Dec 11 17:42 DBConect.java
-rw-rw-r--. 1 skyeon skyeon  360 Dec 11 17:42 index.java
```

(3) 결함 요약

결함 포인트 [#1]

서비스 개발보안지침에 따라 인증, 권한, 입출력, 로그 등의 요구사항을 설계에 반영한다. 로그파일에는 로그인 성공/실패, 권한 부여, 서비스 시작 및 중지, 주요 업무 관련 행위에 대한 로그가 product.log 파일에 저장되는 것으로 인터뷰됐으나 실제 로그파일에 저장되는 로그를 확인한 결과, 서비스 시작, 로그인 성공/실패에 대한 로그만 저장되는 것으로 확인됐다. 지침에서 정의하고 있는 권한 부여, 주요 업무 관련 행위에 대한 로그를 남길 수 있도록 개선이 필요하다.

결함 포인트 [#2]

테스트 서버에서 개인정보 혹은 직원정보가 포함된 실 데이터 취급은 원칙적으로 금지하고 있다. 인터뷰 결과, 테스트 환경에서는 실 데이터가 업무상 필요 없는 것으로 확인됐으나 테스트 서버 DB를 확인해본 결과, product_auth_old 테이블에서 실 데이터로 보이는 다량의 개인정보 데이터가 확인됐다.

결함 포인트 [#3]

서비스 이관 담당자는 개발부서 내에 이관담당자가 별도로 선임되어 있다. 운영에 필요한 실행파일만 이관하는 것으로 인터뷰했으나 상품판매관리시스템에 접속해 확인한 결과 .java 소스 파일과 .bak 파일 등 서비스 운영에 불필요한 파일들이 저장돼 있는 것을 확인할 수 있다.

(4) 결함 보고서 작성

<table>
<tr><td colspan="5" align="center">**결함 보고서**</td></tr>
<tr><td>기록일자</td><td colspan="2">2023년 12월 30일</td><td>기업명</td><td>(주)가나다라</td></tr>
<tr><td rowspan="2">인증 범위</td><td>구분</td><td>결함유형</td><td colspan="2">인증 범위명</td><td>기관 확인자</td></tr>
</table>

기록일자	2023년 12월 30일		기업명	(주)가나다라

인증 범위	구분	결함유형	인증 범위명	기관 확인자
	ISMS	결함	(주)가나다라 상품판매 서비스	이순신 팀장(인)

심사원명	홍 길 동 (인)
관계부서	정보보호팀, 개발팀

관련조항	(보호대책) 2.8.1 보안 요구사항 정의
관련 근거	◇ (인증기준) 정보시스템의 도입·개발·변경 시 정보보호 및 개인정보보호 관련 법적 요구사항, 최신 보안취약점, 안전한 코딩방법 등 보안 요구사항을 정의하고 적용해야 한다. ◇ (내부규정) 「개발보안지침」 제4조(로그 설계) (2023.11.25) 　가. 다음 각 호와 같은 사항에 대해 로그를 1년 이상 확보할 수 있도록 설계해야 한다. 　　- 로그인 성공/실패 기록 및 로그아웃 기록 　　- 권한부여, 변경 및 말소기록(5년 이상) 　　- 서비스 시작 및 중지 　　- 주요 업무 관련 행위에 대한 로그
운영현황 및 결함내역	◇ (운영현황) 개발단계에서 보안 요구사항을 적용하고 있음 　○ 서비스 개발보안지침에 따라 인증, 권한, 입출력, 로그 등의 요구사항을 설계에 반영하고 있음 　○ "시큐어 코딩 가이드"를 준수해 보안취약점에 대응하기 위한 코드를 추가하고 있음 　○ 로그인 성공/실패, 권한 부여, 서비스 시작 및 중지, 주요 업무 관련 행위에 대한 로그를 product.log 파일에 저장하고 있음 ◇ (결함내역) 일부 시스템 설계 시 보안 요구사항이 반영되지 않는 문제점이 발견됨 　○ 상품판매관리시스템의 product.log 파일을 확인한 결과, 서비스 시작 및 중지, 로인그 성공/실패 로그는 저장하고 있으나 권한 부여, 변경 및 말소 기록, 주요 업무 관련 행위 등의 로그는 남기지 않는 것으로 확인됨 ◇ (조치사항) 상품판매관리시스템의 권한 부여, 변경 및 말소 기록, 주요 업무 관련 행위 등의 로그를 남길 수 있도록 개선해야 함
근거목록	- 「개발보안지침」(2023.11.25) - 시큐어 코딩 가이드 - product.log 파일

결함 보고서

기록일자	2023년 12월 30일		기업명	(주)가나다라
인증 범위	구분	결함유형	인증 범위명	기관 확인자
	ISMS	결함	(주)가나다라 상품판매 서비스	이순신 팀장(인)
심사원명	홍 길 동 (인)			
관계부서	정보보호팀, 개발팀			

관련조항	(보호대책) 2.8.4 시험 데이터 보안
관련 근거	◇ **(인증기준)** 시스템 시험 과정에서 운영데이터의 유출을 예방하기 위해 시험 데이터의 생성과 이용 및 관리, 파기, 기술적 보호조치에 관한 절차를 수립·이행해야 한다. ◇ **(내부규정)** 개발/테스트 환경에서는 운영데이터를 사용하지 않음 나. 테스트 단계에서 개인정보 혹은 직원정보가 포함된 실 데이터 취급은 원칙적으로 금지한다. 단, 업무상 반드시 필요할 경우 부서장, 정보보호 담당자 검토/승인을 통해 실 데이터 보호 방안(비식별화 등)을 수립해 제한적으로 허용될 수 있다.
운영현황 및 결함내역	◇ **(운영현황)** 개발/테스트 환경에서는 운영데이터를 사용하지 않음 　○ 개발/테스트 서버에서 개인정보 혹은 직원정보가 포함된 실 데이터 취급은 원칙적으로 금지하고 있음 　○ 테스트 환경에서는 실 데이터를 사용할 일이 없어 임의로 생성한 테스트 데이터만 사용함 ◇ **(결함내역)** 테스트 환경에 운영 데이터가 저장돼 있는 문제점이 발견됨 　○ 상품판매관리시스템의 테스트 서버 DB를 확인한 결과, product_auth_old 테이블에서 개인정보가 포함된 다량의 데이터가 저장돼 있는 것이 확인됨 GNo　GName　GMail　　　　　GPhone -----　-------　-------------------　---------------- 231　　　　H　@naver.com　010-　8 232　　　　k　naver.com　010-1　3 233　　　　k　naver.com　010-84 234　　　　l　naver.com　010-12 235　　　　y　naver.com　010-45 236　　　　s　naver.com　010-81 ◇ **(조치사항)** product_auth_old 테이블의 용도 및 영향도를 확인해 불필요할 경우 데이터를 삭제하거나 개발보안지침에 따른 보호조치를 적용해야 함
근거목록	- 「개발보안지침」(2023.11.25) - product_auth_old 테이블

✏ 요약

정보시스템 도입 및 개발 보안에서는 사전에 보안 요구사항을 정의하고 정보시스템의 도입, 개발, 변경 시 분석 및 설계 단계에서 정의한 보안 요구사항이 효과적으로 적용됐는지를 확인하기 위해 시험하고 개선하는 데 목적이 있다. 시험환경과 운영환경은 분리하고 시험환경에서는 운영 데이터를 승인 없이 사용하지 못하도록 통제해야 한다. 소스 프로그램은 비인가자의 접근이 차단되도록 하고 운영환경 이관을 통제해야 한다.

2.9 시스템 및 서비스 운영관리

가. 인증 분야 및 항목 설명

분야	항목
2.9 시스템 및 서비스 운영관리	2.9.1 변경관리
	2.9.2 성능 및 장애관리
	2.9.3 백업 및 복구관리
	2.9.4 로그 및 접속기록 관리
	2.9.5 로그 및 접속기록 점검
	2.9.6 시간 동기화
	2.9.7 정보자산의 재사용 및 폐기

2.9.1 변경관리

정보시스템 관련 자산의 모든 변경 내역을 관리할 수 있도록 절차를 수립·이행하고, 변경 전 시스템의 성능 및 보안에 미치는 영향을 분석해야 한다.

🔒 **정보시스템 관련 자산(하드웨어, 운영체제, 상용 소프트웨어 패키지 등) 변경에 따른 성능 및 보안에 미치는 영향을 분석하고 변경관리 절차를 수립·이행해야 한다.**

운영체제 업그레이드, 상용 소프트웨어 설치, 운영 중인 응용프로그램 기능 개선, 네트워크 구성 변경, CPU/메모리/저장장치 증설 등 정보시스템 관련 자산 변경이 필요한 경우 변경요청, 책임자 검토·승인, 변경확인, 변경이력관리 등의 공식적인 절차를 수립하고 이행해야 한다. 클라우드 서비스로 이관을 준비하는 경우에도 변경관리 범위에 포함해 클라우드 아키텍처 변경, 가상서버 변경, AMI 업그레이드 등 클라우드 서비스 환경 변경에 대해 관리해야 한다. 또한 대규모 변경 등 중요도에 따라 영향분석을 수행하고 변경 실패에 따른 복구방안을 마련해야 한다.

💡 **실무 사례**

일반적으로 네트워크 구성 변경, 서비스 이관 등의 변경이 필요한 경우에는 관련 부서들이 참여해 CR^Change Request에 대한 정의 및 테스트 방법, 변경 방법, 변경 일자, 문제 발생 시 원상복구 방법 등을 협의하고 영향평가를 수행해 관리책임자 승인하에 변경을 수행해야 한다.

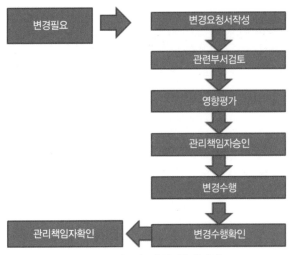

그림 3-13 정보시스템 변경절차(예시)

⚒ 증적 자료

- 정보시스템 변경관리 절차
- 변경에 대한 영향분석 결과서
- 변경관리 수행 내역

📝 **심사원 중점 검토사항**

- 대규모 변경 작업이 발생한 경우 보안 위험성 및 성능 평가에 대한 수행·승인 증적이 존재하는지 확인한다.
- 변경관리시스템을 구축해 운영하고 있는 경우 해당 시스템을 통하지 않고 시스템 변경이 가능한 우회 경로가 존재하지 않는지 확인한다.

2.9.2 성능 및 장애관리

정보시스템의 가용성 보장을 위해 성능 및 용량 요구사항을 정의하고 현황을 지속적으로 모니터링해야 하며, 장애 발생 시 효과적으로 대응하기 위한 탐지·기록·분석·복구·보고 등의 절차를 수립·관리해야 한다.

인증대상 기관 준비사항

🔒 **정보시스템의 가용성 보장을 위해 성능 및 용량을 지속적으로 모니터링할 수 있는 절차를 수립·이행해야 한다.**

정보시스템의 가용성 보장을 위해 담당자 지정, 성능 및 용량관리 대상 식별 기준, 성능 및 용량 요구사항(임계치) 정의, 성능 및 용량 모니터링 방법, 모니터링 결과 기록 및 분석, 임계치 초과 시 대응방안 등을 수행할 수 있는 절차를 마련해야 한다.

💡 **실무 사례**

정보시스템(네트워크, 서버, 데이터베이스, 응용프로그램 등)에 대한 성능관리 구성 요소(CPU, 메모리, 디스크, 프로세스 등) 및 성능지표(응답시간, 시간당 처리량, 자원 사용량 등)를 정의해 상용 모니터링 툴 또는 Cacti 등의 오픈소스 모니터링 툴을 활용해 실시간으로 모니터링해야 한다. 성능관리 시 임계치 설정은 다음 사항을 고려해야 하며, 다양한 환경적 요수를 반영해 변경 및 조정해야 한다.

- SLA(service Level Agreement) 요구 수준 만족 여부
- 사용자의 만족도 및 요구사항
- 제작사(Vendor)의 성능 판단기준 자료 및 권고사항
- IT 인프라 업무 목적에 따른 활용 형태
- 운영상태 모니터링 부서의 피드백

🔒 **정보시스템 장애를 즉시 인지하고 대응하기 위한 절차를 수립·이행해야 한다.**
모니터링을 통한 장애인지 및 대응을 위해 장애유형 및 심각도 정의, 장애유형 및 심각도별 보고 절차, 장애유형별 탐지 방법 수립, 장애 대응 및 복구에 관한 책임과 역할 정의, 장애기록 및 분석, 대고객 서비스인 경우 고객 안내 절차, 비상연락체계(유지보수업체, 정보시스템 제조사) 등을 마련해야 한다. 장애에 대응한 이력은 장애일시, 장애심각도, 담당자, 책임자명, 장애내용, 장애원인, 조치내용, 복구내용, 재발방지대책 등을 포함해 장애조치보고서를 작성해 남겨야 한다.

클라우드 서비스를 이용하는 경우 클라우드 서비스에 장애(클라우드 서비스 제공자 영역) 발생 시 클라우드 서비스 제공자로부터 장애 상황 및 내용을 즉시 공유 받을 수 있도록 절차가 마련돼 있어야 한다.

💡 **실무 사례**
기업의 특성에 따라 발생할 수 있는 장애 유형을 정의하고 그림 3-12와 같이 장애처리 프로세스를 수립해 장애 발생에 대응하고 대응이력을 기록해 동일한 장애가 발생하지 않도록 해야 한다.

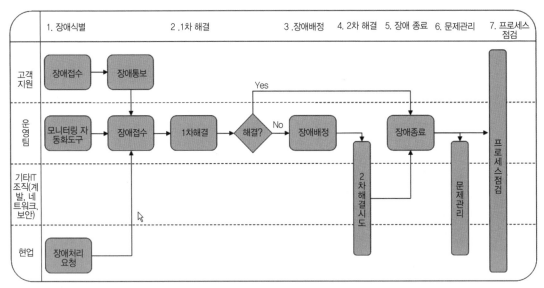

1. 장애식별	2 .1차 해결	3 .장애배정	4. 2차 해결	5. 장애 종료	6. 문제관리	7. 프로세스 점검

그림 3-14 장애대응 프로세스(예시)

표 3-27 장애처리 보고서(예시)

장애처리 보고서					
장애 명칭				장애 번호	
보고자		소속		보고일시	
발생시점		인지경로		인지시점	
복구시점		복구소요시간		매출손실액	
관련조직					
장애내용					
복구내용					
장애원인					
피해범위					
재발방지 대책					
비고					

✖ 증적 자료

- 장애 및 용량 모니터링 절차
- 장애 및 용량 모니터링 결과 보고서
- 장애조치보고서
- 재발방지 대책 조치 이력

2.9.3 백업 및 복구관리

정보시스템의 가용성과 데이터 무결성을 유지하기 위해 백업 대상, 주기, 방법, 보관장소, 보관기간, 소산 등의 절차를 수립 · 이행해야 한다. 아울러 사고 발생 시 적시에 복구할 수 있도록 관리해야 한다.

인증대상 기관 준비사항

🔒 **백업 대상, 주기, 방법, 절차 등이 포함된 백업 및 복구절차를 수립 · 이행해야 한다.** 재난, 재해, 장애, 침해사고 등으로 인해 정보시스템이 손상될 경우 즉시 복구를 위해 다음과 같은 내용을 포함해 백업계획을 수립하고 이행해야 한다.

- 백업대상 선정기준 수립
- 백업담장자 및 책임자 지정
- 백업대상별 백업 주기 및 보존기한
- 백업방법, 절차 및 백업 매체 관리
- 백업 복구 절차
- 백업관리대장 관리 등

백업된 정보의 완전성과 정확성, 복구절차의 적절성을 확인하기 위해 정기적으로 복구 테스트를 실시하고 재해·재난으로 인해 백업 데이터가 소실되는 것을 방지하기 위해 백업매체를 물리적으로 떨어진 장소에 소산해야 한다.

클라우드 서비스를 이용하는 경우에는 기업의 백업정책을 지원할 수 있는 백업 서비스를 클라우드 업체에서 제공하는지 확인해야 한다.

- 중요정보가 저장된 백업매체는 운영 중인 정보시스템 또는 백업시스템이 위치한 장소로부터 물리적으로 거리가 있는 곳에 소산 보관하고 관리대장으로 소산 이력을 관리

  소산일자(반출, 반입 등)

  소산 백업매체 및 백업정보 내용

- 소산이 적절히 이루어지고 있는지 여부에 대하여 주기적으로 점검
- 소산장소에 대하여 다음과 같은 보안대책 마련

  화재, 홍수와 같은 자연재해에 대한 대책(예 : 내화금고, 방염처리 등)

  소산장소 및 매체에 대한 접근통제 등

실무 사례
일반적으로 백업 대상 및 주기는 표 3-27과 같이 데이터베이스, OS, 네트워크, 응용시스템의 환경 설정 파일, 로그 파일로 구분할 수 있다.

표 3-28 백업 대상 및 백업 주기(예시)

백업 대상	설명	백업주기
데이터베이스	데이터베이스의 데이터파일, 컨트롤 파일 등	일일증분 백업 월 1회 풀백업
OS등 시스템 파일	OS, 시스템 구성 파일 등	월 1회 전체 백업 변경 작업 전
일반 파일	개발 소스, 응용 소프트웨어 등	월 1회 전체 백업
로그 파일	정보보호시스템 탐지 로그, 정보시스템 접속 로그, 개인정보처리 시스템 관련 로그	주1회 전체 백업

증적 자료

- 백업 정책 및 복구 절차
- 백업관리대장
- 복구테스트 결과 보고서
- 소산 백업 현황

심사원 중점 검토사항

- 백업 대상, 주기, 방법, 절차 등이 포함된 백업 및 복구 절차가 수립돼 있는지 확인한다.
- 법적 요구사항에 따라 장기간(1년, 3년, 5년 등) 보관이 필요한 백업 대상 정보가 백업 정책에 따라 보관되고 있는지 확인한다.
- 내부 지침에 따라 별도로 백업해 관리하도록 명시된 시스템(정보보호시스템 정책 및 로그 등)에 대한 백업이 수행되고 있는지 확인한다.
- 내부 지침에는 주기적으로 백업매체에 대한 복구 테스트를 수행하도록 정하고 있는 경우 적절하게 수행했는지 확인한다.

2.9.4 로그 및 접속기록 관리

서버, 응용프로그램, 보안 시스템, 네트워크 시스템 등 정보시스템에 대한 사용자 접속기록, 시스템로그, 권한부여 내역 등의 로그유형, 보존기간, 보존방법 등을 정하고 위·변조, 도난, 분실되지 않도록 안전하게 보존·관리해야 한다.

인증대상 기관 준비사항

🔒 **서버, 응용프로그램, 보안 시스템, 네트워크 시스템 등 정보시스템에 대한 로그 관리 절차를 수립하고 이에 따라 필요한 로그를 생성해 보관해야 한다.**

서비스 및 업무 중요도를 고려해 로그 기록 및 보존이 필요한 주요 정보시스템(서버, 응용프로그램, 정보보호시스템, 네트워크 장비, DB 등)을 지정해야 한다. 중요도 및 법적요건을 고려해 각 시스템 및 장비 별로 기록해야 할 로그유형 및 보존기간을 정의해야 한다.

💡 **실무 사례**

정보시스템에서 생성되는 로그는 점점 더 중요해지기 때문에 가능하면 생성되는 모든 정보시스템 로그를 남기고 별도의 저장매체에 백업하고 일정기간(최소 1년 이상) 보관하는 것이 좋다.

- 서버, 응용프로그램, 보안 시스템, DB 등 보안관련 감사로그: 사용자 접속기록(사용자 식별 정보: ID, 접속일시, 접속지: 단말기 IP, 수행 업무: 정보생성, 수정, 삭제, 검색 출력 등), 인증 성공/실패 로그, 파일 접근, 계정 및 권한 등록/변경/삭제 등
- 개인정보처리시스템 권한부여, 접속, 행위 이력 로그: 접속자 계정, 접속일시, 접속IP, 접근 매뉴 또는 수행 업무 등
- 시스템 이벤트 로그: 운영체제 구성요소에 의해 발생되는 로그(시스템 시작, 종료, 상태, 에러코드 등)
- 보안 시스템 정책(룰셋 등)등록/변경/삭제 및 이벤트 로그
- 기타 정보보호 관련 로그

🔒 정보시스템의 로그기록은 별도 저장장치를 통해 백업하고 로그기록에 대한 접근권한은 최소화해 부여해야 하며, 특히 개인정보처리시스템에 대한 접속기록은 법적 요구사항을 준수할 수 있도록 필요한 항목을 모두 포함해 일정기간 안전하게 보관해야 한다.

로그 기록은 별도의 저장 장치에 백업하고 위변조 및 삭제되지 않도록 관리해야 하며, 개인정보시스템의 접속기록은 계정 또는 식별자, 접속일시, 접속지, 처리한 정보주체 정보, 수행업무 등을 반드시 포함해 기록하고 관련 법률에 따라 1년 이상 보관해야 한다. 개인정보보호법에 따른 로그 보관 및 점검 기준은 아래와 같다.

개인정보처리시스템 접속기록에 반드시 포함되어야 할 항목(ISMS-P 인증기준 안내서)

항목	구분
식별자	개인정보취급자 ID 등 접속한 자의 식별정보
접속일시	–접속한 시간 또는 업무를 수행한 시간 (연월일 및 시분초)
접속지 정보	접속자 IP주소 등
처리한 정보주체 정보	정보주체의 ID, 고객번호, 학번, 사번 등
수행업무	개인정보 조회, 변경, 입력, 삭제, 출력, 다운로드 등

개인정보의 안전성 확보조치 기준	제8조(접속기록의 보관 및 점검) ① 개인정보처리자는 개인정보취급자의 개인정보처리시스템에 대한 접속기록을 1년 이상 보관·관리하여야 한다. 다만, 다음 각 호의 어느 하나에 해당하는 경우에는 2년 이상 보관·관리하여야 한다. 1. 5만명 이상의 정보주체에 관한 개인정보를 처리하는 개인정보처리시스템에 해당하는 경우 2. 고유식별정보 또는 민감정보를 처리하는 개인정보처리시스템에 해당하는 경우 3. 개인정보처리자로서 「전기통신사업법」제6조제1항에 따라 등록을 하거나 같은 항 단서에 따라 신고한 기간통신사업자에 해당하는 경우 ② 개인정보처리자는 개인정보의 오·남용, 분실·도난·유출·위조·변조 또는 훼손 등에 대응하기 위하여 개인정보처리시스템의 접속기록 등을 월 1회 이상 점검하여야 한다. 특히 개인정보의 다운로드가 확인된 경우에는 내부관리계획 등으로 정하는 바에 따라 그 사유를 반드시 확인하여야 한다. ③ 개인정보처리자는 접속기록이 위·변조 및 도난, 분실되지 않도록 해당 접속기록을 안전하게 보관하기 위한 조치를 하여야 한다.

개인정보처리시스템 접속기록은 최소 1년 이상 보관하고 위·변조, 도난, 분실되지 않도록 다음 예시와 같이 안전하게 보관해야 한다.

- 상시적으로 접속기록 백업을 수행하여 개인정보처리시스템 이외의 별도의 보조저장매체나 별도의 저장장치, 오브젝트 스토리지 등에 보관
- 접속기록에 대한 위·변조를 방지하기 위해서는 CD-ROM, DVD-R, WORM(Write Once Read Many) 등과 같은 덮어쓰기 방지 매체를 사용
- 접속기록을 수정 가능한 매체(하드디스크, 자기 테이프 등)에 백업하는 경우에는 무결성 보장을 위해 위·변조 여부를 확인할 수 있는 정보(MAC값, 전자서명값 등)를 별도의 장비에 보관·관리 등

증적 자료

- 로그 및 접속기록 관리 절차
- 로그 백업 관리 대장
- 로그 정자장치 보호조치
- 개인정보 접속기록 점검 결과

심사원 중점 검토사항

- 로그 기록 대상, 방법, 보존기간, 검토 주기, 담당자 등에 대한 세부 기준 및 절차가 수립 돼 있는지 확인한다.
- 보안 이벤트 로그, 응용프로그램 및 서비스 로그 등 중요 로그에 대한 최대 크기를 정하고 시스템에 적용돼 있는지 확인한다.
- 중요 로그 기록을 별도로 백업하거나 적절히 보호하고 있는지 확인한다.

2.9.5 로그 및 접속기록 점검

정보시스템의 정상적인 사용을 보장하고 사용자 오 · 남용(비인가접속, 과다조회 등)을 방지하기 위해 접근 및 사용에 대한 로그 검토 기준을 수립해 주기적으로 점검하며, 문제 발생 시 사후조치를 적시에 수행해야 한다.

> 🔒 **정보시스템 및 개인정보처리시스템 관련 오류, 오 · 남용(비인가접속, 과다조회 등), 부정행위 등 이상징후를 인지할 수 있도록 로그 검토 주기, 대상, 기준 및 방법, 담당자 및 책임자, 이상징후 발견시 대응 절차 등을 포함한 로그 검토 및 모니터링 절차를 수립 · 이행해야 한다.**

중요정보(개인정보, 기밀정보 등) 및 정보시스템(서버, 응용프로그램, 정보보호시스템, 네트워크 장비 등) 사용자 접속기록을 주기적으로 검토해 중요정보 및 정보시스템 오남용 등의 이상징후를 확인해야 한다. 로그 검토 및 모니터링 결과 이상징후가 발견된 경우에는 정보유출, 해킹, 오 · 남용, 부정행위 여부를 확인해 책임자에게 보고하고 재발방지대책을 마련해야 한다.

특히, 개인정보처리시스템 접속기록은 다음과 같이 개인정보보호법에 따라서 정기적으로 점검해 이상징후를 확인해야 한다.

- 개인정보 보호법 '개인정보의 안전성 확보조치 기준(고시)' 제8조(접속기록의 보관 및 점검)에 따라 월 1회 이상 검토

💡 실무 사례

정보시스템 및 개인정보처리시스템의 접속기록 검토는 개인정보처리스템 운영체제(OS) 접근, DBMS 직접 접근, DB 접근통제솔루션을 통한 접근, 응용프로그램에 의한 접근 등 중요정보 및 개인정보에 접근할 수 있는 모든 경로에서 발생되는 로그를 대상으로 수행해야 한다. 해당 로그는 접속시간, IP, 접속계정, 명령어(쿼리 등)를 분석가능한 형태로 남겨야 하며, 다음과 같은 행위가 있는지 검토해야 한다.

- 비인가자 접속 시도
- 업무시간 이외의 접속 시도 및 접속
- 우회 경로 접속 시도 및 접속
- 대량의 데이터 조회
- 소량의 데이터 지속적·연속적 조회
- 실행 차단 명령어 및 권한 이외의 쿼리 실행
- 악의적인 명령어 및 쿼리 실행 여부 검토 등

로그 검토 및 모니터링 결과는 책임자에게 보고하고 이상징후 발견 시 절차에 따라 대응하여야 한다.

- 로그 검토 및 모니터링 기준에 따라 검토를 수행한 후 이상징후 발견 여부 등 그 결과를 관련 책임자에게 보고
- 이상징후 발견 시 정보유출, 해킹, 오·남용, 부정행위 등 발생 여부를 확인하기 위한 절차를 수립하고 절차에 따라 대응
- 개인정보를 다운로드한 것이 확인된 경우 내부 관리계획 등 로그검토 기준에서 정하는 바에 따라 그 사유를 확인하고, 개인정보의 오·남용이나 유출 목적으로 다운로드한 것이 확인되었다면 지체 없이 개인정보취급자가 다운로드한 개인정보를 회수하여 파기하는 등의 필요한 조치 이행

✗ 증적 자료

- 로그 및 접속기록 모니터링 절차
- 로그 및 접속기록 검토 결과 보고서
- 개인정보 접속기록 점검 내역
- 로그 및 접속기록 검토 결과의 책임자 보고 이력
- 로그 검토 결과 이상징후 발견 시 대응 이력

2.9.6 시간 동기화

로그기록의 정확성을 보장하고 법적인 자료로서 효력을 지니기 위해 관련 정보시스템 등의 시각을 표준시각으로 동기화해야 한다.

인증대상 기관 준비사항

🔒 **정보시스템의 시간을 표준시간으로 동기화하고 시간 동기화가 정상적으로 이뤄지고 있는지 주기적으로 점검해야 한다.**

NTP^Network Time Protocol 등의 방법을 활용해 모든 시스템의 시간을 동기화하고 동기화 오류, OS 재설치 등으로 인해 시간 동기화가 적용되지 않은 정보시스템이 존재하는지 주기적으로 점검해야 한다.

💡 **실무 사례**

로그 기록의 정확성 보장 등을 위해 자체 NTP를 구축하거나 다음과 같은 NTP 서버를 연동하고 모든 정보시스템이 연동돼 있는지 주기적으로 검토해야 한다.

- time.bora.net(LG U+)
- time.kriss.re.kr(KRISS(한국 표준 과학연구원))
- time.nist.gov(NIST)
- time.windows.com(MS(마이크로소프트))
- ntp.kornet.net(KT)

✖ 증적 자료

- NTP 서버 구축 및 설정 현황

📝 **심사원 중점 검토사항**

- 모든 정보시스템(정보보호시스템, CCTV 등)의 시각이 표준시와 동기화돼 있는지 확인한다.

2.9.7 정보자산의 재사용 및 폐기

정보자산의 재사용과 폐기 과정에서 개인정보 및 중요정보가 복구·재생되지 않도록 안전한 재사용 및 폐기 절차를 수립·이행해야 한다.

인증대상 기관 준비사항

🔒 **정보자산의 안전한 재사용 및 폐기에 대한 절차를 수립·이행해야 한다.**

정보시스템의 사용연한 경과, 고장 등의 사유로 폐기 또는 재사용(양도, 내부판매, 재활용 등)할 경우 저장매체 처리에 관한 재사용 및 폐기 절차를 수립하고 폐기 시에는 물리적, 전자적으로 완전파괴해 복구되지 않도록 삭제해야 한다.

자체적으로 정보자산 및 저장매체를 폐기할 경우에는 폐기일자, 폐기 담당자, 확인자명, 폐기방법, 폐기확인증적(사진 등) 등을 남기고 폐기관리대장을 작성해 관리해야 한다. 외부업체를 통해 저장매체를 폐기할 경우에는 계약서 내부에 폐기정책과 절차 내용을 명시하고 폐기 증적을 사진, 동영상 등으로 확보해야 한다. 또한, 정보시스템, PC 등 유지보수, 수리과정에서 저장매체 교체, 복구 등의 상황 발생 시 유지보수 신청 전 데이터 이관 및 파기, 암호화, 계약 시 비밀유지서약 등과 같은 보호대책을 마련해야 한다.

💡 **실무 사례**

정보시스템의 사용연한이 경과한 경우에는 저장매체를 분리해 시건장치가 있는 캐비닛이나 장소에 보관해야 한다. 저장매체는 표 3-28의 기준을 참고해 재사용 및 폐기 절차를 마련하고 이행해야 한다.

표 3-29 국가정보원 정보시스템 저장매체 불용처리 기준

저장매체/자료	공개자료	민감자료(개인정보 등)	비밀자료(대외비 포함)
플로피디스크	물리적 완전파괴	물리적 완전파괴	물리적 완전파괴
광디스크(DVD 등)			
반도체 메모리	완전포맷되지 않는 저장매체는 물리적 완전파괴		
하드디스크	완전포맷 1회	물리적 완전파괴, 전용장비(디가우저 등) 완전포맷 3회 중 택일	물리적 완전파, 전용장비(디가우저 등) 중 택일

표 3-30 정보시스템 폐기 방식

구분		설명
물리적인 파괴	펀칭(천공)	저장매체에 물리적으로 구멍을 뚫어(천공) 파괴
	디자우징	저장매체에 기록과 관련된 자기 기능 제거
소프트웨어 삭제	데이터 이레이징	데이터 삭제 전문 소프트웨어를 이용해 삭제(재사용 시 사용)

🛠 **증적 자료**

* 정보자산 재사용 및 폐기 절차
* 정보자산 관리 및 폐기 관리 대장
* 정보자산 폐기 증적
* 정보자산 폐기 관련 계약서

나. 사례 연구

인증심사원 홍길동은 (주)가나다라의 인증심사에 참여해 시스템 및 서비스 운영관리 현황을 확인하기로 했다. 문서 검토, 담당자 인터뷰, 현장실사를 통해 확인된 사항은 다음과 같다. 심사 일자는 12월 30일이다.

(1) 정책 및 지침 확인

정보시스템보안지침

제1조【변경관리】

가. 각 IT 운영 담당자는 운영체제 업그레이드, 상용 소프트웨어 설치, 운영 중인 응용프로그램 기능 개선, 네트워크 구성 변경, CPU/메모리/저장장치 증설 등 정보시스템 관련 자산 변경이 필요한 경우 책임자 검토 · 승인 후 변경을 진행해야 한다.

나. 또한 변경된 사항에 대한 이력은 변경관리대장을 작성해 관리해야 한다.

다. 정보시스템 관련 정보자산 변경이 필요한 경우 변경에 따른 보안, 성능, 업무 등에 미치는 영향을 분석해 변경에 따른 영향을 최소화해야 한다.

라. 정보자산 변경 이행 전에 변경 실패에 따른 복구방안을 마련해야 한다.

제2조【백업관리】

가. 백업의 대상은 아래와 같다.

- 운영체제(OS) 로그 및 시스템 소프트웨어(백업주기: 월 1회)
- 네트워크 시스템의 운영상태에 대한 로그(SNMP, ACL, Syslog 등)(백업주기: 월 1회)
- 업무 및 서비스 운영에 필요한 데이터베이스(백업주기: 일 1회)
- 응용프로그램 로그(개인정보처리시스템 등)(백업주기: 일 1회)
- 개발 소스(백업주기: 일 1회)

나. 백업담당자는 "가"항에 언급된 데이터에 대해 설정된 백업주기에 따라 백업을 수행해야 한다.

다. 백업 매체관리자는 백업 매체의 손상 및 비인가자에 의한 데이터 유출 또는 오남용을 방지하기 위해 백업 데이터에 대한 접근을 통제해야 한다.

라. 백업담당자는 중요 인프라의 장애 등 긴급 상황 발생 시 신속한 복구를 위해 복구테스트 계획을 수립하고 주기적으로 복구테스트를 수행해야 한다.

마. 백업매체는 적정한 습도와 온도를 유지할 수 있는 안전한 정소에 보관하고, 비상 시 재해로부터 보호될 수 있도록 원격지에 소산해야 한다.

제3조【로그관리】

가. 정보시스템(서버, 응용프로그램, 정보보호시스템, 네트워크 장비, DB 등) 담당자는 침해사고, 장애 발생 시 추적성 확보를 위해 사용자 로그인 및 기타 감사로그를 생성, 저장, 관리해야 한다.

나. 로그의 정확한 기록을 위해 모든 서버의 시각을 일치시켜야 한다.

다. 로그에 대한 주기적인 백업을 수행해 로그 변조 행위에 대응해야 한다.

라. 로그분석 시 보안 관련 사항을 발견한 경우에는 정보보호 관리자에게 보고해야 한다.

마. 개인정보처리시스템의 접속기록은 최소 1년 이상 저장하고 이를 월 1회 이상 정기적으로 검토해 정보보호 최고책임자에서 보고해야 한다.

바. 개인정보처리시스템의 접근권한에 대한 부여, 변경 또는 말소에 대한 내용은 최소 3년이상 보관해야 하고 별도의 물리적인 저장 장치에 정기적인 백업을 수행해 안전하게 보관해야 한다.

제4조【정보자산폐기】

가. 폐기를 위해 수거된 저장 장치는 외부에 유출되지 않도록 시건장치가 구비된 캐비넷 등 안전한 장소에 보관해야 한다.

나. 서버, PC 등 정보자산 폐기 시에는 저장장치는 디가우저, 천공장치 등을 사용해 정보가 복구되지 않도록 완전하게 폐기해야 한다.

다. 폐기된 저장매체는 폐기관리대장을 작성해 관리하고 폐기를 수행한 증적을 남겨야 한다.

라. 정보보호 담당자는 사용자 정보, 중요 거래정보 등 민감한 내용이 보관된 시스템의 파기 시 처리결과에 대해 사후검토를 실시해야 한다.

마. 다른 서비스 사용/매각/기증/대여 등 재사용할 경우에는 해당 저장장치 내 정보가 복구되지 않도록 완전포맷 방식으로 정보를 삭제해야 한다. "완전포맷"은 저장매체 전체의자료저장 위치에 새로운 자료를 중복해 저장하는 것을 의미함

바. 폐기 완료 후 자산관리 목록을 갱신해야 한다.

(2) 인터뷰 또는 실사를 통한 확인

인증심사원 홍길동은 심사기관인 (주)가나다라의 시스템 및 서비스 운영관리 현황을 확인하기 위해 정보보호팀, 운영팀 인터뷰 및 실사 통해 다음 내용을 확인할 수 있었다.

■ 인터뷰

첫째, 운영체제 업그레이드, 상용 소프트웨어 설치, 운영 중인 응용프로그램 기능 개선, 네트워크 구성 변경, CPU/메모리/저장장치 증설 등 정보시스템 관련 자산 변경이 필요한 경우 책임자 검토·승인 후 변경을 진행하고 있지만 최근에는 대규모 변경작업은 없었던 것으로 확인됐다.

둘째, 백업은 상품판매관리시스템DB, 개인정보처리스템 접속 로그, 개인정보처리스템 권한 부여로그에 대해서 일일백업을 수행하고 있으며 백업데이터는 운영 IDC가 아닌 사내 IDC로 소산 백업을 수행하고 있는 것을 확인했다. [#1]

셋째, 정보시스템(서버, 응용프로그램, 정보보호시스템, 네트워크 장비, DB 등) 로그는 침해사고, 장애 발생 시 추적성 확보를 위해 사용자 로그인 및 기타 감사로그를 저장하고 있다. 특히 개인정보처리시스템의 접속 기록은 최소 1년, 권한부여로그는 3년 이상 보관하고 있다. 그러나 주기적인 검토는 수행하고 않은 것으로 확인됐다. [#2]

넷째, 정보자산의 폐기는 외부 업체에서 월 1회 HDD를 수거해 파기하고 있으며, 디가우징, 천공 및 분쇄해 물리적으로 완전한 파괴를 수행하고 관련 내용을 폐기관리대장으로 관리하고 있는 것을 확인했다.

■ 시스템 확인 및 현장 실사

홍길동 심사원이 (주)가나다라의 상품판매관리시스템을 확인한 결과, 다음과 같았다.

〈백업관리대장〉 [#1]

백업일자	대상 데이터	백업주기	백업장소	보관기한	담당자
2023.12.29	상품판매관리시스템DB	일	사내 IDC	1년	김좌진
2023.12.29	개인정보처리시스템 접속 로그	일	사내 IDC	1년	김좌진
2023.12.29	개인정보처리시스템 권한 부여로그	일	사내 IDC	3년	김좌진
2023.12.28	상품판매관리시스템DB	일	사내 IDC	1년	김좌진
2023.12.28	개인정보처리시스템 접속 로그	일	사내 IDC	1년	김좌진
2023.12.28	개인정보처리시스템 권한 부여로그	일	사내 IDC	3년	김좌진
2023.12.27	상품판매관리시스템DB	일	사내 IDC	1년	김좌진
2023.12.27	개인정보처리시스템 접속 로그	일	사내 IDC	1년	김좌진
2023.12.27	개인정보처리시스템 권한 부여로그	일	사내 IDC	3년	김좌진

〈정보자산폐기 관리대장〉

폐기일자	폐기 대상	폐기방법	담당자	확인자	증적 자료
2023.11.25	상품판매관리시스템DB HDD	천공 및 분쇄	신숙주	강감찬	사진
2023.11.25	상품판매관리시스템DB HDD	천공 및 분쇄	신숙주	강감찬	사진
2023.11.25	상품판매관리시스템DB HDD	천공 및 분쇄	신숙주	강감찬	사진
2023.11.25	개인정보 취급자 PC HDD	천공 및 분쇄	신숙주	강감찬	사진
2023.11.25	개인정보 취급자 PC HDD	천공 및 분쇄	신숙주	강감찬	사진

〈폐기 전 HDD 보관 현황〉[#3]

〈폐기된 HDD〉

(3) 결함 요약

결함 포인트 [#1]

정보시스템 보안지침에 백업 관련 보안 요구사항을 정의하고 이에 따라 백업을 수행하고 백업관리대장을 통해 관리하고 있다. 그러나 백업관리대장 확인 결과, DB, 개인정보처리시스템 접속 로그, 개인정보처리시스템 권한 부여로그만 백업을 수행하고 있는 것이 확인됐다. 지침을 확인해보면 운영체제(OS) 로그 및 시스템 소프트웨어(백업주기: 월 1회), 네트워크 시스템의 운영상태에 대한 로그(SNMP, ACL, Syslog 등)(백업주기: 월 1회), 개발 소스(백업주기: 일 1회), 전자결재시스템에 등재된 자료(백업주기: 일 1회), 기타 전산시스템 운영에 필요한 중요 데이터(백업주기: 일 1회)도 백업대상에 포함돼 있어 해당 보안 요구사항을 반영할 수 있도록 개선이 필요하다.

결함 포인트 [#2]

정보시스템(서버, 응용프로그램, 정보보호시스템, 네트워크 장비, DB 등) 로그는 침해사고, 장애 발생 시 추적성 확보를 위해 사용자 로그인 및 기타 감사로그를 저장하고 있다. 특히 개인정보처리시스템의 접속 기록은 최소 1년, 권한부여로그는 3년 이상 보관하고 있으나 개인정보처리시스템의 접속기록은 월 1회 이상 정기적으로 검토해 정보보호 최고책임자에서 보고해야 하나 검토가 이뤄지고 있지 않다.

결함 포인트 [#3]

정보자산의 폐기는 외부 업체에서 월 1회 HDD를 수거해 파기하고 있으며, 디가우징, 천공 및 분쇄해 물리적으로 완전한 파괴를 수행하고 관련 내용을 폐기관리대장으로 관리하고 있다. 그러나 외부 업체에서 수거하기 전 HDD 보관현황을 확인한 결과 그림(폐기 전 HDD 보관 현황)에서와 같이 시건장치가 없는 선반에 방치되어 있어 유출될 가능성이 존재한다.

(4) 결함 보고서 작성

결함 보고서				
기록일자	2023년 12월 30일		기업명	(주)가나다라
인증 범위	구분	결함유형	인증 범위명	기관 확인자
	ISMS	결함	(주)가나다라 상품판매 서비스	이순신 팀장(인)
심사원명	홍 길 동 (인)			
관계부서	정보보호팀, 운영팀			

관련조항	(보호대책) 2.9.3 백업 및 복구관리
관련 근거	◇ **(인증기준)** 정보시스템의 가용성과 데이터 무결성을 유지하기 위해 백업 대상, 주기, 방법, 보관장소, 보관기간, 소산 등의 절차를 수립·이행해야 한다. 아울러 사고 발생 시 적시에 복구할 수 있도록 관리해야 한다. ◇ **(내부규정)** 「정보시스템보안지침」 제2조(백업관리) (2023.11.25) 가. 백업의 대상은 아래와 같다. 　- 운영체제(OS) 로그 및 시스템 소프트웨어(백업주기: 월 1회) 　- 네트워크 시스템의 운영상태에 대한 로그(SNMP, ACL, Syslog 등) (백업주기: 월 1회) 　- 업무 및 서비스운영에 필요한 데이터베이스(백업주기: 일 1회) 　- 응용프로그램 로그(개인정보처리시스템 등)(백업주기: 일 1회) 　- 개발 소스(백업주기: 일 1회) 나. 백업담당자는 "가"항에 언급된 데이터에 대해 설정된 백업주기에 따라 백업을 수행해야 한다.
운영현황 및 결함내역	◇ **(운영현황)** 정책에 따라 백업을 수행하고 있음 　○ DB, 개인정보처리시스템 접속 로그, 개인정보처리시스템 권한 부여로그를 백업 받고 있음 ◇ **(결함내역)** 백업 대상 중 일부가 누락되는 문제점이 발견됨 　○ 지침에서 언급된 백업대상 중 다음 항목이 누락되어 있음 　　- 운영체제(OS) 로그 및 시스템 소프트웨어 　　- 네트워크 시스템의 운영상태에 대한 로그 　　- 개발 소스 ◇ **(조치사항)** 지침에서 요구하는 백업대상을 포함해 백업을 수행해야 함
근거목록	- 「정보시스템보안지침」(2023.11.25) - 백업관리대장

결함 보고서

기록일자	2023년 12월 30일		기업명		(주)가나다라	
인증 범위	구분	결함유형	인증 범위명			기관 확인자
	ISMS	결함	(주)가나다라 상품판매 서비스			이순신 팀장(인)
심사원명	홍 길 동 (인)					
관계부서	정보보호팀, 운영팀					

관련조항	(보호대책) 2.9.5 로그 및 접속기록 점검
관련 근거	◇ **(인증기준)** 정보시스템의 정상적인 사용을 보장하고 사용자 오·남용(비인가접속, 과다조회 등)을 방지하기 위해 접근 및 사용에 대한 로그 검토 기준을 수립해 주기적으로 점검하며, 문제 발생 시 사후조치를 적시에 수행해야 한다. ◇ **(내부규정)**「정보시스템보안지침」제3조(로그관리) (2023.11.25) 마. 개인정보처리시스템의 접속기록은 최소 1년 이상 저장하고 이를 월 1회 이상 정기적으로 검토해 정보보호 최고책임자에서 보고해야 한다. 바. 개인정보처리시스템의 접근권한에 대한 부여, 변경 또는 말소에 대한 내용은 최소 3년 이상 보관해야 한다.
운영현황 및 결함내역	◇ **(운영현황)** 정책에 따라 정보시스템 로그를 저장하고 있음 　○ 정보시스템(서버, 응용프로그램, 정보보호시스템, 네트워크 장비, DB 등) 로그는 침해사고, 장애 발생 시 추적성 확보를 위해 사용자 로그인 및 기타 감사로그를 저장하고 있음 　○ 개인정보처리시스템의 접속기록은 최소 1년, 권한부여로그는 3년 이상 보관하고 있음 ◇ **(결함내역)** 개인정보처리시스템 접속기록 정기검토가 수행되지 않는 문제점이 발견됨 　○ 개인정보처리시스템의 접속기록은 저장하고 있으나 월 1회 정기적으로 점검을 수행하고 있지 않음 ◇ **(조치사항)** 개인정보처리시스템의 접속기록을 월 1회 이상 정기적으로 검토해 정보보호 최고책임자에게 보고해야 함
근거목록	-「정보시스템보안지침」(2023.11.25) - 정보시스템 로그

시스템 및 서비스 운영관리에서는 정보시스템 변경, 성능 및 장애, 백업 및 복구 관리, 시간 동기화를 통해 안정적인 서비스를 지원하고 로그 및 접속기록 관리, 로그 및 접속기록 점검, 정보자산의 재사용 및 폐기 관리를 통해 불법적인 접근을 통한 정보유출을 모니터링하고 차단하는 데 목적이 있다. 정보자산의 변경이 서비스에 미치는 영향을 파악하기 위한 변경관리 절차를 수립해 이행해야 한다. 모든 정보자산은 임계치를 설정해 장애 발생에 대응하고 정보시스템의 가용성과 무결성에 문제가 발생하는 것을 대비하고 백업 및 복구절차를 수립해 이행해야 한다. 정보시스템에서 생성되는 로그는 사용자 접속기록, 시스템로그, 권한부여 내역 등의 로그유형, 보존기간, 보존방법 등을 정하고 위·변조, 도난, 분실되지 않도록 안전하게 보존·관리하고 주기적으로 점검해 이상징후가 있는지 확인해야 한다. 정보자산의 재사용 및 폐기 시에는 개인정보 및 중요정보를 복구되지 않는 방법으로 처리하고 증적을 남겨야 한다.

2.10 시스템 및 서비스 보안관리

가. 인증 분야 및 항목 설명

분야	항목
2.10 시스템 및 서비스 보안관리	2.10.1 보안 시스템 운영
	2.10.2 클라우드 보안
	2.10.3 공개 서버 보안
	2.10.4 전자거래 및 핀테크 보안
	2.10.5 정보전송 보안
	2.10.6 업무용 단말기기 접근통제
	2.10.7 보조저장매체 관리
	2.10.8 패치관리
	2.10.9 악성코드 통제

2.10.1 보안 시스템 운영

보안 시스템 유형별로 관리자 지정, 최신 정책 업데이트, 룰셋 변경, 이벤트 모니터링 등의 운영절차를 수립·이행하고 보안 시스템별 정책적용 현황을 관리해야 한다.

인증대상 기관 준비사항

🔒 **조직에서 운영하고 있는 보안 시스템에 대한 운영절차를 수립·이행해야 한다.**

외부침입 탐지 및 차단, 내·외부자에 의한 정보유출 방지 등을 위해 도입·운영하고 있는 보안 시스템에 대한 보안 시스템 유형별 책임자 및 관리자 지정, 보안 시스템 정책(룰셋 등) 적용(등록, 변경, 삭제 등), 최신 정책 업데이트, 보안 시스템 접근통제 정책, 보안 시스템 운영현황 주기적 점검 등의 운영절차를 수립하고 이행해야 한다.

보안 시스템 관리자는 접근이 허용된 인원을 최소화하고 비인가자의 접근을 엄격하게 통제해야 한다. 또한 관리자 로그인 시 OTP 등의 2차인증 적용, 관리자 IP에서만 접근할 수 있도록 통제하고 주기적인 보안 시스템 접속로그 분석을 통하여 비인가자에 의한 접근시도 여부 점검해야 한다.

- 보안 시스템 유형별 책임자 및 관리자 지정
- 보안 시스템 정책(룰셋 등) 적용(등록, 변경, 삭제 등) 절차
- 최신 정책 업데이트 방안 : IDS, IPS 등의 보안 시스템의 경우 새로운 공격기법을 탐지하기 위한 최신 패턴(시그너처) 및 엔진의 지속적 업데이트
- 보안 시스템 이벤트 모니터링 절차(정책에 위배되는 이상징후 탐지 및 확인 등)
- 보안 시스템 접근통제 정책(사용자 인증, 관리자 단말 IP 또는 MAC 등)
- 보안 시스템 운영현황의 주기적 점검
- 보안 시스템 자체에 대한 접근통제 방안 등

개인정보처리시스템을 운영하는 경우에는 불법적인 접근 및 개인정보 유출 방지를 위해 관련 법령에서 정한 기능(IP 주소 등으로 제한해 비인가자 차단, 접속 IP 등의 분석을 통한 개인정보 유출 시도 탐지 및 대응)을 수행하는 보안 시스템을 설치해 운영해야 한다.

- 개인정보보호 관련 법령에서 요구하는 접근통제 시스템 필수 요구 기능
  1. 개인정보처리시스템에 대한 접속 권한을 IP주소 등으로 제한하여 인가받지 않은 접근을 제한
  2. 개인정보처리시스템에 접속한 IP주소 등을 분석하여 개인정보 유출 시도 탐지 및 대응
- 클라우드 환경에서 개인정보처리시스템을 구성한 경우, 클라우드서비스 제공자가 제공하는 보안기능 또는 서비스를 이용하여 접근통제 기능 구현 가능

💡 실무 사례

보안솔루션은 DDoS 차단솔루션, 방화벽, IPS, 웹방화벽 등의 네트워크 보안솔루션과 안티바이러스 솔루션, PC 보안솔루션 등과 같은 호스트 보안솔루션으로 구분할 수 있다. 이러한 솔루션은 사용 용도나 정책 설정, 운영 방식 등이 차이가 있기 때문에 솔루션 별로 운영 절차를 만드는 것이 좋다.

클라우드 서비스 환경에서는 보안솔루션은 기존의 온프레미스 환경에서와 용도는 같지만 구축 형태는 차이가 있다. 온프레미스 환경의 솔루션이 하드웨어 기반의 어플라이언스 형태가 주를 이루고 있다면 클라우드 환경에서는 소프트웨어 형태로 클라우드 사업자가 제공하는 서비스를 이용하거나 클라우드 서비스에서 제공하는 마켓을 통해 SaaS^Software as a Service 형태의 서드파티^third party 제품을 이용해서 구축할 수 있다. 클라우드 환경에서 보안솔루션을 구축하는 방법은 사업자가 제공하는 솔루션을 명확하게 식별하여 기업의 요구사항에 적합한지 검토를 통해 선정하고 부족한 부분은 별도로 구축하는 형태가 바람직하다. 그림 3-13은 AWS 상에서 DDoS, WAF, 접근통제, 침입탐지 등은 클라우드 사업자가 제공하는 솔루션을 활용하고 서버 접근통제, DB 접근통제, 보안 모니터링 등은 자체 구축한 것을 볼 수 있다.

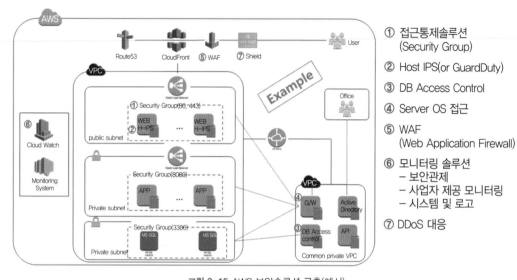

① 접근통제솔루션
   (Security Group)

② Host IPS(or GuardDuty)

③ DB Access Control

④ Server OS 접근

⑤ WAF
   (Web Application Firewall)

⑥ 모니터링 솔루션
   – 보안관제
   – 사업자 제공 모니터링
   – 시스템 및 로고

⑦ DDoS 대응

그림 3-15 AWS 보안솔루션 구축(예시)

🔒 보안 시스템별로 정책의 신규 등록, 변경, 삭제, 예외 정책 등을 위한 공식적인
   절차를 수립하고 이행해야 한다.

방화벽, DLP 등 보안 시스템별 정책 등록, 변경, 삭제, 예외에 대한 신청 및 승인절차
를 마련하고 책임추적성 확보를 위해 관련 기록을 보존해야 한다. 예외 정책의 경우
신청사유의 타당성 검토, 정책 예외에 따른 보안성 검토 및 보완대책, 책임자 승인,
예외정책 사용 및 만료에 대한 모니터링을 수행해야 한다.

💡 실무 사례

방화벽 등 업무목적으로 보안솔루션에 대한 정책 등록, 변경, 삭제, 예외 신청 시에는
표 3-31과 같이 공식적인 신청서를 작성해 전자결재 등을 통해 책임자의 승인을 득
해 적용해야 한다.

표 3-31 방화벽 오픈 허용 신청서 양식(예시)

구분	내용
신청구분	☐ 허용요청 / ☐ 변경요청 / ☐ 삭제요청
업무용도	
출발지 IP	
목적지 IP	
포트	(예: 80, 443 등)
허용기간	☐ 영구(삭제신청 전까지) / ☐ 한시(년 월 일까지)
비고	

🔒 **보안 시스템에 설정된 정책의 타당성 여부를 주기적으로 검토해야 한다.**

보안 시스템 정책에 대해 내부 보안정책 위배, 미승인 정책, 장기간 미사용 정책, 중복 또는 사용기간 만료 정책, 퇴직자 및 직무 변경자 관련 정책, 법률 위반 정책 등에 대해 점검하고 개선해야 한다.

💡 **실무 사례**

표 3-31과 같이 보안 시스템별로 정책 검토 기준을 마련해 정기적으로 정책의 적절성을 검토해야 한다.

표 3-32 보안 시스템별 정책 검토 기준(예시)

구분	정책 검토 기준
방화벽	- 침해위협IP 차단 현황, 방화벽 오픈신청서 대비 정책 현황(미승인정책) - 미사용 정책, 과다 허용 정책, 중복 정책, 사용 만료 정책 여부 - 예외 관련 정책 등
IPS	- 신규패턴 업데이트, 정책 커스터마이징 현황 등 - 예외 관련 정책 등
DDoS 차단	- 신규패턴 업데이트, 정책 커스터마이징 현황 등 - 예외 관련 정책 등
백신	- 설치현황, Agent 삭제 기능 비활성화, 최신 패턴 업데이트 설정 - 실시간 감지 설정, 주기적인 점검 설정 여부 등 - 예외 관련 정책 등

✗ 증적 자료

* 보안 시스템 운영 정책
* 보안 시스템 운영 절차(매뉴얼)
* 보안 시스템 구성 현황
* 방화벽 정책 현황
* 방화벽 정책 신청 및 변경 현황
* 정책 신청 및 승인 증적
* 보안 시스템 정책 검토 결과 보고서

📝 심사원 중점 검토사항

* 정보보호시스템의 관리자 지정 및 권한 부여 현황에 대한 관리감독이 적절히 수행되고 있는지 확인한다.
* 정보보호시스템의 보안정책 변경 이력을 기록·보관하고 정책관리대장을 주기적으로 작성하고 있는지 확인한다.
* 정책관리대장에 기록된 보안정책과 실제 운영 중인 시스템의 보안정책이 동일하게 적용돼 있는지 확인한다.
* 침입차단시스템 등의 정보보호시스템에서 필요 이상으로 과도하거나 불필요한 허용 정책이 존재하는지 확인한다.
* 정책의 유효기간을 설정하지 않거나 사용목적의 확인이 어려운 정책이 존재하는 등 보안정책의 적정성이 주기적으로 검토되고 있는지 확인한다.

2.10.2 클라우드 보안

클라우드 서비스 이용 시 서비스 유형(SaaS, PaaS, IaaS 등)에 따른 비인가 접근, 설정 오류 등에 따라 중요정보와 개인정보가 유·노출되지 않도록 관리자 접근 및 보안 설정 등에 대한 보호대책을 수립·이행해야 한다.

🔒 **클라우드 서비스 제공자와 정보보호 및 개인정보보호에 대한 책임과 역할을 명확히 정의하고 이를 계약서(SLA 등)에 반영해야 한다.**

사용 중인 클라우드 서비스 유형에 따른 보안책임이 계약서 또는 이용약관에 명확하게 명시돼 있는지 확인하고 제공되는 서비스 별로 SLA가 존재하는지 반드시 확인해야 한다.

클라우드 서비스 유형에 따른 역할 및 책임(ISMS-P 인증기준 안내서)

클라우드 서비스 유형	클라우드 서비스 제공자	클라우드 서비스 이용자
IaaS	• 물리적 영역의 시설 보안 및 접근통제 • 호스트 OS에 대한 보안 패치 • 하이퍼바이저 등 가상머신에 대한 보안 관리 등	• 게스트 OS, 미들웨어 및 애플리케이션 보안 패치 • 게스트 OS, 미들웨어, 애플리케이션, 사설 네트워크 영역에 대한 보안 구성 및 설정 • 데이터 보안 • 관리자, 사용자 권한 관리 등
PaaS	• IaaS 영역에서 클라우드 서비스 제공자의 역할 및 책임 • 네트워크 영역의 보안 설정 • 게스트 OS 및 미들웨어 영역에 대한 보안패치, 보안 구성 및 설정	• 애플리케이션 보안 패치 및 보안 설정 • 데이터 보안 • 관리자, 사용자 권한관리 등
SaaS	• IaaS, PaaS 영역에서 클라우드 서비스 제공자의 역할 및 책임 • 애플리케이션 보안 패치 및 보안 설정 • 데이터 보안(데이터 레벨의 접근통제, 암호화 등) 등	• 애플리케이션 관리자, 사용자 권한 관리 등

※ 클라우드 서비스 사업자, 서비스 구성 및 특성 등에 따라 달라질 수 있음

💡 **실무 사례**

AWS와 같은 클라우드 서비스를 이용하는 경우에는 '정보보호 공동책임Shared Responsibility'에 따라 클라우드 서비스 제공자와 이용자 간의 정보보호 역할 및 관리 범위가 달라지기 때문에 반드시 사용하고자 하는 클라우드 서비스 유형을 확인하고 유형에 따른 정보보호 관리 범위를 식별하여야 한다.

- 클라우드 서비스 업무 위탁 시 법률 적용사항 식별
- 클라우드 서비스가 국내 관련 법률 준수 및 사법권에 포함돼 있는지 확인
- 클라우드 서비스 특성상 취약점 점검 및 감사가 제한적이기 때문에 클라우드 서비스 제공자의 자체 점검 및 감사 자료 제공 여부 식별
- 공공기관의 경우 국내 클라우드 서비스 보안인증 보유 여부를 확인
- 클라우드 서비스 제공자가 정보보호 관련 인증을 보유한 경우, 인증 범위가 이용자 서비스를 포함하고 있는지 확인
- 클라우드 서비스 제공자로부터 클라우드 서비스 운영에 대한 직무 분리에 대한 문서(정책) 수령

또한 클라우드 서비스 계약 시에는 다음과 같은 사항을 계약서에 명시해야 하며, 클라우드 서비스가 B to C로 계약해야 하는 경우에는 이용약관 등에 보안 요구사항이 충분히 반영돼 있는지 검토해야 한다.

- 클라우드 서비스 제공자와 이용자의 보안관리 책임 범위
- 클라우드 서비스 가용성 확보에 관한 사항(SLA 등)
- 클라우드 서비스 제공자의 물리적 보안 보증에 관한 사항
- 정보보호 솔루션 제공 방안 및 제공 방식에 관한 사항
- 서비스에 대한 공격 탐지 내역에 대한 통지
- 침해사고, 이용자 정보 유출 발생 시 통지 및 책임에 관한 사항
- 보안사고 발생 시 면책에 대한 사항
- 고객의 콘텐츠가 사고 또는 불법행위로 인해 분실, 접근 또는 공개되는 것으로부터 보호하기 위한 방안
- 고객의 콘텐츠나 정보에 법적요구사항으로 접근하는 경우 방법, 절차, 통지에 관한 사항
- 데이터 저장 시 암호화 및 전송 시 암호화 관련 사항
- 이용자 정보의 보호에 관한 사항
- 계약해지 및 기간만료 등으로 인한 계약 종료 시 이용자 정보 반환 및 파기에 관한 사항
- 이용자가 서비스 제공자를 변경하는 경우 이관작업의 협조에 관련된 내용

- 폐업 등 클라우드 서비스 제공 중단 시 이용자 보호에 관련한 사항

- 법령에서 요구하는 이용기관 및 이용자의 정보 보호에 관련된 사항

🔒 **클라우드 서비스 이용 시 서비스 유형에 따른 보안위험을 평가해 비인가 접근, 설정오류 등을 방지할 수 있도록 보안 구성 및 설정 기준, 보안설정 변경 및 승인 절차, 안전한 접속방법, 권한 체계 등 보안 통제 정책을 수립·이행해야 한다.**

클라우드 서비스 유형인 IaaS^Infrastructure as a Service, PaaS^Platform as a Service, SaaS^Software as a Service에 따라 보안 책임범위를 인지하고 보안 위험을 평가하고 보안관리체계 전체 영역에 클라우드 서비스를 포함해 정책을 수립하고 운영해야 한다.

클라우드 서비스 보안통제 정책(예시)

- 보안 관리 관련 역할 및 책임

- 가상네트워크 보안 구성 및 접근통제

- 클라우드 서비스 관리자 계정 및 권한 관리(최고관리자 및 분야별 관리자 등)

- 클라우드 서비스 관리자에 대한 강화된 인증(OTP 등)

- 보안 설정 기준(인증, 암호화, 세션관리, 접근통제, 공개설정, 장기미사용 잠금, 로그기록, 백업 등)

- 보안 설정 등록·변경·삭제 절차(신청, 승인 등)

- 보안 구성 및 설정에 대한 적절성 검토

- 클라우드 관리콘솔에 대한 접근통제 및 권한 관리 절차

- Access Key의 발급, 이용, 회수 등에 대한 관리 절차

- 클라우드 서비스 원격접속 경로 및 방법(VPN, IP주소 제한, 2 Factor 인증 등)

- 클라우드 서비스 보안 관제 및 알람·모니터링 방안

- 보안감사 절차 등

※클라우드 서비스 유형에 따른 특성 반영 필요

💡 실무 사례

클라우드 서비스를 사용하는 경우에는 클라우드 서비스의 특성을 고려해 운영 정책을 별도로 수립해야 한다. 정보보호정책 및 지침 수립 시 클라우드 서비스 부분이 반영될 수 있도록 이해 관련자와 협의(개발, 보안, 운영, 법무 등)

- 정책, 지침, 절차와 같은 정책시행 문서에는 클라우드 서비스 제공 모델 및 구축 유형에 따른 보안 요구사항 적용
- 개인정보 또는 금융정보를 클라우드 서비스에 저장 · 이용 시에는 법률 세부사항(해외 이전, 비식별화, 암호화, 망 분리 등) 검토 및 반영
- 클라우드 서비스 환경의 변화, 법률 제 · 개정 등의 외부 변화가 있는 경우 영향을 파악해 정책 및 지침에 반영
- 클라우드 서비스의 신규 서비스 및 기술에 따라 구성, 절차가 변경될 경우 관련 내용을 파악해 정책 및 지침 반영

IaaS 형태의 클라우드 서비스를 이용하는 경우에는 보안책임공유모델에 따라 클라우드 사업자(CSP)와 이용자 간의 보안 책임이 공유되기 때문에 이용자 입장에서 보안관리 범위를 명확하게 설정하고 클라우드와 관련된 다음과 같은 정책들을 수립해 운영해야 한다.

- 클라우드 환경에서의 서비스 개발 및 배포 프로세스 정책 수립(개발보안 포함)
- 클라우드 제공 서비스 사용 표준 정책(VM, DBMS 등)
- 자산 관리 정책(자산을 구분할 수 있는 자산 명칭 분류기준 및 자산명 설정)
- IAM, OS 계정 등 클라우드 계정관리 정책
- 클라우드 환경에서의 보안솔루션 구축 및 운영 정책
- 클라우드 환경 모니터링 서비스 구축 및 운영 정책
- 클라우드 환경에서의 암호화 및 키관리 정책
- 클라우드 서비스 접근통제 정책 및 API 보안 정책
- 기업 표준 AMI 이미지 생성 및 사용 정책(보안 설정 적용)

🔒 **클라우드 서비스 관리자 권한은 역할에 따라 최소화해 부여하고 관리자 권한에 대한 비인가된 접근, 권한 오남용 등을 방지할 수 있도록 강화된 인증, 암호화, 접근통제, 감사기록 등 보호대책을 적용해야 한다.**

클라우드 자원을 관리하기 위해 제공되는 관리자 계정은 자원생성 및 삭제, 계정 관리, 접근통제, 로그 관리, 비용청구 등 클라우드 관련 모든 기능을 수행할 수 있는 권한을 가지고 있기 때문에 관리자 권한 세분화, 역할에 따른 관리자 권한 최소화, OTP 등 강화된 인증 적용, 권한부여 기록, 접속기록 등의 감사기록을 남길 수 있도록 강화된 보안대책을 마련해야 한다. 또한 클라우드 서비스의 보안 설정 변경, 운영 현황 등을 모니터링하고 그 적절성을 정기적으로 검토해야 한다.

💡 **실무 사례**

클라우드 서비스에서 관리자 권한을 세분화해 권한을 통제할 수 있도록 권한관리 기능을 제공하는 경우에는 슈퍼 관리자를 통해 관리자계정을 생성하고 슈퍼 관리자는 사용하지 않은 것이 바람직하다. 슈퍼 관리자 및 기타 관리자 계정은 OTP 등 강화된 인증 수단을 적용해야 한다.

그러나 모든 클라우드 서비스가 해당 기능을 제공하는 것이 아니기 때문에 사용하고 있는 클라우드 서비스에서 서비스 관리자에 대한 보안강화 설정이 가능한지 검토해야 한다.

예로 AWS의 경우 최초 관리콘솔에 접근할 수 있는 root 계정을 부여 받게 되며, 업무 목적에 맞게 계정을 생성해 권한을 세부적으로 적용할 수 있다. 이러한 계정에는 MFA(OTP)를 적용해 보안성을 강화하고 AWS Management Console, AWS SDK, 명령줄 도구 및 기타 AWS 서비스를 통해 수행된 작업, AWS 계정 활동의 이벤트를 기록하는 CloudTrail을 통해 로깅되기 때문에 향후 해당 로그를 분석해 불법 행위를 분석할 수 있다. 또한 CloudWatch 등의 서비스에서 제공하는 로그를 통해 보안 설정 변경, 운영 현황 등을 모니터링할 수 있다.

표 3-33 클라우드 보안 위협(CSA, 2022)

NO	위협	설명
1	불충분한 아이덴티티, 자격 증명, 액세스 및 키 관리 (Insufficient identity, credential, access and key management)	중요한 리소스에 대한 액세스를 관리, 모니터링할 수 있는 도구 및 정책 미흡으로 데이터 손상 및 악의적인 유출, 공급망 붕괴 등의 비즈니스 연속성 저해 • 자격 증명의 부적절한 보호 • 암호화 키, 암호 및 인증서의 정기적, 자동적인 변경 미흡 • 확장 가능한 자격 증명, 자격 증명 및 액세스 관리 시스템 부족 • 다단계 인증 사용 실패 • 강력한 비밀번호 사용 실패
2	안전하지 않은 인터페이스와 API (Insecure interfaces and APIs)	잘못 설계된 API는 인증되지 않은 엔드포인트 접근, 약한 인증 절차, 과도한 권한 부여 등이 발생할 수 있으며, 클라우드 사업자가 제공하는 API와 사용자 인터페이스는 일반적으로 시스템에서 가장 노출된 부분으로, 외부에서 공격받을 가능성 존재 • 잘못된 구성, 열악한 코딩 관행, 인증부족 및 부적절한 승인으로 인한 취약성
3	잘못된 구성 및 부적절한 변경 제어 (Misconfiguration and inadequate change control)	컴퓨팅 자산을 설정할 때 구성 오류로 인한 데이터 유출 발생 • 보안되지 않은 데이터 저장 요소 또는 컨테이너 • 과도한 권한 부여 • 기본 자격 증명 및 구성 설정을 그대로 유지 • 무제한 액세스 포트 및 서비스 • 잘못된 설계 및 유효성 검사 부재 • 표준 보안 제어 비활성화
4	클라우드 보안 아키텍처 및 전략 부족 (Lack of cloud security architecture and strategy)	사이버 공격을 견딜 수 있는 적절한 보안 아키텍처를 구현 미흡 • 클라우드 이전에 대해 기존 IT 스택과 보안 제어 기능을 클라우드 환경에 그대로 이식 미흡 • 클라우드 배포 모델, 클라우드 서비스 모델, 서비스 공급자, 가용 영역 등 고려
5	안전하지 않은 소프트웨어 개발 (Insecure software development)	ID 및 액세스 관리를 위한 기능을 통해 개발자에게 적절한 구구현에 대한 도구 및 지침 제공 필요 • 소프트웨어 복잡도 증가로 인한 보안이슈가 발생할수 있기 때문에 안전한 키관리 및 CI/CD를 통해 어플리케이션 구현 필요
6	안전하지 않은 3rd Party 리소스 (Unsecure third-party resources)	오픈소스 사용, API 취약점 등 3rd Party 리소스에서 발생하는 공급망 취약
7	시스템 취약성 (System vulnerabilities)	클라우드 서비스 플랫폼의 결함으로 잠재적인 서비스 운영에 문제 존재 • 제로데이 취약점, 보안패치 누락, 아키텍처 취약점, 취약한 자격증명 등
8	우발적인 클라우드 데이터 공개 (Accidental cloud data disclosure/disclosure)	클라우드 환경의 보안 거버넌스 부재로 클라우드 인벤토리 및 네트워크 노출에 대한 보안 투명성 부재로 의도하지 않은 데이터 노출
9	서버리스 및 컨테이너 워크로드 구성 오류 및 악용 (Misconfiguration and exploitation of serverless and container workloads)	서버리스 및 컨테이너 워크로드를 통해 속도 증가와 비용 절감을 할 수 있으며, 운영 단순화를 수행할 수 있으나 인프라에 대한 제어 부족 및 어플리케이션 보안 문제가 발생할 수 있음
10	범죄조직/해커/APT (Organized crime/hackers/APT)	범죄조직 등 APT 공격그룹에 대한 공격으로 보안 위험 발생
11	클라우드 스토리지 데이터 유출 (Cloud storage data exfiltration)	잘못된 아키텍처 설계, 어플리케이션 취약점 등으로 인해 발생할 수 있으며, 유출된 데이터로 인한 2차 피해 발생 가능성 존재

⚒ 증적 자료

- 클라우드 서비스 관련 정책
- 클라우드 서비스 계약서 및 SLA
- 클라우드 관리자 계정 보호대책
- 클라우드 서비스 모니터링 보고서
- 클라우드 아키텍처 구성도
- 보안설정 현황 및 적정설 검토 이력

📝 심사원 중점 검토사항
- 클라우드 서비스는 이용 계약서에 보안책임이 명확히 정의돼 있고 보안 요구사항이 포함돼 있는지 확인한다.
- 서비스별 SLA(Service Level Agreement)가 명확하게 수립돼 있고 해당 내용이 계약서에 반영돼 있는지 확인한다.
- 클라우드 서비스를 보호하기 위한 보안정책이 수립돼 있는지 확인한다.
- 클라우드 관리자 계정 보호, 네트워크 접근통제, 보안솔루션, 로깅 및 보안 설정 모니터링 등 클라우드 서비스를 보호하기 위한 활동이 수립된 정책에 따라 적절하게 운영되고 있는지 확인한다.
- 클라우드 관리자 계정의 권한이 역할에 따라 최소화해 부여되고 있는지 검토한다.

2.10.3 공개 서버 보안

외부 네트워크에 공개되는 서버의 경우 내부 네트워크와 분리하고 취약점 점검, 접근통제, 인증, 정보 수집 · 저장 · 공개 절차 등 강화된 보호대책을 수립 · 이행해야 한다.

🔒 **공개 서버를 운영하는 경우 이에 대한 보호대책을 수립 · 이행해야 한다.**

웹 서버 등의 공개 서버는 외부 직접적인 통신을 수행하기 때문에 공개 서버가 침해당하더라도 내부 네트워크로 확산이 불가능하도록 DMZ 영역에 설치한다. 침입차단시스템 설치, 전용서버 운영, 웹 서버를 통한 개인정보 송 · 수신 시 SSL^Secure Socket Layer/TLS^Transport Layer Security 인증서 설치, 백신설치 및 OS 최신 패치, 불필요한 서비스 제거 및 포트 차단, 불필요한 소프트웨어 · 스크립트 · 실행파일 등 설치를 금지하고 불필요한 페이지(테스트 페이지) 및 에러처리 미흡에 따른 시스템 정보 노출 방지 등의 보호대책을 마련해야 한다.

공개서버는 내부 네트워크와 분리된 DMZ 영역에 설치하고 침입차단시스템 등 보안시스템을 통하여 보호하여야 한다.

- 공개서버가 침해당하더라도 공개서버를 통한 내부 네트워크 침입이 불가능하도록 침입차단시스템 등을 통한 접근통제 정책을 적용
- DMZ의 공개서버가 내부 네트워크에 위치한 데이터베이스, WAS(Web Application Server) 등의 정보시스템과 접속이 필요한 경우 엄격하게 접근통제 정책 적용

또한 주기적인 보안 취약점 점검을 통해 발견된 취약점을 조치해야 한다. 공개 서버에 개인정보 및 중요정보를 게시하거나 저장해야 할 경우 책임자 승인 등을 허가 받은 후 게시한다. 조직의 중요정보가 웹사이트 및 웹 서버를 통해 노출되고 있는지 여부를 주기적으로 확인해 중요정보 노출을 인지한 경우 이를 즉시 차단하는 등의 조치를 취해야 한다.

💡 **실무 사례**

일반적으로 기업에서는 공개 서버에 대해 DMZ를 구성하고 보호대책을 적용하지만 다른 서버에 대한 보안수준도 공개 서버와 같은 수준에서 유지하고 있다. 다만, 공개 서버의 경우 외부에 기업의 중요정보나 개인정보가 노출될 수 있기 때문에 다음과 같은 조치방안 마련이 필요하다(자세한 사항은 인터넷진흥원에서 발간한 『홈페이지 개인정보 노출방지 안내서』 참조).

- 관리자 페이지에 대한 외부접근통제
- 관리자 페이지 로그인 비밀번호 설정
- 파라미터 전송 시 POST 방식 사용
- 개인정보가 포함된 게시물 등록 시 마스킹 등 비식별 처리
- 개인정보가 포함된 파일 업로드 시 업로드 파일 마스킹 또는 비식별화
- 이용자가 개인정보가 포함된 게시글 작성 시 게시물 비공개 전화, 게시물 삭제, 개인정보를 입력하지 않도록 안내 등

✄ 증적 자료

- 공개 서버 보안 정책
- 네트워크 구성도
- 공개 서버 접근통제 정책
- 공개 서버 중요정보 게시 승인 이력
- 개인정보 및 중요정보 노출여부 점검 이력

📝 심사원 중점 검토사항
- 웹 서버의 기술적 취약점에 대한 식별 및 보호조치가 적절히 이뤄지고 있는지 확인한다.
- DMZ 구간의 공개 서버와 내부망의 서버 간의 접근통제가 적절하게 이뤄지고 있는지 확인한다.
- 게시판 등의 웹 응용프로그램에서 타인이 작성한 글을 임의로 수정·삭제하거나 비밀번호로 보호된 글을 열람할 수 있는지 여부를 확인한다.

2.10.4 전자거래 및 핀테크 보안

전자거래 및 핀테크 서비스 제공 시 정보유출이나 데이터 조작·사기 등의 침해사고 예방을 위해 인증·암호화 등의 보호대책을 수립하고, 결제시스템 등 외부 시스템과 연계할 경우 안전성을 점검해야 한다.

🔒 **전자거래 및 핀테크 서비스를 제공하는 경우 거래의 안전성과 신뢰성 확보를 위한 보호대책을 수립 · 이행해야 한다.**

전자(상)거래 및 핀테크 서비스 사업자는 전자문서 및 전자거래 기본법, 전자상거래 등에서의 소비자 보호에 관한 법률, 전자금융거래법, 정보통신망법 등에서 제시한 보안 요건을 검토해 이용자의 개인정보, 영업비밀(거래처 식별정보, 재화 또는 용역 가격 등 공개 시 영업에 손실을 초래할 수 있는 거래 관련 정보), 결제정보 수집, 저장관리, 파기 등의 과정에서의 침해사고를 예방하기 위한 보호대책(인증, 암호화, 접근통제 등)을 수립하고 이행해야 한다. 특히, 전자(상)거래사업자와 전자결제업자 간에 송 · 수신되는 결제 관련 정보의 유출, 조작, 사기 등의 침해사고로 인한 거래당사자간 피해가 발생하지 않도록 적절한 보호대책을 마련해 적용하고 안전성을 점검해야 한다.

💡 **실무 사례**

정보통신망을 이용해 이용자를 대상으로 신규 전자금융업무를 수행, 복수의 금융회사 또는 전자금융업자가 공동으로 전자금융거래 관련 표준을 제정하는 경우에는 전자금융감독규정 제36조(자체 보안성심의)에 따라 자체 보안성심의를 수행하고 결과보고서를 금융감독원에 제출해야 한다. 자체 보안성심의 결과 보고서에는 다음과 같은 사항이 포함될 수 있다.

- 거래 당사자 인증
- 거래정보의 기밀성 및 무결성
- 정보처리시스템 보호대책
- 고객단말기 보호대책
- 정보유출 방지대책
- 이상금융거래 방지대책
- 시스템 가용성 확보 및 비상대책
- 시스템 설치장소에 대한 물리적 접근통제 등

⚒ 증적 자료

- 전자거래 및 핀테크 관련 보안 정책
- 결제시스템 보안성 검토 결과

📝 심사원 중점 검토사항

- 전자결제대행업체와 위탁 계약을 맺고 있는 경우, 적절한 인증 및 접근제한을 수행하고 특정 URL을 통해 결제 관련 정보가 모두 암호화돼 전송되는지 확인한다.
- 전자결제대행업체와 외부 연계 시스템이 전용망으로 연결돼 있는 경우 해당 연계 시스템에서 내부 업무 시스템으로의 접근이 침입차단시스템 등으로 적절히 통제되고 있는지 확인한다.

2.10.5 정보전송 보안

타 조직에 개인정보 및 중요정보를 전송할 경우 안전한 전송 정책을 수립하고 조직 간 합의를 통해 관리 책임, 전송방법, 개인정보 및 중요정보 보호를 위한 기술적 보호조치 등을 협약하고 이행해야 한다.

인증대상 기관 준비사항

🔒 **외부 조직에 개인정보 및 중요정보를 전송하거나 업무상 조직 간에 상호교환하는 경우 안전한 전송을 위한 정책을 수립하고 협약체결 등 보호대책을 수립·이행해야 한다.**

외부조직에 개인정보 및 중요정보를 전송하는 경우 안전한 전송을 위해 암호화 방식, 키교환 및 관리, 전무 규칙, 연계 및 통신 방식, 조직 간의 역할 및 책임, 보안성 검토 표준계약서 양식, 법적 요구사항에 따른 보호조치 기준 등을 반영한 정책을 수립해야 한다.

조직 또는 계열사간 업무수행을 위해 중요정보를 전자적으로 상호 교환하는 경우, 관련 업무정의, 정보전송 범위 정의, 담당자 및 책임자 지정, 전송기술 표준 정의, 전송 정보의 저장, 파기 시 기술적·관리적·물리적 보호조치 등을 포함한 안전한 전송을 위한 협약(보안약정서, 계약서, 부속합의서, SLA 등)을 체결하고 이에 따라 이행해야 한다.

⑨ 실무 사례

개인정보업무 위탁 등으로 인한 외부기관과 연계하는 경우에는 연계서버 간의 통신은 전용선이나 VPN을 사용하고 접근통제 및 침입탐지솔루션 등을 설치해 보호해야 한다.

✖ 증적 자료

- 정보전송 보안 정책
- 정보전송 협약서
- 정보전송 관련 구성도 및 인터페이스 정의서

📝 심사원 중점 검토사항

- 대외 기관과 연계 시 전용망 또는 VPN을 적용하고 중계서버와 인증서 적용 등을 통해 안전하게 정보를 전송하고 있는지 확인한다.
- 외부 기관별 연계 시기, 방식, 담당자 및 책임자, 연계 정보, 법적 근거 등에 대한 현황관리가 적절히 이뤄지고 있는지 확인한다.
- 중계과정에서의 암호 해제 구간 또는 취약한 암호화 알고리즘(DES, 3DES) 사용 등에 대한 보안성 검토, 보안표준 및 조치방안 수립 등에 대한 협의가 이행되고 있는지 확인한다.

2.10.6 업무용 단말기기 보안

PC, 모바일 기기 등 단말기기를 업무 목적으로 네트워크에 연결할 경우 기기 인증 및 승인, 접근 범위, 기기 보안설정 등의 접근통제 대책을 수립하고 주기적으로 점검해야 한다.

🔒 **PC, 노트북, 가상 PC, 태블릿 등 업무에 사용되는 단말기에 대해 기기인증, 승인, 접근범위 설정, 기기 보안설정 등의 보안 통제 정책을 수립 · 이행해야 한다.**

업무용 단말기기 통제 정책 수립 시에는 허용기준, 업무 사용범위, 사용 시 승인 절차 및 방법, 인증(MAC 인증 등), 이용에 따른 보안 설정 정책 및 오남용 모니터링 대책 등을 포함하고 업무용 단말기를 통해 개인정보 및 중요정보가 유출되는 것을 방지하기 위해 P2P, 웹메일, 웹하드, 메신저 등 자료를 공유할 수 있는 프로그램 사용 금지, 공유설정 제한, 무선망 이용 통제 등을 이행해야 한다. 업무 목적상 반드시 공유설정이 필요한 경우에는 접근권한을 설정해 인가된 사용자만 접근할 수 있도록 해야 한다. 또한 업무용 모바일 기기의 분실, 도난 등으로 인한 개인정보 및 중요정보의 유 · 노출을 방지하기 위해 물리적인 보안대책도 마련돼야 한다.

💡 **실무 사례**

일반적으로 임직원에게 제공되는 업무용 단말기는 해당 단말을 소유하고 있는 임직원이 관리책임 및 보안관련 책임을 가지며, 회사 업무 네트워크에 접속하기 위해서는 NAC^Network Access Control를 통한 사용자 인증, MAC 인증 등을 수행하고 회사에서 제공하는 필수 보안소프트웨어를 설치해야 네트워크를 사용할 수 있다. 또한 AD^Active Directory를 통해 단말을 관리하는 경우에는 단말을 멤버로 가입시켜 중앙에서 동일하게 보안정책 등을 배포해 관리하기도 한다. 외부 이메일, 웹하드, P2P, 메신저, 성인사이트, 악성코드 유포 및 경유지 등 업무에 무관한 사이트에 대해서는 전통적인 방화벽 또는 애플리케이션 방화벽, 유해사이트 차단솔루션 등을 통해 차단해 단말기를 통한 악의적인 공격이 발생하지 않도록 보호한다.

🔧 **증적 자료**

- 업무용 단말기기 보안 통제 정책 및 절차
- 업무용 단말기 목록
- 업무용 단말기 보안설정 및 보안점검 현황

2.10.7 보조저장매체 관리

보조저장매체를 통해 개인정보 또는 중요정보의 유출이 발생하거나 악성코드가 감염되지 않도록 관리 절차를 수립 · 이행하고, 개인정보 또는 중요정보가 포함된 보조저장매체는 안전한 장소에 보관해야 한다.

인증대상 기관 준비사항

🔒 **외장하드, USB 메모리, CD 등 보조저장매체 취급(사용), 보관, 폐기, 재사용에 대한 정책 및 절차를 수립 · 이행해야 한다.**

업무용으로 개인 휴대용 저장매체를 사용하는 것은 원칙적으로 금지해야 한다. 업무 목적상 외장하드, USB 메모리, CD 등 휴대용 저장매체를 사용해야 하는 경우 허가된 저장매체만 사용하도록 휴대용 저장매체 취급(사용) 범위, 사용허가 및 등록절차, 반출/반입 절차, 폐기 및 재사용에 대한 절차, 저장매체 보호대책 등을 포함해 정책을 수립하고 이행해야 한다.

보조저장매체의 식별번호, 유형, 사용목적, 관리자, 책임자 등이 명시된 보유목록을 작성하고 주기적인 자산실사를 통해 목록을 현행화해야 하며, 보조저장매체를 통한 악성코드 감염 및 중요정보 유출 방지를 위한 대책을 다음과 같이 마련해야 한다.

- 보조저장매체 자동실행 기능 해지
- 보조저장매체 이용 시 바이러스 및 악성코드 사전(자동) 검사
- 보조저장매체 내 숨김파일 및 폴더 등이 표시되도록 PC 등 단말기 옵션 변경 등

- 조직의 중요정보(개인정보, 기밀정보 등)의 경우 보조저장매체 저장 제한
- 업무상 중요정보 저장이 필요한 경우, 암호화 등의 보호대책을 마련해 매체 분실, 도난 등에 따른 중요정보 유출 방지

주요 정보시스템이 위치한 통제구역, 제한구역 등에서 보조저장매체 사용을 제한해야 하며, 업무 목적상 사용이 불가피한 경우에는 책임자의 승인하에 사용해야 한다. 또한 개인정보 또는 중요정보가 포함된 보조저장매체는 잠금장치가 있는 안전한 장소에 보관해야 한다.

🔆 실무 사례

기업에서 업무 목적으로 보조기억매체를 사용해야 하는 경우에는 다음과 같이 보안 기능을 포함하고 있는 보조저장매체를 사용하는 것이 좋다. 보안 보조저장매체는 정보의 저장 및 이동성을 제공할 뿐만 아니라 별도의 프로그램 설치 없이 데이터 암호화, 전자서명, 인증 및 접근제어, 복사 방지 등의 보안기능을 제공한다.

표 3-34 보조기억 매체별 주요 보안기능

구분	주요 보안기능					
	암호화	분실 시 삭제	인증	복사 방지	전자 서명	정보이동 제한
보안 USB	○	○	○	○	-	-
보안토큰	-	-	○	-	○	○
보안 외장하드	○	△	○	○	-	-
보안 CD	△	-	△	○	-	-

⚒ 증적 자료

- 보조저장매체 보안 정책
- 보조저장매체 목록
- 보조저장매체 사용 승인 이력
- 보조저장매체 파기 증적

- 보조저장매체 취급, 보관, 폐기, 재사용에 대한 정책 및 절차를 수립하고 이행하고 있는지 확인한다.
- 업무 목적으로 사용되는 보조저장매체에 대한 목록을 관리하고 잠금장치가 있는 안전한 장소에 보관하고 있는지 학인한다.
- 보조저장매체 사용 시 발생할 수 있는 악성코드 감염 및 중요정보 유출 방지를 위한 대책이 마련되어 있는지 확인한다.
- 통제구역, 제한구역 등에서 보조조장매체 사용 시 책임자의 승인하에 이뤄지고 있는지 확인한다.

2.10.8 패치관리

소프트웨어, 운영체제, 보안 시스템 등의 취약점으로 인한 침해사고를 예방하기 위해 최신 패치를 적용해야 한다. 다만 서비스 영향을 검토해 최신 패치 적용이 어려울 경우 별도의 보완대책을 마련해 이행해야 한다.

인증대상 기관 준비사항

🔒 **서버, 네트워크 시스템, 보안 시스템, PC 등 자산별 특성 및 중요도에 따라 운영체제(OS)와 소프트웨어의 패치관리 정책 및 절차를 수립·이행하고 패치관리시스템을 활용하는 경우 접근통제 등 충분한 보호대책을 마련해야 한다.**

서버, 네트워크 장비, 보안 시스템, PC 등 대상별 패치정책 및 절차, 패치정보 입수 및 적용방법, 패치 담당자 및 책임자 지정, 패치 관련 업체(제조사) 연락처 등을 포함해 패치관리 정책을 수립한다. 주요 서버, 네트워크 시스템, 보안 시스템 등의 식별번호, 유형, 사용목적, 관리자, 책임자 등이 명시된 보유목록을 작성하고 주기적인 자산 실사를 통해 목록을 현행화하고 설치된 OS, 소프트웨어 패치적용 현황을 주기적으로 관리해야 한다.

서비스 영향도 등에 따라 취약점을 조치하기 위한 최신의 패치 적용이 어려운 경우에는 그 사유와 추가 보완대책을 마련해 책임자에게 보고하고 그 현황을 관리해야 한다.

일반적으로 통제구역(전산실 등)에 위치하고 있는 서버, 네트워크 장비, 정보보호시스템에 관련 패치를 적용해야 할 경우 공개 인터넷 접속을 통한 패치적용은 원칙적으로 금지해야 한다. 불가피한 경우 사전 위험분석을 통해 보호대책을 마련한 후 책임자 승인 후 적용해야 한다.

패치관리시스템^{PMS}의 경우 내부망 서버 또는 PC에 악성코드 유포에 활용될 수 있으므로 패치관리시스템^{PMS} 서버, 관리 콘솔에 대한 접근통제(관리자 이외의 비인가자 접근 차단, 비밀번호 주기적 변경, 임시계정 삭제 등) 등 충분한 보호대책을 마련해야 한다.

🔮 실무 사례

상용 제품 및 소프트웨어, 네트워크 시스템, 보안 시스템 등의 경우 벤더에서 발표하는 패치 목록과 패치 방법을 이용해 패치를 수행하거나 유지보수 계약이 체결돼 있는 경우에는 유지보수 엔지니어를 통해 정기점검이나 수시로 패치를 적용할 수 있다. 서버 OS의 경우 패치로 인해 서비스에 영향을 줄 가능성이 존재하기 때문에 테스트 서버를 구성해 테스트를 통해 서비스에 영향이 있는지 검증한 후에 적용해야 한다. 윈도우^{Windows} OS의 경우 마이크로소프트에서 제공하는 패치를 적용하면 되지만 리눅스^{Linux}의 경우에는 다음 사이트 등에서 패치 정보를 입수할 수 있는 방법을 마련해야 한다.

- KrCert(한국인터넷진흥원 인터넷보호나라): https://www.krcert.or.kr/main.do
- CVE취약점 공개 사이트: https://cve.mitre.org/

⚒ 증적 자료

- 정보시스템 패치관리 정책
- 정보시스템 자산 목록(EOS 여부 확인)
- 정보시스템 패치 적용 증적

2.10.9 악성코드 통제

바이러스·웜·트로이 목마·랜섬웨어 등의 악성코드로부터 개인정보 및 중요정보, 정보시스템 및 업무용 단말기 등을 보호하기 위해 악성코드 예방·탐지·대응 등의 보호대책을 수립·이행해야 한다.

인증대상 기관 준비사항

🔒 **바이러스, 웜, 트로이 목마, 랜섬웨어 등의 악성코드로부터 정보시스템 및 업무용단말기 등을 보호하기 위해 보호대책을 수립·이행해야 한다.**

백신프로그램 설치 범위 및 절차, 백신프로그램을 통한 주기적인 악성코드 감염 여부 모니터링, 실시간 감시, 최신 패신 유지, 백신프로그램 강제 삭제 비활성화 이메일 등 첨부파일에 대한 악성코드 감염 여부 조사 등 백신프로그램 정책 적용 기준이 수립되고 적용되어 있어야 한다.

악성코드 감염 발견 시 대응절차, 비상연락망, 대응보고서양식 등을 통해 피해 확산을 최소화해야 한다.

💡 **실무 사례**

일반적으로 기업에서는 백신프로그램을 중앙에서 관리할 수 있는 형태로 구성해 다수의 서버, PC에 대한 악성코드 감염을 모니터링한다. 백신중앙관리 시스템을 구축하면 백신 소프트웨어의 배포, 백신 프로그램 삭제 방지, 엔진 업데이트 주기 설정, 정기점검 설정, 바이러스 샘플 수집 등의 보안을 강제화할 수 있어 악성코드 감염으로 인해 발생할 수 있는 보안 홀을 최소화할 수 있다.

✂ 증적 자료

- 악성코드 통제 정책 및 대응절차
- 악성코드 통제 프로그램 세부 정책 설정 현황
- 악성코드 통제 프로그램 설치 현황
- 악성코드 주기적 점검 결과 보고서

📝 심사원 중점 검토사항

- PC 및 서버에 악성코드를 통제하기 위한 백신 등의 소프트웨어가 설치돼 있는지 확인한다.
- 악성코드 탐지 엔진이 최신으로 유지되고 있고 실시간으로 탐지될 수 있도록 설정돼 있는지 확인한다.
- PC 및 서버에서 다수의 악성코드 감염이력이 확인된 경우 감염 현황, 경로 및 원인 분석, 그에 따른 조치내역 등이 존재하는지 확인한다.
- PC 및 서버에 설치된 백신 프로그램의 환경설정(실시간 검사, 예약검사, 검사예외 설정 등)을 이용자가 임의로 변경할 수 없도록 통제되고 있는지 확인한다.

나. 사례 연구

인증심사원 홍길동은 (주)가나다라의 인증심사에 참여해 시스템 및 서비스 보안관리 현황을 확인하기로 했다. 문서 검토, 담당자 인터뷰, 현장실사를 통해 확인된 사항은 다음과 같다. 심사 일자는 12월 30일이다.

(1) 정책 및 지침 확인

정보보호시스템보안지침

제4조【보안솔루션 운영】

가. 정보보호 담당자는 도입되는 보안솔루션 장비 목록을 작성/유지/관리해야 한다.

나. 보안솔루션은 외부망과 내부망 사이 또는 내부 중요시스템이 위치한 네트워크에 설치해야 한다.

다. 정보보호 담당자는 보안시스템에 대한 상시 모니터링을 해 장애에 대비해야 한다.

라. 침입차단솔루션을 이용해 회사에서 허가된 서비스 이외 서비스는 차단해야 한다.

마. 침입차단솔루션의 정책 변경은 "방화벽오픈요청" 양식으로 승인 받은 후 변경한다.

바. 정보보호 담당자는 보안솔루션의 모니터링 결과를 일 1회 정보보호 최고책임자에게 보고한다.

사. 정보보호 담당자는 월 1회 정보보호시스템에 대한 정책의 적정성을 검토해야 정보보호 최고책임자에게 보고해야 한다.

아. 보안솔루션 로그는 1년 이상 보관해야 한다.

자. 보안솔루션의 접근권한은 업무 목적으로 반드시 접근이 필요한 사용자에 한해 최소한으로 허용하고, 정보보호 담당자의 단말기에서만 접근할 수 있도록 통제해야 한다.

차. 정보보호 담당자는 클라우드 서비스 이용 시 서비스 유형(SaaS, PaaS, IaaS 등)에 따른 비인가 접근, 설정 오류 등에 따라 중요정보와 개인정보가 유·노출되지 않도록 관리자 접근 및 보안 설정 등에 대한 보호대책을 수립·이행해야 한다.

〈서버보안지침〉[#2]

제9조【서버 접근통제】

　가. 시스템 구성은 개발·운영 환경으로 분리돼야 한다.

　나. 운영서버에 대한 접근은 반드시 게이트웨이 서버를 통해서만 허용돼야 한다.

　다. 운영서버 접근은 업무 목적으로 반드시 접근이 필요한 사용자에 한해 최소한으로 허용하고, 보안장비 및 서버설정을 통해 IP를 이용한 접근통제를 수행해야 한다.

　라. 개발서버 환경에서 운영 환경으로의 접근은 원칙적으로 금지한다. 단, 업무목적상 접근이 필요한 경우 정보보호 최고책임자의 승인을 받아야 한다.

　마. 서버에 접속한 후 30분 이상 입력이 없는 경우 자동적으로 로그오프시키거나 해당 세션을 차단시켜야 한다.

　바. 30분 이상 사용자가 자리를 비울 경우 비인가자가 자료를 보거나 변경하지 못하도록 비밀번호가 설정된 화면보호기 기능을 설정해야 한다.

제10조【서버 운영】

　가. 서버담당자는 서버 장애, 오류 등에 대응하기 위한 운영절차를 마련해야 한다.

　나. 모든 서버의 시각을 동기화시켜 관리해야 한다.

　다. 서버담당자는 서버의 성능 및 용량을 지속적으로 모니터링할 수 있는 절차를 마련하고 이행해야 한다.

　라. 외부 네트워크를 통해 서버를 운영하는 것은 원칙적으로 금지한다. 단 부득이한 사유로 허용이 필요한 경우 정보보호 최고책임자의 승인을 득해야 한다.

　마. 정보보호 담당자는 서버 취약점에 대한 정보를 지속적으로 서버담당자에게 제공해야 하며, 서버담당자는 취약점에 대한 패치를 지속적으로 수행해야 한다.

　바. 서비스 지원이 종료(EOS, end of service)된 OS는 업그레이드를 수행해야 한다.

　사. Windows OS 기반의 서버는 반드시 안티바이러스 솔루션을 설치하고 항상 최신 패턴을 유지해야 한다.

(2) 인터뷰 또는 실사를 통한 확인

인증심사원 홍길동은 심사기관인 (주)가나다라의 시스템 및 서비스 보안관리 현황을 확인하기 위해 정보보호팀, 운영팀 인터뷰 및 실사를 통해 다음 내용을 확인할 수 있었다.

■ 인터뷰

첫째, 홍길동 심사원은 정보보호 담당자와 인터뷰를 한 결과, 방화벽 정책 변경을 위해서는 "방화벽오픈신청서"를 작성해 정보보호팀장의 승인을 받고 정책으로 적용하는 것으로 확인됐다.

둘째, 침입차단/탐지/DDoS 솔루션 정책에 대해 월 1회 정책 변경에 대한 사항을 검토해 정보보호 최고책임자에 보고하는 것으로 확인했다.

셋째, 보안솔루션의 접근권한은 정보보호팀원 중 보안솔루션 운영담당자 사용 단말기에서만 접근할 수 있도록 IP로 통제하고 있는 것으로 확인됐다.

넷째, 현재 회사에서 퍼블릭 클라우드로 서비스를 이관해 하이브리드 형태로 서비스를 운영하는 프로젝트를 진행하고 있으며, 상품판매관리시스템을 클라우드를 이용해 서비스를 진행하고 있는 상태다.

다섯째, 회사에서 사용하고 있는 서버는 대부분 윈도우 OS를 사용하고 있으며, 월 1회 정기점검을 통해 패치작업을 수행하고 있다.

■ 시스템 확인 및 현장 실사

홍길동 심사원은 (주)가나다라의 접근통제 정책을 확인한 결과 다음과 같은 내용이 확인됐다.

〈메인 방화벽 정책 현황〉 [#1]

번호	날짜	정책만료일	정책명	출발지 IP	목적지 IP	정책	서비스포트
1	2023-01-05	만료없음	AAA-deny	any	192.168.1.1	deny	tcp_80 tcp_443
2	2023-01-05	만료없음	BBB-deny	any	192.168.1.1 192.168.1.2	deny	tcp_80 tcp_443
3	2023-01-06	만료없음	CCC_front_allowed	any	any	permit	tcp_80 tcp_443
4	2023-01-06	만료없음	CCC-backoffice-deny	any	192.168.1.3	deny	tcp_80 tcp_443
5	2023-01-06	만료없음	DDD-deny	any	192.168.1.4	deny	tcp_80 tcp_443
6	2023-01-07	만료없음	EEE-deny	any	192.168.1.5	deny	tcp_80 tcp_443
7	2023-01-07	만료없음	FFF-api-deny	any	192.168.1.6	deny	tcp_80 tcp_443
8	2023-01-07	만료없음	GGG-prod-deny	any	192.168.1.7	deny	tcp_80 tcp_443
9	2023-01-07	만료없음	HHH-prod-dent	any	192.168.1.8	deny	tcp_80 tcp_443
10	2023-01-07	2023-06-30	II-allowed	any	192.168.1.9	permit	tcp_18189

〈자산관리대장〉 [#2] [#3]

번호	자산명	Host명	OS	IP Add	위치	용도	담당자	보안등급
1	상품서버1	Prod-01	Win 2003	192.168.1.1	IDC	상품등록서버	유관순	상
2	상품서버2	Prod-02	Win 2012	192.168.1.2	IDC	상품등록서버	유관순	상
3	상품서버3	Prod-03	Win 2012	192.168.1.3	IDC	상품등록서버	유관순	상
4	상품서버4	Prod-04	Win 2012	192.168.1.4	IDC	상품등록서버	유관순	상
5	판매서버1	Sale-01	Win 2003	192.168.2.1	IDC	상품판매서버	강감찬	상
6	판매서버2	Sale-02	Win 2012	192.168.2.2	IDC	상품판매서버	강감찬	상
7	판매서버3	Sale-03	Win 2012	192.168.2.3	IDC	상품판매서버	강감찬	상
8	판매서버4	Sale-04	Win 2012	192.168.2.4	IDC	상품판매서버	강감찬	상
9	판매서버5	Sale-05	Win 2012	192.168.2.5	IDC	상품판매서버	강감찬	상
10	관리서버	Manage	Win 2003	192.168.3.1	IDC	관리서버	김유신	상

〈상품판매관리시스템 클라우드 서비스 아키텍처〉

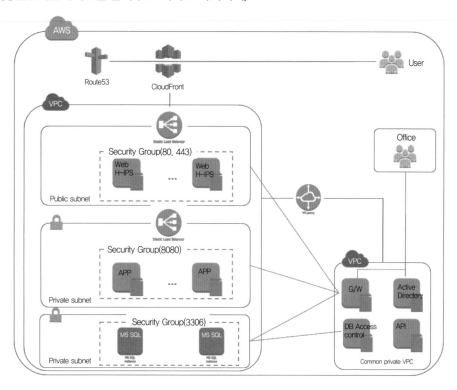

(3) 결함 요약

결함 포인트 [1]

「정보보호시스템보안지침」에서 정보보호 담당자는 월 1회 정보보호시스템에 대한 정책의 적정성을 검토해야 정보보호 최고책임자에게 보고해야 한다고 명시하고 있다. 그러나 메인 방화벽 정책을 확인한 결과 기간이 만료된 정책이 존재하는 것을 확인할 수 있다. 이는 정보보호시스템에 대한 정책의 적정성을 검토 프로세스가 수행되지 않았거나 적정성 검토 시 해당 내용이 누락된 것으로 보인다.

결함 포인트 [2]

신청기관은 일부 서비스를 퍼블릭 클라우드로 이관해 하이브리드 형태로 서비스를 운영하는 계획을 가지고 있으며 그에 일환으로 상품판매관리시스템을 클라우드를 이용해 서비스를 진행하고 있다. 그러나 각종 지침에서 클라우드에 대한 정책이 언급돼 있지 않고, 자산관리대장에서는 클라우드에서 관리하고 있는 자산을 확인할 수 없다. 또한 상품판매관리시스템 클라우드 서비스 아키텍처를 확인해보면 접근통제 이외에 침해를 모니터링할 수 있는 수단을 확인하기 어려운 상황이다. 클라우드 서비스를 이용할 경우 전체 정보보호 및 개인정보보호 관리체계 영역이 클라우드에 어떻게 대응할 수 있는지 검토하고 관련 정책과 보호대책을 수행해야 하지만 많은 부분에서 클라우드에 대한 보안이 미흡한 것으로 확인된다.

결함 포인트 [3]

신청기관에서 사용하고 있는 서버는 대부분 윈도우 OS를 사용하고 있으며, 월 1회 정기점검을 통해 패치작업을 수행하고 있다. 그러나 자산관리대장을 확인해보면 Prod-01, Salw-01, Manage 서버가 서비스 지원이 종료(EOS, End Of Service) OS를 사용하는 것을 확인할 수 있다.

(4) 결함 보고서 작성

<table>
<tr><td colspan="6" align="center">**결함 보고서**</td></tr>
<tr><td>기록일자</td><td colspan="2">2023년 12월 30일</td><td>기업명</td><td colspan="2">(주)가나다라</td></tr>
<tr><td rowspan="2">인증 범위</td><td>구분</td><td>결함유형</td><td colspan="2">인증 범위명</td><td>기관 확인자</td></tr>
<tr><td>ISMS</td><td>결함</td><td colspan="2">(주)가나다라 상품판매 서비스</td><td>이순신 팀장(인)</td></tr>
<tr><td>심사원명</td><td colspan="5" align="center">홍 길 동 (인)</td></tr>
<tr><td>관계부서</td><td colspan="5" align="center">정보보호팀, 운영팀</td></tr>
</table>

<table>
<tr><td>관련조항</td><td>(보호대책) 2.10.1 보안 시스템 운영</td></tr>
<tr><td>관련 근거</td><td>◇ (인증기준) 보안 시스템 유형별로 관리자 지정, 최신 정책 업데이트, 룰셋 변경, 이벤트 모니터링 등의 운영절차를 수립·이행하고 보안 시스템별 정책 적용 현황을 관리해야 한다.
◇ (내부규정) 「정보보호시스템보안지침」 제4조(보안솔루션 운영) (2023.11.25)

아. 정보보호 담당자는 월 1회 정보보호시스템에 대한 정책의 적정성을 검토해야 정보보호 최고책임자에게 보고해야 한다.</td></tr>
<tr><td>운영현황 및 결함내역</td><td>◇ (운영현황) 보안솔루션 정책을 주기적으로 검토하고 있음
　○ 침입차단/탐지/DDoS 솔루션 정책에 대해 월 1회 정책 변경에 대한 사항을 검토해 정보보호 최고책임자에게 보고하고 있음
◇ (결함내역) 불필요한 방화벽 정책이 존재하는 문제점이 발견됨
　○ 메인 방화벽 정책을 확인한 결과, 다음과 같이 기간이 만료됐음에도 삭제되거나 비활성화되지 않는 정책이 존재함

<table><tr><td>구분</td><td>문제점</td></tr><tr><td>메인 방화벽</td><td>기간 만료 정책
- 10번 정책(III-allowed), 2018.06.30일 만료</td></tr></table>
◇ (조치사항) 메인 방화벽의 기간이 만료된 정책을 삭제하거나 비활성화하고, 주기적인 검토를 수행 시 누락이 발생하지 않도록 프로세스를 개선해야 함</td></tr>
<tr><td>근거목록</td><td>- 「정보보호시스템보안지침」(2023.11.25)
- 메인 방화벽 정책</td></tr>
</table>

결함 보고서

기록일자	2023년 12월 30일		기업명	(주)가나다라	
인증 범위	구분	결함유형	인증 범위명		기관 확인자
	ISMS	결함	(주)가나다라 상품판매 서비스		이순신 팀장(인)
심사원명	홍 길 동 (인)				
관계부서	정보보호팀, 운영팀				

관련조항	(보호대책) 2.10.2 클라우드 보안
관련 근거	◇ **(인증기준)** 클라우드 서비스 이용 시 서비스 유형(SaaS, PaaS, IaaS 등)에 따른 비인가 접근, 설정 오류 등에 따라 중요정보와 개인정보가 유·노출되지 않도록 관리자 접근 및 보안 설정 등에 대한 보호대책을 수립·이행해야 한다. ◇ **(내부규정)** 「정보보호시스템보안지침」 제4조(보안솔루션 운영) (2023.11.25) 카. 정보보호 담당자 클라우드 서비스 이용 시 서비스 유형(SaaS, PaaS, IaaS 등)에 따른 비인가 접근, 설정 오류 등에 따라 중요정보와 개인정보가 유·노출되지 않도록 관리자 접근 및 보안 설정 등에 대한 보호대책을 수립·이행해야 한다.
운영현황 및 결함내역	◇ **(운영현황)** 클라우드 서비스에 대한 접근통제를 수행하고 있음 ○ 신청기관은 SG(Security Group)를 이용해 접근통제를 수행하고 있음 ◇ **(결함내역)** 클라우드 서비스 보안이 미흡한 문제점이 발견됨 ○ 클라우드 서비스에 대해 접근통제는 수행하고 있으나 추가적인 정보보호 대책이 마련되지 않음

구분	문제점
보안정책	「정보보호시스템보안지침」에 일부 언급돼 있으나 클라우드 서비스를 보호하기 위한 구체적인 정책이 수립돼 있지 않음
자산관리	클라우드 서비스에서 제공하는 가상자원에 대한 관리가 미흡함
보안솔루션	클라우드에서 제공되는 서비스를 보호하기 위해 접근통제는 수행하고 있으나 침해를 모니터링할 수 있는 수단이 미흡함

◇ **(조치사항)** 클라우드를 이용해서 제공되는 서비스를 보호하기 위한 구체적인 정책 수립, 가상자원관리, 정보보호를 강화할 수 있는 수단(보안솔루션 등)을 구축 및 적용해야 함

근거목록	- 「정보보호시스템보안지침」(2023.11.25) - 클라우드 서비스 이용 현황 및 구성도

✎ 요약

시스템 및 서비스 보안관리에서는 보안 시스템 운영, 클라우드 보안, 공개 서버 보안, 전자거래 및 핀테크 보안, 정보전송 보안, 업무용 단말기기 보안, 보조저장매체 관리, 패치관리, 악성코드 통제 등을 포함하고 있으며 시스템 및 서비스 보안을 강화하는 데 목적이 있다. 조직에서 운영하는 보안 시스템에 대한 관리 절차를 마련하고 적용돼 있는 정책에 대한 현황관리를 수행해야 한다. 클라우드 서비스를 이용하는 조직에서는 이용하는 서비스 유형과 특성을 고려해 클라우드 보안을 강화할 수 있는 방안을 마련해야 한다. 공개 서버, 전자거래 및 핀테크, 타 조직과 중요정보를 전송하는 경우에는 각 서비스의 안전성과 신뢰성을 확보하기 위한 보호대책을 마련하고 적용해야 한다. 업무에 사용되는 업무용 단말기기나 보조저장매체를 통해 발생할 수 있는 해킹이나 정보유출을 차단하기 위한 방안을 마련한다. 모든 정보시스템은 주기적으로 보안패치를 적용해 취약점으로 인한 침해사고를 예방하고 바이러스·웜·트로이목마·랜섬웨어 등의 악성코드가 감염되지 않도록 예방·탐지·대응 등의 보호대책을 수립·이행해야 한다.

2.11 사고 예방 및 대응

가. 인증 분야 및 항목 설명

분야	항목
2.11 사고 예방 및 대응	2.11.1 사고 예방 및 대응체계 구축
	2.11.2 취약점 점검 및 조치
	2.11.3 이상행위 분석 및 모니터링
	2.11.4 사고 대응 훈련 및 개선
	2.11.5 사고 대응 및 복구

2.11.1 사고 예방 및 대응체계 구축

침해사고 및 개인정보 유출 등을 예방하고 사고 발생 시 신속하고 효과적으로 대응할 수 있도록 내·외부 침해 시도의 탐지·대응·분석 및 공유를 위한 체계와 절차를 수립하고, 관련 외부기관 및 전문가들과 협조체계를 구축해야 한다.

🔒 **침해사고 및 개인정보 유출사고를 예방하고 사고 발생 시 신속하고 효과적으로 대응하기 위한 체계와 절차를 마련하고 외부전문가, 전문업체, 전문기관 등과의 협조체계를 수립해야 한다.**

침해사고 대응절차는 다음 내용을 포함해 작성해야 한다.

- 개인정보 유출, 데이터 변조 등 침해사고의 정의 및 범위(중요도 및 유형 포함)
- 비상연락체계(외부 전문가, 전문업체, 전문기관 등 포함)
- 침해사고 선포절차 및 방법
- 침해사고 발생 시 신고, 통지, 기록, 보고절차(관계기관, 이용자 등)
- 침해사고 원인 분석, 대응, 복구 절차
- 침해사고 복구조직의 구성 및 책임, 역할
- 침해사고 복구장비 및 자원조달
- 침해사고 원인 분석 및 대응 보고서 작성
- 침해사고 대응 및 복구 훈련, 훈련 시나리오
- 기타 보안사고 예방 및 복구를 위하여 필요한 사항

💡 **실무 사례**

일반적으로 침해사고에 대응하기 위해 인증기준에서 언급된 내용을 포함해 침해사고 대응 지침·절차를 수립해서 운영한다. 해당 지침에는 다음과 같이 침해사고가 발생할 경우 각 조직이 수행해야 할 역할 및 프로세스를 도식화해 보안관제센터나 담당자 사무실 등에 부착해 신속하게 대응해야 한다. 해당 절차에는 침해사고 인지부터 종료까지 수행해야 할 모든 내용이 포함돼야 한다.

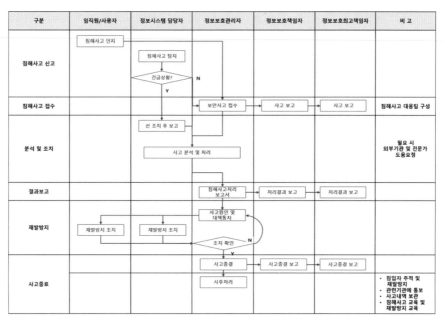

그림 3-16 침해사고대응절차 도식(예시)

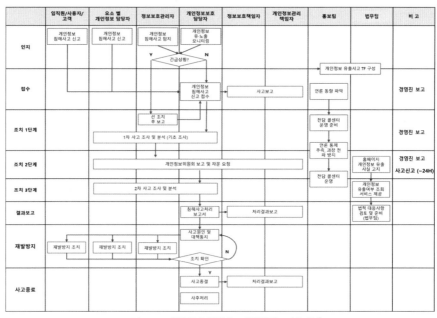

그림 3-17 개인정보 침해사고대응절차 도식(예시)

🔒 **보안관제서비스 등 외부 기관을 통해 침해사고 대응체계를 구축 · 운영하는 경우 침해사고 대응절차의 세부사항을 계약서에 반영해야 한다.**

보안조직을 자체적으로 구성하기 어렵거나 침해사고 모니터링 업무가 상당히 중요한 조직에서는 보안관제서비스를 외부에 위탁하는 경우가 많다. 이러한 경우 외부 위탁계약서에 보안관제서비스 범위, 침해 징후 및 침해사고 발생 시 보고 및 대응절차, 침해사고 발생에 대한 역할 및 책임, SLA 등을 계약서에 포함해야 한다.

💡 **실무 사례**

외부기관과 보안관제위탁계약을 체결하는 경우에는 보안관제 범위, 보안관제전문인력 요건(파견 관제를 수행하는 경우), 보안사고 정의, 보안사고 조치, 보안사고 책임 사항, 피해보상 및 면책 등을 포함한다. SLA를 통해 보안관제 대상 상세 내용, 보안예방활동, 이상징후대응체계, 침해사고 대응체계, 점검 서비스 리포트, 로그 백업 및 분석 서비스, 정책변경 대행, 서비스 수준 측정 지표, 초기 서비스 수준 설정, 서비스 수준 평가표 등을 포함해 상세하게 작성해 포함해야 한다.

표 3-35 서비스 수준 측정 지표(예시)

영역	측정 항목	측정 항목	비고
시스템	가동율	서비스 미제공시간/월 총 시간 × 100	서비스 제공(분)
	모니터링	24 × 365 모니터링	
	보안 장비 최적화	최신 시그니처 적용 시간	
보안 로그	저장	(저장 로그 시간/월 총 시간) × 100	
	제공	로그 제공 시간 − 로그 요청 시간	
침해사고 대응 − DDoS	DDoS 탐지 후 통보 시간	3분/5분/10분/15분	
	대응 시간	공격 탐지시간 − 대응시간	
	누적 장애 횟수	0.1회/월, 1회/월, 2회/월	
침해사고 대응 − 공통	이벤트 분석 및 대응	침해위협발생 통보 시간 − 이벤트 발생시간	
		공격인지시간 − 방화벽 차단간	
	침해사고 대응 출동	원격(60분)/로컬(240분)	
	침해사고 1차 분석	1차 보고 − 출동 완료 시간	
	침해사고 사후 지원	−	

영역	측정 항목	측정 항목	비고
기타	보안정책 적용	정책적용 신속도	
보고서	정기보고서	–	
	비정기보고서	–	

✖ 증적 자료

- 침해사고 대응정책
- 침해사고 대응 조직도 및 비상연락망
- 보안관제 계약서

📝 심사원 중점 검토사항

- 침해사고 대응 조직 및 대응절차 등을 명확히 정의하고 있는지 확인한다.
- 침해사고 단계별(사고 전, 인지, 처리, 복구, 보고 등) 심각도에 따른 대응절차를 수립하고 있는지 확인한다.
- 침해사고 대응 조직도 및 비상연락망 등이 현행화돼 있는지, 담당자별 역할과 책임이 명확히 정의돼 있는지 확인한다.
- 침해사고 신고·통지 및 대응 협조를 위한 대외기관 연락처에 기관명, 홈페이지, 연락처 등이 현행화 돼 있는지 확인한다.
- 외부 보안관제 전문업체 또는 유관 기관에 침해사고 탐지 및 대응을 위탁해 운영하고 있는 경우, 침해사고 대응에 대한 상호 간 관련 역할 및 책임 범위가 명확하게 정의돼 있는지 확인한다.

2.11.2 취약점 점검 및 조치

정보시스템의 취약점이 노출돼 있는지를 확인하기 위해 정기적으로 취약점 점검을 수행하고 발견된 취약점에 대해서는 신속하게 조치해야 한다. 또한 최신 보안취약점의 발생 여부를 지속적으로 파악하고 정보시스템에 미치는 영향을 분석해 조치해야 한다.

🔒 **정보시스템 취약점 점검 절차를 수립하고 정기적으로 점검을 수행해야 한다.**

정보시스템 취약점 점검 절차에는 취약점 점검 대상(예: 서버, 네트워크 장비 등), 취약점 점검 주기, 취약점 점검 담당자 및 책임자 지정, 취약점 점검 절차 및 방법, 발견된 취약점 조치 및 결과 보고 등을 포함해야 한다. 개인정보처리시스템은 '개인정보의 안전성 확보조치 기준 제4조(내부 관리계획의 수립·시행 및 점검)'에 따라 개인정보의 유출, 도난 방지 등을 위한 취약점 점검 계획을 수립하고 이행 해야 한다. 전자금융기반시설의 경우 취약점 분석·평가는 총자산이 2조 원 이상이고, 상시 종업원 수 300명 이상인 금융회사 또는 전자금융업자이거나 중앙회(수산업협동조합법 등)의 경우 연 1회 이상(홈페이지에 대해서는 6개월에 1회 이상)을 실시해야 한다.

정기 취약점 점검 이외에도 최신 보안취약점 발생 여부를 지속적으로 파악하고 정보시스템에 미치는 영향을 분석해 조치해야 하며, 취약점 점검 이력을 기록 관리해 전년도에 도출된 취약점이 재발생하지 않도록 보호대책을 마련해야 한다.

💡 **실무 사례**

일반적으로 기업에서 보유하고 있는 네트워크, 서버, DBMS, WEB/WAS, 정보보호시스템, 응용프로그램, PC 등에 대한 취약점 점검을 수행하게 된다. 취약점 점검을 수행하기 위해서 각 정보시스템별 취약점 점검 기준이 필요하며, 다음과 같은 가이드를 참고해 회사에 특성에 맞게 기준을 수립해 진행한다.

- 주요정보통신기반시설 기술적 취약점 분석·평가 밥법 상세 가이드, KISA
- 소프트웨어 개발보안 가이드, KISA
- 모바일 대민서비스 보안취약점 점검 가이드, KISA

클라우드 서비스를 이용하는 경우에는 취약점 점검 영역이 달라지거나 영역은 같지만 수행하는 기준이나 방식이 달라질 수 있다.

표 3-36 클라우드 서비스 취약점 점검 영역 및 항목(예시)

점검영역	점검 기준
관리콘솔 및 권한 점검	– Access Key로 인증할 경우 키관리 방안 수립 여부 – 중요권한 보유 계정에 대한 Multi Factor 추가 인증 여부 – 계정 및 비밀번호 전송구간 암호화 여부 – 허용된 네트워크 범위에서만 접근 허용 여부 – 모든 계정 생성/수정/삭제 및 활동 로그 생성 여부 – 계정 및 권한 관리 시스템 자동화 여부
클라우드 아키텍처 점검	– 확장성 확보 방안 – Public / Private Network 구성의 적절성 여부 – 외부 서비스와 연동 시 구성의 적절성 여부 – 가상서버 접근 게이트웨이 서버 구성의 적절성 여부 – 보안솔루션 설치의 적절성 여부 – 재해복구 대책 방안 적용 여부
접근통제 정책 점검	– 가상 접근통제 방식(Security Group 등) 적용 여부 – 가상자원별 별도 접근통제 여부(S3 등) – Any/Any Open으로 설정돼 있는 정책 존재 여부 – 외부에 불필요하게 오픈돼 있는 서비스 포트 존재 여부 – 정책간의 충돌로 인한 비인가 허용 여부 – 만료된 접근통제 정책 존재 여부
서버 취약점 점검	– 배포 프로세스에 따라 표준 이미지만 취약점 점검 가능 여부 확인
DBMS	– 클라우드 서비스에서 제공하는 공용 DBMS를 사용할 경우, DBMS 파일에 대한 접근권한 설정 등은 점검 항목에서 제외 – 계정관리, 접근통제, 로깅 등의 항목은 서비스에서 제공하는 기능 활성화 여부 점검

클라우드 서비스는 보안을 공동으로 책임지고 있기 때문에 클라우드 사업자에게 취약점 점검계획을 사전에 공유하는 절차가 있는지 확인하고 절차에 따라 수행하는 것이 필요하다. 사전에 공유되지 않은 점검은 공격행위로 판단할 수도 있다. 또한 클라우드 서비스 제공자 관리 영역(물리적인 영역, 하이퍼바이저 등)에 대한 보안 취약점 점검 및 조치 결과를 공유받을 수 있는지 확인하고 내용과 필요 시 자료를 요청할 수 있도록 계약서에 포함해야 한다.

✖ 증적 자료

- 보안 취약점 점검 정책
- 보안 취약점 점검 보고서
- 보안 취약점 조치 보고서
- 보안 취약점 점검 및 조치 결과 경영진 보고 이력

> 📝 **심사원 중점 검토사항**
> - 연 1회 이상 주요 시스템에 대한 기술적 취약점을 점검하도록 정하고 있으며, 전체 시스템(중복 시스템 샘플링)에 대한 취약점 점검을 수행했는지 확인한다.
> - 발견된 취약점에 대한 조치계획 및 이행점검결과를 보고하고 조치불가로 표시한 취약점에 대한 타당한 근거 또는 승인내역이 존재하는지 확인한다.

2.11.3 이상행위 분석 및 모니터링

내·외부에 의한 침해 시도, 개인정보 유출 시도, 부정행위 등을 신속하게 탐지·대응할 수 있도록 네트워크 및 데이터 흐름 등을 수집해 분석하며, 모니터링 및 점검 결과에 따른 사후조치는 적시에 이뤄져야 한다.

인증대상 기관 준비사항

🔒 **내·외부에 의한 침해 시도, 개인정보 유출 시도, 부정행위 등 이상행위를 탐지할 수 있도록 주요 정보시스템, 응용프로그램, 네트워크, 보안 시스템 등에서 발생한 네트워크 트래픽, 데이터 흐름, 이벤트 로그 등을 수집해 분석 및 모니터링해야 한다.**

정보시스템, 응용프로그램, 네트워크 장비 등 정보시스템의 이상행위를 판단하기 위해 정보시스템의 로그를 수집하고 분석하는 체계를 갖춰야 한다. 정보시스템의 중요도가 높은 경우에는 24시간 실시간 모니터링이 가능하도록 해야 한다. 분석절차에는 모니터링 대상 및 범위, 모니터링 방법, 담당자 및 책임자, 모니터링 결과 보고, 침해사고대응절차 등이 포함돼야 한다.

이상행위를 판단하기 위한 기준 및 임계치를 정의하고 주기적으로 검토해 최적화해야 한다. 이상행위가 발생했다고 판단되는 경우에는 침해사고 조사 등 초치를 적시에 진행하고 규정에 따라 긴급대응, 소명 요청, 원인 분석 등의 사후조치를 수행해야 한다.

💡 실무 사례
일정규모 이상의 기업들은 정보시스템에서 발생하는 이상행위를 모니터링하는 시스템 구축 및 보안관제를 수행하고 있으며, 이상행위로 판단되는 경우 해당 이슈에 대한 원인 분석 및 재발방지 대책을 수립하고 있다.

표 3-37 침해사도대응 보고서(예시)

침해사고대응 보고서					
침해사고 명칭				침해사고 번호	
보고자		소속		보고일시	
발생시점		인지경로		인지시점	
복구시점		복구소요시간		매출손실액	
관련조직					
침해내용					
복구내용					
침해원인					
피해범위					
재발방지 대책					
비고					

✖ 증적 자료

- 침해사고 대응정책
- 이상행위 탐지 및 분석 보고서(침해사고대응 보고서)
- 이상행위 탐지 및 분석 보고서 보고 증적
- 재발방지 대책 조치 증적

2.11.4 사고 대응 훈련 및 개선

침해사고 및 개인정보 유출사고 대응절차를 임직원과 이해관계자가 숙지하도록 시나리오에 따른 모의훈련을 연 1회 이상 실시하고 훈련결과를 반영해 대응체계를 개선해야 한다.

인증대상 기관 준비사항

🔒 **침해사고 및 개인정보 유출사고 대응절차에 관한 모의훈련 계획을 수립하고 이에 따라 연 1회 이상 주기적으로 훈련을 실시해야 한다.**

침해사고 대응절차가 적절하게 동작하는지 검토하고 침해사고 대응 관련 담당자의 인식을 제고해 침해사고 발생 시 신속하게 대응하기 위해 연 1회 이상 주기적으로 침해사고 대응 훈련을 실시해야 한다.

침해사고 대응 훈련 계획은 최신 침해 사례, 해킹 기술 동향 등을 고려해 모의훈련 시나리오를 마련하고 침해사고 대응 조직의 인원이 모두 참여할 수 있도록 수립해야 한다. 모의훈련의 결과는 보고서로 작성해 CISO 등에 보고하고 모의훈련 결과 도출 된 문제점에 대한 개선방안을 마련해 대응절차에 반영해야 한다.

💡 **실무 사례**

침해사고 및 개인정보 유출사고 대응 훈련 계획서는 훈련 근거, 목적, 기대효과, 훈련 절차, 수행인원, 훈련일정, 훈련 범위, 모의훈련 시나리오(인지, 접수, 보고, 단계별 조치 방법, 사후조치 등)를 포함해야 한다.

표 3-38 개인정보 유출 대응 훈련 시나리오(예시)

단계	절차	활 동	담당부서	산출물
발생	유출자 전화	유출자는 고객센터에 개인정보 유출 협박 전화	고객센터	
인지	사고신고 접수	유출자로부터 협박전화 접수	고객센터	
	정보보호 부서 신고	개인정보보호책임자 또는 정보보호 담당자 에게 유선 신고	고객센터	
접수	사고접수 및 전파	정보보호 최고책임자에게 구두 보고	정보보호 관리자	
	사고 전파	침해사고 대응조직 소집여부 검토 및 소집	정보보호 최고책임자	
조치	사고조사	정보유출서버 로그분석	정보보호 담당자	사고조사 보고서
		방화벽 등 보안장비 로그분석	정보보호 담당자	
		DB 접근통제시스템 로그분석	정보보호 담당자	
		개인정보처리시스템 기록분석	정보보호 담당자	
		수집된 언론동향을 분석, 이를 관련자에게 전파	홍보팀	
		Compliance 준수 여부 점검	개인정보보호팀	개인정보 안전조치 의무 위반 여부
	경영진 보고	경영진에 사고조사 결과 및 대응방안 보고	개인정보보호팀	
	개인정보보호 위원회 개최	개인정보위원회 개최	개인정보보호책임자	
	재발장지대책 마련	재발방지 대책 마련 및 이행조치계획 수립	개인정보위원회	

	신고여부 결정	신고여부 결정	개인정보위원회	
신고	개인정보 유출신고	유출사고 신고서 작성	개인정보보호팀	신고서
		유출사고 신고서 검토	법무팀	
		유출사고 신고(방통위, 행안부, KISA)	개인정보보호팀	
	보도자료 배포	보도자료 작성 및 배포	홍보팀	보도자료
	홈페이지 공지	홈페이지 공지문 작성 및 공지	법무팀	홈페이지 공지문
	개인정보 조회 시스템	대 고객 개인정보 유출 조회 시스템 Open	개인정보보호팀	요청 메일 발송
	전담 콜센터 운영	개인정보 유출 문의 관련 전담 콜센터 운영	고객센터	콜센터 운영 계획
	종료 보고	경영진에 상황 보고	개인정보보호책임자	

클라우드 서비스에 포함돼 있는 정보시스템을 대상으로 사고 대응 훈련을 진행할 경우, 클라우드 서비스 제공자에게 사전 공유 및 협조 절차를 확인하고 비연락망 등에 포함해야 한다.

⚒ 증적 자료

- 침해사고 대응 훈련 계획서
- 침해사고 대응 훈련 결과 보고서

📝 심사원 중점 검토사항
- 침해사고 모의훈련에 사용된 관련 계획서 및 결과 보고서가 존재하는지 확인한다.
- 모의훈련이 내부 관련 지침에 정한 절차 및 서식에 따라 이뤄졌는지 확인한다.

2.11.5 사고 대응 및 복구

침해사고 및 개인정보 유출 징후나 발생을 인지한 때에는 법적 통지 및 신고 의무를 준수해야 하며, 절차에 따라 신속하게 대응 및 복구하고 사고분석 후 재발방지 대책을 수립해 대응체계에 반영해야 한다.

🔒 **침해사고 및 개인정보 유출의 징후 또는 발생을 인지한 경우 정의된 침해사고 대응절차에 따라 신속하게 대응 및 보고가 이뤄져야 한다.**

침해사고 처리와 복구는 수립된 절차에 따라 수행해야 한다. 침해사고 이력관리를 위해 사고발생부터 처리 및 복구 종료까지의 진행경과 일시, 담당자, 복구방법, 복구 결과 등을 포함해 보고서로 작성 및 기록하고 조직에 미치는 영향이 심각할 경우에는 최고경영진까지 신속하게 보고돼야 한다.

개인정보 침해사고가 발생한 경우에는 관련 법령에 따라 정보주체(이용자) 통지 및 관계기관에 신고해야 한다.

표 3-39 개인정보의 분실·도난·유출(이하 유출등)에 따른 정보주체 통지 요건(ISMS-P 인증기준 안내서)

구분	개인정보처리자
통지 사항	1. 유출등이 된 개인정보의 항목 2. 유출등이 된 시점 및 경위 3. 유출등으로 인해 발생할 수 있는 피해를 최소화하기 위하여 정보주체가 할 수 있는 방법 등에 관한 정보 4. 개인정보처리자의 대응조치 및 피해 구제 절차 5. 정보주체에게 피해가 발생한 경우 신고 등을 접수할 수 있는 담당부서 및 연락처 ※통지 사항 중 1호, 2호 사항에 관한 구체적인 내용을 확인하지 못한 경우에는 개인정보가 유출된 사실, 그때까지 확인된 내용 및 항 제3호부터 제5호까지의 사항을 서면등의 방법으로 우선 통지해야 하며, 추가로 확인되는 내용에 대해서는 확인되는 즉시 통지
통지 방법	– 서면등의 방법(서면, 전자우편, 팩스, 전화, 문자전송 등)
통지 시기	– 유출등을 알게 된 때부터 72시간 이내 – 다만, 다음 각 호의 어느 하나에 해당하는 경우에는 해당 사유가 해소된 후 지체 없이 정보주체에게 알릴 수 있음 1. 유출등이 된 개인정보의 확산 및 추가 유출등을 방지하기 위하여 접속경로의 차단, 취약점 점검·보완, 유출등이 된 개인정보의 회수·삭제 등 긴급한 조치가 필요한 경우 2. 천재지변이나 그 밖에 부득이한 사유로 인하여 72시간 이내에 통지하기 곤란한 경우
통지 예외	– 정보주체의 연락처를 알 수 없는 경우 등 정당한 사유가 있는 경우에는 인터넷 홈페이지에 30일 이상 위의 5가지 통지 사항을 게시하는 것으로 통지 갈음 가능 – 다만, 인터넷 홈페이지를 운영하지 아니하는 개인정보처리자의 경우에는 사업장등의 보기 쉬운 장소에 위의 5가지 통지 사항을 30일 이상 게시

침해사고가 종결된 후에는 사고의 원인을 분석해 결과를 책임자에게 보고하고 관련 조직 및 인력에게 공유한다. 침해사고 분석을 통해 얻어진 정보를 활용해 유사 사고

가 재발하지 않도록 대책을 수립하고 필요한 경우 침해사고 대응절차, 정보보호정책 및 절차 등의 사고 대응체계에 반영해야 한다.

💡 **실무 사례**

개인정보 유출, 해킹 등 침해사고가 발생한 경우 개인정보보호법 관련 규정 '제34조 (개인정보 유출 등의 통지·신고)'에 따라 통지 및 신고해야 한다. 정보통신서비스 제공자는 해킹 등 침해사고가 발생한 경우, 그 사실을 즉시 과학기술정보통신부장관이나 한국인터넷진흥원에 신고해야한다. 또한 이 경우 정보통신서비스 제공자가 이미 다른 법률에 따른 침해사고 통지 또는 신고를 했으면 전단에 따른 신고를 한 것으로 본다.(정보통신망법 제48조의3(침해사고의 신고 등))

- **개인정보침해신고센터**: (국번없이)118
- **개인정보침해신고**: 개인정보침해조사팀 061-820-1862
- **일반이용자개인정보신고**: 전화(118-ARS 내선1번, 팩스(061-820-2619), 이메일 (privacyclean@kisa.or.kr))
- **개인정보 유출·해킹등침해사고·일반이용자개인정보 침해 인터넷 신고**: https://www.kisa.or.kr/1030402

표 3-40 개인정보의 유출등에 따른 관계기관 신고 요건(ISMS-P 인증기준 안내서)

구분	내용
신고 사항	1. 유출등이 된 개인정보의 항목 2. 유출등이 된 시점 및 경위 3. 유출등으로 인해 발생할 수 있는 피해를 최소화하기 위하여 정보주체가 할 수 있는 방법 등에 관한 정보 4. 개인정보처리자의 대응조치 및 피해 구제 절차 5. 정보주체에게 피해가 발생한 경우 신고 등을 접수할 수 있는 담당부서 및 연락처 ※신고 사항 중 1호, 2호 사항에 관한 구체적인 내용을 확인하지 못한 경우에는 개인정보가 유출등이 된 사실, 그때까지 확인된 내용 및 같은 항 제3호부터 제5호까지의 사항을 서면등의 방법으로 우선 신고해야 하며, 추가로 확인되는 내용에 대해서는 확인되는 즉시 신고
신고 기관	– 개인정보 보호위원회 또는 한국인터넷진흥원
신고 방법	– 서면등의 방법(서면, 전자우편, 팩스, 전화, 문자전송 등 ※개인정보 포털(www.privacy.go.kr)을 통해 신고 가능
신고 시기	– 유출등을 알게 된 때로부터 72시간 이내 – 다만, 천재지변이나 그 밖에 부득이한 사유로 인하여 72시간 이내에 신고하기 곤란한 경우에는 해당 사유가 해소된 후 지체 없이 신고
신고 대상	1. 1천명 이상의 정보주체에 관한 개인정보가 유출등이 된 경우 2. 민감정보 또는 고유식별정보가 유출등이 된 경우 3. 개인정보처리시스템 또는 개인정보취급자가 개인정보 처리에 이용하는 정보기기에 대한 외부로부터의 불법적인 접근에 의해 개인정보가 유출등이 된 경우 ※다만, 개인정보 유출등의 경로가 확인되어 해당 개인정보를 회수·삭제하는 등의 조치를 통해 정보주체의 권익 침해 가능성이 현저히 낮아진 경우에는 미신고 가능

✖ 증적 자료

- 침해사고 관련 정책 및 대응절차
- 침해사고대응 보고서
- 재발방지 대책 이행 증적

▶ 개인정보 · 정보보호 침해사고 신고

구분	개인정보 유출 신고		침해사고 신고	개인정보 침해 신고
신고대상	개인정보처리자 (공공기관 및 민간기업)	상거래 기업 및 법인 (금융위 감독을 받는 곳은 제외)	정보통신서비스 제공자 집적정보통신시설 사업자	일반이용자 (정보주체)
근거법령	개인정보보호법 제34조	신용정보의 이용 및 보호에 관한 법률 제39조의4	정보통신망법 제48조의3	개인정보보호법 제62조
신고기관	개인정보보호위원회 및 KISA	개인정보보호위원회 및 KISA	과기정통부 및 KISA	KISA 개인정보침해신고센터
신고기한	72시간 이내	5일 이내	즉시	-
신고기준	- 1천명 이상의 정보주체에 관한 개인정보가 유출 등이 된 경우 - 민감정보 또는 고유식별정보가 유출 등이 된 경우 - 개인정보처리시스템 또는 개인정보취급자가 개인정보 처리에 이용하는 정보기기에 대한 외부로부터의 불법적인 접근에 의해 개인정보가 유출등이 된 경우	1만명 이상 신용정보주체의 개인신용정보가 유출(누설)된 경우	-	개인정보에 대한 권리 또는 이익 침해 시
과태료	3천만원 이하	3천만원 이하	1천만원 이하	-

그림 3-18 침해사고대응절차 도식(예시)

📝 **심사원 중점 검토사항**

- 침해사고 발생 또는 발생이 의심되는 로그가 확인될 경우 침해사고 대응절차에 따라 내부 보고, 추가 분석 · 확인 절차가 이행되는지 여부를 확인한다.
- 침해사고가 발생한 경우 관련 사고의 처리 및 복구에 대한 상세 내역이 기록되고 있는지 확인한다.
- 침해사고 대응을 수행한 경우 관련 내용을 정보보호위원회 및 이해관련 부서 등에는 공유하고 있는지 확인한다.
- 침해사고가 발생한 경우 이에 대한 관련 원인분석 및 재발방지 대책을 수립하고 이행한 증적이 존재하는지 확인한다.

나. 사례 연구

인증심사원 홍길동은 (주)가나다라의 인증심사에 참여해 사고예방 및 대응 현황을 확인하기로 했다. 문서 검토, 담당자 인터뷰, 현장실사를 통해 확인된 사항은 다음과 같다. 심사 일자는 12월 30일이다.

(1) 정책 및 지침 확인

침해사고 대응지침

제5조【침해사고 조직구성】

가. 정보보호 최고책임자: 침해사고 예방, 처리 및 재발방지의 총괄 관리 책임을 진다.

나. 정보보호 관리자: 침해사고를 접수하고 본 가이드 제6조의 기준에 따라 등급을 분류해 침해사고 대응절차를 개시한다. 또한, 대·내외 비상연락망체계를 관리하고 팀 내 연락 및 조정을 담당한다.

다. 정보보호 담당자: 침해사고 발생 시 기술적인 분석을 제공한다. 또한 침해사고기록을 관리하고 필요 시 관련자에게 보고한다.

라. 침해사고 대응팀: 정보보호 최고책임자가 해당 침해사고 분석, 대응 및 복구에 필요한 관련자를 소집한다. 필요 시 업무담당자, 외부 전문가 등이 포함될 수 있다.

제6조【침해사고 분류】

단계	내용
심각(4단계)	정보시스템 사용 및 관련 서비스 수준에 심각한 영향을 주며 전체 시스템의 위험이 발생하는 경우
	해킹 또는 내부자에 의한 개인정보 유출된 경우
경계(3단계)	개별 서버 침해사고나 서비스의 부분 장애로 인해 정보시스템 영향을 주는 경우
주의(2단계)	서비스에 중대한 영향을 주지는 않지만 지속적인 발생으로 문제를 야기할 수 있는 경우
관심(1단계)	정보시스템 기능이나 서비스에 영향을 주지 않는 일반적인 인터넷 상의 보안 위협

제7조【침해사고 대응절차】

가. 회사의 임직원은 지침의 제6조에서 정의한 침해가 발생한 것을 인지한 경우 또한 그러한 침해의 발생이 의심되는 경우 지체 없이 정보보호조직에 신고한다.

나. 정보보호조직원은 침해사고를 접수한 경우 "침해사고 관리대장"에 사고 접수를 기록한다.

다. 정보보호조직원은 접수 후 지체 없이 정보보호 최고책임자에게 보고한다.

라. 정보보호 최고책임자는 침해사고 대응팀을 구성한다. 단, "관심", "주의", "경계" 등급 침해의 경우 정보보호 최고책임자는 침해사고 대응팀을 구성하지 않을 수 있다.

마. 정보보호 최고책임자는 필요 시 외부 전문가에게 분석을 의뢰할 수 있다.

바. 정보보호 최고책임자는 4단계(심각) 사고의 경우 발생 즉시 수시로 그 진행 현황을 경영진에게 보고한다.

사. 침해사고 대응팀은 침해 사실 여부를 확인하고 사실로 확인될 경우 침해의 규모, 경위, 방법, 원인 및 관련자를 조사한다.

아. 정보보호 최고책임자는 즉각적 조치가 가능한 경우 보호대책을 적용한다.

자. 정보보호 최고책임자는 침해사고 분석 결과, 개인정보가 유출됐다고 판단될 경우 경영진에 보고하고 개인정보 침해사고 대응 처리절차에 따라 개인정보침해사고에 대응해야 한다.

차. 정보보호 최고책임자는 침해사고 대응보고서를 작성하여 경영진에 보고하고 침해사고 침해사고보호대책 이행 및 관련자에 대한 처분(징계 등)을 해당부서에 요청한다.

카. 정보보호 최고책임자는 침해사고 복구조직을 구성하고 역할을 할당하여 복구를 진행한다.

타. 침해사고 복구 시에는 복구일시, 담당자, 처리 및 복구방법, 복구 수행 경과를 작성하여 정보보호 최고책임자에게 보고해야 한다.

파. 정보보호 최고책임자는 침해사고 대응이 완료된 경우에는 그 결과를 경영진에 보고해야하며, 사고 예방을 위하여 대상을 지정하여 전파 및 교육을 할 수 있다.

하. 침해사고로부터 얻은 정보를 활용하여, 유사 사고가 반복되지 않도록 재발방지 대책을 수립하고 이를 위해 필요한 경우 정책, 절차, 조직 등의 대응체계를 변경하여야 한다.

제8조【취약점 점검】

가. 정보보호조직은 회사가 보유하고 있거나 관리하고 있는 정보시스템에 대하여 연 1회 이상 취약점 점검을 실시하여야 한다.

나. 정보보안 담당부서는 신규 오픈되는 서비스에 대해 취약점 점검을 실시하여야 한다.

다. 정보보호조직은 운영서비스 및 시스템은 정기적 취약점 점검 시, 진단 대상, 방법, 일정 등의 계획 수립하여 각 부서의 정보시스템 운영담당자에게 공지 후 진행한다.

라. 정보보호조직은 필요하다고 판단되는 경우, 비정기 취약점 진단을 수행할 수 있다.
- 정보보호 사고 우려가 있을 때
- 정보보호 사고가 발생하였을 때
- 위의 항목 이외에 긴급한 요구사항이 발생했을 때

마. 정보보호조직은 외부 전문업체에 의한 취약점 진단이 필요하다고 판단되는 경우, 외부 전문 업체를 선정해 취약점 진단을 수행할 수 있다.

바. 취약점 진단 결과 보고서는 진단 일시, 진단자, 진단결과 등의 내용을 포함해 작성하며, 정보보호 최고책임자에게 보고해야 한다.

사. 취약점 진단 결과 조치가 필요한 사항은 정보보호 최고책임자에게 보고하고 승인을 득해 개선 조치를 실시하고 그에 대한 이력을 남겨야 한다.

제9조【이상행위 분석 및 모니터링】

가. 정보보호조직은 내·외부에 의한 침해 시도, 개인정보 유출 시도, 부정행위 등 이상행위를 탐지할 수 있도록 주요 정보시스템, 응용프로그램, 네트워크, 보안 시스템 등에서 발생한 네트워크 트래픽, 데이터 흐름, 이벤트 로그 등을 수집해 분석 및 모니터링할 수 있도록 보안관제를 수행해야 한다.

나. 정보보호조직은 외부 전문업체에 의한 보안관제가 필요하다고 판단되는 경우, 외부 전문 업체를 선정해 보안관제를 수행할 수 있다.

다. 정보보호 최고책임자는 침해 시도, 개인정보 유출 시도, 부정행위 등의 여부를 판단하기 위한 기준 및 임계치를 정의하고 이에 따라 이상행위의 판단 및 조사 등 수행할 수 있도록 해야 한다.

제10조【침해사고 교육 및 훈련】

가. 정보보호 최고책임자는 전 직원에게 연2회 이상 침해사고 유형과 보고 방법을 교육해야 한다.

나. 정보보호 최고책임자는 연2회 이상 침해사고 시나리오를 마련해 모의훈련을 실시해야 한다.

[별첨1] 침해사고 관리대장

구분		신고개요	등급	침해유형	종결일자	처리내용	비 고
일시	신고자 유형						

[별첨2] 침해사고 대응보고서

보고일자		문서번호	
침해 신고 / 접수 정보			
침해등급	☐ 4등급 ☐ 3등급 ☐ 2등급 ☐ 1등급	침해대상정보	서버, PC, 개인정보 등 침해 대상 정보 기재
접수 일시		신고일자	
침해사고 처리책임자		신고자 연락처	
신고 내용			
대응 과정	일시	대응활동	
침해 내용	확인된 침해 정보의 세부사항, 규모 및 침해 방법 등을 상세히 기재		
침해 발생 경위			
침해 발생 원인			
증거 자료			
복구 및 재발방지 조치			
기 타			

[별첨3] 비상연락망

구분	성명	전화번호	email
정보보호 최고책임자	이순신	010-1111-1111	hong@naver.com
정보보호 관리자	강감찬	010-1111-1122	kang@naver.com
정보보호 담당자	김유신	010-1111-1133	kim@naver.com
시스템 담당자	정약용	010-1111-1155	jung@naver.com
네트워크 담당자	맹사성	010-1111-1166	maeing@naver.com
데이터베이스 담당자	신숙주	010-1111-1177	shin@naver.com
보안관제 담당자 (외부 전문업체)	유관순	010-1111-1144	you@naver.com

[별첨4] 관련기관 비상연락망

기관명	URL	비고
국가정보원(국가사이버안전센터)	www.nis.go.kr	111 02)557-0194
과학기술정보통신부	www.msit.go.kr	044)202-6410
검찰(사이버수사과)	www.spo.go.kr	02) 3480-2190
경찰청(사이버범죄수사국)	www.police.go.kr	(02) 3150 - 2657 (02) 3150 - 2659 (02) 3150 - 0238
한국인터넷진흥원(인터넷침해대응센터)	www.kisa.or.kr www.kcert.or.kr	02)405-5114 118

(2) 인터뷰 또는 실사를 통한 확인

인증심사원 홍길동은 심사기관인 (주)가나다라의 사고 예방 및 대응 현황을 확인하기 위해 정보보호팀 인터뷰 및 실사를 통해 다음 내용을 확인할 수 있었다.

■ 인터뷰

첫째, 침해사고 대응지침을 통해 침해사고발생 시 대응 조직, 대응절차를 마련하고 있다.

둘째, 이상징후 모니터링은 A업체와 계약을 체결해 관제를 수행하고 있으며 24시간 * 365일 관제를 수행하고 있다.

셋째, 11월에 DDoS 공격으로 의심되는 침해사고가 있어 일부 서비스가 중단된 사례가 있으며 방화벽을 통해 공격이 의심되는 IP를 차단한 사례가 있다. 심사원은 원인 및 재발방지 대책을 수립해 경영진에 보고했는지 문의했으나 증적을 제공 받지 못했다. [#2]

넷째, 전 직원에 대해 연 2회 침해사고 유형과 보고 방법을 교육하고 있으며, 연 2회 침해사고 시나리오를 마련해 6월과 11월에 모의훈련을 실시하고 있다. 심사원은 6월과 11월에 수행한 결과 보고서를 확인했다.

다섯째, 취약점 점검은 서버, 네트워크, 데이터베이스, 웹 애플리케이션에 대해 8월에 취약점 점검을 수행한 것으로 확인됐다.

■ 시스템 확인 및 현장 실사

홍길동 심사원은 (주)가나다라의 사고 예방 및 대응과 관련 증적을 다음과 같이 확인했다.

〈취약점조치 결과 이력〉 [#1]

취약점	현황	취약도	값	조치 담당자	Due date	Status
취약한 버전의 wordpress 및 plugin 사용	wordpress 3.2.1, (플러그인)Budypress 1.2.7 버전은 SQL injection 취약점이 존재함	H	3			
Reflected XSS	(모바일)커뮤니티>사용후기 모음 메뉴에서 상품명 검색 입력란에 악성 코드 삽입시 실행이 가능함	H	3			
불충분한 인증 체크	빌드서버를 통해 개발중인 앱의 정보가 외부에 노출됨	H	3			
중요정보 외부 노출	1.내부서버 외부 노출 - http://192.168.1.1 2.github 에 등록된(노출)소스 코드 삭제 - https://github.com/Product	M	2			
루팅 및 탈옥 기기에서의 정상 동작	루팅된 기기에서 앱에서 실행가능(SecurityUtil 클래스에 루팅 체크 로직은 존재함)	H	3			
난독화(Android)	난독화 미적용(소스코드 복원 가능)	H	3			

〈침해사고 대응훈련 및 결과〉

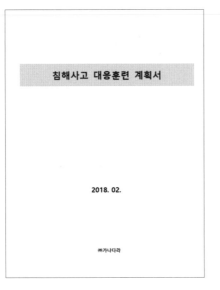

침해사고 대응훈련 계획서

2018. 02.

㈜가나다라

침해사고 대응훈련 결과보고

2018. 06.

㈜가나다라

(3) 결함 요약

결함 포인트 [1]

신청기관에서 보유하고 있는 정보자산(서버, 네트워크, 데이터베이스, 웹 애플리케이션 등)에
대해 연 1회 취약점 점검을 수행한 것으로 확인됐다. 그러나 발견된 취약점에 대한 조치계획
및 결과를 확인한 결과 양식은 존재하나 취약점 조치를 진행한 이력이 존재하지 않는다. 신청
기관은 「침해사고 대응지침」에 따라 취약점 진단 조치계획을 정보보호 최고책임자에게 승인
을 득하고 개선 조치를 실시해 그에 대한 이력을 남겨야 한다.

결함 포인트 [2]

신청기관은 11월에 DDoS 공격으로 의심되는 침해사고가 있어 일부 서비스가 중단된 사례가
있으며 방화벽을 통해 공격이 의심되는 IP를 차단했다. 그러나 해당 침해사고 발생에 대해 침
해사고 관리대장에 기록하고 정보보호 최고책임자에게 보고하고, 침해사고에 대한 원인 분석
및 재발방지 대책을 마련해야 하는 침해사고 대응절차를 준수하지 않았다.

(4) 결함 보고서 작성

결함 보고서

기록일자	2023년 12월 30일		기업명	(주)가나다라	
인증 범위	구분	결함유형	인증 범위명		기관 확인자
	ISMS	결함	(주)가나다라 상품판매 서비스		이순신 팀장(인)
심사원명	홍 길 동 (인)				
관계부서	정보보호팀				

관련조항	(보호대책) 2.11.2 취약점 점검 및 조치
관련 근거	◇ **(인증기준)** 정보시스템의 취약점이 노출돼 있는지를 확인하기 위해 정기적으로 취약점 점검을 수행하고 발견된 취약점에 대해서는 신속하게 조치해야 한다. 또한 최신 보안취약점의 발생 여부를 지속적으로 파악하고 정보시스템에 미치는 영향을 분석해 조치해야 한다. ◇ **(내부규정)** 「침해사고 대응지침」 제8조(취약점 점검) (2023.11.25) 　가. 정보보호조직은 회사가 보유하고 있거나 관리하고 있는 정보시스템에 대해 연 1회 이상 취약점 점검을 실시해야 한다.
운영현황 및 결함내역	◇ **(운영현황)** 정기 취약점 점검을 주기적으로 수행하고 있음 　○ 신청기관은 8월에 정보시스템(서버, 네트워크, 데이터베이스, 웹 애플리케이션) 취약점 점검을 수행함 ◇ **(결함내역)** 발견된 취약점에 대한 조치가 이뤄지지 않음 　○ 취약점 조치 결과 이력을 확인한 결과 조치 담당자, 조치 일정이 정의돼 있지 않고 조치 상태도 확인되지 않음 ◇ **(조치사항)** 취약점 점검 결과 발견된 취약점에 대해 담당자, 일정 등을 포함해 조치계획을 수립해 이행하고 조치이력을 관리해야 함
근거목록	- 「침해사고 대응지침」(2023.11.25) - 취약점 점검 결과 보고서 - 취약점 조치 계획서

결함 보고서

기록일자	2023년 12월 30일		기업명	(주)가나다라
인증 범위	구분	결함유형	인증 범위명	기관 확인자
	ISMS	결함	(주)가나다라 상품판매 서비스	이순신 팀장(인)
심사원명	홍 길 동 (인)			
관계부서	정보보호팀, A업체			

관련조항	(보호대책) 2.11.5 사고 대응 및 복구
관련 근거	◇ **(인증기준)** 침해사고 및 개인정보 유출 징후나 발생을 인지한 때에는 법적 통지 및 신고 의무를 준수해야 하며, 절차에 따라 신속하게 대응 및 복구하고 사고분석 후 재발방지 대책을 수립해 대응체계에 반영해야 한다. ◇ **(내부규정)**「침해사고 대응지침」제7조(침해사고 대응절차) (2023.11.25) 　나. 정보보호조직원은 침해사고를 접수한 경우 "침해사고관리대장"에 사고 접수를 기록한다. 　다. 정보보호조직원은 접수 후 지체 없이 정보보호 최고책임자에게 보고한다.
운영현황 및 결함내역	◇ **(운영현황)** 침해사고에 대한 대응을 수행하고 있음 　○ 이상징후 모니터링은 A업체와 계약을 체결해 관제를 수행하고 있으며, 24시간 * 365일 관제를 수행하고 있음 　○ 11월에 DDoS 공격으로 의심되는 침해사고가 있어 일부 서비스가 중단된 사례가 있으며 방화벽을 통해 공격이 의심되는 IP를 차단했음 ◇ **(결함내역)** 침해사고에 대한 이력관리 및 보고절차에 문제점이 발견됨 　○ 11월에 DDoS 공격으로 의심되는 침해사고가 발생해 방화벽을 통해 공격이 의심되는 IP를 차단했으나 침해사고 관리대장의 기록이 누락됨 　○ 또한 정보보호 최고책임자에게 대한 보고도 누락됨 ◇ **(조치사항)** 침해사고 발생에 대한 이력을 "침해사고 관리대장"에 기록하고 정보보호 최고책임자에게 보고해 해당 공격에 대한 원인분석 및 재발방지 대책을 수립해야 함
근거목록	-「침해사고 대응지침」(2023.11.25) - 침해사고 관리대장

✏️ 요약

사고예방 및 대응에서는 침해사고 및 개인정보 유출 사고 발생 시 신속하고 효과적으로 대응하는 것에 목적이 있다. 보안사고에 신속하게 대응하기 위해 사전에 사고 예방 및 대응체계를 구축하고 지속적으로 취약점을 점검하고 조치해서 해커의 공격을 차단해야 한다. 그럼에도 지속적으로 발생하는 내·외부의 침해 시도, 개인정보 유출 시도, 부정행위 등을 신속하게 탐지·대응할 수 있도록 네트워크 및 데이터 흐름 등을 수집하고 분석해 이상행위를 탐지하고 모니터링해야 한다. 보안 사고는 언제 발생할지 알 수 없기 때문에 사고 대응 훈련을 지속적으로 실시하고 실제 사고가 발생한 경우에는 법적 통지 및 신고 의무를 준수해야 한다. 절차에 따라 신속하게 대응 및 복구하고 사고분석 후 재발방지 대책을 수립해 대응체계에 반영해야 한다.

2.12 재해복구

가. 인증 분야 및 항목 설명

분야	항목
2.12 재해복구	2.12.1 재해, 재난 대비 안전조치
	2.12.2 재해복구 시험 및 개선

2.12.1 재해, 재난 대비 안전조치

자연재해, 통신·전력 장애, 해킹 등 조직의 핵심 서비스 및 시스템의 운영 연속성을 위협할 수 있는 재해 유형을 식별하고 유형별 예상 피해규모 및 영향을 분석해야 한다. 또한 복구 목표시간, 복구 목표시점을 정의하고 복구 전략 및 대책, 비상 시 복구 조직, 비상연락체계, 복구 절차 등 재해 복구체계를 구축해야 한다.

인증대상 기관 준비사항

🔒 조직의 핵심 서비스(업무) 연속성을 위협할 수 있는 IT 재해 유형을 식별하고 유형별 피해규모 및 업무에 미치는 영향을 분석해 핵심 IT 서비스(업무) 및 시스템을 식별하여야 한다.

조의의 핵심 서비스의 연속성을 위협할 수 있는 자연재해(화재, 홍수, 지진, 태풍 등), 외부요인(해킹, 통신장애, 전력 수급 중단 등), 내부요인(시스템 결함, 기계적 오류, 사용자 실수, 의도적·악의적 운영, 핵심 운영자), 근무 이탈(사망, 병가, 휴가, 이직 등), 환경설정 오류 등 각종 재해 및 위험요인을 식별하고 매출감소, 계약위약금 지급 등 재무적 측면과 손해배상 소송 등 법적 측면, 대외 이미지 하락 등을 고려해 조직의 핵심 IT 서비스 및 시스템을 식별하여야 한다.

식별된 핵심 IT 서비스 및 시스템이 중단시점부터 복구돼 정상가동될 때까지의 복구목표시간^{RTO, Recovery Time Objective}과 데이터가 복구돼야 하는 복구시점^{RPO, Recovery Point Objective}을 정의한다. IT 재해발생 시 사전 정의한 서비스 및 시스템 복구목표시간 및 복구시점을 달성할 수 있도록 비용효과적인 복구전략 및 대책을 수립해야 한다.

💡 실무 사례

기업에서 제공하고 있는 핵심 서비스에 대한 업무연속성을 확보하기 위해서는 핵심 IT 서비스를 식별한다. 각 서비스 별로 재무적 영향, 법류 및 규정 위반, 영업기회손실, 고객이탈, 대외이미지손실, 내부업무 지원 중단 등 영향도를 산정하고 영향도에 따라 복구목표시간과 데이터가 복구돼야 하는 복구시점을 정의해야 한다.

서비스 명	업무기능분류	운영시스템	업무담당자	업무특성		업무중단 시 영향							목표복구시간 (RTO)	목표복구시점 (RPO)
				팀간(사내)연계업무	대외연계업무	재무적 영향		비재무적 영향						
						1영업일	1주일 이상	법규 및 규정위반	영업기회손실	고객이탈	대외이미지손실	내부업무지원중단		
상품 검색	대고객서비스업무	쇼핑몰	-	아니오	아니오	1억 미만	1억~10억		V	V	V		3시간 이내	재해발생시점
상품 구매	대고객서비스업무	쇼핑몰	-	아니오	아니오	1억 미만	1억~10억		V	V	V		3시간 이내	재해발생시점
상품 결제	대고객서비스업무	쇼핑몰	-	아니오	예	1억 미만	1억~10억		V	V	V		3시간 이내	재해발생시점
상품 배송	기획 및 관리 업무	쇼핑몰	-	아니오	아니오	1억 미만	1억~10억		V	V	V		3시간 이내	재해발생시점
개발 및 테스트	내부 업무	개발	-	아니오	아니오	1억 미만	1억 미만					V	6시간 이내	재해발생시점

그림 3-19 핵심 IT 서비스 식별 및 영향분석 정의(예시)

🔒 **재해 및 재난 발생 시에도 핵심 서비스 및 시스템의 연속성을 보장할 수 있도록 복구 전략 및 대책, 비상 시 복구 조직, 비상연락체계, 복구 절차 등 재해 복구 계획을 수립·이행해야 한다.**

IT 재해 발생 시 신속한 복구가 가능하도록 재해 시 복구조직 및 역할 정의, 비상연락체계, 복구전략 및 대책수립 방법론, 복구순서정의, 복구절차를 포함해 IT 재해복구 체계를 구축해야 한다. 개인정보처리의 경우 재해 · 재난 발생 시 '개인정보의 안전성 확보조치 기준 제11조(재해 · 재난 대비 안전조치)'에 10만명 이상의 정보주체에 관하여 개인정보를 처리하는 대기 업 · 중견기업 · 공공기관 또는 100만명 이상의 정보주체에 관하여 개인정보를 처리하는 중소기업 · 단체에 해당하는 개인정보처리자는 화재, 홍수, 단전 등의 재해 · 재난 발생 시 개인정보처리시스템 보호를 위한 다음 각 호의 조치를 하여야 한다.

- 1. 위기대응 매뉴얼 등 대응절차를 마련하고 정기적으로 점검
- 2. 개인정보처리시스템 백업 및 복구를 위한 계획을 마련

💡 실무 사례

개인정보처리스템의 보호를 위한 위기대응 매뉴얼은 목적, 법적근거, 적용 범위, 단계별 프로세스, 유출대응 업무 수행 체계, 유출 통지 · 조회 · 신고 절차, 고객 민원 대응조치, 고객 불만 해소 조치, 피해자 구제 조치 등이 포함돼야 한다. 자세한 사항은 한국인터넷진흥원에서 발간한 표준 개인정보 유출사고 대응 매뉴얼을 참고해 작성한다.

클라우드 서비스를 이용하는 경우에는 클라우드 서비스 제공자가 업무연속성을 확보할 수 있는 수단을 제공하는지 검토(이중화, 백업, 자동 자원 확장, DR 센터 등)해 적용하고 해당 재해복구 시스템 이용에 대한 내용을 포함해 절차를 마련해야 한다.

🔧 증적 자료

- 재해복구 정책
- 재해복구 계획
- 비상연락망
- IT 서비스 및 시스템 영향 평가결과

2.12.2 재해복구 시험 및 개선

재해 복구 전략 및 대책의 적정성을 정기적으로 시험해 시험결과, 정보시스템 환경 변화, 법규 등에 따른 변화를 반영해 복구전략 및 대책을 보완해야 한다.

인증대상 기관 준비사항

🔒 **수립된 IT 재해 복구체계의 실효성을 판단하기 위해 재해복구 시험계획을 수립·이행해야 한다.**

IT 재해복구 체계의 실효성을 판단하기 위해 훈련일시, 훈련장소, 참여인원, 범위, 방법(예: 시나리오 기반), 절차 등을 포함해 재해복구 시험 계획을 수립하고 이행해야 한다.

시험 결과, IT 환경 변화, 법률 등에 따른 변화 등 조직 내외의 변화를 반영하지 못한 복구전략 및 대책은 실효성이 떨어질 수 있으므로, 공식적인 변화관리 절차를 마련하고, 이에 따라 현실을 반영해 개선해야 한다.

💡 실무 사례

재해복구 훈련 계획서는 훈련 근거, 목적, 기대효과, 훈련절차, 수행인원, 훈련일정, 훈련 범위, 모의훈련 시나리오(인지, 접수, 보고, 단계별 조치 방법, 사후조치 등)를 포함해야 한다.

표 3-41 재해복구 훈련 시나리오(예시)

순서	활동	작업자	예상시간
재해복구 모의훈련 시나리오			
재해발생	호우로 인해 건물 외벽을 통한 누수현상 발생 감지	시스템운영자	-
1차 보고	시스템 관리자에게 상황 1차 보고	시스템운영자	5분
재해상황 가정	누수 발생으로 일부 중요 서버 다운	시스템관리자	10분
2차 보고 및 엔지니어 연락	책임자에게 2차 보고 및 H/W, S/W 엔지니어 비상 연락망 가동	시스템관리자, 시스템운영자	10분
재해상황 발생선언	누수로 인한 시스템 이상 현상 발생, 핵심 IT 서비스 중단 결정 및 재해 선언	시스템책임자	20분
복구 및 재가동	전체 서비스 및 시스템 Shutdown	시스템운영자	120분
	신규서버 및 서비스 설치	시스템운영자, 서비스담당자	
	데이터 복구	DBA	
	임시 서비스 시작	서비스담당자	
	애니팡 서비스 정상 동작 확인	서비스담당자	
재해상황 조치완료 보고	경영진에게 재해처리 및 서비스 복구 완료 보고	시스템책임자	
재해복구 종료선언	재해상황 종료 선언	시스템책임자	
재해복구 종료통보	비상연락망 가동해 재해 처리 및 서비스 복구 정상 완료 통보	시스템관리자	

✂ 증적 자료

- 재해복구 절차
- 재해복구 훈련 계획서
- 재해복구 훈련 결과 보고서

나. 사례 연구

인증심사원 홍길동은 (주)가나다라의 인증심사에 참여해 재해복구 현황을 확인하기로 했다. 문서 검토, 담당자 인터뷰, 현장실사를 통해 확인된 사항은 다음과 같다. 심사 일자는 12월 30일이다.

(1) 정책 및 지침 확인

<재해복구지침> [#1]

제5조【재해복구 조직】

가. 정보보호조직은 재해발생을 대비해 재해복구 대응체계를 마련하고 재해복구 조직을 구성해야 한다.

나. 재해복구책임자
- 잠재적인 위험 식별 및 영향에 평가에 기반한 대응 전략 수립
- 재해복구 활동에 대한 의사결정 및 지원

다. 재해복구관리자
- 재해 발생 시 대응을 위한 부서간 공조, 보안 관리, 미디어 통제 수행
- 비상대책 활동에 대한 평가, 대외기관 연계 업무의 지휘통제

라. 재해복구담당자
- IT 시스템의 수리, 복구, 대체
- IT 시스템에 대한 초기화, 설정 및 시험, 재구축, 데이터의 복구, 네트워크 복구 등
- 사고 원인분석 및 문서화, 사후 활동

제6조【재해 유형】

재해 유형	내 용
○ 자연 재해	- 홍수에 의해 데이터센터 침수 - 지진에 의해 데이터센터 지반 붕괴 - 화재로 인한 데이터센터 소실
○ 인적 재해	- 폭발로 인한 시스템 및 시설파괴 - 외부인의 무단침입에 의한 파괴활동 - 폭동에 의한 데이터센터 가동 중단 - 내부 직원의 파업 및 고의 파괴
○ 장애	- 하드웨어, 소프트웨어 장애로 인한 서비스 전면 중단
○ 침해	- 악성코드 감염, 해킹, 부정행위로 인한 서비스 전면 중단

제7조【재해복구 절차】

가. 회사의 임직원은 지침의 제6조에서 정의한 재해가 발생한 것을 인지한 경우 또한 재해 발생이 의심되는 경우 지체 없이 재해복구 조직에 신고해야 한다.

나. 재해복구조직원은 사고를 접수한 경우 지체 없이 재해복구책임자에게 보고한다.

다. 재해복구책임자는 재해복구팀을 구성한다.

라. 재해복구팀은 재해상황을 확인하고 재해의 규모, 경위, 방법, 원인 및 관련자를 조사해야 한다.

마. 재해복구책임자는 즉각적 조치가 가능한 경우 복구대책을 실행한다.

바. 재해복구 시에는 복구일시, 담당자, 처리 및 복구방법, 복구 수행 경과를 작성해 재해복구책임자에게 보고해야 한다.

사. 재해복구책임자는 재해복구가 완료된 경우, 결과를 경영진에 보고해야 한다.

아. 재해로부터 얻은 정보를 활용해, 유사 사고가 반복되지 않도록 재발방지 대책을 수립하고 이를 위해 필요한 경우 정책, 절차, 조직 등의 대응체계를 변경해야 한다.

제8조【시험 및 유지관리】

가. IT 서비스가 효과적인 복구가 가능한지 시험계획을 수립하고 연 1회 주기적으로 시험을 실시한다.

나. 시험계획에는 일정(일시 및 장소), 참여인원, 범위, 시나리오, 절차 등을 포함해야 한다.

다. 시험 결과 도출된 문제점에 대해 복구전략을 보완해야 한다.

[별첨1] 재해대응보고서

보고일자		문서번호	
재해 신고 / 접수 정보			
접수 일시		신고일자	
신고자 명		신고자 연락처	
신고 내용			
대응 과정	일시	대응활동	
재해내용			
재해 발생 경위			
재해 원인			
증거 자료			
복구(재발방지 조치)			
기 타			

구분	성명	전화번호	email
재해복구책임자	이순식	010-1111-1111	lee@naver.com
재해복구관리자	강감찬	010-1111-1122	kang@naver.com
재해복구담당자	김유신	010-1111-1133	kim@naver.com
보안센터담당자 (외부 전문업체)	유관순	010-1111-1144	you@naver.com

(2) 인터뷰 또는 실사를 통한 확인

인증심사원 홍길동은 심사기관인 (주)가나다라의 재해복구 현황을 확인하기 위해 정보보호팀 인터뷰 및 실사를 통해 다음 내용을 확인할 수 있었다.

■ 인터뷰

첫째, 재해복구지침을 통해 재해발생 시 대응 조직, 재해 유형, 대응절차, 비상연락망 등을 포함한 복구 대책을 마련하고 있다.

둘째, 재해사고 발생 시 효과적으로 대응하기 위해 연 1회 재해 시나리오를 마련해 재해복구 훈련 계획을 수립하고 있으며 재해복구 훈련 계획서에는 훈련 목적, 범위, 일시, 장소, 참여인력, 절차, 시나리오, 점검표 등을 포함하고 있다. 그러나 재해복구 훈련을 진행한 증적은 확인할 수 없었다. [#2]

■ 시스템 확인 및 현장 실사

홍길동 심사원은 (주)가나다라의 재해복구 관련 증적을 다음과 같이 확인했다.

〈재해복구 훈련 계획서〉

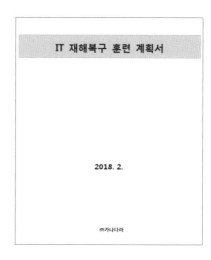

(3) 결함 요약

> **결함 포인트 [#1]**
>
> 신청기관에서 재해복구지침을 통해 대응 조직, 재해 유형, 대응절차, 비상연락망 등을 정의하고 있으나 IT 서비스 또는 시스템에 대한 재해 발생으로 조직의 핵심 서비스(업무) 중단 시 피해규모 및 영향을 분석해 복구우선순위, 복구목표시간(RTO), 복구시점(RPO) 등이 정의돼야 하나 관련 내용을 확인할 수 없다.
>
> **결함 포인트 [#2]**
>
> 신청기관은 2월에 훈련 목적, 범위, 일시, 장소, 참여인력, 절차, 시나리오, 점검표 등을 포함한 재해복구 훈련 계획서를 작성했으나 훈련을 실시한 증적을 확인할 수 없다.

(4) 결함 보고서 작성

결함 보고서

기록일자	2023년 12월 30일		기업명	(주)가나다라	
인증 범위	구분	결함유형	인증 범위명		기관 확인자
	ISMS	결함	(주)가나다라 상품판매 서비스		이순신 팀장(인)
심사원명	홍 길 동 (인)				
관계부서	정보보호팀				

관련조항	(보호대책) 2.12.1 재해, 재난 대비 안전조치
관련 근거	◇ **(인증기준)** 자연재해, 통신·전력 장애, 해킹 등 조직의 핵심 서비스 및 시스템의 운영 연속성을 위협할 수 있는 재해 유형을 식별하고 유형별 예상 피해규모 및 영향을 분석해야 한다. 또한 복구 목표시간, 복구 목표시점을 정의하고 복구 전략 및 대책, 비상 시 복구 조직, 비상연락체계, 복구 절차 등 재해 복구체계를 구축해야 한다. ◇ **(내부규정)**「재해복구지침」(2023.11.25) 　가. 정보보호조직은 재해발생을 대비해 재해복구 대응체계를 마련하고 재해복구조직을 구성해야 한다.
운영현황 및 결함내역	◇ **(운영현황)** 재해복구 절차를 마련해 운영하고 있음 　○ 재해복구지침을 통해 재해발생 시 대응 조직, 재해 유형, 대응절차, 비상연락망 등을 포함한 복구 대책을 마련하고 있음 ◇ **(결함내역)** 재해복구 절차에 핵심 서비스에 대한 복구목표가 누락됨 　○ 조직의 핵심 서비스(업무) 연속성을 위협할 수 있는 IT 재해 위험요인 및 핵심 IT 서비스가 식별되지 않음 　○ 또한 핵심 서비스에 대한 복구목표시간, 복구시점이 정의되지 않음 ◇ **(조치사항)** 핵심 IT 서비스 및 시스템을 식별하여 서비스 영향 평가를 수행하고, 중요도에 따라 복구목표시간, 복구시점 정의를 정의해 지침에 반영해야 함
근거목록	-「재해복구지침」(2023.11.25)

결함 보고서

기록일자	2023년 12월 30일		기업명	(주)가나다라
인증 범위	구분	결함유형	인증 범위명	기관 확인자
	ISMS	결함	(주)가나다라 상품판매 서비스	이순신 팀장(인)
심사원명	홍 길 동 (인)			
관계부서	정보보호팀			

관련조항	(보호대책) 2.12.2 재해복구 시험 및 개선
관련 근거	◇ **(인증기준)** 재해 복구 전략 및 대책의 적정성을 정기적으로 시험해 시험결과, 정보시스템 환경변화, 법규 등에 따른 변화를 반영해 복구전략 및 대책을 보완해야 한다. ◇ **(내부규정)**「재해복구지침」제8조(시험 및 유지관리) (2023.11.25) 가. IT 서비스가 효과적인 복구가 가능한지 시험계획을 수립하고 연 1회 주기적으로 시험을 실시한다.
운영현황 및 결함내역	◇ **(운영현황)** IT 재해복구 훈련 계획을 수립해 운영하고 있음 ○ 재해사고 발생 시 효과적으로 대응하기 위해 연 1회 재해 시나리오를 마련해 재해복구 훈련 계획을 수립하고 있음 ○ 재해복구 훈련 계획서에는 훈련 목적, 범위, 일시, 장소, 참여인력, 절차, 시나리오, 점검표 등을 포함하고 있음 ◇ **(결함내역)** 재해복구 훈련이 수행되지 않음 ○ 재해복구 훈련을 수행한 증적이 확인되지 않음 ◇ **(조치사항)** 수립된 IT재해복구 훈련 계획서에 따라 재해복구 훈련을 실시해야 함
근거목록	-「재해복구지침」(2023.11.25) - 재해복구 훈련 계획

✏️ 요약

재해복구에서는 재해, 재난 발생에 대한 대비에 목적이 있다. 조직의 핵심 IT 서비스 및 시스템의 중요도 및 특성에 따라 복구 목표시간, 복구 목표시점을 정의하고 재해 및 재난 발생 시 핵심 서비스 및 시스템의 연속성을 보장할 수 있도록 복구 전략 및 대책, 비상 시 복구 조직, 비상연락체계, 복구 절차 등 재해 복구 계획을 수립·이행해야 한다. 수립된 재해복구 전략 및 대책이 적절하게 수립됐는지 정기적으로 시험해 시험결과, 정보시스템 환경변화, 법규 등에 따른 변화를 반영해 복구전략 및 대책을 보완해야 한다.

3. 개인정보 처리단계별 요구사항

분야	항목
3. 개인정보처리단계별 요구사항	3.1 개인정보 수집 시 보호조치
	3.2 개인정보 보유 및 이용 시 보호조치
	3.3 개인정보 제공 시 보호조치
	3.4 개인정보 파기 시 보호조치
	3.5 정보주체 권리보호

3.1 개인정보 수집 시 보호조치

가. 인증 분야 및 항목 설명

분야	항목
3.1 개인정보 수집 시 보호조치	3.1.1 개인정보 수집 · 이용
	3.1.2 개인정보 수집 제한
	3.1.3 주민등록번호 처리 제한
	3.1.4 민감정보 및 고유식별정보의 처리 제한
	3.1.5 개인정보 간접 수집
	3.1.6 영상정보처리기기 설치 · 운영
	3.1.7 마케팅 목적의 개인정보 수집 · 이용

3.1.1 개인정보 수집 · 이용

개인정보는 적법하고 정당하게 수집 · 이용하여야 하며, 정보주체의 동의를 근거로 수집하는 경우에는 적법한 방법으로 정보주체의 동의를 받아야 한다. 또한 만 14세 미만 아동의 개인정보를 수집하는 경우에는 그 법정대리인의 동의를 받아야 하며 법정대리인이 동의하였는지를 확인하여야 한다.

인증대상 기관 준비사항

🔒 개인정보를 수집하는 경우 정보주체 동의, 법령상 의무준수, 계약 체결 · 이행

376

등 관련 법률에 따른 적법 요건을 명확하게 식별하고 개인정보가 법률 위반 사항 없이 적법하게 수집될 수 있도록 해야 하며, 개인정보 수집 경로별로 개인정보 수집 적법 요건을 명확히 식별하고, 이를 입증할 수 있도록 관련 근거를 기록 · 관리하여야 한다.

🔒 정보주체 (이용자)의 동의 없이 개인정보를 수집하는 경우 (예 : 법률에 특별한 규정이 있거나 법령상 의무를 준수하기 위하여 정보주체 동의 없이 개인정보를 수집하는 경우)에는 해당 법률 또는 법령의 조항 등 관련 근거를 문서화하여 관리하는 것이 바람직하다.

🔒 개인정보처리자는 다음 각 호의 어느 하나에 해당하는 경우에는 개인정보를 수집할 수 있으며, 그 수집 목적의 범위에서 이용 가능하다. (개인정보보호법 제15조 제 1항 참고)

🔒 정보주체(이용자)에게 개인정보 수집 및 이용 동의를 받는 경우에는 개인정보를 수집하는 매체의 특성(예 : 온라인 또는 오프라인 등)을 반영하여 정보주체(이용자)의 동의를 명확하고 적법하게 받아야 하며, 개인정보 최소 수집의 원칙에 의거하여 각 단계마다 꼭 필요한 시점에 최소의 정보를 수집하여야 한다.

💡 실무 사례

개인정보처리에 대한 동의를 받는 방법은 개인정보보호법 시행령 제 17조 제 2항을 참고한다.

> 1. 동의 내용이 적힌 서면을 정보주체에게 직접 발급하거나 우편 또는 팩스 등의 방법으로 전달하고, 정보주체가 서명하거나 날인한 동의서를 받는 방법
> 2. 전화를 통하여 동의 내용을 정보주체에게 알리고 동의의 의사표시를 확인하는 방법
> 3. 전화를 통하여 동의 내용을 정보주체에게 알리고 정보주체에게 인터넷주소 등을 통하여 동의 사항을 확인하도록 한 후 다시 전화를 통하여 그 동의 사항에 대한 동의의 의사표시를 확인하는 방법
> 4. 인터넷 홈페이지 등에 동의 내용을 게재하고 정보주체가 동의 여부를 표시하도록 하는 방법
> 5. 동의 내용이 적힌 전자우편을 발송하여 정보주체로부터 동의의 의사표시가 적힌 전자우편을 받는 방법
> 6. 그 밖에 제1호부터 제5호까지의 규정에 따른 방법에 준하는 방법으로 동의 내용을 알리고 동의의 의사표시를 확인하는 방법

🔒 개인정보처리자는 정보주체(이용자)의 개인정보를 회원가입 또는 서비스 가입 단계에서 미리 포괄적으로 수집해서는 안된다. 서비스 개시를 위하여 필요한 개인정보에 한하여 수집·이용 동의를 받고, 이후에 제공되는 서비스의 경우 해당 서비스 제공시점에 동의를 받도록 프로세스를 설계하는 것이 필요하다.

온라인 쇼핑몰 회원가입 시 구매 시 필요한 배송 주소까지 미리 포괄적으로 수집하는 것은 개인정보 최소 수집의 원칙에 위배된다.

💡 실무 사례

그림 3-20 주문 시 배송정보 수집(예시)

🔒 정보주체(이용자)에게 개인정보 수집 동의를 받는 경우에는 정보주체(이용자)에게 알리도록 법률에 명기된 사항에 대해 명확하게 안내하고 동의를 받아야 한다. 또한 법령에서 정보주체(이용자)에게 알리도록 정한 중요한 내용에 대해서는 정보주체(이용자)가 명확히 인지할 수 있도록 해야 하며, 정보주체(이용자)가 이를 알아보기 쉽게 하여야 한다.

💡 실무 사례

개인정보보호위원회에서 발간한 '알기쉬운 개인정보 처리 동의 안내서(2022.03)'을 참고하면 업무에 많은 도움을 받을 수 있다.

2022. 3

🔘 **실무 사례**

개인정보의 수집·이용 동의 시 고지사항(개인정보 보호법 제15조제2항)을 참고할 수 있으며, 해당 내용을 참고한 아래 표와 같다.

수집·이용 동의 시 고지사항	예시
1. 개인정보의 수집·이용 목적 2. 수집하려는 개인정보의 항목 3. 개인정보의 보유 및 이용기간 4. 동의를 거부할 권리가 있다는 사실 및 동의 거부에 따른 불이익이 있는 경우 그 불이익의 내용	• 수집 목적 : 개인식별, 서비스 제공 및 상담 • 수집 항목 : 이름, 아이디, 비밀번호, 이메일 • 보유 및 이용기간 : 회원탈퇴 시 즉시 파기 • 개인정보 수집 및 이용에 동의하지 않을 수 있으며, 동의하지 않는 경우 서비스 이용이 제한될 수 있습니다.

🔒 개인정보처리자는 개인정보 보호법 제22조(동의를 받는 방법)제2항에 따라 개인정보 처리에 대한 동의를 서면(전자문서 및 전자거래기본법 제2조제1호에 따른 전자문서를 포함)으로 받을 때에는 다음과 같이 중요한 내용을 명확히 표시하여 알아보기 쉽게 하여야 한다.

- 명확히 표시되어야 하는 중요한 내용

> · 개인정보의 수집 · 이용 목적 중 재화나 서비스의 홍보 또는 판매 권유 등을 위하여 해당 개인정보를 이용하여 정보주체에게 연락할 수 있다는 사실
> · 처리하려는 개인정보 항목 중 민감정보, 여권번호, 운전면허번호, 외국인등록번호
> · 개인정보의 보유 및 이용 기간(제공 시에는 제공받는 자의 보유 및 이용 기간)
> · 개인정보를 제공받는 자 및 개인정보를 제공받는 자의 개인정보 이용 목적

- 중요한 내용의 표시 방법

> **중요한 내용의 표시 방법(개인정보 처리 방법에 관한 고시 제4조)**
> · 글씨의 크기, 색깔, 굵기 또는 밑줄 등을 통하여 그 내용이 명확히 표시되도록 할 것
> · 동의 사항이 많아 중요한 내용이 명확히 구분되기 어려운 경우에는 중요한 내용이 쉽게 확인될 수 있도록 그 밖의 내용과 별도로 구분하여 표시할 것
> ※ 종이 인쇄물, 컴퓨터 표시화면 등 서면 동의를 요구하는 매체의 특성과 정보주체의 이용환경 등을 고려하여 정보주체가 쉽게 알아볼 수 있도록 표시

🔒 **만 14세 미만 아동에 대하여 개인정보를 수집 · 이용 · 제공 등 동의를 받는 경우 법정대리인에게 필요한 사항에 대하여 고지하고 동의를 받아야 한다.**

- 만 14세 미만 아동의 개인정보 처리

처리가 필요 없는 경우	적절한 연령확인 절차를 통해 만 14세 미만 아동의 개인정보를 수집하지 않도록 조치해야 한다.
처리가 필요한 경우	별도의 수집 동의 양식과 법정대리인 확인 절차를 마련하여 법정대리인의 동의를 받을 수 있도록 조치해야 한다.

💡 실무 사례

법정대리인 동의의 확인 방법 주요 내용

1. 동의 내용을 게재한 인터넷 사이트에 법정대리인이 동의 여부를 표시하도록 하고 정보통신서비스 제공자 등(또는 위치정보사업자 등)이 그 동의 표시를 확인했음을 법정대리인의 휴대전화 문자메시지로 알리는 방법

2. 동의 내용을 게재한 인터넷 사이트에 법정대리인이 동의 여부를 표시하도록 하고 법정대리인의 신용카드·직불카드 등의 카드정보를 제공받는 방법

3. 동의 내용을 게재한 인터넷 사이트에 법정대리인이 동의 여부를 표시하도록 하고 법정대리인의 휴대전화 본인인증 등을 통해 본인 여부를 확인하는 방법

4. 동의 내용이 적힌 서면을 법정대리인에게 직접 발급하거나, 우편 또는 팩스를 통해 전달하고 법정대리인이 동의 내용에 대해 서명날인한 후 제출하도록 하는 방법

5. 동의 내용이 적힌 전자우편을 발송해 법정대리인으로부터 동의의 의사표시가 적힌 전자우편을 전송받는 방법

6. 전화를 통해 동의 내용을 법정대리인에게 알리고 동의를 얻거나 인터넷주소 등 동의 내용을 확인할 수 있는 방법을 안내하고 재차 전화 통화를 통해 동의를 얻는 방법

7. 그 밖에 제1호부터 제6호까지의 규정에 따른 방법에 준하는 방법으로 법정대리인에게 동의 내용을 알리고 동의의 의사표시를 확인하는 방법

□ **동의의 확인방법 및 절차**

  ○ 만 14세 미만 아동으로부터 개인(위치)정보를 수집·이용·제공하는 경우,

   – 개인정보처리자 등(또는 위치정보사업자등)은 법정대리인이 동의했는지를 알리거나 확인 등을 해야 함('19.6.25일 시행)

□ **동의의 확인방법 및 절차**

〈1〉 만 14세 미만 아동의 개인(위치)정보를 수집하는 서비스인지 확인

  ※ 만 14세 미만 아동인지를 구별하기 위해 이용자가 '법정 생년월일'을 직접 입력하도록 하거나 '만 14세 이상'이라는 항목에 체크하도록 하는 등의 조치를 취하고, 이를 토대로 사업자는 만 14세 이상인 이용자의 개인정보만을 수집하는 경우 이하의 절차를 생략할 수 있음

〈2〉 만 14세 미만의 아동으로부터 개인(위치)정보 수집 등에 관한 동의 획득

　　※ 만 14세 미만의 아동에게 개인(위치)정보 처리와 관련한 사항을 고지할 때에는 이해하기 쉬운 양식과 명확하고 알기 쉬운 언어를 사용

개정「개인정보 보호법」을 통해 개인정보 처리사항을 이해하기 쉬운 양식과 명확하고 알기 쉬운 언어로 대상 아동에게 설명하여야 하는 의무를 모든 개인정보처리자에게 적용하고 있다.

개인정보보호법 제22조의2(아동의 개인정보 보호)

① 개인정보처리자는 만 14세 미만 아동의 개인정보를 처리하기 위하여 이 법에 따른 동의를 받아야 할 때에는 그 법정대리인의 동의를 받아야 하며, 법정대리인이 동의하였는지를 확인하여야 한다.

② 제1항에도 불구하고 법정대리인의 동의를 받기 위하여 필요한 최소한의 정보로서 대통령령으로 정하는 정보는 법정대리인의 동의 없이 해당 아동으로부터 직접 수집할 수 있다.

③ 개인정보처리자는 만 14세 미만의 아동에게 개인정보 처리와 관련한 사항의 고지 등을 할 때에는 이해하기 쉬운 양식과 명확하고 알기 쉬운 언어를 사용하여야 한다.

④ 제1항부터 제3항까지에서 규정한 사항 외에 동의 및 동의 확인 방법 등에 필요한 사항은 대통령령으로 정한다.

〈3〉 법정 대리인 동의를 구하는 방법

　　※ 이 경우 만 14세 미만 아동에게 법정대리인의 성명 등 최소한의 정보를 요구할 수 있으며 반드시 가족관계증명서 또는 주민등록등본 등의 서류를 제출받아야 하는 것은 아님

예시1 동의 내용을 게재한 인터넷 사이트에 법정대리인이 동의 여부를 표시하도록 하고 개인정보처리자 등(또는 위치정보사업자등)이 그 동의 표시를 확인했음을 법정대리인의 휴대전화 문자 메시지로 알리는 방법

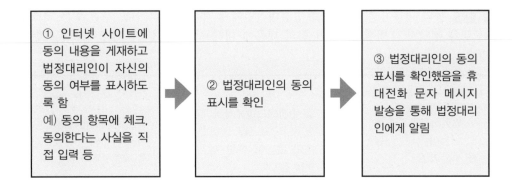

동의 내용을 게재한 인터넷 사이트에 법정대리인이 동의 여부를 표시하도록 하고 법정대리인의 신용카드·직불카드 등의 카드정보를 제공받는 방법

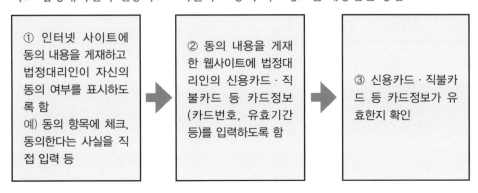

동의 내용을 게재한 인터넷 사이트에 법정대리인이 동의 여부를 표시하도록 하고 법정대리인의 휴대전화 본인인증 등을 통해 본인 여부를 확인하는 방법

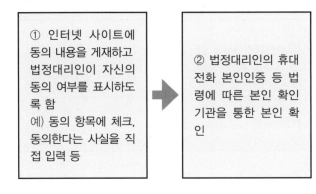

예시4 동의 내용이 적힌 서면을 법정대리인에게 직접 발급하거나, 우편 또는 팩스를 통해 전달하고 법정대리인이 동의 내용에 대해 서명날인한 후 제출하도록 하는 방법

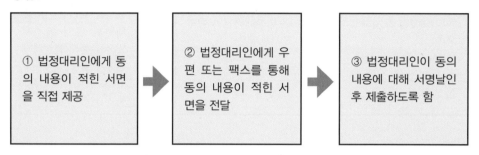

① 법정대리인에게 동의 내용이 적힌 서면을 직접 제공 ▶ ② 법정대리인에게 우편 또는 팩스를 통해 동의 내용이 적힌 서면을 전달 ▶ ③ 법정대리인이 동의 내용에 대해 서명날인 후 제출하도록 함

예시5 동의 내용이 적힌 전자우편을 발송해 법정대리인으로부터 동의의 의사표시가 적힌 전자우편을 전송받는 방법

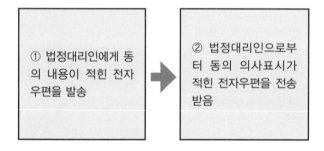

① 법정대리인에게 동의 내용이 적힌 전자우편을 발송 ▶ ② 법정대리인으로부터 동의 의사표시가 적힌 전자우편을 전송받음

예시6 전화를 통해 동의 내용을 법정대리인에게 알리고 동의를 얻거나 인터넷주소 등 동의 내용을 확인할 수 있는 방법을 안내하고 재차 전화 통화를 통해 동의를 얻는 방법

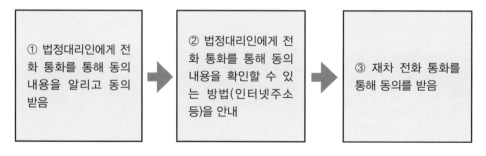

① 법정대리인에게 전화 통화를 통해 동의 내용을 알리고 동의 받음 ▶ ② 법정대리인에게 전화 통화를 통해 동의 내용을 확인할 수 있는 방법(인터넷주소 등)을 안내 ▶ ③ 재차 전화 통화를 통해 동의를 받음

o 그 밖에 제1호부터 제6호까지의 규정에 따른 방법에 준하는 방법으로 법정대리인에게 동의 내용을 알리고 동의의 의사표시를 확인하는 방법

예시 1 태블릿 PC, 애플리케이션 등을 통해 동의 여부를 표시하도록 하고 법정대리인의 휴대전화 본인인증 등을 통해 본인 여부를 확인하는 방법

예시 2 법정대리인에게 동의 내용이 적힌 문자메시지를 발송하고 링크를 통해 웹사이트에 접속하도록 해 동의의 의사표시를 확인하는 방법 등

〈출처: 개인정보보호 관련 법령 및 가이드〉

2022. 7.

아동 · 청소년
개인정보보호
가이드라인

개인정보보호위원회
Personal Information Protection Commission

⚒ 증적 자료

- 개인정보 수집 양식(홈페이지 회원가입 등)

- 개인정보처리방침

- 법정대리인 동의 기록

- 개인정보 수집 및 이용 동의 기록

- 개인정보의 수집·이용 동의 시 적용 받는 법률에 따라 항목 누락 없이 동의를 받고 있는지 확인한다.
- 개인정보보호법 대상의 경우 동의를 거부할 권리가 있다는 사실 및 동의 거부에 따른 불이익이 있는 경우에는 그 불이익의 내용을 명시했는지 확인한다.
- 개인정보 수집 동의 시 수집되는 개인정보 항목을 구체적으로 명시하지 않고 '~등'과 같이 포괄적으로 안내하는 것이 있는지 확인한다.
- '홍보 및 마케팅' 목적으로 개인정보를 수집하면서 '부가서비스 제공', '제휴 서비스 제공' 등과 같이 목적을 모호하게 안내하는 경우 또는 다른 목적으로 수집하는 개인정보와 구분하지 않고 포괄 동의를 받는 경우가 없는지 확인한다.

3.1.2 개인정보 수집 제한

개인정보를 수집하는 경우 처리 목적에 필요한 최소한의 개인정보만을 수집하여야 하며, 정보주체가 선택적으로 동의할 수 있는 사항 등에 동의하지 아니한다는 이유로 정보주체에게 재화 또는 서비스의 제공을 거부하지 않아야 한다.

🔒 정보주체(이용자)의 개인정보가 수집되는 경우 법률 근거, 법령상 의무준수, 계약의 체결·이행 등 그 목적에 필요한 범위에서 최소한의 개인정보가 수집될 수 있도록 관리해야 한다. 이 경우 최소한의 개인정보에 대한 입증책임은 개인정보처리자가 부담한다.

🔒 필수로 수집하는 개인정보가 서비스 제공 등에 필요한 최소한의 개인정보임을 입증할 수 있어야 하며, 이때 최소한의 개인정보란 해당 서비스의 본질적 기능을 위하여 반드시 필요한 정보를 말한다.

💡 실무 사례

※ 최소정보(예시)

분야	항목
쇼핑몰 상품 배송에 필요한 개인정보	최소한의 개인정보 – 상품 배송 위해 수집한 성명, 전화번호, 배송주소 등 최소정보의 범위를 벗어난 예 – 직업, 생년월일 등 배송과 관련 없는 개인정보를 요구 시

분야	항목
경품 이벤트 응모시 개인정보	최소한의 개인정보 – 이벤트 응모 고객에게 경품 당첨 사실 전달에 필요한 개인정보 최소한의 정보를 벗어난 예 – 사생활에 대한 정보 (대출 여부, 기혼여부, 자녀 수 등) – 고유식별정보, 민감정보 등
취업 희망자 개인정보	최소한의 개인정보 – 업무 능력 판단 위한 경력, 학력, 자격증 등 최소한의 정보를 벗어난 예 – 결혼유무, 부모직업, 전월세 여부, 결혼유무, 본적(원적)에 대한 정보

🔒 정보주체(이용자)의 동의를 받아 개인정보를 수집하는 경우 필요한 최소한의 정보 외의 개인정보 수집에는 동의하지 않을 수 있다는 사실을 구체적으로 알려야 하며, 필수적인 정보가 어떤 정보인지 정보주체가 쉽게 알아볼 수 있도록 구분해서 고지해야 한다.

🔒 정보주체가 수집 목적에 필요한 최소한의 정보 이외의 개인정보를 제공하지 않는다는 이유로 서비스 또는 재화의 제공을 거부하지 않도록 하여야 하며, 정보주체가 선택항목에 대한 동의를 거부하더라도 서비스의 이용이 가능하다는 사실을 명확하게 표시하여 알 수 있도록 고지해야 한다.

⚒ 증적 자료

- 개인정보 수집 및 이용 동의 양식(홈페이지 회원가입 등)
- 개인정보 처리방침

💡 실무 사례

개정 법령 의미 및 시사점

- 개인정보보호법 [개정 전]

  - 인기있는 쇼핑, 배달, 숙박 등 플랫폼 서비스에 서비스 가입 시 정보주체의 개인정보는 회원가입시에 동의형태로 무조건 제공되고, 서비스를 무료로 이용하는 형태로 구성되

어 있었음.

- 온라인 플랫폼 사업자는 정보통신망법 특례 조항에 의해 이용자의 개인정보 수집 시 사업자는 반드시 체크 박스 등의 개인정보 수집 및 이용 동의절차를 구현했으며, 동의 후 가입이 되어야 이용자는 서비스를 제공받을 수 있었음

■ 개인정보보호법 [개정 후]

- 개인정보보호법 개정에 따라 계약 체결 이행에 필수적인 정보들은 동의 없이 수집하고 서비스 제공과 본질적인 관련 없는 내용에 대해서만 선택 동의로 해야 함
- 서비스 제공과 본질적으로 관련 있는 내용들은 동의 없이 사업자가 수집해 가고 입증 책임은 당연히 사업자가 지게 됨
- 여전히 필수로 수집되는 항목이 해당 서비스의 필수 항목임을 입증하는 건 개인정보처 리자의 책임이라는 부분은 변함이 없음

위 내용은 2024년 9월 15일부터 적용(2023년 11월 발간된 ISMS 인증기준 해설서에 명시 됨)되므로, 해당 시점 이후에는 개인정보보호위원회 가이드 및 공지 사항을 주목할 필요가 있다.

📝 **심사원 중점 검토사항**

- 개인정보처리자가 계약 체결 및 이행을 근거로 정보주체(이용자)의 동의 없는 개인정보 를 수집하거나, 불필요한 개인정보를 요구하고 있는지 확인한다
- 직원을 채용하는 경우 입사지원단계, 합격 후 채용 단계에서 직무와 직접 관련이 없는 불필요한 개인정보 등을 요구하여 개인정보 최소 수집 원칙이 위반되는 사항은 없는지 확인한다.
- '홍보 및 마케팅' 목적으로 개인정보를 수집하면서 '부가서비스 제공', '제휴 서비스 제공' 등과 같이 목적을 모호하게 안내하는 경우 또는 다른 목적으로 수집하는 개인정보와 구 분하지 않고 포괄 동의를 받는 경우가 없는지 확인한다

3.1.3 주민등록번호 처리 제한

주민등록번호는 법적 근거가 있는 경우를 제외하고는 수집·이용 등 처리할 수 없으며, 주민등록번호의 처리가 허용된 경우라 하더라도 인터넷 홈페이지 등에서 대체수단을 제공하여야 한다.

인증대상 기관 준비사항

🔒 **주민등록번호는 명확한 법적 근거가 있는 경우에만 처리될 수 있다.**

주민등록번호는 개개인정보보호 관련 법령에서 수집 및 처리를 제한하고 있어 일반적인 개인정보처리자는 주민등록번호를 수집 및 처리할 수 없다. 다만 다음과 같이 예외적인 경우에는 수집 및 처리를 할 수 있다.

🔒 **주민등록번호의 수집 근거가 되는 법조항을 구체적으로 식별하고 있어야 하며, 법적 근거에 따라 정보주체(이용자)의 주민등록번호 수집이 가능한 경우에도 아이핀, 휴대폰 인증 등 주민등록번호를 대체하는 수단을 제공해야 한다.**

💡 실무 사례

다음과 같이 정보주체(이용자)의 주민등록번호 수집이 가능한 경우에도 아이핀, 휴대폰 인증 등 주민등록번호를 대체하는 수단을 제공해야 한다.

그림 3-21 아이핀 제공 화면(예시)

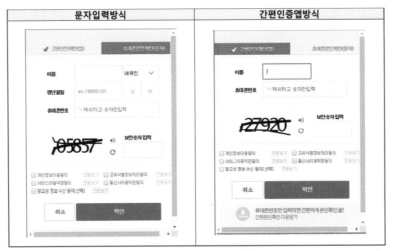

문자입력방식	간편인증앱방식

그림 3-22 휴대폰 인증 화면(예시)

⚒ 증적 자료

- 개인정보 수집 및 이용 동의 양식(홈페이지 회원가입 등)
- 주민등록번호 대체 수단 제공 페이지
- 개인정보처리방침

📝 심사원 중점 검토사항

- 회원가입 시 실명확인, 단순 회원관리 목적을 위해 정보주체(이용자)의 동의에만 근거해 주민등록번호를 수집하는 경우는 없는지 확인한다.
- 채용페이지, 고객센터에 상품 및 서비스 관련 문의 등 업무 목적으로 법적 근거 없이 주민등록번호를 수집하는 경우가 있는지 확인한다.
- 주민등록번호 수집 제한 관련 법률이 제정되기 이전에 수집한 주민등록번호를 현재 법적 근거 없이 저장돼 있는 것은 없는지 확인한다.
- 홈페이지 회원가입 단계에서 대체수단을 제공하는지 여부를 확인한다.

3.1.4 민감정보 및 고유식별정보의 처리 제한

민감정보와 고유식별정보(주민등록번호 제외)를 처리하기 위해서는 법령에서 구체적으로 처리를 요구하거나 허용하는 경우를 제외하고는 정보주체의 별도 동의를 받아야 한다.

민감정보란 사상 · 신념, 노동조합 · 정당의 가입 · 탈퇴, 정치적 견해, 건강, 성생활 등에 관한 정보, 그 밖에 정보주체의 사생활을 현저히 침해할 우려가 있는 개인정보로서 유전자검사 등의 결과로 얻어진 유전정보, 범죄경력자료, 개인의 신체적, 생리적, 행동적 특징에 관한 정보로서 특정 개인을 알아볼 목적으로 일정한 기술적 수단을 통해 생성한 정보, 인종이나 민족에 관한 정보에 해당하는 정보를 말한다.

고유식별정보란 개인을 고유하게 구별하기 위하여 부여된 식별정보로서 주민등록번호, 여권번호, 운전면허의 면허번호, 외국인등록번호를 말한다.

개인정보보호법 제23조 및 제24조에 따라 민감정보 또는 고유식별정보를 처리하려면 반드시 개인 정보주체(회원)의 동의를 받아야 한다.

개인정보보호법

제24조【고유식별정보의 처리 제한】 ① 개인정보처리자는 다음 각 호의 경우를 제외하고는 법령에 따라 개인을 고유하게 구별하기 위하여 부여된 식별정보로서 대통령령으로 정하는 정보(이하 "고유식별정보"라 한다)를 처리할 수 없다

1. 정보주체에게 제15조제2항 각 호 또는 제17조제2항 각 호의 사항을 알리고 다른 개인정보의 처리에 대한 동의와 별도로 동의를 받은 경우

2. 법령에서 구체적으로 고유식별정보의 처리를 요구하거나 허용하는 경우

② 삭제 〈2013. 8. 6.〉

③ 개인정보처리자가 제1항 각 호에 따라 고유식별정보를 처리하는 경우에는 그 고유식별정보가 분실 · 도난 · 유출 · 위조 · 변조 또는 훼손되지 아니하도록 대통령령으로 정하는 바에 따라 암호화 등 안전성 확보에 필요한 조치를 하여야 한다. 〈개정 2015. 7. 24.〉

④ 보호위원회는 처리하는 개인정보의 종류 · 규모, 종업원 수 및 매출액 규모 등을 고려하여 대통령령으로 정하는 기준에 해당하는 개인정보처리자가 제3항에 따라 안전성 확보에 필요한 조치를 하였는지에 관하여 대통령령으로 정하는 바에 따라 정기적으로 조사하여야 한다. 〈신설 2016. 3. 29., 2017. 7. 26., 2020. 2. 4.〉

⑤ 보호위원회는 대통령령으로 정하는 전문기관으로 하여금 제4항에 따른 조사를 수행하게 할 수 있다. 〈신설 2016. 3. 29., 2017. 7. 26., 2020. 2. 4.〉

🔒 **민감정보는 정보주체(이용자)로부터 별도의 동의를 받거나 관련 법령에 근거가 있는 경우에만 처리해야 한다.**

민감정보는 정보주체(이용자)로부터 다른 개인정보의 처리에 대한 동의와 별도로 동의를 받은 경우나 법령에서 구체적으로 민감정보의 처리를 요구하거나 허용하는 경우에만 수집할 수 있다.

※ 민감정보: 사상·신념, 정치적 견해, 노동조합·정당의 가입·탈퇴 관련 정보, 건강 및 성생활에 관한 정보, 사생활을 현저하게 침해할 우려가 있는 개인정보

개인정보보호법

제23조【민감정보의 처리 제한】 ①개인정보처리자는 사상·신념, 노동조합·정당의 가입·탈퇴, 정치적 견해, 건강, 성생활 등에 관한 정보, 그 밖에 정보주체의 사생활을 현저히 침해할 우려가 있는 개인정보로서 대통령령으로 정하는 정보(이하 "민감정보"라 한다)를 처리하여서는 아니 된다. 다만, 다음 각 호의 어느 하나에 해당하는 경우에는 그러하지 아니하다. 〈개정 2016. 3. 29.〉

1. 정보주체에게 제15조제2항 각 호 또는 제17조제2항 각 호의 사항을 알리고 다른 개인정보의 처리에 대한 동의와 별도로 동의를 받은 경우
2. 법법령에서 민감정보의 처리를 요구하거나 허용하는 경우
② 개인정보처리자가 제1항 각 호에 따라 민감정보를 처리하는 경우에는 그 민감정보가 분실·도난·유출·위조·변조 또는 훼손되지 아니하도록 제29조에 따른 안전성 확보에 필요한 조치를 하여야 한다. 〈신설 2016. 3. 29.〉
③ 개인정보처리자는 재화 또는 서비스를 제공하는 과정에서 공개되는 정보에 정보주체의 민감정보가 포함됨으로써 사생활 침해의 위험성이 있다고 판단하는 때에는 재화 또는 서비스의 제공 전에 민감정보의 공개 가능성 및 비공개를 선택하는 방법을 정보주체가 알아보기 쉽게 알려야 한다. 〈신설 2023. 3. 14.〉

🔒 **고유식별정보(주민등록번호 제외)는 정보주체(이용자)로부터 별도의 동의를 받거나 관련 법령에 구체적인 근거가 있는 경우에만 처리해야 한다.**

고유식별정보는 정보주체(이용자)로부터 다른 개인정보의 처리에 대한 동의와 별도

로 동의를 받는 경우나 법령에서 구체적으로 고유식별정보의 처리를 요구하거나 허용하는 경우에만 수집할 수 있다.

※ 고유식별정보: 주민등록번호, 여권번호, 운전면허번호, 외국인 등록번호

💡 실무 사례

고유식별정보, 민감정보 등을 수집받기 위해서는 반드시 법령에서 수집을 허용하고 있는지 검토해야 하며, 별도 동의 절차를 거쳐야 한다. 기업 및 기관 등에서는 고유식별정보 및 민감정보를 수집할 때 반드시 별도 동의를 받는 절차를 마련해야 한다.

표 3-42 개인정보 수집 · 이용(예시)

개인정보 수집 · 이용에 관한 사항	
수집 · 이용 목적	채용 여부 결정, 신용 조회, 근로계약 절차 진행 및 관리, 경력 · 자격 등 확인(조회 및 검증)
수집 · 이용할 항목	[필수 정보] 가. 본인 식별 개인 정보 - 사진, 성명, 고유식별정보, 국적, 주소, 전화번호, 전자메일 주소 등 연락처나 건강정보: 채용절차상 신체검사 대상자에 한함 [선택 정보] 경력사항, 성적 · 자격 · 수상사항, 학력사항, 활동사항(교내외, 예체능활동), 특별사항(병역, 장애, 보훈사항) 등
보유 · 이용기간	위 개인정보는 수집 · 이용에 관한 동의일로부터 채용절차 종료 시까지 위 이용목적을 위해 보유 · 이용됩니다. 단, 채용절차 종료 후에는 분쟁, 민원처리 및 법령상 의무 이행을 위해 최소의 범위내에서만 보유 · 이용됩니다.
동의를 거부할 권리 및 동의를 거부할 경우의 불이익	위 개인정보 중 필수적 정보의 수집 · 이용에 관한 동의는 채용 심사를 위해 필수적이므로, 위 사항에 동의해야만 채용절차의 진행이 가능합니다. 위 개인정보 중 선택적 정보의 수집 · 이용에 관한 동의는 거부할 수 있으며, 다만 동의하지 않으시는 경우 우대자격 인정 등에 있어 불이익을 받을 수 있습니다.
수집 · 이용 동의 여부	귀사가 이와 같이 본인의 개인정보를 수집 · 이용하는 것에 동의합니다. ■ 필수적 정보 (동의함 □　동의하지 않음 □) ■ 선택적 정보 (동의함 □　동의하지 않음 □)
고유식별정보 동의 여부	위 목적으로 본인의 고유식별정보를 수집 · 이용하는 것에 동의합니다. 고유식별정보: 여권번호　(동의함 □　동의하지 않음 □)
민감정보 동의 여부	위 목적으로 본인의 민감정보를 수집 · 이용하는 것에 동의합니다. (※민감정보 수집 및 이용에 동의해야 신체검사 등 다음 절차 진행이 가능합니다.) 민감정보: 건강관련정보　(동의함 □　동의하지 않음 □)

✖ 증적 자료

- 개인정보 수집 및 이용 동의(홈페이지 회원가입 등)
- 사내에서 처리하고 있는 고유식별정보(또는 민감정보)처리 기준 현황
- 개인정보처리방침

3.1.5 개인정보 간접수집

정보주체(이용자) 이외로부터 개인정보를 수집하거나 제3자로부터 제공받는 경우에는 업무에 필요한 최소한의 개인정보를 수집하거나 제공받아야 하며, 법령에 근거하거나 정보주체(이용자)의 요구가 있으면 개인정보의 수집 출처, 처리목적, 처리정지의 요구권리를 알려야 한다.

인증대상 기관 준비사항

- 🔒 정보주체(이용자) 이외로부터 개인정보를 제공받는 경우 개인정보 수집에 대한 동의획득 책임이 개인정보를 제공하는 자에게 있음을 계약을 통해 명시해야 한다.

- 🔒 공개된 매체 및 장소에서 개인정보를 수집하는 경우 정보주체(이용자)의 공개 목적·범위 및 사회 통념상 동의 의사가 있다고 인정되는 범위 내에서만 수집·이용해야 한다.

- 🔒 서비스 계약 이행을 위해 필요한 경우로서, 사업자가 서비스 제공 과정에서 자동수집장치 등에 의해 수집·생성하는 개인정보(이용내역 등)의 경우에도 최소 수집 원칙을 적용해야 한다.

🔒 사업자가 서비스 제공과정에서 수집되는 개인정보는 최소 수집 원칙을 제공해야 한다. 서비스 제공 계약 이행과는 무관한 목적으로 이용하기 위해 수집하는 경우에는 선택 동의 항목으로 분류해 별도의 사전 동의를 받는 것이 필요하다.

💡 실무 사례

개인정보처리방침내 서비스 이용과정 및 사업 처리 과정에서의 자동 생성 정보를 정보주체에게 공개하는 것이 필요하다.

표 3-41 개인정보 자동 수집 정보 처리방침 기록(예시)

> 7. 서비스 이용과정이나 사업처리과정에서의 자동생성 정보
>   가. 서비스 이용기록, 접속로그, 쿠키, 접속 IP 정보, 결제기록, 이용정지기록, 기기고유번호
>   (디바이스 아이디 또는 IMEI)

🔒 정보주체(이용자) 이외로부터 수집하는 개인정보에 대해 정보주체(이용자)의 요구가 있는 경우 즉시 필요한 사항을 정보주체(이용자)에게 알려야 한다.

정보주체 이외로부터 수집하는 개인정보는 정보주체의 요구가 있는 경우 개인정보의 수집 출처, 개인정보의 처리 목적, 개인정보 처리의 정지를 요구할 권리가 있다는 사실을 정당한 사유가 없는 한 정보주체(이용자)의 요구가 있은 날로부터 3일 이내에 알려야 한다(표준 개인정보 보호지침 제9조제1항). 또한 고지로 인해 다른 사람의 생명·신체를 해할 우려가 있는 등으로 인해 정보주체(이용자)의 요구를 거부하는 경우에는 정당한 사유가 없는 한 정보주체의 요구가 있는 날로부터 3일 이내에 그 거부의 근거와 사유를 알려야 한다(표준 개인정보보호지침 제9조제2항).

🔒 정보주체 이외로부터 수집한 개인정보를 처리하는 때에는 개인정보의 종류·규모 등 법적 요건에 해당하는 경우 필요한 사항을 정보주체(이용자)에게 통지하여야 한다.

구분	내용
통지 의무가 부과되는 조건	• 통지 의무가 부과되는 조건
통지 의무가 부과되는 개인정보 처리자 요건	• 5만 명 이상 정보주체에 관한 민감정보 또는 고유식별정보를 처리하는 자 • 100만 명 이상의 정보주체에 관한 개인정보를 처리하는 자 ※ (정보주체수 산정기준) 전년도말 기준 직전 3개월 간 일일평균 기준
통지하여야 할 사항	• 개인정보의 수집 출처 • 개인정보의 처리 목적 • 개인정보 처리의 정지를 요구하거나 동의를 철회할 권리가 있다는 사실
통지 시기	• 개인정보를 제공받은 날로부터 3개월 이내 • 다만, 법 제17조제2항제1호부터 제4호까지의 사항에 대하여 같은 조 제1항제1호에 따라 정보주체의 동의를 받은 범위에서 연 2회 이상 주기적으로 개인정보를 제공받아 처리하는 경우에는 개인정보를 제공받은 날부터 3개월 이내에 정보주체에게 알리거나 그 동의를 받은 날부터 기산하여 연 1회 이상 정보주체에게 알려야 함
통지 방법	• 서면 · 전자우편 · 전화 · 문자전송 등 정보주체가 통지 내용을 쉽게 확인할 수 있는 방법 • 재화 및 서비스를 제공하는 과정에서 정보주체가 쉽게 알 수 있도록 알림창을 통해 알리는 방법
통지 예외	• 통지를 요구하는 대상이 되는 개인정보가 제32조제2항 각 호의 어느 하나에 해당하는 개인정보 파일에 포함되어 있는 경우 • 통지로 인하여 다른 사람의 생명 · 신체를 해할 우려가 있거나 다른 사람의 재산과 그 밖의 이익을 부당하게 침해할 우려가 있는 경우 ※ 다만, 이 법에 따른 정보주체의 권리보다 명백히 우선하는 경우에 한함
기타	• 법 제20조제2항에 따라 개인정보의 수집 출처 등에 관한 사항을 알리는 것과 법 제20조의2제1항에 따른 이용 · 제공 내역의 통지를 함께 할 수 있음 • 정보주체에게 수집 출처에 대하여 알린 기록을 해당 개인정보의 파기 시까지 보관 · 관리(정보주체에게 알린 사실, 알린 시기, 알린 방법)

🔒 본 개인정보 수집 출처 통지 의무는 개인정보 보호법 제17조제1항제1호에 따라 정보주체의 동의를 받아 개인정보를 제공한 개인정보처리자로부터 수집한 개인정보에 대해서만 적용되므로 신용정보법에 따라 동의를 받아 개인정보를 제공한 자로부터 수집한 개인정보 또는 법령에 따라 제공받은 개인정보에 대해서는 적용되지 않음(개인정보 보호 법령 및 지침 · 고시 해설서)

🔒 개인정보처리자가 수집한 정보에 연락처 등 정보주체에게 알릴 수 있는 개인정보가 포함되지 않은 경우에는 알리지 않아도 됨

💡 실무 사례

정보주체 이외로부터 수집한 개인정보가 있는 경우 수집 출처를 90일 이내 정보주체에게 고지해야 한다.

표 3-43 정보주체 이외로부터 수집한 개인정보 고지(예시)

안녕하세요, (주) 가나다라 회원님

(주) 가나다라는 관련 법령에 의거해, 정보주체 이외로부터 수집한 개인정보의 수집 출처를 고지해드리고 있습니다.

회원님은 아래와 같이 당사 멤버십 서비스 이용을 위한 개인정보의 제공에 동의하셨습니다.

제공하는 자   ㅇㅇ카드

회원님께서 본인의 개인정보 처리 정지를 요구할 권리가 있으나, 처리 정지 시 (주) 가나다라 멤버십 서비스 이용이 불가해 다양한 혜택을 제공받을 수 없으며 제휴사를 통해 당사 서비스를 이용할 경우 이용의 제한이 있을 수 있습니다.

계속적으로 (주) 가나다라 멤버십 서비스 이용을 원하시는 경우, 현 상태를 유지해주시면 됩니다.

감사합니다.

🔒 정보주체(이용자) 이외로부터 수집한 개인정보를 처리할 때는 개인정보의 종류 · 규모 등이 법적 요건에 해당하는 경우 필요한 사항을 정보주체(이용자)에게 알려야 하며, 알린 기록을 해당 개인정보의 파기 시까지 보관 · 관리해야 한다.

✕ 증적 자료

* 개인정보 제공 관련 계약서(제공하는 자와의 계약 사항)
* 개인정보 수집내역에 대한 정보주체(이용자) 고지 내역
* 개인정보처리방침

3.1.6 영상정보처리기기 설치·운영

고정형 영상정보처리기기를 공개된 장소에 설치·운영하거나 이동형 영상정보처리기기를 공개된 장소에서 업무를 목적으로 운영하는 경우 설치 목적 및 위치에 따라 법적 요구사항을 준수하고, 적절한 보호대책을 수립·이행하여야 한다.

시행된 개정 개인정보보호법에서는

- 이동형 영상정보처리기기가 부착된 자율주행차, 드론, 배달 로봇 등이 안전하게 운행될 수 있도록 합리적인 기준을 마련
- 그동안 이동형 영상정보처리기기는 일상생활에서 광범위하게 사용되고 있는 현실과는 달리 명확한 규정 없이 운영되어 왔기에, 이동형 영상정보처리기기를 업무 목적으로 운영할 경우 촬영사실을 명확하게 표시하도록 하는 등 운영 기준을 마련하였음

이동형 영상정보처리기기란

사람이 신체에 착용 또는 휴대하거나 이동 가능한 물체에 부착 또는 거치하여 사람 도는 사물의 영상 등을 촬영하거나 이를 유·무선망을 통하여 전송하는 장치(개인정보 보호법 제2조제7호)

착용형 장치	휴대형 장치	부착·거치형 장치
• 안경 또는 시계 등 사람의 신체 또는 의복에 착용하여 영상 등을 촬영하거나 촬영한 영상을 수집·저장 또는 전송하는 장치 예: 스마트 안경, 의료용 카메라, 액션 캠, 웨어러블 카메라 등	• 이동통신단말장치 또는 디지털 카메라 등 사람이 휴대하면서 영상 등을 촬용하거나 촬영한 영상을 수집·저장 또는 전송하는 장치 예 : 스마트폰, 캠코더, 디지털 카메라 등	• 차량이나 드론 등 이동 가능한 물체에 부착 또는 거치하여 영상 등을 촬영하거나 촬용한 영상을 수집·저장 또는 전송하는 장치예 : 배달로봇, 드론, 자율 주행차, 이동형 주차 단속 카메라 등의 카메라

개정된 제도 안내

- 개인정보보호법 제25조의2는 공개된 장소에서 업무 목적으로 이동형 영상정보처리기기를 이용하여 개인영상정보를 촬영하는 행위를 원칙적으로 제한하고 있음

  예) 개인정보 수집 · 이용 사유(제15조제1항 각 호*)에 해당하거나, 정보주체가 촬영 사실을 알 수 있었으나 거부의사를 밝히지 않은 경우 촬영을 허용함

  예) 정보주체의 동의를 받은 경우, 정보주체와 체결한 계약을 이행하거나 계약을 체결하는 과정에서 정보주체의 요청에 따른 조치를 이행하기 위하여 필요한 경우 등

- 촬영을 하는 경우에는 불빛, 소리, 안내판 등으로 촬영 사실을 표시하도록 하는 등 이동형 영상정보처리기기의 운영 기준을 마련함

  예) 자율주행차, 로봇, 드론 등이 주행 경로 주변의 영상을 촬영하여 장애물 파악 및 회피 등에 활용할 수 있도록 함

  참조 : 개인정보보호법 제25조의2(이동형 영상정보처리기기 운영 제한)

그림 3-23 개인정보보호법 제 25조2에 따른 드론 촬영 사실 공지 제도 안내

🔒 공개된 장소에 영상정보처리기기를 설치 · 운영할 경우 법적으로 허용한 장소 및 목적인지 검토하고, 영상정보처리기기 설치 · 운영 시 정보주체가 쉽게 인식할 수 있도록 안내판 설치 등 필요한 조치를 취해야 한다.

공공기관이 공개된 장소에 영상정보처리기기를 설치 · 운영하려는 경우 공청회 · 설명회 개최 등의 법령에 따른 절차를 거쳐 관계 전문가 및 이해관계인의 의견을 수렴해야 한다.

💡 실무 사례

영상정보처리기기 설치 · 운영 시 정보주체가 쉽게 인식할 수 있도록 다음과 같이 안내판을 설치해야 한다. 안내판에 CCTV 그림 등을 표시해 정보주체가 쉽게 인식할 수 있도록 하는 것이 바람직하다.

CCTV 설치 안내

◆ **설치목적** : 범죄 예방 및 시설안전

◆ **설치장소** : 출입구의 벽면/천장, 엘리베이터/ 각층의 천장

◆ **촬영범위** : 출입구, 엘리베이터 및 각층 복도(360°회전)

◆ **촬영시간** : 24시간 연속 촬영

◆ **관리책임자** : 0000과 홍길동 (02-000-0000)

(설치·운영을 위탁한 경우)

◆ **수탁관리자** : 0000업체 박길동 (02-000-0000)

그림 3-24 CCTV 설치 안내문(예시)

🔒 영상정보처리기기 및 영상정보의 안전한 관리를 위한 영상정보처리기기 운영 · 관리 방침을 마련해 시행해야 한다.

영상정보의 보관 기간을 정하고 있으며, 보관 기간 만료 시 지체 없이 삭제해야 하

며, 영상정보처리기기 설치·운영에 관한 사무를 위탁하는 경우 관련 절차 및 요건에 따라 계약서에 반영해야 한다.

- 위탁하는 사무의 목적 및 범위
- 재위탁 제한에 관한 사항
- 영상정보에 대한 접근 제한 등 안전성 확보 조치에 관한 사항
- 영상정보의 관리 현황 점검에 관한 사항
- 위탁받는 자가 준수해야 할 의무를 위반한 경우의 손해배상 등 책임에 관한 사항
- 영상정보처리기기의 설치 및 관리에 관한 사무를 위탁한 경우, 안내판에 위탁받는 자의 명칭 및 연락처를 포함해야 함

💡 실무 사례

'영상정보처리기기 설치, 운영 가이드라인'과 관련된 자료는 개인정보보호위원회에서 운영하는 개인정보보호종합포털(www.privacy.go.kr)에서 참고할 수 있으며, 다음과 같이 영상정보처리기기 운영 관리 방침을 푸터 영역 등의 하단에 명기하고 공개해야 한다.

| 홈페이지 도우미 | 개인정보처리방침 | 저작권 정책 | 영상정보처리기기 운영 관리방침 | 홈페이지 바로잡기 | 사이트맵 |

그림 3-25 영상정보처리기기 운영 관리방침 공개(예시)

해당 가이드는 민간기업 및 공공기관에서 활용할 수 있는 영상정보처리기기 운영 관리 방침이 예시로 포함돼 있어 민간 및 공공기관에서는 해당 내용을 참고해 각 기관에 맞게 사용할 수 있다.

2023. 1. 인사노무 업무에 관한 개인정보보호 가이드라인

1. '사업장 내 근로자 감시 설비의 설치'는 노사협의회 협의 대상(근로자참여법 제20조)

CCTV 설치·도입 시에 노사협의회에서 "협의"를 거쳐야 하며, 충분한 협의는 근로자 보호 측면 뿐만 아니라 디지털 장치 도입의 정당성을 강화하는 근거가 될 수 있음

2. CCTV 도입에 따른 개인정보 수집·이용을 위해서는 개인정보의 수집·이용 목적, 수집항목 등을 근로자에게 사전에 알리고 "동의"를 받는 것이 원칙

사용자가 근로자의 동의 없이 CCTV를 설치·도입한 경우에는 법적 분쟁이 발생하였을 때 사용자에게 부담으로 작용할 수 있음

3. CCTV를 설치·도입 시 "개인정보보호"에 대한 대책을 마련해야 함

예)
- 개인정보 처리 내용과 보유기간 등을 고려하여 최소 개인정보 수집
- 설치 목적에 맞도록 CCTV 촬영범위 조정
- CCTV 작동이 필요 없는 경우에는 촬영을 정지

직장 내 사무실에 직원 동의 없이 CCTV를 설치해도 되는지

(문의) 40인 이상 근무하는 사무실에 다니고 있습니다. 다름이 아니라 회사에서 직원들과 협의 없이 사무실 내 CCTV를 설치하려고 합니다. 「개인정보 보호법」 위반이 아닌지요?

(답변) 사무실 출입구 등에 보안 목적으로 CCTV를 설치하는 경우 동의 없이 가능하나, 사무실 내에 직원 감시 등 목적으로 설치하려면 직원의 동의나 노사협의 필요
  - ○ 공개된 장소가 아닌 경우 「개인정보 보호법」 제25조의 영상정보처리기기의 설치·운영이 적용되지 않아 제15조 제1항 제1호의 정보주체로부터 동의를 받은 경우 또는 개인정보처리자의 이익을 달성하기 위하여 필요한 경우로서 명백하게 정보 주체의 이익보다 우선하는 경우 등에 한하여 제한적 범위에서 CCTV를 설치·운영 할 수 있음
    - 한편, 사업장에서 근로자 감시 설비로 CCTV를 설치하려면 「근로자참여 및 협력증진에 관한 법률」 제20조 제14호에 따라 노사협의 후 설치하거나 「개인 정보 보호법」 제15조에 따라서 동의를 받아 설치·운영할 수 있음

CCTV 영상을 노트북에 송출하여 직원 근태관리를 해도 되는지?

(문의) 안녕하십니까? 모 대학에서 근무하는 경비원입니다. 이 곳은 경비 실장을 포함하여 4명이 격일제로 근무하는데, 경비 실장이 본인 노트북에 CCTV 프로그램을 설치하여 퇴근 후에도 집에서 근태를 확인하고 있습니다. 혹시, 법 위반이 아닌지요?

(답변) 개인 노트북으로 근태를 확인하려면 안전성 확보조치 및 노사협의 등이 필요함

○ 「개인정보 보호법」 제25조 제6항에 따라 영상정보처리기기운영자는 개인정보가 분실 · 도난 · 유출 · 위조 · 변조 또는 훼손되지 아니하도록 같은 법 제29조에 따라 안전성 확보에 필요한 조치를 하여야 함

 - 따라서, 영상정보처리기기운영자는 관리책임자 및 접근권한자를 지정하고, 개인 정보취급자별 사용자 계정 발급, 비밀번호 설정, 인가받지 않은 자에 의한 외부 접속 차단 등의 접근통제 조치도 취해야 하며, 접근 권한이 없는 자가 임의적 접근 및 조작을 하지 못하도록 모니터링 화면 옆이나 영상정보처리기기 본체에 안내판을 부착하여야 함. 위반 시 과태료에 해당함(영 제30조 및 표준지침 제3장)

 - 따라서 경비실장 개인 노트북에 CCTV 프로그램을 설치하여 근태를 확인하려면 안전성 확보조치 및 개인정보가 유출되지 않도록 주의 필요

 - 또한, CCTV로 근태를 관리하기 위해서는 「근로자참여 및 협력증진에 관한 법률」 제20조 제14호에 따라 노사협의 후 설치하거나 「개인정보 보호법」 제15조에 따라서 동의를 받아 설치 · 운영할 수 있음

출처: 2022년 개인정보보호법 표준 해석례 (개인정보보호위원회)

표 3-44 영상정보처리기기 운영·관리 방침(예시)

【 영상정보처리기기 운영·관리 방침 】

영상정보처리기기 운영·관리 방침을 통해 본 사에서 처리하는 영상정보가 어떠한 용도와 방식으로 이용·관리되고 있는지 알려드립니다.

1. 영상정보처리기기의 설치 근거 및 설치 목적
본 사는 「개인정보 보호법」 제25조 제1항에 따라 다음과 같은 목적으로 영상정보처리기기를 설치·운영합니다.

- 시설안전 및 화재 예방
- 고객의 안전을 위한 범죄 예방

 (주차장에 설치하는 경우)
 - 차량도난 및 파손방지
※ 주차대수 30대를 초과하는 규모의 경우 「주차장법 시행규칙」 제6조제1항을 근거로 설치·운영 가능

2. 설치 대수, 설치 위치 및 촬영 범위

설치 대수	설치 위치 및 촬영 범위
· OO대	· 건물로비, 주차장 입구

3. 관리책임자 및 접근권한자
귀하의 영상정보를 보호하고 개인영상정보와 관련한 불만을 처리하기 위해 아래와 같이 개인영상정보 보호책임자를 지정하고 있습니다.

	이름	직위	소속	연락처
관리책임자	홍길동		OOOO과	OO-OOOO-OOOO
접근권한자				

4. 영상정보의 촬영시간, 보관기간, 보관장소 및 처리 방법

촬영시간	보관기간	보관장소
24시간	촬영일로부터 30일	OOO실 (보관시설 명)

- 처리 방법: 개인영상정보의 목적 외 이용, 제3자 제공, 파기, 열람 등 요구에 관한 사항을 기록·관리하고, 보관기간 만료 시 복원이 불가능한 방법으로 영구 삭제(출력물의 경우 파쇄 또는 소각)합니다.

5. 영상정보처리기기 설치 및 관리 등의 위탁에 관한 사항(해당하는 경우만)

본 사는 아래와 같이 영상정보처리기기 설치 및 관리 등을 위탁하고 있으며, 관계 법령에 따라 위탁계약 시 개인정보가 안전하게 관리될 수 있도록 필요한 사항을 규정하고 있습니다.

수탁업체	담당자	연락처
○○시스템	홍길동	02) 000-0000

6. 개인영상정보의 확인 방법 및 장소에 관한 사항

- 확인 방법: 영상정보 관리책임자에게 미리 연락하고 본 사를 방문하시면 확인 가능합니다.
- 확인 장소: ○○부서 ○○팀

7. 정보주체의 영상정보 열람 등 요구에 대한 조치

귀하는 개인영상정보에 관해 열람 또는 존재확인·삭제를 원하는 경우 언제든지 영상정보처리기기 운영자에게 요구할 수 있습니다. 단, 귀하가 촬영된 개인영상정보 및 명백히 정보주체의 급박한 생명, 신체, 재산의 이익을 위해 필요한 개인영상정보에 한정됩니다.

본 사는 개인영상정보에 관해 열람 또는 존재확인·삭제를 요구한 경우 지체 없이 필요한 조치를 하겠습니다.

8. 영상정보의 안전성 확보조치

본 사는 처리하는 영상정보를 암호화 조치 등을 통해 안전하게 관리되고 있습니다. 또한 본 사는 개인영상정보보호를 위한 관리적 대책으로서 개인정보에 대한 접근권한을 차등부여하고 있고, 개인영상정보의 위·변조 방지를 위해 개인영상정보의 생성 일시, 열람 시 열람 목적·열람자·열람 일시 등을 기록해 관리하고 있습니다. 이 외에도 개인영상정보의 안전한 물리적 보관을 위하여 잠금장치를 설치하고 있습니다.

9. 개인정보처리방침 변경에 관한 사항

이 영상정보처리기기 운영·관리방침은 2024년 ○월 ○○일에 제정됐으며 법령·정책 또는 보안기술의 변경에 따라 내용의 추가·삭제 및 수정이 있을 시에는 시행하기 최소 7일 전에 본 사 홈페이지를 통해 변경사유 및 내용 등을 공지하도록 하겠습니다.

공고일자: 2024년 ○월 ○○일 / 시행일자 : 2024년 ○월 ○○일

✕ 증적 자료

- 영상정보처리기기 운영 현황
- 영상정보처리기기 안내판
- 영상정보처리기기 운영 · 관리방침
- 영상정보처리기기 관리화면(계정/권한 내역, 영상정보 보존기간 등)

3.1.7 마케팅 목적의 개인정보 수집 · 이용

재화나 서비스의 홍보, 판매 권유, 광고성 정보전송 등 마케팅 목적으로 개인정보를 수집 · 이용하는 경우 그 목적을 정보주체가 명확하게 인지할 수 있도록 고지하고 동의를 받아야 한다.

인증대상 기관 준비사항

🔒 **정보주체(이용자)에게 재화나 서비스를 홍보하거나 판매를 권유하기 위해 개인정보 처리에 대한 동의를 받는 경우 정보주체(이용자)가 이를 명확하게 인지할 수 있도록 알리고 별도 동의를 받아야 한다.**

- '홍보 및 마케팅' 목적으로 개인정보를 수집하면서 '부가서비스 제공', '제휴 서비스 제공' 등으로 목적을 기재하는 행위 금지
- 상품 홍보, 마케팅 목적으로 수집하는 개인정보는 다른 목적으로 수집하는 정보와 명확하게 구분해 동의를 받고 수집

- 재화나 서비스의 홍보 또는 판매 권유 등을 위하여 해당 개인정보를 이용하여 정보주체에게 연락할 수 있다는 사실을 명확하게 표시하여 알아보기 쉽도록 동의서 양식 구현(글씨의 크기, 색깔, 굵기 또는 밑줄 등을 통하여 그 내용을 명확히 표시)

실무 사례

개인정보보호위원회에서 발간한 「알기쉬운 개인정보처리 동의 안내서(2022.03)」에서 개인정보 최소 수집 기준에 대해서 상세하게 확인해볼 수 있다. 이 안내서를 발간함에 따라, 기존에 발간한 「개인정보 수집 최소화 가이드라인(2020.12)」, 「온라인 개인정보처리 가이드라인(2020.12)」은 폐지되었음이 개인정보보호위원회 홈페이지에 안내되어 있다. 본 교재에 안내된 최신 가이드를 실무에 적용할 수 있다.

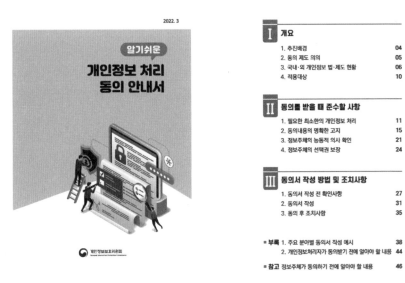

그림 3-26 알기쉬운 개인정보처리 동의 안내서 (2022.12) (개인정보보호위원회)

표 3-45 마케팅 용도 개인정보 수집(예시)

(주) 가나다라 회원가입 페이지

〈필수 항목〉

아이디(이메일)   [　　　　] @ [　　　　]

비밀번호   [　　　　　　　]

비밀번호 확인   [　　　　　　　]

이름   [　　　　　　　]

이용약관 동의 ☐

개인정보 수집 및 이용 동의 ☐

만 14세 이상입니다. ☐

▶ 필수항목에 대한 수집 및 이용 동의 안내

구분	목적	항목	보유 및 이용기간
필수	이용자 식별, 서비스 이행을 위한 연락	이름, 아이디, 비밀번호, 이메일	회원탈퇴 후 5일까지

〈선택 항목〉

생년월일   [　년도　] [　월　] [　일　]

성별   여자 ☐ 남자 ☐

생년월일과 성별 수집 및 이용 동의 ☐

이메일 마케팅 수신 동의 ☐

선택 항목에 대한 개인정보 수집 및 이용 동의 안내

구분	목적	항목	보유 및 이용기간
선택	맞춤 정보 제공(광고 및 마케팅)	생년월일, 성별	회원탈퇴 후 10일까지

🔒 **전자적 전송매체를 이용해 영리목적의 광고성 정보를 전송하는 경우 수신자의 명시적인 사전 동의를 받고 있으며, 2년마다 정기적으로 수신자의 수신동의 여부를 확인해야 한다.**

영리목적의 광고성 정보를 전송하는 경우 전송자의 명칭, 수신거부 방법 등을 구체적으로 밝히고 야간시간에는 전송하지 않도록 해야 한다. 또한 전자적 전송매체를 이용한 영리목적의 광고성 정보 전송에 대해 수신자가 수신거부의사를 표시하거나 사전 동의를 철회한 경우 영리목적의 광고성 정보 전송을 중단해야 한다.

🔒 **영리목적의 광고성 정보를 전송하는 경우 전송의 명칭, 수신거부 방법 등을 구체적으로 밝혀야 한다. 전자적 전송매체를 이용하여 영리목적의 광고성 정보 전송 시 함께 알려야 할 사항은 다음과 같다.**

1. 전송자의 명칭 및 연락처

2. 수신의 거부 또는 수신동의의 철회 의사표시를 쉽게 할 수 있는 조치 및 방법에 관한 사항

※ 정보통신망법 시행령 별표6(영리목적의 광고성 정보의 명시사항 및 명시방법) 준수

▶ 야간시간(오후 9시~그 다음날 오전 8시까지)에는 전자적 전송매체를 이용하여 영리목적의 광고성 정보 전송은 금지됨

- 야간시간에 광고성 정보를 전송하기 위해서는 별도의 수신동의가 필요하다. 다만, 전자우편의 경우 별도 동의가 없더라도 야간 전송 가능하다.

상세한 내용은 '불법 스팸 방지를 위한 정보통신망법 안내서'를 참고하여 업무를 진행하도록 한다.

💡 **실무 사례**

광고성 정보 수신동의 여부 확인은 2년마다 정기적으로 정보주체에게 안내해야 한다.

표 3-46 광고성 정보 수신동의 여부 확인(예시)

> (주)가나다라를 이용해주셔서 감사드립니다. (주) 가나다라에서 운영하는 ○○○○앱을 통한 광고성 정보 수신에 동의해주셔서 감사드립니다. 정보통신망법 제50조 제8항에 따라 '광고성 정보 수신 동의 여부'를 안내드리고자 하오니, 확인해주시면 감사하겠습니다.
>
> 회원님은 아래와 같이 (주)가나다라에서 운영하는 ○○○○앱을 통한 광고성 정보 수신에 동의하셨습니다. 수신 동의 여부 변경을 원하시는 경우, 아래의 '수신 철회 방법'을 참고하시기 바랍니다.

구분	수신동의 사실 및 날짜
• SMS	• 동의하지 않음
• App	• 2023.06.25
• mail	• 동의하지 않음

✕ 증적 자료

- 개인정보 수집 양식(홈페이지 회원가입 등)
- 개인정보처리방침
- 회원가입 페이지 내 필수항목, 선택 동의 항목 구현 화면
- 마케팅 수신 동의 기록
- 광고성 정보 발송 시스템 관리자 화면
- 광고성 정보 발송 문구

> ### 📝 심사원 중점 검토사항
>
> - 홍보 및 마케팅 목적으로 개인정보를 수집하면서 다른 목적으로 수집하는 개인정보와 구분하지 않고 전체 동의 등을 통해 포괄적으로 동의 받고 있는지 확인한다.
> - 광고성 정보 전송에 대해 거부의사를 밝혔으나 광고성 정보 전송이 지속적으로 이뤄지고 있는 것은 없는지 확인한다.
> - 회원가입 화면에서 문자, 이메일에 의한 광고성 정보 전송 수신 동의가 디폴트값으로 설정돼 있는지 확인한다.
> - 광고성 정보 수신동의 여부를 2년마다 정보주체에게 안내하고 있는지 확인한다.

나. 사례 연구

인증심사원 홍길동은 (주)가나다라의 인증심사에 참여해 개인정보 수집 시 보호조치 현황을 확인하기로 했다. 문서 검토, 담당자 인터뷰, 현장실사를 통해 확인된 사항은 다음과 같다. 심사 일자는 12월 30일이다.

(1) 정책 및 지침 확인

개인정보보호지침

제4조【개인정보처리방침의 공개】

가. 개인정보를 취급하는 경우에는 개인정보처리방침을 작성해 공개해야 하며, 다음 사항을 모두 포함해야 한다.

- 개인정보의 수집 · 이용 목적, 수집하는 개인정보의 항목 및 수집방법
- 개인정보를 제3자에게 제공하는 경우 제공받는 자의 성명(법인인 경우에는 법인의 명칭을 말한다), 제공받는 자의 이용 목적과 제공하는 개인정보의 항목
- 개인정보의 보유 및 이용 기간, 개인정보의 파기절차 및 파기방법(개인정보를 보존해야 하는 경우에는 그 보존근거와 보존하는 개인정보 항목을 포함한다)
- 개인정보 처리위탁을 하는 업무의 내용 및 수탁자(해당되는 경우에만 개인정보처리방침에 포함한다)
- 이용자 및 법정대리인의 권리와 그 행사방법
- 인터넷 접속정보파일 등 개인정보를 자동으로 수집하는 장치의 설치 운영 및 그 거부에 관한 사항
- 개인정보보호책임자의 성명 또는 개인정보보호 업무 및 관련 고충사항을 처리하는 부서의 명칭과 그 전화번호 등 연락처
- 정보주체의 권리 · 의무 및 그 행사방법에 관한 사항
- 개인정보보호책임자에 관한 사항
- 개인정보취급의 변경에 관한 사항
- 개인정보의 안전성 확보조치에 관한 사항

나. 개인정보처리방침을 회사 홈페이지에 공개하는 경우에는 첫 화면 또는 첫 화면과의 연결화면을 통해 제1항 각 호의 사항을 고객이 쉽게 볼 수 있도록 해야 한다. 또한, 글자 크기, 색상 등을 활용해 고객이 개인정보처리방침을 쉽게 확인할 수 있도록 표시해야 한다.

다. 개인정보처리방침 변경 시 변경 이유 및 내용은 다음 각 호 중 어느 하나 이상의 방법으로 공지하고, 이용자가 변경된 내용을 쉽게 확인할 수 있도록 변경 전 · 후 처리방침과 비교하여 공개한다.

- 인터넷 홈페이지의 첫 화면의 공지사항 또는 별도의 창을 통하여 공지하는 방법
- 서면 · 모사전송 · 전자우편 또는 이와 비슷한 방법으로 공지하는 방법
- 재화 또는 용역을 제공하기 위한 이용계약서에 게재해 배포하는 방법

제5조【개인정보의 수집 및 동의】

가. 회사는 고객의 개인정보를 수집함에 있어 계약의 성립 및 서비스 이용에 필요한 최소한의 정보만을 수집해야 한다. 만약, 고객이 만 14세 미만인 경우에는 법정대리인의

동의를 얻어야 한다. 이 경우 법정대리인의 동의를 얻기 위해 법정대리인의 개인정보가 필요한 경우에는 법정대리인의 성명 등 동의를 얻는 데 필요한 최소한의 정보만을 요청해야 한다.

나. 회사는 고객의 개인정보를 수집하는 경우에는 다음 각 호의 모든 사항을 기본적인 서비스 제공을 위해 필요한 필수항목과 부가적인 서비스 제공을 위해 필요한 선택항목으로 구분해 고객에게 알리고 동의를 받고 수집해야 한다.
- 개인정보의 수집·이용 목적
- 수집하는 개인정보의 항목
- 개인정보의 보유 및 이용기간
- 동의 거부 권리 존재 사실 및 동의 거부에 따른 불이익이 있는 경우에는 그 불이익의 내용

다. 개인정보 처리에 대해 정보주체에게 동의를 받는 방법은 다음과 같다.
- 동의 내용이 적힌 서면, 우편 또는 팩스 등의 방법으로 정보주체에게 전달하고, 정보주체가 서명하거나 날인한 동의서를 받는 방법
- 전화를 통해 동의 내용을 정보주체에게 알리고 동의의 의사표시를 확인하는 방법
- 전화를 통해 동의 내용을 정보주체에게 알리고 인터넷주소 등을 통해 동의 사항을 확인하도록 한 후 다시 전화를 통해 그 동의 사항에 대한 동의의 의사표시를 확인하는 방법
- 인터넷 홈페이지 등에 동의 내용을 게재하고 정보주체가 동의 여부를 표시하도록 하는 방법
- 동의 내용이 적힌 전자우편을 발송하여 정보주체로부터 동의의 의사표시가 적힌 전자우편을 받는 방법
- 그 밖에 방법으로 동의 내용을 알리고 동의의 의사표시를 확인할 수 있는 방법

라. 전화에 의한 동의와 관련해 통화내용을 녹취할 때에는 녹취 사실을 정보주체에게 알려야 한다.

마. 고유식별정보 수집 시 개인정보와 고유식별정보를 구분해 2항에 따라 이용자에게 알리고 별도로 동의를 받아야 한다.

바. 회사는 다음 각 호의 경우에는 제2항의 동의를 받지 않고 고객의 개인정보를 수집할 수 있다.
- 서비스 이용계약을 이행하기 위해 필요한 개인정보로서 경제적·기술적인 사유로 통상적인 동의를 받는 것이 뚜렷하게 곤란한 경우
- 서비스 제공에 따른 요금정산을 위해 필요한 경우
- 관련법령에 특별한 규정이 있는 경우

사. 회사는 고객이 '나'항에서 정한 선택항목에 동의하지 아니한다는 이유로 서비스 제공을 거부해서는 아니 된다.

> **제9조【민감정보 및 고유식별정보의 수집제한】**
>
> 가. 회사는 정보주체의 민감정보(사상, 신념, 정치적 견해, 노동조합, 건강 및 성생활, 사생활을 현저하게 침해할 우려가 있는 개인정보)를 수집해서는 아니 된다. 다만, 다음 각 호의 경우에는 그러하지 아니하다.
>
> - 정보주체(이용자)로부터 다른 개인정보의 처리에 대한 동의와 별도로 동의를 받는 경우
> - 법령에서 구체적으로 민감정보의 처리를 요구하거나 허용하는 경우
>
> 나. 회사는 고객의 고유식별정보(주민등록번호, 여권번호, 운전면허번호, 외국인 등록번호)를 수집해서는 안된다. 다만, 다음 각 호의 경우에는 그러하지 아니하다.
>
> - 정보주체(이용자)로부터 다른 개인정보의 처리에 대한 동의와 별도로 동의를 받는 경우(단, 주민등록번호 수집 법정주의에 따라 동의에 근거한 수집은 불가)
> - 법령에서 구체적으로 고유식별정보의 처리를 요구하거나 허용하는 경우
>
> 다. 법령에서 정보주체(이용자)의 주민등록번호 수집·이용을 허용한 경우에도 아이핀, 휴대폰 인증 등 주민등록번호 대체수단을 제공해야 한다.

(2) 인터뷰 또는 실사를 통한 확인

인증심사원 홍길동은 심사기관인 (주)가나다라의 개인정보 수집 시 보호조치 현황을 확인하기 위해 개인정보보호팀 인터뷰 및 실사를 통해 다음 내용을 확인할 수 있었다.

■ 인터뷰

첫째, (주)가나다라는 개인정보처리방침을 통해 제공되는 서비스 별로 구분해 수집되는 개인정보를 필수, 선택으로 구분해 수집 및 이용 동의를 받고 있다.

둘째, (주)가나다라는 개인정보 수집 및 이용 목적이 달성되면 해당 정보를 지체 없이 파기하고 있다.

셋째, 임직원 채용과 관련된 사이트를 별도로 운영하고 있으며, 입사지원을 위해서는 회원가입을 하고 회사에서 제공하는 정해진 채용 지원 양식에 따라 입력해야 한다. (주)가나다라는 입자지원자의 개인정보를 수집 및 이용하는 것에 대한 동의를

받고 있다.

넷째, 해당 서비스를 이용하는 과정에서 자동으로 수집 및 생성되는 정보는 IP, 접속 기록, 서비스 이용기록, 불량이용 기록, 다운로드 기록, 결제 기록, 쿠키 등으로 확인됐다.

■ **시스템 확인 및 현장 실사**

홍길동 심사원은 (주)가나다라 개인정보처리방침 등을 확인한 결과, 다음과 같은 내용을 확인할 수 있었다.

개인정보의 수집 및 이용 동의

1. 개인정보의 수집

웹페이지, 앱, 서면, 전화, 팩스 등의 방법을 통해 아래와 같은 개인정보를 수집합니다.

[필수]

- 회원가입: ID, 비밀번호, 이름, 닉네임, 본인확인정보(생년월일, 성별, 내외국인정보, 연계정보(CI), 중복가입정보(DI)), 휴대폰번호, 이메일, 배송지 주소
- 결제: 휴대폰번호, 카드번호, 계좌번호
- 상품배송: 이름, 휴대폰번호, 주소
- 문의대응: 이메일, ID, 이름, 휴대폰번호, 생년월일, 성별
- 자동수집 및 생성정보: 쿠키 등 [#3]
- 채용 관련 정보: 사진, 이름, 전화번호, 휴대폰번호, 이메일, 주소, 교육사항, 경력사항, 병역사항, 신체사항(신장, 체중, 혈액형, 취미, 종교) 가족사항

[선택]

- 이벤트 등 프로모션 알림 전송: 휴대폰번호, 이메일
- 이벤트 및 행사 참여: 이름, 휴대폰번호, 성별, 생년월일, 이메일

귀하는 개인정보 수집 · 이용에 동의를 거부할 권리가 있으며, 동의 거부시 서비스 이용에 제한이 있을 수 있습니다.

〈회원가입 화면〉[#1]

회원가입

*아이디		아이디중복확인	(영문소문자/숫자, 6 ~ 16)
*비밀번호			(영문소품자/숫자/특수문자, 8 이상)
*비밀번호 확인			
*이름			
*닉네임			
*비밀번호 확인 시 질문	초등학교 이름은? ▼		
*비밀변화 확인시 답변			
*전화번호			
*배송지 주소			

취소   회원가입

〈채용 사이트 지원자 입력 화면〉[#2]

인 적 사 항

사진 업로드	성 명		전화번호	
		(영문)	휴 대 폰	
	주민번호		E - mail	
	주 소			

이 력 사 항

교육 사항	기 간	학교	졸업구분	성적
			졸업	
			졸업	
			수료	
			수료	

경력 사항	기 간	회사명	근무부서	직책	업무내용

병역	면제 (면제사유 : 추간판탈출)				

신체 사항	신장	체중	혈액형	취미	종교

가족 사항	관계	성명	연령	학력	직업	직위	동거여부

(3) 결함 요약

결함 포인트 [#1]

신청기관에서는 개인정보처리방침을 통해 서비스 별로 수집되는 정보를 정의하고 있다. 회원가입 시 ID, 비밀번호, 이름, 닉네임, 본인확인정보(생년월일, 성별, 내외국인정보, 연계정보(CI), 중복가입정보(DI)), 휴대폰번호, 이메일, 배송지 주소를 수집하고 있다. 그러나 회원가입과 무관한 배송지 주소가 포함되어 있는 것을 확인할 수 있다.

또한 채용 사이트 입력 항목을 확인해보면 채용과 관련이 없는 가족사항 등 과도하게 개인정보를 수집하고 있다.

결함 포인트 [#2]

신청기관에서 운영하고 있는 채용 사이트를 확인해보면, 채용과 관련해 수집하는 개인정보의 수집을 개인정보처리방침을 통해 안내하고 있으나 채용전형 진행단계에서 법적 근거 없이 입사 지원자의 주민등록번호를 수집하고 있다.

결함 포인트 [#3]

신청기관은 서비스를 이용하는 과정에서 IP, 접속기록, 서비스 이용기록, 불량이용 기록, 다운로드 기록, 결제 기록, 쿠키 등을 자동으로 수집 및 생성하고 있다. 그러나 개인정보처리방침에서는 자동수집 및 생성정보를 "쿠키 등"으로 명시하고 있어 자동 수집항목 및 이용안내에 대한 안내가 미흡하다.

(4) 결함 보고서 작성

결함 보고서				
기록일자	2023년 12월 28일		기업명	(주)가나다라
인증 범위	구분	결함유형	인증 범위명	기관 확인자
	ISMS	결함	(주)가나다라 상품판매 서비스	이순신 팀장(인)
심사원명	홍 길 동 (인)			
관계부서	개인정보보호팀			

관련조항	(개인정보) 3.1.1 개인정보 수집 제한

관련 근거	◇ **(인증기준)** 개인정보는 서비스 제공을 위해 필요한 최소한의 정보를 적법하고 정당하게 수집해야 하며, 필수정보 이외의 개인정보를 수집하는 경우에는 선택항목으로 구분해 해당 정보를 제공하지 않는다는 이유로 서비스 제공을 거부하지 않아야 한다. ◇ **(법령)** 개인정보보호법 제16조(개인정보의 수집 제한) (2023.09.15) ① 개인정보처리자는 제15 조제1항 각 호의 어느 하나에 해당하여 개인정보를 수집하는 경우에는 그 목적에 필요한 최소한의 개인정보를 수집하여야 한다. 이 경우 최소한의 개인정보 수집이라는 입증책임은 개인정보처리자가 부담한다. ② 개인정보처리자는 정보주체의 동의를 받아 개인정보를 수집하는 경우 필요한 최소한의 정보 외의 개인정보 수집에는 동의하지 아니할 수 있다는 사실을 구체적으로 알리고 개인정보를 수집하여야 한다. 〈신설 2013. 8. 6.〉 ③ 개인정보처리자는 정보주체가 필요한 최소한의 정보 외의 개인정보 수집에 동의하지 아니한다는 이유로 정보주체에게 재화 또는 서비스의 제공을 거부하여서는 아니 된다. 〈개정 2013. 8. 6.〉
관련 근거	◇ **(내부규정)** 「개인정보보호지침」 제5조(개인정보의 수집 및 동의) (2023.11.25) 가. 회사는 고객의 개인정보를 수집함에 있어 계약의 성립 및 서비스 이용에 필요한 최소한의 정보만을 수집해야 한다. 만약, 고객이 만 14세 미만인 경우에는 법정대리인의 동의를 얻어야 한다. 이 경우 법정대리인의 동의를 얻기 위해 법정대리인의 개인정보가 필요한 경우에는 법정대리인의 성명 등 동의를 얻는데 필요한 최소한의 정보만을 요청해야 한다.
운영현황 및 결함내역	◇ **(운영현황)** 개인정보처리방침을 통해 개인정보 수집항목을 정의하고 있음 　○ 신청기관은 개인정보처리방침에서 입사 지원에 필요한 개인정보 수집 및 이용 항목을 정의해 이용자에게 수집 및 이용 동의를 받고 있음 ◇ **(결함내역)** 개인정보를 과도하게 수집하는 문제점이 발견됨 　○ 회원가입 및 채용 시 수집되는 정보가 서비스 제공 범위를 벗어나 과도하게 수집되고 있음 | 구분	과도하게 수집되는 개인정보
:---:	:---
회원가입	배송지 주소
채용	신체사항, 가족사항 | ◇ **(조치사항)** 서비스 이용을 위한 회원가입 및 입사지원 등과 관련된 개인정보 필수 수집 항목을 최소화해야 함
근거목록	- 「개인정보보호법」(2023.09.15) - 「개인정보보호지침」(2023.11.25) - 개인정보처리방침

결함 보고서

기록일자	2023년 12월 28일		기업명	(주)가나다라	
인증 범위	구분	결함유형	인증 범위명		기관 확인자
	ISMS	결함	(주)가나다라 상품판매 서비스		이순신 팀장(인)
심사원명	홍 길 동 (인)				
관계부서	개인정보보호팀				

관련조항	(개인정보) 3.1.3 주민등록번호 처리 제한
관련 근거	◇ **(인증기준)** 주민등록번호는 법적 근거가 있는 경우를 제외하고는 수집 · 이용 등 처리할 수 없으며, 주민등록번호의 처리가 허용된 경우라 하더라도 인터넷 홈페이지 등에서 대체수단을 제공해야 한다. ◇ **(법령)** 「개인정보보호법」 제24조의2(주민등록번호 처리의 제한) (2023.09.15) ① 제24조제1항에도 불구하고 개인정보처리자는 다음 각 호의 어느 하나에 해당하는 경우를 제외하고는 주민등록번호를 처리할 수 없다. 1. 법률 · 대통령령 · 국회규칙 · 대법원규칙 · 헌법재판소규칙 · 중앙선거관리위원회규칙 및 감사원규칙에서 구체적으로 주민등록번호의 처리를 요구하거나 허용한 경우 2. 정보주체 또는 제3자의 급박한 생명, 신체, 재산의 이익을 위하여 명백히 필요하다고 인정되는 경우 3. 제1호 및 제2호에 준하여 주민등록번호 처리가 불가피한 경우로서 보호위원회가 고시로 정하는 경우 ◇ **(내부규정)** 「개인정보보호지침」 제9조(민감정보 및 고유식별정보의 수집제한) (2023.11.25) 가. 회사는 고객의 민감정보(사상, 신념, 정치적 견해, 노동조합, 건강 및 성생활, 사생활을 현저하게 침해할 우려가 있는 개인정보)를 수집해서는 아니 된다. 다만, 다음 각 호의 경우에는 그러하지 아니하다. - 정보주체(이용자)로부터 다른 개인정보의 처리에 대한 동의와 별도로 동의를 받는 경우 - 법령에서 구체적으로 민감정보의 처리를 요구하거나 허용하는 경우

운영현황 및 결함내역	◇ **(운영현황)** 개인정보 수집항목을 정의해 수집 및 이용 동의를 받고 있음 　○ 개인정보처리방침에 필수, 선택으로 구분해 개인정보수집 항목을 정의하고 동의를 받고 있음 ◇ **(결함내역)** 법적근거 없이 주민번호를 수집하는 문제점이 발견됨 　○ 채용시스템의 입사전형 진행단계에서 법적 근거 없이 입사지원자의 주민등록번호를 수집하고 있음 | 성 명 (영문) | 전화번호 | | | 휴 대 폰 | | 주민번호 | E - mail | | 주 소 | | ◇ **(조치사항)** 채용전형 진행단계에서 법적 근거 없이 수집되는 주민등록번호 수집을 중단하고 기 수집된 주민등록번호는 즉시 삭제해야 함
근거목록	- 「개인정보보호법」(2023.09.15) - 「개인정보보호지침」(2023.11.25) - 개인정보처리방침 - 채용시스템

✏ 요약

개인정보의 수집 시 보호조치에서는 개인정보 수집 제한, 수집 동의, 민감정보 및 고유식별정보의 처리 제한, 간접수집 보호조치, 영상정보처리기기 설치·운영, 홍보 및 마케팅 목적 활용시 조치에 대해 통제 방안을 마련하는 데 목적이 있다.

개인정보는 서비스 제공을 위해 필요한 최소한의 정보를 적법하고 정당하게 수집해야 하며, 필수정보 이외의 개인정보를 수집하는 경우에는 선택항목으로 구분해 해당 정보를 제공하지 않는다는 이유로 서비스 제공을 거부하지 않아야 한다. 고유식별정보, 민감정보 등 법에서 요구하는 정보의 필요한 조치를 진행해야 한다.

3.2 개인정보 보유 및 이용 시 보호조치

가. 인증 분야 및 항목 설명

분야	항목
3.2 개인정보 보유 및 이용 시 보호조치	3.2.1 개인정보 현황관리
	3.2.2 개인정보 품질보장
	3.2.3 이용자 단말기 접근 보호
	3.2.4 개인정보 목적 외 이용 및 제공
	3.2.5 가명정보 처리

3.2.1 개인정보 현황 관리

수집 · 보유하는 개인정보의 항목, 보유량, 처리 목적 및 방법, 보유기간 등 현황을 정기적으로 관리해야 하며, 공공기관의 경우 이를 법률에서 정한 관계기관의 장에게 등록해야 한다.

민간기업에서는 경험하지 못한 실무자들을 위하여, 본 교재에서는 등록 및 확인하는 방법에 대해서 간단히 언급하고자 한다.

개인정보보호포털에서 개인서비스 > 개인정보 열람 등 요구를 아래와 같이 클릭하면 다음과 같다.

본 교재에서는 '개인정보보호위원회'에서 등록한 개인정보파일을 대상으로 예제를 보여드리고자 한다.

그림 3-27 개인정보포털 개인정보 열람 등 요구 화면

그림 3-28 공공기관 개인정보보유 현황 사례(예시)

그림 3-29 공공기관 개인정보보유 현황 사례(예시)

번호	기관명	업무분야	파일명
31	서울특별시 서울시설공단	교통	혼잡통행료 저공해 차량 환불 신청자
30	서울특별시 서울시설공단	세입	어린이대공원 위탁관리
29	서울특별시 서울시설공단	내부행정	원천세 징수 관리
28	서울특별시 서울시설공단	기타	직원인사정보
27	서울특별시 서울시설공단	기타	청계천 생태해설사 정보
26	서울특별시 서울시설공단	기타	청계천 시설 대관 정보 및 신청서
25	서울특별시 서울시설공단	기타	콘텐츠 제작지원금 지급
24	서울특별시 서울시설공단	홈페이지	디지털(빅데이터, IoT활용 등) 사업제안 등록
23	서울특별시 서울시설공단	교통	서울자전거 따릉이 회원정보
22	서울특별시 서울시설공단	기타	공동구 출입자 승인

그림 3-30 공공기관 개인정보보유 현황 사례(예시)

인증대상 기관 준비사항

🔒 수집·보유하고 있는 개인정보의 항목, 보유량, 처리 목적 및 방법, 보유기간 등 현황을 정기적으로 관리해야 한다.

🔒 공공기관이 개인정보파일을 운용하거나 변경하는 경우 관련된 사항을 법률에서 정한 관계기관의 장에게 등록해야 한다.

공공기관의 장이 개인정보파일을 운용하는 경우에는 다음 각 호의 사항을 보호위원회에 등록해야 한다. 등록한 사항이 변경된 경우에도 또한 같다.

1. 개인정보파일의 명칭
2. 개인정보파일의 운영 근거 및 목적
3. 개인정보파일에 기록되는 개인정보의 항목
4. 개인정보의 처리방법
5. 개인정보의 보유기간

6. 개인정보를 통상적 또는 반복적으로 제공하는 경우에는 그 제공받는 자

7. 그 밖에 대통령령으로 정하는 사항

다음 각 호의 어느 하나에 해당하는 개인정보파일에 대하여는 제1항을 적용하지 아니한다.

- 국가 안전, 외교상 비밀, 그 밖에 국가의 중대한 이익에 관한 사항을 기록한 개인정보파일
- 범죄의 수사, 공소의 제기 및 유지, 형 및 감호의 집행, 교정처분, 보호처분, 보안관찰처분과 출입국관리에 관한 사항을 기록한 개인정보파일
- 「조세범처벌법」에 따른 범칙행위 조사 및 「관세법」에 따른 범칙행위 조사에 관한 사항을 기록한 개인정보파일
- 공공기관의 내부적 업무처리만을 위하여 사용되는 개인정보파일
- 다른 법령에 따라 비밀로 분류된 개인정보파일

국회, 법원, 헌법재판소, 중앙선거관리위원회(그 소속 기관 포함)의 개인정보파일 등록 및 공개에 관해서는 국회규칙, 대법원규칙, 헌법재판소규칙 및 중앙선거관리위원회 규칙을 따른다. 단, 「개인정보보호법」 제32조제2항에 해당하는 개인정보파일은 행정안전부에 등록하지 않아도 된다. 행정안전부에 등록이 면제되는 개인정보파일(공공기관)은 다음과 같다.

- 국가 안전, 외교상 비밀, 그 밖에 국가의 중대한 이익에 관한 사항을 기록한 개인정보파일
- 범죄의 수사, 공소의 제기 및 유지, 형 및 감호의 집행, 교정 처분, 보호처분, 보안관찰처분과 출입국 관리에 관한 사항을 기록한 개인정보파일
- 「조세범처벌법」에 따른 범칙행위 조사 및 「관세법」에 따른 범칙행위 조사에 관한 사항을 기록한 개인정보파일
- 공공기관의 내부적 업무처리만을 위해 사용되는 개인정보파일
- 다른 법령에 따라 비밀로 분류된 개인정보파일
- 공공기관이 처리하는 개인정보 중 「통계법」에 따라 수집되는 개인정보파일

- 국가안전보장과 관련된 정보 분석을 목적으로 수집 또는 제공 요청되는 개인정보파일
- 공중위생 등 공공의 안전과 안영을 위해 긴급히 필요한 경우로서 일시적으로 처리되는 개인정보파일
- 영상정보처리기기를 통해 처리되는 개인영상정보파일
- 자료·물품 또는 금전의 송부, 1회성 행사 수행 등의 목적만을 위해 운용하는 경우로서 저장하거나 기록하지 않고 폐기할 목적으로 수집된 개인정보 파일
- 「금융실명거래 및 비밀보장에 관한 법률」에 따른 금융기관이 금융업무 취급을 위해 보유하는 개인정보파일

제32조【개인정보파일의 등록 및 공개】

③ 보호위원회는 필요하면 제1항에 따른 개인정보파일의 등록사항과 그 내용을 검토하여 해당 공공기관의 장에게 개선을 권고할 수 있다.

④ 보호위원회는 제1항에 따른 개인정보파일의 등록 현황을 누구든지 쉽게 열람할 수 있도록 공개하여야 한다.

⑤ 제1항에 따른 등록과 제4항에 따른 공개의 방법, 범위 및 절차에 관하여 필요한 사항은 대통령령으로 정한다.

⑥ 국회, 법원, 헌법재판소, 중앙선거관리위원회(그 소속 기관을 포함한다)의 개인정보파일 등록 및 공개에 관하여는 국회규칙, 대법원규칙, 헌법재판소규칙 및 중앙선거관리위원회규칙으로 정한다.

🔒 **공공기관은 개인정보파일의 보유 현황을 개인정보처리방침에 공개해야 한다.**

공공기관의 개인정보 보호책임자는 개인정보파일의 보유·파기현황을 해당 공공기관의 개인정보처리방침에 공개(표준 개인정보보호지침 제61조)해야 하며, 보호위원회는 개인정보파일 등록 현황을 누구든지 쉽게 열람할 수 있도록 인터넷에 공개(개인정보보호 종합포털, www.privacy.go.kr)해야 한다.

💡 **실무 사례**

공공기관은 개인정보처리방침에 개인정보파일의 보유 및 파기현황을 다음 예시와

같이 공개해야 한다.

표 3-47 공공기관의 개인정보처리방침 내 개인정보파일 목록 및 보유기간(예시)

개인정보처리방침

제1조【개인정보의 처리목적】

① 0000는 대시민 서비스 제공 및 민원처리, 소관업무 수행 등의 목적으로 필요에 의한 최소한으로 개인정보를 처리해야 한다.

② 제1항에 대한 사항은 각 기관(실·국·본부·사업소)에서 운영하는 소관 홈페이지에 게재해 정보주체가 확인할 수 있도록 안내해야 한다.

③ 개인정보 유출사고 시 「개인정보의 안전성 확보조치 기준」에 의거, 관련 모든 책임은 유출 기관(실·국·본부·사업소)의 개인정보보호책임자(부서장 또는 소속 기관장) 및 개인정보 취급자(단위업무별 담당자)에게 있다.

제2조【개인정보의 처리 및 보유기간】

① 0000에서 처리하는 개인정보는 수집·이용 목적으로 명시한 범위 내에서 처리하며, 개인정보보호법 및 관련 법령에서 정하는 보유기간을 준수하여 이행해야 한다.

② 0000 각 기관(실·국·본부·사업소)에서 운영하는 홈페이지 및 관련 서비스의 개인정보의 처리 및 보유기간에 관해서는 '개인정보보호 종합포털'에서 열람할 수 있다.

③ 홈페이지 및 개인정보파일 보기 ※ 세부 파일내역을 확인하시려면 [여기]를 클릭

순번	구분	홈페이지명	개인정보파일명	보유기간	비고
1	대표	OOO 대표 홈페이지	OOO홈페이지 통합회원 파일	2년	

번호	기관명	업무분야	파일명
31	서울특별시 서울시설공단	교통	혼잡통행료 저공해 차량 환불 신청자
30	서울특별시 서울시설공단	세입	어린이대공원 위탁관리
29	서울특별시 서울시설공단	내부행정	원천세 징수 관리
28	서울특별시 서울시설공단	기타	직원인사정보
27	서울특별시 서울시설공단	기타	청계천 생태해설사 정보
26	서울특별시 서울시설공단	기타	청계천 시설 대관 정보 및 신청서
25	서울특별시 서울시설공단	기타	콘텐츠 제작지원금 지급
24	서울특별시 서울시설공단	홈페이지	디지털(빅데이터, IoT활용 등) 사업제안 등록
23	서울특별시 서울시설공단	교통	서울자전거 따릉이 회원정보
22	서울특별시 서울시설공단	기타	공동구 출입자 승인

(출처: 0000시 개인정보처리방침 내 개인정보 파일 예시)

✖ 증적 자료

- 개인정보파일 등록 현황
- 개인정보 흐름도
- 개인정보파일 관리대장
- 개인정보처리방침

📝 심사원 중점 검토사항

- 개인정보파일 목록과 개인정보처리방침에 포함된 내용이 일치하는지 확인한다.
- 개인정보파일 구축 시 모든 개인정보파일을 보호위원회에 등록했는지 확인한다.
- 보호위원회에 등록돼 공개된 개인정보파일의 내용(수집하는 개인정보의 항목 등)이 실제 처리하고 있는 개인정보파일 현황과 일치하는지 확인한다.

3.2.2 개인정보 품질보장

수집된 개인정보는 처리 목적에 필요한 범위에서 개인정보의 정확성 · 완전성 · 최신성이 보장되도록 정보주체(이용자)에게 관리절차를 제공해야 한다.

인증대상 기관 준비사항

🔒 **수집된 개인정보는 내부 절차에 따라 안전하게 처리하도록 관리하며 최신의 상태로 정확하게 유지해야 한다.**

수집된 개인정보를 안전하게 처리해 관리할 수 있도록 기술적, 관리적, 물리적 보호대책 수립 등 내부 절차를 수립해야 한다. 이를 위한 조치에는 접근통제, 암호화, 악성프로그램 방지 등 개인정보의 안전한 처리 및 관리를 위한 조치, 외부자 해킹, 내부자 권한 오남용, 재난 · 재해 등에 의해 불법적인 개인정보 변경, 손상 등이 발생하더라도 개인정보의 정확성, 완전성을 확보할 수 있도록 백업 · 복구 등의 체계 구축 및 이행이 포함돼야 한다.

🔒 **정보주체(이용자)가 개인정보의 정확성, 완전성 및 최신성을 유지할 수 있는 방법을 제공해야 한다.**

정보주체가 홈페이지를 통해 정보주체 자신의 개인정보 수정을 주기적으로 수행할 수 있도록 공지하거나 개인정보 등록 현황을 쉽게 조회하고 변경할 수 있도록 다양한 방법(온라인, 오프라인 등)을 제공해야 한다. 개인정보 변경 시에는 안전한 본인확인 절차를 마련해야 한다.

✂ 증적 자료

- 정보주체(이용자) 개인정보 변경 양식(온라인, 오프라인)
- 개인정보 최신성 확보를 위한 내부 업무 프로세스

📝 심사원 중점 검토사항

- 온라인 회원 및 오프라인 회원에 대해 개인정보를 변경할 수 있는 방법을 제공하고 있는지 확인한다.
- 회원정보 변경 시 본인확인 절차가 포함되어 있는지 확인한다.

3.2.3 이용자 단말기 접근 보호

정보주체(이용자)의 이동통신단말장치 내에 저장돼 있는 정보 및 이동통신단말장치에 설치된 기능에 접근이 필요한 경우 이를 명확하게 인지할 수 있도록 알리고 정보주체(이용자)의 동의를 받아야 한다.

인증대상 기관 준비사항

- 🔒 정보주체(이용자)의 이동통신단말장치 내에 저장돼 있는 정보 및 이동통신단말장치에 설치된 기능에 대해 접근할 수 있는 권한이 필요한 경우 명확하게 인지할 수 있도록 알리고 정보주체(이용자)의 동의를 받아야 한다.
- 🔒 이동통신단말장치 내에서 해당 서비스를 제공하기 위해 반드시 필요한 접근권한이 아닌 경우, 정보주체(이용자)가 동의하지 않아도 서비스 제공이 거부되어서는 안된다.
- 🔒 이동통신단말장치 내에서 해당 접근권한에 대한 정보주체(이용자)의 동의 및 철회방법을 마련해야 한다.

정보통신망법에서는 이용자 단말기 접근 보호 관련 사항을 아래 그림과 같이 정의하고 있다. 관련된 상세 내용은 방송통신위원회에서 발간한 '스마트폰 앱 접근권한 개인정보보호 안내서'를 참고하면 확인할 수 있다. 현재는 개인정보보호위원회에서 발간한 가이드로 변경되어 있음을 참고하여 업무를 진행할 수 있다.

일부개정 2023. 1. 3.

[법률 제19154호, 시행 2023. 7. 4.] 방송통신위원회

제22조의2【접근권한에 대한 동의】 ① 정보통신서비스 제공자는 해당 서비스를 제공하기 위해 이용자의 이동통신단말장치 내에 저장돼 있는 정보 및 이동통신단말장치에 설치된 기능에 대해 접근할 수 있는 권한(이하 "접근권한"이라 한다)이 필요한 경우 다음 각 호의 사항을 이용자가 명확하게 인지할 수 있도록 알리고 이용자의 동의를 받아야 한다.

1. 해당 서비스를 제공하기 위해 반드시 필요한 접근권한인 경우

  가. 접근권한이 필요한 정보 및 기능의 항목

  나. 접근권한이 필요한 이유

2. 해당 서비스를 제공하기 위해 반드시 필요한 접근권한이 아닌 경우

  가. 접근권한이 필요한 정보 및 기능의 항목

  나. 접근권한이 필요한 이유

  다. 접근권한 허용에 대해 동의하지 아니할 수 있다는 사실

② 정보통신서비스 제공자는 해당 서비스를 제공하기 위해 반드시 필요하지 아니한 접근권한을 설정하는 데 이용자가 동의하지 아니한다는 이유로 이용자에게 해당 서비스의 제공을 거부해서는 아니 된다.

③ 이동통신단말장치의 기본 운영체제(이동통신단말장치에서 소프트웨어를 실행할 수 있는 기반 환경을 말한다)를 제작해 공급하는 자와 이동통신단말장치 제조업자 및 이동통신단말장치의 소프트웨어를 제작해 공급하는 자는 정보통신서비스 제공자가 이동통신단말장치 내에 저장돼 있는 정보 및 이동통신단말장치에 설치된 기능에 접근하려는 경우 접근권한에 대한 이용자의 동의 및 철회방법을 마련하는 등 이용자 정보 보호에 필요한 조치를 해야 한다.

④ 방송통신위원회는 해당 서비스의 접근권한의 설정이 제1항부터 제3항까지의 규정에 따라 이뤄졌는지 여부에 대해 실태조사를 실시할 수 있다. 〈신설 2018. 6. 12.〉

⑤ 제1항에 따른 접근권한의 범위 및 동의의 방법, 제3항에 따른 이용자 정보 보호를 위해 필요한 조치 및 그 밖에 필요한 사항은 대통령령으로 정한다. 〈개정 2018. 6. 12.〉

[본조신설 2016. 3. 22.]

(주) 가나다라 접근 권한 안내

(주) 가나다라 에서는 다음 권한들을 사용하오니, 허용해 주시기
바랍니다.

필수 접근 권한

· 필수적 접근 권한 없음

선택적 접근 권한

저장공간
이벤트, 쿠폰 관련 이미지 및 포인트 정보

카메라
영수증 포인트 적립을 위한 바코드 스캔

주소록
선물하기 주소 검색

※ **선택적 접근 권한**은 해당기능을 사용할때 허용이 필요하며,
비 허용시에도 해당 기능 외 서비스 이용이 가능합니다.

접근 권한 변경 방법

휴대폰 설정 > 앱 또는 어플리케이션 관리 > 세븐일레븐
> 권한에서 각 권한별 변경 가능 합니다.

확인했습니다

그림 3-31 이용자 단말기 접근 안내(예시)

⚒ 증적 자료

- 앱 접근권한 동의 화면 및 설정 현황
- 개인정보처리방침

3.2.4 개인정보 목적 외 이용 및 제공

개인정보는 수집 시 정보주체(이용자)에게 수집 및 이용 동의를 받은 목적 또는 법령에 근거한 범위 내에서만 이용 또는 제공해야 한다. 이를 초과해 이용 · 제공하려는 때에는 정보주체(이용자)의 추가 동의를 받거나 관계 법령에 따른 적법한 경우인지 확인하고 적절한 보호대책을 수립 · 이행해야 한다.

※ 개인정보의 목적 외 이용 · 제공 사례

- 대표 사례1) 인터넷 쇼핑몰에 가입 후 구매한 회원의 주문 상품을 배송하기 위해 수집한 고객정보를 정보주체의 동의 없이 계열사 카드사로 제공하여 카드 판촉 홍보자료 발송에 활용하는 경우
- 대표 사례2) 판촉행사, 고객만족도 조사 등에 응모한 고객의 개인정보를 고객에게 사전 동의를 받지 않고 해당 업체 할인 행사 안내용 홍보물 발송에 이용하는 경우

인증대상 기관 준비사항

🔒 개인정보는 최초 수집 시 정보주체(이용자)로부터 동의 받은 목적 또는 법령에 근거한 범위 내에서만 이용 · 제공해야 하며, 개인정보를 수집 목적 또는 범위를 초과해 이용하거나 제공하는 경우 정보주체(이용자)로부터 별도의 동의를 받거나 법적 근거가 있는 경우로 제한해야 한다.

구분	목적 외 이용 · 제공이 가능한 경우	공공기관	공공기관 외
1	정보주체(이용자)로부터 별도의 동의를 받는 경우	○	○
2	다른 법률에 특별한 규정이 있는 경우	○	○

3	정보주체 또는 그 법정대리인이 의사표시를 할 수 없는 상태에 있거나 주소 불명 등으로 사전 동의를 받을 수 없는 경우로서 명백히 정보주체 또는 제3자의 급박한 생명, 신체, 재산의 이익을 위해 필요하다고 인정되는 경우	○	○
4	통계작성 및 학술연구 등의 목적을 위해 필요한 경우로서 특정 개인을 알아볼 수 없는 형태로 개인정보를 제공하는 경우	○	○
5	개인정보를 목적 외의 용도로 이용하거나 이를 제3자에게 제공하지 아니하면 다른 법률에서 정하는 소관 업무를 수행할 수 없는 경우로서 보호위원회의 심의·의결을 거친 경우	○	
6	조약, 그 밖의 국제협정의 이행을 위해 외국정부 또는 국제기구에 제공하기 위해 필요한 경우	○	
7	범죄의 수사와 공소의 제기 및 유지를 위해 필요한 경우	○	
8	법원의 재판업무 수행을 위해 필요한 경우	○	
9	형(刑) 및 감호, 보호처분의 집행을 위해 필요한 경우	○	

🔒 개인정보를 목적 외의 용도로 제3자에게 제공하는 경우 제공받는 자에게 이용 목적·방법 등을 제한하거나 안전성 확보를 위해 필요한 조치를 마련하도록 요청해야 한다.

게재하지 않아도 되는 경우	게재 사항	게재 시점 및 기간
– 정보주체(이용자)의 동의를 근거로 목적 외 이용·제공 시 – 범죄의 수사와 공소의 제기 및 유지를 위해 목적 외 이용·제공 시	– 목적 외 이용·제공 등을 한 날짜 – 목적 외 이용 등의 법적 근거 – 목적 외 이용 등의 목적 – 목적 외 이용 등을 한 개인정보의 항목	– 게재 시점: 목적 외 이용·제공한 날로부터 30일 이내 – 게재 기간: 인터넷 홈페이지에 게재하는 경우 10일 이상

🔒 공공기관은 개인정보를 목적 외의 용도로 이용하거나 이를 제3자에게 제공하는 경우에는 다음 각 호의 사항을 보호위원회가 정하여 고시하는 개인정보의 목적 외 이용 및 제3자 제공 대장에 기록하고 관리해야 한다.

- 이용하거나 제공하는 개인정보 또는 개인정보파일의 명칭
- 이용기관 또는 제공받는 기관의 명칭
- 이용 목적 또는 제공받는 목적
- 이용 또는 제공의 법적 근거
- 이용하거나 제공하는 개인정보의 항목
- 이용 또는 제공의 날짜, 주기 또는 기간
- 이용하거나 제공하는 형태

- 개인정보보호를 위해 제한하거나 필요한 조치를 마련할 것을 요청한 경우에는 그 내용

✖ 증적 자료

- 개인정보 목적 외 이용 및 제3자 제공 내역(요청서 등 관련 증적 포함)
- 다른 법령에 의해 불가피하게 제공되는 개인정보 대장 관리
- 개인정보 목적 외 이용 및 제3자 제공 대장(공공기관)
- 홈페이지 또는 관보 게재 내역(공공기관)

📝 심사원 중점 검토사항

- 상품배송 목적으로 수집한 개인정보가 광고에 이용되고 있는 부분은 없는지 확인한다.
- 고객 만족도 조사, 경품 행사에 응모하기 위해 수집한 개인정보를 자사의 할인판매행사 안내에 이용하는 등 동의 받지 않고 목적 외 이용한 부분이 있는지 확인한다.
- 공공기관이 범죄 수사의 목적으로 경찰서에 개인정보를 제공하는 경우 '개인정보 목적 외 이용 및 제3자 제공대장'에 관련 사항을 기록하는지 확인한다.
- 다른 법령에 의해 불가피하게 정보 주체 별도 동의 없이 제공되는 개인정보가 있는지 확인한다. 만일 있다면 수사기관 등에 개인정보가 제공 시 내부에서 타당성 점검 등 적절한 절차가 마련돼 있는지 확인한다.

3.2.5 가명정보 처리

가명정보를 처리하는 경우 목적제한, 결합제한, 안전조치, 금지의무 등 법적 요건을 준수하고 적정 수준의 가명처리를 보장할 수 있도록 가명처리 절차를 수립 · 이행하여야 한다.

인증대상 기관 준비사항

🔒 가명정보를 처리하는 경우 목적 제한, 가명처리 방법 및 기준, 적정성 검토, 재식별 금지 및 재식별 발생 시 조치사항 등 가명정보를 적정하게 처리하기 위한 절차를 수립 · 이행하여야 한다.

🔒 개인정보를 가명처리하여 이용·제공 시 추가 정보의 사용·결합 없이는 개인을 알아볼 수 없도록 적정한 수준으로 가명처리를 수행하고 있는지 확인해야 하며, 다른 개인정보처리자와 가명정보를 결합하는 경우 결합전문기관 또는 데이터전문기관을 통해 결합하고 있는지 확인해야 한다.

🔒 가명정보를 처리하는 경우 추가 정보를 삭제 또는 별도로 분리하여 보관·관리, 관련 기록의 작성·보관 등 안전성 확보에 필요한 기술적·관리적 및 물리적 조치를 해야 하며, 가명정보 처리목적 등을 고려하여 가명정보의 처리 기간을 적정한 기간으로 설정 후 해당 기간이 경과한 경우 지체 없이 파기하여야 한다.

🔒 개인정보를 익명처리하는 경우 시간·비용·기술 등을 합리적으로 고려할 때 다른 정보를 사용하여도 더 이상 특정 개인을 알아볼 수 없도록 적정한 수준으로 익명처리하여야 한다.

2022년 개인정보보호위원회에서 발간한 가명정보 처리 가이드라인를 살펴보면 실무에 많은 도움을 받을 수 있다. 만일, 가명정보에 관련하여 대상 분야에 대한 별도 가명정보 처리 가이드라인이 별도로 존재하는 경우, 해당 가이드라인의 내용을 우선적으로 적용할 수 있다.

예) 보건의료 데이터 활용 가이드라인(보건복지부), 교육분야 가명·익명정보 처리 가이드라인(교육부), 공공분야 가명정보 제공 실무안내서(행정안전부), 금융분야 가명·익명처리 안내서(금융위원회) 등

구분		내용
1단계	목적 설정 등 사전준비	• 개인정보 보호법에서 정한 3가지 목적(통계작성, 과학적 연구, 공익적 기록 보존 등) 중에서 가명정보 처리의 목적을 구체적이고 명확하게 설정 • 처리 목적 달성에 필요한 정보의 종류, 범위를 명확히 하여 가명처리 대상을 선정 • 처리 목적의 적합성 검토 • 가명정보 처리를 위한 안전조치 이행(가명정보 처리에 관한 내부 관리계획 수립 등) • 필요 서류 작성 등(가명정보 처리 위탁 시 위탁계약서 작성 등)
2단계	처리 대상의 위험성 검토	• 가명처리 대상 개인정보파일 및 개인정보항목 선정 • 가명처리 대상 데이터의 위험성 검토 ① 데이터 자체 식별 위험성 : 식별정보, 식별가능정보, 특이정보, 재식별 시 영향도 등 ② 처리 환경 식별 위험성 : 활용 형태(내부 활용, 외부 제공, 외부 결합 등), 처리 장소, 처리 방법
3단계	가명처리	• 식별 위험성 검토 결과를 기반으로 가명정보의 활용 목적 달성에 필요한 가명처리 방법 및 수준을 정하여 항목별 가명처리 계획 설정 • 항목별 가명처리 계획을 기반으로 가명처리 수행 • 가명처리 과정에서 생성되는 추가 정보는 원칙적으로 파기하고 필요한 경우 가명정보와 분리하여 별도로 저장
4단계	적정성 검토	• 가명처리에 대해 결과 적정성을 최종 검토 • 가명처리 적정성 검토는 내부 인원을 활용하여 자체적으로 검토하거나, 외부 전문가를 통하여 검토 가능(단, 최소 3명 이상으로 검토위원회를 구성하는 것을 권고) • 적정성 검토 결과 부적정으로 판단될 경우 추가 가명처리 후 다시 적정성 검토 수행
5단계	안전한 관리	• 사전준비 단계에서 수립한 내부 관리계획에 따라 가명정보에 대한 안전조치 의무 이행(추가정보 분리 보관 또는 삭제, 접근권한 분리 등) • 재식별 금지 및 재식별 가능성 모니터링 • 가명정보를 처리하는 과정에서 특정 개인을 알아볼 수 있는 정보가 생성된 경우에는 즉시 해당 정보의 처리를 중지하고, 지체 없이 회수 · 파기 • 가명정보 처리 관련 기록 작성 및 보관 • 가명정보 처리에 관한 사항을 개인정보 처리방침에 공개 등

⚒ 증적 자료

• 가명처리 · 익명처리 적정성 평가 내부 프로세스 및 평가 결과

• 가명정보를 처리한 기록

• 가명정보 이용 · 제공에 관한 사항 등이 포함된 개인정보 처리 방침

- 통계작성 및 과학적 연구를 명분으로 정보주체의 동의 없이 가명정보가 처리되지는 않는지 확인하여야 한다.
- 가명정보 처리에 관한 기록이 제대로 남겨지고 있는지 확인해야 하며, 개인정보 처리방침에 관련 사항이 공개되어 있는지 확인하여야 한다.
- 가명정보가 일반정보와 분리되어 데이터베이스가 존재하는지 확인해야 하며, 가명 정보와 추가 정보에 대한 접근권한이 적절히 분리되어 있는지 확인하여야 한다.
- 개인정보를 가명처리하여 활용하고 있으나 적정한 수준의 가명처리가 수행되지 않아 추가 정보의 사용 없이도 다른 정보와의 결합 등을 통하여 특정 개인을 알아볼 수 있는 가능성이 존재하지 않는지 확인하여야 한다.

3.3 개인정보 제공 시 보호조치

가. 인증 분야 및 항목 설명

분야	항목
3.3 개인정보 제공 시 보호조치	3.3.1 개인정보 제3자 제공
	3.3.2 개인정보 처리 업무 위탁
	3.3.3 영업의 양도 등에 따른 개인정보 이전
	3.3.4 개인정보 국외이전

3.3.1 개인정보 제3자 제공

개인정보를 제3자에게 제공하는 경우 법적 근거에 의하거나 정보주체(이용자)의 동의를 받아야 하며, 제3자에게 개인정보의 접근을 허용하는 등 제공 과정에서 개인정보를 안전하게 보호하기 위한 보호대책을 수립·이행해야 한다.

🔒 **개인정보를 제3자에게 제공하는 경우 법령에 규정이 있는 경우를 제외하고는 정보주체(이용자)에게 관련 내용을 명확하게 고지하고 동의를 받아야 한다.**

제3자의 범위는 정보주체와 정보주체에 관한 개인정보를 수집·보유하고 있는 개인정보처리자를 제외한 모든 자(동일한 개인정보처리자 내부의 타 부서 및 조직은 제3자에 해당하지 않음)이며, 개인정보 제3자 제공을 하는 행위는 다음과 같이 정의할 수 있다.

- 개인정보의 저장매체 또는 개인정보가 담긴 인쇄물 등을 물리적으로 이전
- 네트워크를 통한 개인정보의 전송
- 개인정보에 대한 제3자의 접근권한 부여
- 개인정보처리자와 제3자의 개인정보 공유
- 기타 개인정보의 이전 또는 공동 이용 상태를 초래하는 모든 행위

이용, 처리업무 위탁 및 영업양도와의 차이

개인정보의 제공이란 개인정보처리자 외의 제3자에게 개인정보의 지배·관리권이 이전되는 것을 의미한다. 즉 개인정보를 저장한 매체나 수기문서를 전달하는 경우뿐만 아니라, DB 시스템에 대한 접속권한을 허용해 열람·복사가 가능하게 해서 개인정보를 공유하는 경우 등도 '제공'에 포함된다.

가. 이용과의 차이

개인정보의 이용이란 개인정보처리자(기관·단체·법인 등) 내에서 개인정보의 지배·관리권 이전 없이 스스로의 목적으로 쓰는 것을 의미하는 반면, 개인정보의 제공이란 개인정보처리자(개인정보 처리업무 수탁자 포함) 및 정보주체(정보주체의 대리인 포함) 외의 제3자에게 개인정보의 지배·관리권이 이전되는 것을 말한다. 따라서 같은 개인정보처리자 내의 다른 부서가 당초 수집 목적과 달리 이용하는 경우라면 제공이 아니라 목적 외 이용에 해당한다.

나. 처리업무 위탁과의 차이

업무위탁과 개인정보 제3자 제공 모두 개인정보가 다른 사람(제3자)에게 이전되거나 공동으로 처리하게 된다는 측면에서는 동일하다. 그러나 '업무위탁'의 경우에는 개인정보처리자의 업무를 처리할 목적으로 개인정보가 제3자(수탁자)에게 이전되지만, '제공'은 제공받는 자의 업무를 처리할 목적 및 이익을 위해서 개인정보가 이전된다는 점이 다르다. 또한 위탁의 경우에는 개인정보처리자의 관리·감독을 받지만, 제3자 제공은 개인정보가 제공된 이후에는 제3자가 자신의 책임 하에 개인정보를 처리하게 되며, 개인정보처리자의 관리·감독권이 미치지 못한다.

다. 영업양도 등과의 차이

영업의 양도·합병(제27조)은 비록 개인정보가 제3자에게 이전된다는 점에서는 '제공'과 유사하다. 그러나 영업의 양도·합병은 그 개인정보를 이용한 업무의 형태는 변하지 않고 단지 개인정보의 관리주체만 변한다는 점에서 '제공'과는 차이가 있다. 이에 따라 영업의 양도·합병에 대해서는 제27조에서 별도의 규정을 두고 있으며, 제공과 관련한 규정은 적용되지 않는다.

〈출처: 개인정보보호 관련 법령 및 가이드〉

영업양도, 합병 등으로 영업자산을 다른 사업자에게 이전할 때에는 기존 사업자가 가지고 있던 개인정보 DB 등에 관한 권리·의무도 포괄적으로 다른 사업자에게 승계된다. 그 결과 정보주체에게 원치 않는 결과가 초래될 수 있으므로 영업양도, 합병 등으로 인한 개인정보의 이전 시에는 정보주체가 회원탈퇴, 동의철회 등의 권리를 행사할 수 있는 기회를 미리 부여하여야 한다. 여기서 영업양도, 합병 등은 민간사업자를 대상으로 한다.

위에 언급된 제3자에게 개인정보를 제공하기 위해서는 다음 법률에서 요구하는 사항을 충족해야 한다.

〈개인정보보호법〉
- 정보주체의 동의를 받은 경우
- 법률에 특별한 규정이 있거나 법령상 의무를 준수하기 위해 불가피한 경우
- 공공기관이 법령 등에서 정하는 소관 업무의 수행을 위해 불가피한 경우
- 정보주체 또는 그 법정대리인이 의사표시를 할 수 없는 상태에 있거나 주소불명 등으로 사전 동의를 받을 수 없는 경우로서 명백히 정보주체 또는 제3자의 급박한 생명, 신체, 재산의 이익을 위해 필요하다고 인정되는 경우

또한, 정보주체에게 개인정보 제3자 제공 동의를 받기 위해 정보주체에게 다음 항목들을 알리고 개인정보의 제3자 제공 동의는 수집·이용에 대한 동의와 구분해 받고 이에 동의하지 않는다는 이유로 해당 서비스의 제공을 거부하지 않도록 해야 한다.

- 개인정보를 제공받는 자
- 개인정보를 제공받는 자의 개인정보 이용 목적
- 제공하는 개인정보의 항목
- 개인정보를 제공받는 자의 개인정보 보유 및 이용 기간
- 동의를 거부할 권리가 있다는 사실 및 동의 거부에 따른 불이익이 있는 경우 그 불이익의 내용

💡 실무 사례

표 3-48 제3자 제공 동의(예시)

[개인정보 제3자 제공에 대한 별도 동의]

① 개인정보를 제공받는 자: 예시) ○○본사

② 개인정보를 제공받는 자의 개인정보 이용 목적: 예시) 고객 관리 및 포인트 관리

③ 제공하는 개인정보의 항목: 예시)성명, 전화번호, 생년월일

④ 개인정보를 제공받는 자의 개인정보 보유 및 이용 기간: 예시) 제공 후 1년

⑤ 동의를 거부할 권리가 있다는 사실 및 동의 거부에 따른 불이익이 있는 경우에는 그 불이익의 내용

　예) 제 3자 제공 동의를 거부하실 수 있으나, 제 3자 제공 동의 거부 시 ○○ 서비스가 제공되지 않습니다.

※ 위 개인정보의 제3자 제공에 동의하십니까? □예　□아니요

🔒 **개인정보를 제3자에게 제공하는 경우 제공 목적에 맞는 최소한의 개인정보 항목으로 제한해야 한다.**

동의에 근거한 개인정보 제3자 제공 시에는 동의 시 고지한 제공 목적을 달성하기 위해 필요한 최소한의 개인정보 항목만 제공해야 하며, 법령에 근거한 제3자 제공 시에는 법률에서 구체적으로 명시하거나 해당 법령상 의무를 준수하기 위해 필요한 범위 내에서 최소한의 개인정보 항목만 제공해야 한다.

🔒 **개인정보를 제3자에게 제공하는 경우 안전한 절차와 방법을 통해 제공하고 제공 내역을 기록해 보관해야 한다.**

개인정보를 제3자 제공 시 안전한 절차는 계약서와 같은 문서로 적용하는 것이 필요하며, 개인정보를 제공하는 자와 제공받는 자의 안전성 확보에 관한 책임관계를 명확히 해야 하고 개인정보를 제3자에게 제공 시 승인할 수 있는 절차를 마련해야 한다.

또한, 개인정보 전송 시 문서 파일 암호화, 데이터를 직접 전송할 때는 전송 구간

암호화, 개인정보를 취급하는 인력의 자산에 대한 접근통제, 접근권한 관리 등 안전성 확보 조치 적용이 필요하다.

개인정보를 제3자에게 제공 시에는 제공받는 자, 제공일시, 제공된 개인정보 항목, 제공 이유(근거), 제공하는 자, 제공방법이 시스템 연계인지 아니면 이메일 등을 통한 전송인지 등을 기록으로 남겨 보관해야 한다.

🔒 **제3자에게 개인정보의 접근을 허용하는 경우 개인정보를 안전하게 보호하기 위한 보호절차에 따라 통제해야 한다. 개인정보를 제3자에게 제공할 때 시스템 연계 등을 통해 개인정보를 제공할 경우 해당 페이지 등 외에는 접근할 수 없도록 조치하는 것이 필요하다.**

⚒ 증적 자료

- 개인정보 목적 외 이용 및 제3자 제공 내역(요청서 등 관련 증적 포함)
- 개인정보 목적 외 이용 및 제3자 제공 대장(공공기관인 경우)
- 개인정보를 제3자에게 안전하게 제공할 수 있음을 입증할 수 있는 자료

📝 **심사원 중점 검토사항**
- 개인정보 제3자 제공 동의 시 정보주체에게 고지가 필요한 사항이 누락되지 않았는지를 확인해야 한다.
- 개인정보 제3자 제공 동의를 확인하지 못해 동의하지 않은 정보주체(이용자)의 개인정보가 제공되고 있는지 확인해야 한다.

3.3.2 개인정보 처리 업무 위탁

개인정보 처리업무를 제3자에게 위탁하는 경우 위탁하는 업무의 내용과 수탁자 등 관련사항을 공개하여야 한다. 또한 재화 또는 서비스를 홍보하거나 판매를 권유하는 업무를 위탁하는 경우 위탁하는 업무의 내용과 수탁자를 정보주체에게 알려야 한다

🔒 **개인정보 처리업무를 제3자에게 위탁(재위탁 포함)하는 경우 인터넷 홈페이지 등에 위탁하는 업무의 내용과 수탁자를 현행화해 정보주체가 언제든지 쉽게 확인할 수 있도록 지속적으로 공개하여야 한다.**

위탁하는 업무의 내용과 개인정보 처리 업무를 위탁 받아 처리하는 자(수탁자)를 정보주체가 언제든지 쉽게 확인할 수 있도록 인터넷 홈페이지(개인정보처리방침)에 지속적으로 게시하는 방법으로 공개해야 한다. 수탁자가 많을지라도 해당 수탁자명을 모두 열거해 공개해야 하는 것이 필요하다.

개인정보 처리 위·수탁의 개념

o 개인정보 처리 위·수탁이란 개인정보처리자(위탁자)가 개인정보 수집·이용 등의 처리 자체를 제3자(수탁자)에게 위·수탁하거나, 개인정보의 이용·제공 등 처리가 수반되는 업무를 수탁자에게 위·수탁하는 것을 의미

> 개인정보의 '처리위탁'은 본래의 개인정보 수집, 이용 목적과 관련된 위탁자 본인의 업무처리와 이익을 위하여 개인정보가 이전되는 경우를 의미
> (대법원 2017. 4. 7. 선고 2016도13263)

- '개인정보처리자'는 업무를 목적으로 개인정보파일을 운용하기 위하여 스스로 또는 다른 사람을 통하여 개인정보를 처리하는 공공기관, 법인, 단체 및 개인 등을 말함 (「개인정보 보호법」 제2조 제5호)
- '업무'란 직업상 또는 사회생활상 지위에 기하여 계속적으로 종사 하는 사무나 사업의 일체를 의미하는 것으로 단 1회의 행위라도 계속·반복의 의사가 있다면 업무로 볼 수 있음
- ※ 순수한 개인적인 활동이나 가사활동을 위해서 개인정보를 처리하는 자는 포함되지 않음

업무 위탁 vs 제 3자 제공

구분	업무위탁	제3자 제공
관련조항	「개인정보 보호법」 제26조	「개인정보 보호법」 제17조
예시	배송업무 위탁, TM 위탁 등	사업제휴, 개인정보 판매 등
이전목적	위탁자의 이익을 위해 처리	제3자의 이익을 위해 처리
예측 가능성	정보주체가 사전 예측 가능 (정보주체의 신뢰 범위 내)	정보주체가 사전 예측 곤란 (정보주체의 신뢰 범위 밖)
이전 방법	원칙 : 위탁사실 공개 예외 : 위탁사실 고지(마케팅 위탁)	원칙: 제공목적 등 고지 후 정보 주체의 동의 획득
관리 · 감독 의무	위탁자	제공 받는 자
손해배상책임 부담	위탁자 및 수탁자	제공받는 자 부담

내용 및 표 출처 : 개인정보 처리 위 · 수탁 안내서 (2020.12)

💡 **실무 사례**

표 3-48은 위탁하는 업무의 내용과 개인정보 처리 업무를 위탁 받아 처리하는 자(수탁자)를 정보주체가 언제든지 쉽게 확인할 수 있도록 인터넷 홈페이지(개인정보처리방침)에 게시한 내용이다.

표 3-49 수탁자 및 위탁업무 공개(예시)

수탁자	위탁업무
한국모바일인증(주), (주)드림시큐리티	휴대폰 본인인증
(주)케이지이니시스, NHN한국사이버결제(주)(KCP),	전자결제 대행
(주)비바리퍼블리카	TOSS 대행
(주)LG U+	문자 메시지 발송, 전자결제 대행
(주)동양EMS, (주)한국코퍼레이션	고객지원 및 고객상담
SCI평가정보	아이핀(I-PIN) 인증
(주)아이하트, 슈어엠(주), 엔에이치엔(주)	문자 메시지 발송
SK텔링크	안심번호 서비스 제공
(주)브로드씨엔에스	고객상담시스템 유지보수

🔒 개인정보 처리위탁에 대한 동의가 필요한 경우 처리위탁을 받은 자와 위탁하는 업무의 내용을 알리고 동의를 받아야 한다.

442

위탁 시 개인정보 처리위탁을 받은 자, 개인정보 처리위탁을 하는 업무의 내용을 모두 알리고 동의를 받아야 한다. 정보통신서비스 제공에 관한 계약을 이행하고 이용자 편의 증진 등을 위해 필요한 경우 개인정보처리방침 등을 통해 위탁 사실을 공개한 경우에는 고지절차와 동의절차를 거치지 않을 수 있다.

🔒 **재화 또는 서비스를 홍보하거나 판매를 권유하는 업무를 위탁하는 경우에는 서면, 전자우편, 문자전송 등의 방법으로 위탁하는 업무의 내용과 수탁자를 정보주체에게 알려야 한다.**

위탁자가 재화 또는 서비스를 홍보하거나 판매를 권유하는 업무를 위탁하는 경우에는 서면, 전자우편, 모사전송, 전화, 문자전송 또는 이에 상당하는 방법으로 위탁하는 업무의 내용과 수탁자의 정보를 정보주체에게 고지해야 한다.

🔒 **수탁자 또는 위탁하는 업무의 내용이 변경된 경우 해당 내용을 알리거나 필요한 경우 동의를 받아야 한다.**

수탁자의 추가 계약 또는 종료 등이 발생되는 경우 개인정보 처리방침에서 해당 수탁자를 제외해야 하며, 변경된 사항에 대해서는 개인정보처리방침 개정 등의 내용에 포함해 안내해야 한다.

🔒 **수탁자가 위탁받은 업무를 제3자에게 재위탁하려는 경우 위탁자의 사전 동의를 받아야 한다.**

수탁자가 개인정보 처리업무를 제3자에게 재위탁하는 경우 위탁자의 동의를 받은 경우에 한해 재위탁해야 하며, 위탁자가 수탁자에게 요구하는 동일한 수준의 기술적 · 관리적 보호조치를 재 위탁자가 이행하도록 관리 · 감독해야 한다.

🔒 **개인정보를 처리하기 위해 국외 위탁 시 개인정보 위험 최소화를 위하여 수탁자가 속한 국가의 개인정보 보호 수준을 고려해야 한다.**

해당국가의 감독기관의 존재, 개인정보 보호 관련 법률의 수립 및 시행 여부 등을 함께 고려해서 위탁여부를 판단해야 하며, 관련 내용은 개인정보처리방침에 공개하는 것이 필요하다.

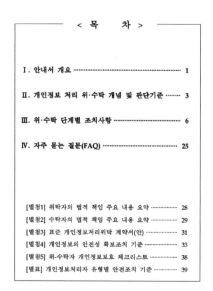

그림 3-32 개인정보처리 위수탁 안내서 (개인정보보호위원회)

💡 실무 사례

수탁자는 '갑'사에서 위탁받은 해당 업무를 위해 불가피하게 재위탁하는 경우 위탁
사에 다음과 같은 공문으로 안내하고 동의를 받을 수도 있다.

표 3-50 재위탁 공문(예시)

(주)가나다라 주식회사

수 신: (주) ○○○○ 주식회사

참 조: 가맹점 및 이용기관 담당자

제 목: 고객 상담 업무를 위한 개인정보 처리 재위탁 변경 공지 및 이의 제기 안내

1. 귀사의 무궁한 발전을 기원합니다.
2. 개인정보보호법 제26조, 및 당사와 귀사의 계약 내용에 따라 우리회사 고객 상담 처리 업무에 대한 개인정보 처리를 재위탁하고자 합니다.

- 아래 -

구분	전화번호	email
고객상담업무처리	(주)우리 상담, ABC 상담	상담 또는 민원 제기한 고객의 정보
고객상담업무처리 시스템 운영	(주)베스트 시스템	

3. 귀사가 본 안내문을 수신한 날로부터 본 내용에 대해서 이의가 있으신 경우 14일 이내에 회신을 부탁드립니다.
4. 본 안내문을 수신 후 14일 이내에 이의가 없으신 경우 재위탁 및 표준 계약 변경에 대해서 동의하시는 것으로 간주하겠습니다.
5. 재위탁 및 표준 위탁 계약서와 관련하여 별도의 협의가 필요하신 경우 각 영업담당자 또는 고객센터(1234-1234)로 연락주시기 바랍니다.

첨부: 개인정보 처리위탁 계약서 변경(안)

✕ 증적 자료

- 개인정보 처리방침
- 개인정보 수집 양식
- 개인정보 위탁 계약서
- 개인정보보호 협약서(약정서)
- 개인정보처리 재위탁 승인 문서

3.3.3 영업의 양도 등에 따른 개인정보 이전

영업의 양도·합병 등으로 개인정보를 이전하거나 이전 받는 경우 정보주체(이용자)
통지 등 적절한 보호조치를 수립·이행해야 한다.

인증대상 기관 준비사항

🔒 **영업의 전부 또는 일부의 양도·합병 등으로 개인정보를 다른 사람에게 이전하
는 경우 필요한 사항을 사전에 정보주체(이용자)에게 알려야 한다.**

영업의 양도, 합병 등으로 개인정보를 타인에게 이전하려는 경우 미리 다음의 사항
을 정보주체(이용자)에게 알려야 한다. 알리는 방법은 전자우편, 서면, 모사전송, 전화
또는 이와 유사한 방법 중 한 가지를 사용하되 과실 없이 정보주체(이용자)의 연락처
를 알 수 없는 등의 이유로 정보주체에게 직접 알릴 수 없는 경우에는 인터넷 홈페이
지에 30일 이상 기재해야 한다. 인터넷 홈페이지를 운영하지 않는 양도자 등의 경우
사업장 등의 보기 쉬운 장소에 30일 이상 게시하거나, 전국을 보급지역으로 하는 둘
이상의 일반 일간신문에 1회 이상 공고하는 방법을 이용해야 한다.

● 개인정보를 이전하려는 사실

● 개인정보를 이전받는 자의 성명, 주소, 전화번호 및 그 밖의 연락처

● 정보주체가 개인정보의 이전을 원하지 아니하는 경우 조치할 수 있는 방법 및 절차

446

> 영업양도, 합병 등으로 영업자산을 다른 사업자에게 이전할 때에는 기존 사업자가 가지고 있던 개인정보 DB 등에 관한 권리•의무도 포괄적으로 다른 사업자에게 승계된다. 그 결과 정보주체에게 원치 않는 결과가 초래될 수 있으므로 영업양도, 합병 등으로 인한 개인정보의 이전 시에는 정보주체가 회원탈퇴, 동의철회 등의 권리를 행사할 수 있는 기회를 미리 부여하여야 한다. 여기서 영업양도, 합병 등은 민간사업자를 대상으로 한다.

🔒 **영업양수자 등은 법적 통지 요건에 해당될 경우 개인정보를 이전 받은 사실을 정보주체(이용자)에게 지체 없이 알려야 한다.**

영업의 전부 또는 일부의 양도•합병 등으로 개인정보를 다른 사람에게 이전하는 개인정보처리자(이하 "영업양도자 등"이라 한다)는 미리 해당 정보주체에게 그 사실을 알려야 한다(제1항, 영 제29조제1항). 개인정보 이전에 대하여 정보주체의 동의를 받지 않는 대신 정보주체가 개인정보 이전에 대하여 거부할 수 있는 기회를 갖도록 하기 위한 것이다.

개인정보를 이전받는 자(이하 "영업양수자 등"이라 한다)는 개인정보를 이전받았을 때에는 지체 없이 그 사실을 정보주체에게 알려야 한다.

> 개인정보처리자가 정보주체에게 그 이전 사실을 이미 알린 경우에는 그러하지 아니하다. 영업양도자 등이 개인정보의 이전사실을 통지하지 아니한 경우 영업양수자 등이 대신해서 통지하여 정보주체가 그 사실을 알고 필요한 조치를 취할 수 있도록 하기 위한 것이다.

🔒 **개인정보를 이전 받는 자는 이전 당시의 본래 목적으로만 개인정보를 이용하거나 제3자에게 제공해야 한다.**

영업의 양도, 합병 등으로 개인정보를 이전 받은 경우, 양수자는 정보주체(이용자)의 개인정보를 이용하거나 제공할 수 있는 당초의 목적 범위 내에서만 개인정보를 이용하거나 제공해야 한다.

- 개인정보 이전 관련 정보주체(이용자) 고지 내역(영업 양수도 시)
- 개인정보처리방침

3.3.4 개인정보 국외이전

개인정보를 국외로 이전하는 경우 국외 이전에 대한 동의, 관련 사항에 대한 공개 등 적절한 보호조치를 수립·이행해야 한다.

인증대상 기관 준비사항

🔒 **개인정보를 국외의 제3자에게 제공(조회되는 경우 포함)·처리위탁·보관(이하 '이전'이라 함)하는 경우 정보주체에게 국외 이전에 관한 고지 사항을 모두 알리고 별도 동의를 받거나, 인증 또는 인정 등 적법 요건을 준수하여야 한다.**

관련 법률에서 요구하는 개인정보 국외 이전 동의 시 고지사항은 다음과 같다. 그러나 정보통신서비스의 제공에 관한 계약을 이행하고 이용자 편의 증진 등을 위해 필요하며 이용자의 개인정보를 국외에 처리위탁 또는 보관하는 경우에는 동의에 갈음해 관련 사항을 이용자에게 알려야 한다.

개인정보보호법 제28조의 8(개인정보의 국외 이전)

① 개인정보처리자는 개인정보를 국외로 제공(조회되는 경우를 포함한다)·처리위탁·보관(이하 이 절에서 "이전"이라 한다)하여서는 아니 된다. 다만, 다음 각 호의 어느 하나에 해당하

는 경우에는 개인정보를 국외로 이전할 수 있다.

1. 정보주체로부터 국외 이전에 관한 별도의 동의를 받은 경우

2. 법률, 대한민국을 당사자로 하는 조약 또는 그 밖의 국제협정에 개인정보의 국외 이전에 관한 특별한 규정이 있는 경우

3. 정보주체와의 계약의 체결 및 이행을 위하여 개인정보의 처리위탁 · 보관이 필요한 경우로서 다음 각 목의 어느 하나에 해당하는 경우

   가. 제2항 각 호의 사항을 제30조에 따른 개인정보 처리방침에 공개한 경우

   나. 전자우편 등 대통령령으로 정하는 방법에 따라 제2항 각 호의 사항을 정보주체에게 알린 경우

4. 개인정보를 이전받는 자가 제32조의2에 따른 개인정보 보호 인증 등 보호위원회가 정하여 고시하는 인증을 받은 경우로서 다음 각 목의 조치를 모두 한 경우

   가. 개인정보 보호에 필요한 안전조치 및 정보주체 권리보장에 필요한 조치

   나. 인증받은 사항을 개인정보가 이전되는 국가에서 이행하기 위하여 필요한 조치

5. 개인정보가 이전되는 국가 또는 국제기구의 개인정보 보호체계, 정보주체 권리보장 범위, 피해구제 절차 등이 이 법에 따른 개인정보 보호 수준과 실질적으로 동등한 수준을 갖추었다고 보호위원회가 인정하는 경우

② 개인정보처리자는 제1항제1호에 따른 동의를 받을 때에는 미리 다음 각 호의 사항을 정보주체에게 알려야 한다.

1. 이전되는 개인정보 항목

2. 개인정보가 이전되는 국가, 시기 및 방법

3. 개인정보를 이전받는 자의 성명(법인인 경우에는 그 명칭과 연락처를 말한다)

4. 개인정보를 이전받는 자의 개인정보 이용목적 및 보유 · 이용 기간

5. 개인정보의 이전을 거부하는 방법, 절차 및 거부의 효과

③ 개인정보처리자는 제2항 각 호의 어느 하나에 해당하는 사항을 변경하는 경우에는 정보주체에게 알리고 동의를 받아야 한다.

④ 개인정보처리자는 제1항 각 호 외의 부분 단서에 따라 개인정보를 국외로 이전하는 경우 국외 이전과 관련한 이 법의 다른 규정, 제17조부터 제19조까지의 규정 및 제5장의 규정을 준수하여야 하고, 대통령령으로 정하는 보호조치를 하여야 한다.

⑤ 개인정보처리자는 이 법을 위반하는 사항을 내용으로 하는 개인정보의 국외 이전에 관한 계약을 체결하여서는 아니 된다.

⑥ 제1항부터 제5항까지에서 규정한 사항 외에 개인정보 국외 이전의 기준 및 절차 등에 필요한 사항은 대통령령으로 정한다.

[본조신설 2023. 3. 14.]

이용자에게 알리기 위해 다음 항목을 개인정보처리방침에 공개하거나 전자우편 · 서면 · 모사전송 · 전화 또는 이와 유사한 방법 중 하나를 선택해야 한다.

▶ 개인정보의 국외 이전 동의 시 아래 5가지 사항을 모두 알리고 동의를 받아야 함

개인정보의 국외 이전 동의 시 고지사항(개인정보 보호법 제28조의8제2항)

1. 이전되는 개인정보 항목

2. 개인정보가 이전되는 국가, 시기 및 방법

3. 개인정보를 이전받는 자의 성명(법인인 경우에는 그 명칭과 연락처를 말한다)

4. 개인정보를 이전받는 자의 개인정보 이용목적 및 보유 · 이용 기간

5. 개인정보의 이전을 거부하는 방법, 절차 및 거부의 효과

정보통신서비스 제공자가 서비스 제공을 위해 해외 클라우드 서비스를 이용하는 경우에는 개인정보 처리위탁 및 보관을 하면서 이전되는 국가, 이전 방법 등 관련 사항을 홈페이지에 공개하거나 이용자에게 알려야 한다.

🔒 **개인정보 보호 관련 법령 준수 및 개인정보 보호 등에 관한 사항을 포함해 국외 이전에 관한 계약을 체결하고 개인정보 보호를 위해 필요한 조치를 취해야 한다.**

개인정보 국외 이전 시 개인정보보호를 위한 기술적 · 관리적 조치, 개인정보 침해에 대한 고충처리 및 분쟁해결에 관한 사항, 그 밖에 이용자의 개인정보 보호를 위해 필요한 조치를 취해야 한다. 각 사항을 개인정보를 국외에서 이전 받는 자와 미리 협의하고 이를 계약내용 등에 반영해야 한다.

💡 실무 사례

온라인 플랫폼 회사입니다. 개인정보 국외이전 시 정보주체로부터 동의를 받아야 하는지?

(문의) 안녕하세요. 저희 회사는 정보통신망을 통해 고객의 개인정보를 처리하고 있는 온라인쇼핑몰입니다. 고객과의 커뮤니티 및 교육 진행을 위한 목적으로 개인정보를 국외이전하는 부분을 신규로 추가할 예정입니다. 혹시 이런 경우 개인정보 처리방침에 고지할 경우 기존 및 신규 이용자들에게 별도 동의를 받지 않아도 괜찮을지 문의드립니다.

(답변) 정보주체의 동의를 받아 개인정보를 국외이전해야 하나, 계약체결 및 이행을 위한 처리위탁 보관의 경우 공개 또는 알림으로 갈음

  ○ (개정) 보호법 제28조의8 제1항에 개인정보처리자가 개인정보를 국외의 제3자에게 제공할 때에는 법률, 조약, 국제협정에 개인정보의 국외 이전에 관한 특별한 규정이 없는 한 제2항 각 호에 따른 사항을 정보주체에게 알리고 별도의 동의를 받아야 함

    - 다만, 정보주체와의 계약의 체결 및 이행을 위하여 개인정보의 처리위탁 보관이 필요한 경우 제2항 각 호의 사항을 개인정보처리방침에 공개하거나 전자우편 등의 방법으로 알린 경우 정보주체의 동의를 받지 않고도 국외이전 할 수 있음

  ○ 제28조의8 제2항의 정보주체에게 알려야 할 사항은 다음과 같음

    1. 이전되는 개인정보 항목
    2. 개인정보가 이전되는 국가, 시기 및 방법
    3. 개인 정보를 이전받는 자의 성명(법인인 경우에는 그 명칭과 연락처)
    4. 개인정보를 이전받는 자의 개인정보 이용목적 및 보유 · 이용 기간
    5. 개인정보의 이전을 거부하는 방법, 절차 및 거부의 효과

(출처: 개인정보보호법표준해석례(2023))

🛠 증적 자료

- 개인정보 국외 이전 관련 동의 양식
- 개인정보 이전 관련 정보주체(이용자) 고지 내역
- 개인정보처리방침

📝 심사원 중점 검토사항

- 개인정보 국외 이전이 있는지 확인해야 한다.
- 개인정보를 국외 이전 시 개인정보 이전 사실 등을 이용자에게 알렸는지 확인해야 한다.
- 정보주체(이용자)가 이전을 원하지 않은 경우 조치할 수 있는 방법과 절차가 마련돼 있는지 확인해야 한다.

나. 사례 연구

인증심사원 홍길동은 (주)가나다라의 인증심사에 참여해 개인정보 제공 시 보호조치에 대해서 확인해보기로 했다. 문서 검토, 담당자 인터뷰, 현장실사를 통해 확인된 사항은 다음과 같다. 심사 일자는 12월 30일이다.

(1) 정책 및 지침 확인

개인정보보호지침

제31조【개인정보의 제공】

가. 개인정보를 제공받은 경우 제공받은 목적 외의 용도로 이용하지 않고 제3자에게 제공하지 않아야 하며, 개인정보를 안전하게 관리해야 한다.

나. 정보주체(이용자) 및 정보주체(이용자)의 법정대리인으로부터 수집한 개인정보를 동의받은 범위 또는 법에서 정한 목적 내에서만 이용해야 한다.

다. 개인정보를 수집 목적 또는 범위를 초과해 이용하거나 제공하는 경우, 정보주체(이용자)로부터 별도의 동의를 받거나 법적 근거가 있는 경우로 제한해야 한다.

라. 개인정보를 비식별화해 이용하거나 제공하는 경우, 재식별화의 위험을 최소화할 수 있도록 적정한 방법을 선정해 비 식별화 조치를 적용하고 이에 대한 적정성을 평가해야 한다.

마. 이용자의 개인정보를 제3자에게 제공하려는 경우, 다른 법률에 특별한 규정이 있는 경우 외에는 이용자에게 다음 사항을 알리고 개인정보의 수집·이용에 대한 동의와 별도로 동의를 받는다.
- 개인정보를 제공받는 자
- 개인정보를 제공받는 자의 개인정보 이용 목적
- 제공하는 개인정보의 항목
- 개인정보를 제공받는 자의 개인정보 보유 및 이용 기간
- 동의를 거부할 권리가 있다는 사실 및 동의 거부에 따른 불이익이 있는 경우에는 그 이익 내용

바. 개인정보 처리업무를 위탁하는 경우 다음 사항을 개인정보처리방침에 포함해 공개하고 동의 받아야 한다.
- 개인정보 처리위탁을 받는 자(이하 "수탁자"라 한다)
- 개인정보 처리위탁을 하는 업무의 내용

사. 개인정보의 취급 업무를 위탁하는 경우에는 계약 시 문서에 다음 내용을 포함해야 한다.
- 위탁업무 수행 목적 및 범위
- 개인정보의 취급 금지에 관한 사항
- 개인정보에 대한 접근 제한 등 기술적·관리적 보호조치에 관한 사항
- 재위탁 제한에 관한 사항
- 위탁업무와 관련해 보유하고 있는 개인정보의 관리 현황 점검 등 감독에 관한 사항

아. 개인정보보호책임자는 수탁자가 개인정보를 수집한 목적과 다르게 이용되지 않도록 주기적으로 관리 · 감독한다.

- 개인정보취급 현황 및 실태

- 개인정보 수집 목적 외 이용, 제공, 재위탁 여부

- 기타 개인정보의 안전성 확보를 위한 조치

제32조【개인정보의 국외 이전】

가. 이용자의 개인정보에 관한 국외이전은 관련 법률을 준수해 국제계약을 체결하고 계약내용에 다음 사항을 반영한다.

1) 개인정보보호를 위한 기술적 · 관리적 조치

2) 개인정보 침해에 대한 고충처리 및 분쟁해결에 관한 사항

3) 그 밖에 이용자의 개인정보보호를 위해 필요한 조치

나. 이용자의 개인정보를 국외에 제공(조회되는 경우를 포함한다) · 처리위탁 · 보관(이하 "이전"이라 함)하려면 이용자의 동의를 받아야 한다.

1) 이전되는 개인정보 항목

2) 개인정보가 이전되는 국가, 이전일시 및 이전 방법

3) 개인정보를 이전 받는 자의 성명(법인인 경우에는 그 명칭 및 책임자의 연락처를 말한다)

4) 개인정보를 이전 받는 자의 개인정보 이용목적 및 보유 · 이용 기간

5) 국외이전 내용을 개인정보처리방침에 포함해야 함

다. 다만, 계약을 이행하고 이용자 편의 증진 등을 위해 필요한 경우로서 개인정보처리방침에 공개할 경우에는 개인정보 처리위탁 · 보관에 따른 동의를 받지 않을 수 있다.

제33조【개인정보 양도합병】

가. 개인정보보호책임자는 영업의 전부 또는 일부의 양도 · 합병 등으로 이용자의 개인정보를 타인에게 이전하는 경우 인터넷 홈페이지 게시, 전자우편, 서면 등으로 정보주체에게 알려야 한다.

1) 개인정보를 이전하려는 사실

2) 개인정보를 이전 받는 자의 성명, 주소, 전화번호 및 그 밖의 연락처

3) 동의를 철회할 수 있는 방법과 절차

나. 인터넷 홈페이지에 게시할 경우 기간은 30일 이상으로 한다.

다. 최초 수집된 목적 이외의 목적으로 개인정보를 이용할 경우 정보주체로부터 그 목적을 알리고 별도 동의를 받아야 한다.

(2) 인터뷰 또는 실사를 통한 확인

인증심사원 홍길동은 심사기관인 (주)가나다라의 개인정보 제공 시 보호조치 현황을 확인하기 위해 개인정보보호팀 인터뷰 및 실사 통해 다음 내용을 확인할 수 있었다.

■ 인터뷰

첫째, (주)가나다라는 전화, 이메일, SMS를 통한 상품 마케팅을 진행하기 위해 (주)ABC마케팅에 개인정보를 제공하고 있으며, 회원가입시 선택사항으로 개인정보 수집 이용 동의를 받고 있다. 사용자가 마케팅에 관한 개인정보 수집 및 이용에 동의하지 않더라도 회원가입을 진행할 수 있도록 처리하고 있다. [#1]

둘째, 심사원은 신청기관이 국외로 고객의 개인정보를 제공하는 사례가 있는지 물어봤다. 담당자는 다음과 같은 답변을 했다. "우리회사는 지정한 해외 벤더인 NDRAGON Venture LLC에서 물품을 구매해 고객에게 배송을 해주는 업무를 수행하고 있다. 따라서 우리회사의 고객 정보 조회시스템을 해외에 제공하는 사례가 있다."

심사원은 신청기관이 개인정보 국외 이전을 하고 있음을 확인하고, 개인정보처리방침을 확인했다. 개인정보처리방침에는 개인정보를 받고 있는 해외 업체인 NDRAGON Venture LLC는 찾아볼 수 없었다. 또한 구매 결제 페이지를 확인한 결과 개인정보 국외 이전 업체인 NDRAGON Venture LLC에게 제공되는 개인정보에 대한 정보 주체 안내가 이뤄지고 있지 않았다. [#2]

■ 시스템 확인 및 현장 실사

홍길동 심사원은 (주)가나다라의 개인정보처리방침 등을 확인 결과, 다음과 같은 내용이 확인됐다.

개인정보의 수집 및 이용 동의

[필수]

- 회원가입: ID, 비밀번호, 이름, 닉네임, 본인확인정보(생년월일, 성별, 내외국인정보, 연계정보(CI), 중복가입정보(DI)), 휴대폰번호, 이메일, 배송지 주소
- 결제: 휴대폰번호, 카드번호, 계좌번호
- 상품배송: 이름, 휴대폰번호, 주소
- 문의대응: 이메일, ID, 이름, 휴대폰번호, 생년월일, 성별
- 자동수집 및 생성정보: 쿠키 등 [#3]

[선택]

- 이벤트 등 프로모션 알림 전송: 휴대폰번호, 이메일
- 이벤트 및 행사 참여: 이름, 휴대폰번호, 성별, 생년월일, 이메일

개인정보 수집·이용에 동의를 거부할 권리가 있으며, 동의 거부 시 서비스 이용에 제약이 있을 수 있습니다.

개인정보의 제3자 제공 동의

(주)가나다라는 아래와 같이 서비스 제공을 목적으로 개인정보를 제3자에게 제공하고 있습니다.

- 개인정보를 제공 받는자: (주)한글 마케팅
- 이용 목적: 전화, 이메일, SMS를 통한 상품 마케팅
- 제공하는 개인정보 항목: ID, 이름, 닉네임, 생년월일, 성별, 휴대폰번호, 이메일, 배송지 주소, 카드번호, 계좌번호
- 보유 및 이용기간: 2025년 12월 31일까지

정보주체는 개인정보 제3자 제공에 동의하지 않을 권리가 있으며, 동의를 거부할 경우 일부 서비스를 제한받을 수 있습니다.

개인정보 제3자 제공에 동의합니다(선택)   동의함 ☐   동의하지 않음 ☐

(3) 결함 요약

결함 포인트 [#1]

전화, 이메일, SMS를 통한 상품 마케팅 용도로 개인정보의 제3자 제공에 대해 회원가입 시 선택사항으로 동의를 받고 있다. 동의하지 않더라도 회원가입을 진행할 수 있도록 처리하고 있으나 마케팅 용도로 제공하는 개인정보 항목 중 배송지 주소, 카드번호, 계좌번호 등 불필요한 항목이 존재한다. 또한 마케팅 진행 이후 보유하는 개인정보 파기 기간이 과도하다고 판단돼 이에 대한 기간 단축도 고려해볼 필요가 있다.

- 개인정보를 제공 받는 자: (주)한글 마케팅
- 이용 목적: 전화, 이메일, SMS를 통한 상품 마케팅
- 제공하는 개인정보 항목: ID, 이름, 닉네임, 생년월일, 성별, 휴대폰번호, 이메일, 배송지 주소, 카드번호, 계좌번호
- 보유 및 이용기간: 2024년 12월 31일까지

결함 포인트 [#2]

개인정보에 대한 국외이전을 이용자에게 알리기 위해 개인정보처리방침에 공개하거나, 전자우편 · 서면 · 모사전송 · 전화 또는 이와 유사한 방법 중 하나를 선택해야 한다. 그러나 신청기관은 개인정보처리방침에 이를 알리지 않고 있다. 이용자에게 알려야 할 사항은 다음과 같다.

1. 이전되는 개인정보 항목
2. 개인정보가 이전되는 국가, 이전일시 및 이전 방법
3. 개인정보를 이전받는 자의 성명(법인인 경우 그 명칭 및 정보관리책임자의 연락처)
4. 개인정보를 이전받는 자의 개인정보 이용목적 및 보유 · 이용 기간

또한, 구매 결제 시 개인정보 제3자 제공 동의와 같이, 개인정보 국외 이전 업체인 NDRAGON Venture LLC에게 이전되는 개인정보에 대해서 제3자 제공에 준하는 수준으로 이용자에게 안내하는 것이 바람직하다. 구매 페이지에서 제3자 제공하는 과정과 유사하게 국외 이전 업체에게 제공되는 개인정보를 다음의 내용을 포함해서 동의받거나, 동의에 준하는 수준에서 알리는 것이 바람직하다.

1. 이전되는 개인정보 항목
2. 개인정보가 이전되는 국가, 이전일시 및 이전 방법
3. 개인정보를 이전받는 자의 성명(법인인 경우 그 명칭 및 정보관리책임자의 연락처)
4. 개인정보를 이전받는 자의 개인정보 이용목적 및 보유 · 이용 기간

(4) 결함 보고서 작성

<table>
<tr><td colspan="5" align="center">**결함 보고서**</td></tr>
<tr><td>기록일자</td><td colspan="2">2023년 12월 28일</td><td>기업명</td><td>(주)가나다라</td></tr>
<tr><td rowspan="2">인증 범위</td><td>구분</td><td>결함유형</td><td>인증 범위명</td><td>기관 확인자</td></tr>
<tr><td>ISMS</td><td>결함</td><td>(주)가나다라 상품판매 서비스</td><td>이순신 팀장(인)</td></tr>
<tr><td>심사원명</td><td colspan="4" align="center">홍 길 동 (인)</td></tr>
<tr><td>관계부서</td><td colspan="4" align="center">개인정보보호팀</td></tr>
<tr><td>관련조항</td><td colspan="4">(개인정보) 3.3.1 개인정보 제3자 제공</td></tr>
<tr><td rowspan="1">관련 근거</td><td colspan="4">

◇ **(인증기준)** 개인정보를 제3자에게 제공하는 경우 법적 근거에 의하거나 정보주체(이용자)의 동의를 받아야 하며, 제3자에게 개인정보의 접근을 허용하는 등 제공 과정에서 개인정보를 안전하게 보호하기 위한 보호대책을 수립·이행해야 한다.

◇ **(내부규정)** 「개인정보보호지침」 제31조(개인정보 제공) (2023.11.25)

> 마. 이용자의 개인정보를 제3자에게 제공하려는 경우, 다른 법률에 특별한 규정이 있는 경우 외에는 이용자에게 다음 사항을 알리고 개인정보의 수집·이용에 대한 동의와 별도로 동의를 받는다.
>   - 개인정보를 제공받는 자
>   - 개인정보를 제공받는 자의 개인정보 이용 목적
>   - 제공하는 개인정보의 항목
>   - 개인정보를 제공받는 자의 개인정보 보유 및 이용 기간
>   - 동의를 거부할 권리가 있다는 사실 및 동의 거부에 따른 불이익이 있는 경우에는 그 이익 내용

</td></tr>
<tr><td>운영현황 및 결함내역</td><td colspan="4">

◇ **(운영현황)** 개인정보 제3자 제공에 대한 동의를 받고 있음
  ○ 개인정보를 제공 받는자, 이용 목적, 제공하는 개인정보 항목, 보유/이용 기간에 대한 별도 동의를 받고 있음

◇ **(결함내역)** 개인정보의 제공 목적을 벗어난 과도한 개인정보 제공이 이뤄짐
  ○ (주)한글마케팅에 전화, 이메일, SMS를 통한 상품 마케팅을 위해 개인정보를 제공하면서 이용목적에 맞지 않는 배송지 주소, 카드번호, 계좌번호 등이 제공되고 있음

◇ **(조치사항)** 개인정보를 제공받는 자의 이용 목적을 확인해 이용목적에 맞게 최소한의 개인정보만 제공해야 함

</td></tr>
<tr><td>근거목록</td><td colspan="4">

- 「개인정보보호지침」(2023.11.25)
- 개인정보 제3자 제공 동의 화면

</td></tr>
</table>

결함 보고서

기록일자	2023년 12월 28일		기업명	(주)가나다라	
인증 범위	구분	결함유형	인증 범위명		기관 확인자
	ISMS	결함	(주)가나다라 상품판매 서비스		이순신 팀장(인)
심사원명	홍 길 동 (인)				
관계부서	개인정보보호팀				

관련조항	(개인정보) 3.3.4 개인정보의 국외 이전
관련 근거	◇ **(인증기준)** 개인정보를 국외로 이전하는 경우 국외 이전에 대한 동의, 관련 사항에 대한 공개 등 적절한 보호조치를 수립 · 이행해야 한다. ◇ **(내부규정)** 「개인정보보호지침」 제32조(개인정보의 국외이전) (2023.11.25) 　나. 이용자의 개인정보를 국외에 제공(조회되는 경우를 포함한다) · 처리위탁 · 보관(이하 "이전"이라 함)하려면 이용자의 동의를 받아야 한다. 　　1) 이전되는 개인정보 항목 　　2) 개인정보가 이전되는 국가, 이전일시 및 이전방법 　　3) 개인정보를 이전 받는 자의 성명(법인인 경우에는 그 명칭 및 정보관리책임자의 연락처를 말한다) 　　4) 개인정보를 이전 받는 자의 개인정보 이용목적 및 보유 · 이용 기간 　　5) 국외이전 내용을 개인정보처리방침에 포함해야 함
운영현황 및 결함내역	◇ **(운영현황)** 개인정보의 국외 이전에 대한 정책을 수립해 운영하고 있음 　○ 이용자의 개인정보를 국외에 제공(조회되는 경우를 포함한다). 처리위탁 · 보관(이하 "이전"이라 함)하는 경우 이용자의 동의를 받도록 규정하고 있음 ◇ **(결함내역)** 개인정보의 국외이전에 대해 동의를 받지 않는 문제점이 발견됨 　○ 해외 협력사인 NDRAGON Venture LLC에 고객정보 조회시스템을 제공하고 있으나 국외이전에 대한 이용자 동의를 받고 있지 않으며, 관련 내용을 개인정보처리방침에 명기하지 않고 있음 ◇ **(조치사항)** 해외 협력사인 NDRAGON Venture LLC에 대해 개인정보처리방침에 명기하고, 국외 이전에 대해 이용자 동의를 받아야 함
근거목록	- 「개인정보보호지침」(2023.11.25) - 개인정보 제3자 제공 동의 화면

✎ 요약

개인정보 제공 시 보호조치에서는 개인정보의 제3자 제공, 업무 위탁에 따른 정보주체 고지, 영업의 양수 등에 따른 개인정보의 이전, 개인정보의 국외이전에 대한 통제방안을 마련하는 데 목적이 있다. 개인정보를 제3자에게 제공하는 경우 법률에서 요구하는 제3자에게 알려야 할 사항에 대해서 명확하게 안내하고 동의를 받는 것이 필요하다. 벤처 및 스타트업 등 개인정보보호 담당자가 부재한 회사의 경우 실제 해외 비즈니스가 이루어짐에도 불구하고, 법률 위반 사항이 방치될 수 있으므로 유의가 필요하다.

3.4 개인정보 파기 시 보호조치

가. 인증 분야 및 항목 설명

분야	항목
3.4 개인정보 파기 시 보호조치	3.4.1 개인정보 파기
	3.4.2 처리목적 달성 후 보유 시 조치

3.4.1 개인정보 파기

개인정보의 보유기간 및 파기 관련 내부 정책을 수립하고 개인정보의 보유기간 경과, 처리목적 달성 등 파기 시점이 도달한 때에는 파기의 안전성 및 완전성이 보장될 수 있는 방법으로 지체 없이 파기하여야 한다.

인증대상 기관 준비사항

🔒 **개인정보의 보유기간 및 파기와 관련된 내부 정책을 수립해야 한다.**

개인정보의 보유 기간 및 파기와 관련된 규정을 정보보호지침에 포함해야 하며, 개인정보의 보유기간이 경과되거나 수집 및 이용목적이 달성된 경우 지체 없이 (위탁 또는 제3자 제공 포함) 파기되도록 규정해야 한다. 개인정보의 수집목적이 달성된 후에도 타 법령 등에 근거해 개인정보의 전부 또는 일부를 보유해야 하는 경우 필요한 조치를 취하고 보유근거, 보유목적, 보유기간 및 보유항목에 대해서 정보주체(이용자)에게 고지하고, 개인정보의 항목을 보유목적에 맞는 최소한의 항목으로 제한해야 한다.

대표적으로 참고할만한 법령은 통신비밀보호법, 전자상거래 등에서의 소비자보호에 관한 법률이다.

처리 목적 달성, 해당 서비스의 폐지, 사업의 종료 등 그 개인정보가 불필요하게 됐을 때에는 정당한 사유가 없는 한 그 시점으로부터 지체없이 (5일이내)에 해당 개인정보를 파기해야 한다.

※ 이용자의 개인정보 수집 및 이용 목적을 달성한 경우란 다음의 예를 말한다.
- 이용자가 웹사이트에서 회원 탈퇴한 경우
- 이용자가 초고속인터넷을 해지한 경우
- 이용자가 마일리지 회원에서 탈퇴를 요청한 경우
- 개인정보를 수집하는 이벤트가 종료된 경우
- 제3업체에게 텔레마케팅을 위해 정보를 제공한 후 해당업체의 TM 업무가 종료된 경우 등

💡 실무 사례

회사는 원칙적으로 개인정보 이용목적 달성 후에는 해당 개인정보를 지체 없이 파기합니다. 단, 내부방침 및 관계 법령의 규정에 의하여 보존할 필요가 있는 경우 아래와 같이 관계 법령에서 정한 일정한 기간 동안 이용자 정보를 보관합니다.

구분		보존근거	보존기간
관련 법령에 따라 보존필요성이 있는 경우	웹사이트 방문기록	통신비밀보호법	3개월
	표시·광고에 관한 기록	전자상거래 등에서의 소비자보호에 관한 법률	6개월
	소비자의 불만 또는 분쟁처리에 관한 기록(상담이력)	전자상거래 등에서의 소비자보호에 관한 법률	3년
	계약 또는 청약철회 등에 관한 기록	전자상거래 등에서의 소비자보호에 관한 법률	5년
	대금결제 및 재화 등의 공급에 관한 기록(주문이력)	전자상거래 등에서의 소비자보호에 관한 법률	5년

🔒 개인정보를 파기할 때에는 복구 · 재생되지 않도록 안전한 방법으로 파기하고 파기에 대한 기록을 남기고 관리해야 한다.

복원이 불가능한 방법이란 현재의 기술 수준에서 사회통념상 적정한 비용으로 파기한 개인정보의 복원이 불가능하도록 조치하는 방법을 말하며, 완전파괴(소각 · 파쇄 등)는 전용 소자장비를 이용해 삭제하거나 데이터가 복원되지 않도록 초기화 또는 덮어쓰기 수행하는 것을 의미한다.

개인정보 파기의 시행 및 파기 결과의 확인은 개인정보 보호책임자의 책임 하에 수행돼야 하며, 파기에 관한 사항을 파기 관리대장에 기록하거나 파기 내용을 담은 사진 등을 기록물로 기록 · 관리해야 한다.

※ **파기방법 예시**
- 완전파괴: 개인정보가 저장된 회원가입신청서 등의 종이문서, 하드디스크나 자기테이프를 파쇄기로 파기하거나 용해 또는 소각장, 소각로에서 태워서 파기 등
- 전자 소자장비 이용 시: 디가우저(Degausser)를 이용해 하드디스크나 자기테이프에 저장된 개인정보 삭제 등
- 데이터가 복원되지 않도록 초기화 또는 덮어쓰기 수행 시: 개인정보가 저장된 하드디스크에 대해 완전포맷(3회 이상 권고), 데이터 영역에 무작위 값, 0, 1 등으로 덮어쓰기(3회 이상 권고), 해당 드라이브를 안전한 알고리즘 및 키 길이로 암호화 저장 후 삭제하고 암호화에 사용된 키 완전 폐기 및 무작위 값 덮어쓰기 등의 방법 이용

🛠 증적 자료

- 개인정보 보유기간 및 파기 관련 규정
- 개인정보 파기 결과
- 개인정보 파기 관리 대장
- 개인정보 파기 확인서

3.4.2 처리목적 달성 후 보유 시 조치

개인정보의 보유기간 경과 또는 처리목적 달성 후에도 관련 법령 등에 따라 파기하지 않고 보존하는 경우에는 해당 목적에 필요한 최소한의 항목으로 제한하고 다른 개인정보와 분리하여 저장 · 관리하여야 한다.

인증대상 기관 준비사항

🔒 **개인정보의 보유기간 경과 또는 처리목적 달성 후에도 관련 법령 등에 따라 파기하지 아니하고 보존하는 경우, 관련 법령에 따른 최소한의 기간으로 한정해 최소한의 정보만을 보존하도록 관리해야 한다.**

이용자의 개인정보 수집 및 이용 목적을 달성하는 경우 파기함을 원칙으로 하되, 다른 법률 또는 법령에 따라 개인정보를 보존해야 하는 경우가 있는지 확인해야 한다. 파기 사유가 발생한 경우와 장기 미이용자의 개인정보의 경우, 모두 다른 법령에 따라 개인정보를 보존해야 한다면 해당 개인정보를 다른 이용자의 개인정보와 분리해 저장 · 관리해야 한다.

표 3-51 개인정보 파기 관련 법률

근거법령	개인정보의 종류	보존기간
통신비밀보호법 (통신사실확인자료)	로그기록자료, 접속지의 추적자료	3개월
	전기통신일시, 전기통신개시·종료시간, 사용도수, 상대방의 가입자번호, 발신기지국의 위치추적자료	12개월
전자상거래 등에서의 소비자보호에 관한 법률(거래기록)	소비자의 불만 또는 분쟁처리에 관한 기록	3년
	계약 또는 청약철회 등에 관한 기록, 대금 결제 및 재화 등의 공급에 관한 기록	5년
전자금융거래법 (전자금융거래기록)	건당 거래금액 1만 원 이하 전자금융거래에 관한 기록, 전자지급수단 이용과 관련된 거래승인에 관한 기록	1년
	전자금융거래 종류 및 금액, 상대방에 관한 정보, 지급인의 출금 동의에 관한 사항, 전자금융거래와 관련한 전자적 장치의 접속기록, 전자금융거래 신청 및 조건의 변경에 관한 사항, 건당 거래금액 1만원 초과 전자금융거래에 관한 기록	5년
신용정보의 이용 및 보호에 관한 법률	신용정보 업무처리에 관한 기록	3년
의료법 (진료에 관한 기록)	처방전	2년
	진단서 등의 부본	3년
	환자 명부, 검사소견기록, 간호기록부, 방사선 사진 및 그 소견서, 조산기록부	5년
	진료기록부, 수술기록	10년
국세기본법	국세 부과 제척기간(조세시효)	10년
	국세징수권 및 국세환급금 소멸시효	5년
상법	보험금액 청구권 소멸시효, 보험료/적립금 반환청구권 소멸시효	2년
	상사채권 소멸시효, 배당금 지급청구권 소멸시효	5년
	사채상환청구권 소멸시효	10년
제조물책임법	손해배상청구권 소멸시효	3년/10년

회원 DB와 분리된 나머지 DB(거래기록 DB 등)에는 그 자체로 식별가능한 개인정보가 존재하지 않는다면(난수화된 고객번호, ID의 해시값 등만 존재하는 경우), 회원 DB 내의 개인정보에 대해서만 파기 또는 분리 저장·관리하는 것도 가능하며, 최소한의 연결값을 DB에 남겨두는 것도 가능하다.

DB를 분리하는 경우 물리적 분리를 하는 것이 바람직하나 논리적 분리(테이블 분리 등)도 가능하다. 분리 보관하고 있는 개인정보에 대해서는 최소한의 인원으로 접근을 제한하고 법령에서 정한 목적 범위 내에서만 처리 가능하도록 관리해야 한다. 다만, 이용자가 서비스 재이용을 요구해 이용자 민원 처리가 필요한 경우에는 해당 이용자의 개인정보에 접근할 수 있다.

✖ 증적 자료

- 개인정보 보유기간 미 파기 관련 규정
- 분리 보관된 DB 현황
- 분리 보관된 DB 접근권한 현황

📝 심사원 중점 검토사항

- 탈퇴회원 정보를 파기하지 않고 Flag값만 변경해 다른 회원정보와 동일한 테이블에 보관하고 있는 것은 없는지 확인해야 한다.
- 전자상거래법에 따른 소비자 불만 및 분쟁처리에 관한 기록을 법적 의무기간인 3년을 초과해 보유하고 있는지 확인한다.
- 분리된 회원 DB에 접근 가능한 관리자를 최소인원으로 제한하고 있는지 확인한다.
- 기존 고객 DB의 조회 권한이 부여된 개발자, 운영자 모두가 분리된 회원 DB에서 고객정보 조회가 가능하지 않도록 돼 있는지 확인한다.

[참고] 개정 개인정보보호법(2023.09.15)

2023년 9월 15일 시행된 개정 개인정보보호법에서는 기존의 온라인 및 오프라인의 이중규제를 일원화하여 불합리한 규제를 정비하였으며, 휴면 계정 전환과 관련된 유효기간제에 대한 정책이 변경되었다.

정보주체가 정보통신서비스(온라인)를 1년 이상 이용하지 않은 경우 파기하거나 별도 분리하여 저장하도록 한 규정(유효기간제)을 삭제하고, 파기의 일반원칙에 따라 목적이 달성되었거나 보유기간이 종료되면 지체없이 파기하도록 하였다.

그러나, 코로나19 상황에서 해외 여행이 제한되어 면세점 홈페이지 서비스 이용이 1년 동안 없어서 파기 등의 조치를 하는 경우 이용자와 기업 모두 불편 발생하였고, 해당 제도에 대한 실효성 및 국민적인 불편함을 이번 개정 개인정보보호법에서는 개선하여 반영하였다. 기존에 운영되던 개인정보보호 유효기간제(휴면 계정 전환)과 관련된 정책이 변경되어 주목이 필요하다.

[사업자 조치 필요 사항]

개인정보보호위원회는 온라인사업자는 법 개정 취지에 따라 자율적으로 개인정보 휴면정책을 마련하되 정보주체에게 사전 안내한 후 운영할 것을 당부했다.
또 이용자는 오랫동안 이용하지 않는 인터넷서비스는 계속 이용할지, 혹은 탈퇴(개인정보 파기)할지를 확인해 필요한 조치를 취해야 한다고도 강조했다.

종전 유효기간제에 따라 별도로 분리해 보관하고 있던 개인정보를 파기하거나 일반회원 데이터베이스(DB)와 통합 관리하려는 사항은 개인정보 정책에 중요한 변경이 발생한 것이므로 사전에 정보주체에게 알릴 필요가 있다.

나. 사례 연구

인증심사원 홍길동은 (주)가나다라의 인증심사에 참여해 개인정보 파기에 대한 현황을 확인하기로 했다. 문서 검토, 담당자 인터뷰, 현장실사를 통해 확인된 사항은 다음과 같다. 심사 일자는 12월 30일이다.

(1) 정책 및 지침 확인

개인정보보호지침

제21조【개인정보 저장】

1. **시스템 저장**

   가. 개인정보가 저장된 시스템은 출입통제가 이뤄지는 별도 공간에 위치시켜야 한다.

   나. 개인정보가 저장된 시스템은 접근통제를 강화해 보호해야 한다.

2. **PC 저장**

   가. 개인정보 취급자는 원칙적으로 개인정보를 파일 또는 데이터 형태로 개인 PC에 저장할 수 없다.

   나. 외부기관 제공 및 업무상 필요에 의해 개인정보를 취급하는 경우 개인정보취급책임자의 승인을 득해 개인 PC에 저장할 수 있으며, 파일 암호화 등 개인정보보호를 위한 조치를 취해야 한다.

3. **매체 저장**

   가. 개인정보를 별도 저장매체에 저장하는 것은 원칙적으로 금지한다. 단, 외부기관 제공 및 업무상 필요한 경우 개인정보취급책임자의 승인을 득한 후 보관이 가능하며 별도 보관기간을 지정해 안전하게 유지·관리해야 한다.

   나. 보관기간이 만료된 경우 개인정보취급책임자는 개인정보 파기를 확인해야 한다.

4. **서류 보관**

   가. 개인정보가 기록된 문서는 일련번호 등의 관리번호를 부여해 별도의 안전 장치 등이 적용된 안전한 곳에 별도 보관돼야 한다.

   나. 개인정보가 기록된 문서를 보관하고 있는 장소는 접근 가능 인력을 최소화하도록 접근통제를 해야 한다.

제22조【개인정보 파기】

가. 개인정보 취급자는 업무를 수행함에 있어 다음에 해당되는 경우 개인정보를 지체 없이 파기해야 한다.

- 개인정보의 수집·이용목적이 달성된 경우
- 개인정보의 보유·이용기간이 종료된 경우
- 서비스를 종료한 경우
- 고객이 취급동의를 철회한 경우

나. 위의 사항에 해당되는 경우라 하더라도 관계법령에서 일정 기간 동안 개인정보를 보관하도록 하고 있는 경우에는 그 기간까지 해당 개인정보를 보관할 수 있다. 다만, 관계법령에서 정한 보관기간이 종료한 경우에는 지체 없이 파기해야 하며, 정보보안 주관부서와 협의해야 한다.

다. 상법 등 법령에 따라 보존할 필요성이 있는 경우 저장돼야 할 개인정보는 다음과 같다.

① 표시 · 광고에 관한 기록
- 근거: 전자상거래 등에서의 소비자보호에 관한 법률 제6조 및 시행령 제6조
- 보존기간: 6개월

② 계약 또는 청약철회 등에 관한 기록
- 근거: 전자상거래 등에서의 소비자보호에 관한 법률 제6조 및 시행령 제6조
- 기간: 5년

③ 대금결제 및 재화 등의 공급에 관한 기록
- 근거: 전자상거래 등에서의 소비자보호에 관한 법률 제6조 및 시행령 제6조
- 보존기간: 5년

④ 소비자의 불만 또는 분쟁처리에 관한 기록
- 근거: 전자상거래 등에서의 소비자보호에 관한 법률 제6조 및 시행령 제6조
- 기간: 3년

⑤ 신용정보의 수집, 처리 및 이용 등에 관한 기록
- 근거: 신용정보의 이용 및 보호에 관한 법률
- 기간: 3년

⑥ 본인확인에 관한 기록보존
- 근거: 정보통신망 이용촉진 및 정보보호에 관한 법률 제44조의 5 및 시행령 제29조
- 기간: 6개월

⑦ 접속에 관한 기록보존
- 근거: 통신비밀보호법 제15조의2 및 시행령 제41조
- 기간: 3개월

(2) 인터뷰 또는 실사를 통한 확인

인증심사원 홍길동은 심사기관인 (주)가나다라의 개인정보 파기 시 보호조치 현황을 확인하기 위해 개인정보보호팀 인터뷰 및 실사를 통해 다음 내용을 확인할 수 있었다.

■ 인터뷰

첫째, 심사원은 담당자 인터뷰 결과 개인정보 이용 목적이 달성된 경우, 개인정보지침에 따라 즉시 삭제하고 있다고 답변을 얻었다.

둘째, 회원 탈퇴 시 운영 DB에서 회원정보는 즉시 파기하고 있다고 답변을 받았다.

■ 시스템 확인 및 현장 실사

첫째, 심사원은 신청기관의 본사에 방문해 현장을 확인하기로 했다. 심사원이 직접 확인한 결과 지사에서 물품 배송을 위해 출력한 송장과 반품 송장이 손으로 찢어서 박스에 그대로 배치돼 있었다. [#1] 심사원이 담당자에게 박스에 그대로 방치돼 있는 이유를 물어보니, 지사 담당자는 "현재 대량문서를 밖에 버릴 수도 없는 상황이고, 본사에서 연 1회 파기 차량을 내려 보내주는데 이때까지 기다릴 수밖에 없다"는 내용을 현장 심사를 통해 확인할 수 있었다.

둘째, 심사원은 본사로 돌아와서 마케팅팀의 대량 메일을 발송하는 솔루션을 점검해 보기로 했다. 최근에 대량 메일 발송 솔루션을 통해 가입된 회원에게 설문조사 응답을 시행했다고 답변했다. 심사원이 해당 솔루션의 캠페인 내역을 확인해보니 약 3년 전의 개인정보(이름, 이메일, 성별, 나이)를 서비스 시작 후 지금까지 파기하지 않고 계속 보관하고 있었다. [#2]

(3) 결함 요약

결함 포인트 [#1]

신청기관의 개인정보보호지침과 인증심사 기준에 따르면 개인정보가 저장된 매체, 문서 등은 서비스 이용계약 해지 등 개인정보의 수집 목적이 달성된 경우 이를 지체 없이 파기해야 한다. 개인정보보호법 제39조의6(개인정보의 파기에 대한 특례)에 목적이 달성된 경우에는 지체 없이 해당 개인정보를 복구·재생할 수 없도록 파기하도록 명시하고 있다. 그러나 신청기관은 업무 목적이 달성된 배송 송장이 완전 파기되지 않은채로 박스에 방치되고 있었고, 연 1회 진행되는 파기에 동원되는 파기차량이 오기 전까지 오랜 기간이 걸리고 있다.

결함 포인트 [#2]

개인정보의 수집 목적을 달성하거나 이용자가 동의를 철회한 경우 관련 법규상 특별한 규정이 없는 한 해당 개인정보는 즉시 파기해야 한다. 그러나, 대량 메일 발송 솔루션으로 발송된 설문 조사 응답자의 개인정보가 시스템이 도입된 이후로 전혀 파기되지 않고 보관되고 있다.

(4) 결함 보고서 작성

<table>
<tr><th colspan="5" style="text-align:center">결함 보고서</th></tr>
<tr><td>기록일자</td><td colspan="2">2023년 12월 28일</td><td>기업명</td><td>(주)가나다라</td></tr>
<tr><td rowspan="2">인증 범위</td><td>구분</td><td>결함유형</td><td>인증 범위명</td><td>기관 확인자</td></tr>
<tr><td>ISMS</td><td>결함</td><td>(주)가나다라 상품판매 서비스</td><td>이순신 팀장(인)</td></tr>
<tr><td>심사원명</td><td colspan="4" style="text-align:center">홍 길 동 (인)</td></tr>
<tr><td>관계부서</td><td colspan="4" style="text-align:center">개인정보보호팀</td></tr>
</table>

관련조항	(개인정보) 3.4.1 개인정보의 파기

관련 근거	◇ **(인증기준)** 개인정보의 보유기간 및 파기 관련 내부 정책을 수립하고 개인정보의 보유기간 경과, 처리목적 달성 등 파기 시점이 도달한 때에는 파기의 안전성 및 완전성이 보장될 수 있는 방법으로 지체 없이 파기해야 한다.
	◇ **(법령)** 제21조(개인정보의 파기) (2023.09.15)
	① 개인정보처리자는 보유기간의 경과, 개인정보의 처리 목적 달성, 가명정보의 처리 기간 경과 등 그 개인정보가 불필요하게 되었을 때에는 지체 없이 그 개인정보를 파기하여야 한다. 다만, 다른 법령에 따라 보존하여야 하는 경우에는 그러하지 아니하다. 〈개정 2023. 3. 14.〉 ② 개인정보처리자가 제1항에 따라 개인정보를 파기할 때에는 복구 또는 재생되지 아니하도록 조치하여야 한다. ③ 개인정보처리자가 제1항 단서에 따라 개인정보를 파기하지 아니하고 보존하여야 하는 경우에는 해당 개인정보 또는 개인정보파일을 다른 개인정보와 분리하여서 저장·관리하여야 한다. ④ 개인정보의 파기방법 및 절차 등에 필요한 사항은 대통령령으로 정한다.
	◇ **(내부규정)** 「개인정보보호지침」 제22조(개인정보의 파기) (2023.11.25)
	가. 개인정보 취급자는 업무를 수행함에 있어 다음에 해당되는 경우 개인정보를 지체 없이 파기해야 한다. - 개인정보의 수집·이용목적이 달성된 경우 - 개인정보의 보유·이용기간이 종료된 경우 - 서비스를 종료한 경우 - 고객이 취급동의를 철회한 경우
운영현황 및 결함내역	◇ **(운영현황)** 개인정보 파기 정책에 따라 개인정보를 파기하고 있음 ○ 탈퇴한 회원의 개인정보는 즉시 파기하고 있음 ◇ **(결함내역)** 일부 목적이 달성된 개인정보 파기가 미흡함 ○ 일부 지사에서 반품 송장을 찢어서 박스에 오랜기간 보관하고 있음 ○ 대량 메일 발송 솔루션 도입 후 해당 시스템 내에서 처리된 목적달성된 개인정보가 파기되지 않고 저장돼 있음 ◇ **(조치사항)** 목적을 달성한 지사의 반품 송장 및 대량 메일 발송 솔루션에 저장된 개인정보를 정책에 따라 즉시 파기해야 함
근거목록	- 「개인정보보호지침」(2023.11.25) - 회원 DB - 반품 송장

개인정보 파기 시 보호조치에서는 개인정보의 파기, 처리목적 달성 후 보유 시 조치,
휴면 이용자 관리에 대한 통제 방안을 마련하는 데 목적이 있다. 개인정보의 보유기
간 및 파기 관련 내부 정책을 수립하고 개인정보의 보유기간 경과, 처리목적 달성 등
파기 시점에 도달한 때에는 파기의 안전성 및 완전성이 보장될 수 있는 방법으로 지
체 없이 파기해야 한다.

3.5 정보주체 권리보호

가. 인증 분야 및 항목 설명

분야	항목
3.5 정보주체 권리보호	3.5.1 개인정보처리방침 공개
	3.5.2 정보주체 권리보장
	3.5.3 이용내역 통지

3.5.1 개인정보처리방침 공개

개인정보의 처리 목적 등 필요한 사항을 모두 포함해 개인정보처리방침을 수립하고,
이를 정보주체(이용자)가 언제든지 쉽게 확인할 수 있도록 적절한 방법에 따라 공개
하고 지속적으로 현행화해야 한다.

인증대상 기관 준비사항

🔒 **개인정보처리방침을 정보주체(이용자)가 쉽게 확인할 수 있도록 "개인정보처리
방침"이라는 명칭을 사용해 인터넷 홈페이지 등에 지속적으로 현행화해 공개해
야 한다.**

개인정보처리방침은 관련 법령에서 요구하는 항목을 모두 포함해 알기 쉬운 용어로
구체적이고 명확하게 작성해야 하며, 개인정보를 시스템에 의해 수집하거나 간접 수
집하는 경우에도 관련 내용을 개인정보처리방침에 공개해야 한다. 또한 정보주체(이

용자) 이외로부터 수집하는 개인정보에 대해 정보주체의 요구가 있는 경우 즉시 정보주체에게 이를 고지해야 한다. SNS, 인터넷 홈페이지 등 공개된 매체 및 장소에서 개인정보를 수집하는 경우에는 정보주체(이용자)의 공개 목적·범위 및 사회 통념상 동의 의사가 있다고 인정되는 범위 내에서만 수집·이용해야 한다.

※ 개인정보처리방침을 공개하는 방법 예시

- 인터넷 홈페이지 첫 화면 또는 첫 화면과의 연결화면을 통해 지속적으로 게재(이 경우 글자 크기, 생상 등을 활용해 다른 고지사항과 구분함으로써 정보주체(이용자)가 쉽게 확인할 수 있도록 표시)
- 점포, 사무소 등 사업장 내의 보기 쉬운 장소에 써 붙이거나 비치해 열람하도록 하는 방법
- 관보(공공기관인 경우만 해당)나 시·도 이상의 지역을 주된 보급지역으로 하는 일반 일간신문, 일반주간신문 또는 인터넷신문에 싣는 방법
- 같은 제목으로 연 2회 이상 발행하는 정보주체에게 배포하는 간행물·소식지·홍보지 또는 청구서 등에 지속적으로 싣는 방법
- 재화나 용역을 제공하기 위해 개인정보처리자와 정보주체가 작성한 계약서 등에 실어 정보주체에게 발급하는 방법

💡 실무 사례

1. 개인정보처리방침 작성하기

개인정보보호포털에서 개인정보보호법 및 시행령, 표준 개인정보 보호지침에 근거하여 개인정보 처리방침 기본 항목에 대한 예시를 작성할 수 있도록 도와드리는 서비스를 운영하고 있다.

공공기관 또는 사업자 분들이 생성된 개인정보처리방침을 참조하여 사업 목적 및 범위에 맞도록 수정하여 사용할수 있어 개인정보처리방침 작성에 대한 시간을 단축시킬 수 있어 매우 유용하다.

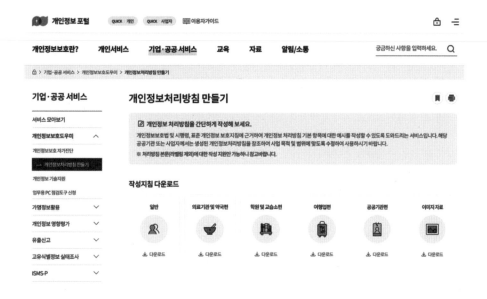

그림 3-33 개인정보보호포털내 개인정보처리방침 만들기

개인정보처리방침은 그림 3-34과 같이 홈페이지 하단 푸터footer 영역에 굵게 표시해서 링크를 걸어야 한다.

| 이용약관 | **개인정보처리방침** | 컴플라이언스 센터 | 원격지원 | 사이트맵 |

그림 3-34 개인정보처리방침 홈페이지 공개(예시)

또한, 개인정보처리방침은 다음 예시와 같이 개인정보처리와 관련된 사항을 모두 포함해 공개해야 한다.

표 3-52 개인정보 처리방침(예시)

총칙

- (주)가나다라는 회원님의 개인정보를 안전하게 보호하기 위해 최선의 노력을 다하고 있으며, 개인정보보호관련 법규 및 정부기관의 가이드라인을 준수하고 있습니다.

- (주)가나다라는 개인정보처리방침을 통해 회원님의 개인정보가 어떻게 이용되고 있고, 이용 시 어떠한 보호조치가 취해지고 있는지 알려드립니다.

- 개인정보처리방침은 법령의 변경이나 보다 나은 서비스의 제공을 위해 내용이 변경될 수 있습니다. 이 경우 (주) 가나다라는 사이트의 공지사항 또는 이메일을 통해서 공지하고 있습니다.

1. 개인정보 수집 항목
2. 개인정보 수집 및 이용 목적
3. 개인정보 제3자 제공
4. 개인정보 처리위탁
5. 개인정보 보유 및 이용기간
6. 개인정보 파기절차 및 방법
7. 스마트폰 앱 관리
8. 정보주체(이용자)의 권리
9. 정보주체(이용자)의 의무
10. 자동 수집되는 개인정보 및 거부에 관한 사항
11. 광고 식별자 정보(ADID/IDFA) 수집에 관한 사항
12. 개인정보의 보호조치에 관한 사항
13. 개인정보 보호책임자 및 이용자 고충처리
14. 만 14세 미만 아동의 가입제한
15. 개인정보처리방침 고지의무

(중략)

제2조(수집하는 개인정보의 항목)

이용자는 별도의 회원가입 절차 없이 대부분의 콘텐츠에 자유롭게 접근할 수 있습니다. 회사의 회원제 서비스를 이용하시고자 할 경우 다음의 정보를 입력해주셔야 하며 선택항목을 입력하지 않아도 이용에 제한은 없습니다.

1. 회원가입 시 수집하는 개인정보의 범위
　가. 필수항목: 이메일주소, 비밀번호, 휴대전화번호
2. 소셜계정 회원가입 시 수집하는 개인정보의 범위
　가. 제공받아 저장하는 정보: 고유번호
　나. 필수항목: 휴대전화번호, 이메일주소
　다. 선택항목: 닉네임, 생일, 연령대, 성별

(중략)

8. 서비스 이용과정이나 사업처리과정에서의 자동생성 정보
　가. 서비스 이용기록, 접속로그, 쿠키, 접속 IP 정보, 결제기록, 이용정지기록, 기기고유번호(디바이스 아이디 또는 IMEI)

(중략)

🔒 개인정보처리방침이 변경되는 경우 사유 및 변경 내용을 지체없이 공지하고 정보주체 (이용자)가 언제든지 변경된 사항을 쉽게 알아볼 수 있도록 조치해야 한다.

제30조(개인정보 처리방침의 수립 및 공개) ① 개인정보처리자는 다음 각 호의 사항이 포함된 개인정보의 처리 방침(이하 "개인정보 처리방침"이라 한다)을 정하여야 한다. 이 경우 공공기관은 제32조에 따라 등록대상이 되는 개인정보파일에 대하여 개인정보 처리방침을 정한다. 〈개정 2016. 3. 29., 2020. 2. 4., 2023. 3. 14.〉

1. 개인정보의 처리 목적

2. 개인정보의 처리 및 보유 기간

3. 개인정보의 제3자 제공에 관한 사항(해당되는 경우에만 정한다)

3의2. 개인정보의 파기절차 및 파기방법(제21조제1항 단서에 따라 개인정보를 보존하여야 하는 경우에는 그 보존근거와 보존하는 개인정보 항목을 포함한다)

3의3. 제23조제3항에 따른 민감정보의 공개 가능성 및 비공개를 선택하는 방법(해당되는 경우에만 정한다)

4. 개인정보처리의 위탁에 관한 사항(해당되는 경우에만 정한다)

4의2. 제28조의2 및 제28조의3에 따른 가명정보의 처리 등에 관한 사항(해당되는 경우에만 정한다)

5. 정보주체와 법정대리인의 권리·의무 및 그 행사방법에 관한 사항

6. 제31조에 따른 개인정보 보호책임자의 성명 또는 개인정보 보호업무 및 관련 고충사항을 처리하는 부서의 명칭과 전화번호 등 연락처

7. 인터넷 접속정보파일 등 개인정보를 자동으로 수집하는 장치의 설치·운영 및 그 거부에 관한 사항(해당하는 경우에만 정한다)

8. 그 밖에 개인정보의 처리에 관하여 대통령령으로 정한 사항

② 개인정보처리자가 개인정보 처리방침을 수립하거나 변경하는 경우에는 정보주체가 쉽게 확인할 수 있도록 대통령령으로 정하는 방법에 따라 공개하여야 한다.

③ 개인정보 처리방침의 내용과 개인정보처리자와 정보주체 간에 체결한 계약의 내용이 다른 경우에는 정보주체에게 유리한 것을 적용한다.

④ 보호위원회는 개인정보 처리방침의 작성지침을 정하여 개인정보처리자에게 그 준수를 권장할 수 있다. 〈개정 2013. 3. 23., 2014. 11. 19., 2017. 7. 26., 2020. 2. 4.〉

조문체계도버튼연혁관련규제버튼

　제30조의2(개인정보 처리방침의 평가 및 개선권고) ① 보호위원회는 개인정보 처리방침에

관하여 다음 각 호의 사항을 평가하고, 평가 결과 개선이 필요하다고 인정하는 경우에는 개인정보처리자에게 제61조제2항에 따라 개선을 권고할 수 있다.

1. 이 법에 따라 개인정보 처리방침에 포함하여야 할 사항을 적정하게 정하고 있는지 여부

2. 개인정보 처리방침을 알기 쉽게 작성하였는지 여부

3. 개인정보 처리방침을 정보주체가 쉽게 확인할 수 있는 방법으로 공개하고 있는지 여부

② 개인정보 처리방침의 평가 대상, 기준 및 절차 등에 필요한 사항은 대통령령으로 정한다.

[본조신설 2023. 3. 14.]

🔎 실무 사례

개인정보처리방침 변경사항을 정보주체에게 명확하게 알리기 위해 개인정보처리방침 변경 전후 내용을 공지하는 것이 필요하다.

표 3-53 개인정보처리방침 변경 안내(예시)

안녕하세요. (주)가나다라닷컴 개인정보처리방침을 일부 변경하게 돼 이를 알려드리고자 합니다.

■ **개인정보처리방침 일부 변경(2023년 03월 18일)**

1. 변경사항

- 개인정보 수탁업체 추가

현재	변경
(주) 위탁사 A: 고객상담	(주) 위탁사 A: 고객상담
(주) 위탁사 B: 시스템 운영	삭제

- 공고일자: 2023년 03월 18일
- 시행일자: 2023년 03월 25일

* 자세한 사항은 '개인정보처리방침 보기' 변경 전 · 후 내용을 통해 확인할 수 있습니다.

▶개인정보처리방침 보기(변경 전)◀

▶개인정보처리방침 보기(변경 후)◀

앞으로도 더 나은 서비스를 위해 노력하는 (주)가나다라닷컴이 되겠습니다.

감사합니다.

⚒ 증적 자료

- 개인정보처리방침
- 개인정보처리방침 개정 관련 공지 증적(게시판 등)

📝 심사원 중점 검토사항

- 개인정보처리방침에 공개돼 있는 개인정보 수집, 제3자 제공 내역이 실제 수집 및 제공하는 내역과 동일한지 확인해야 한다.
- 정보보호 최고책임자 변경, 수탁자 변경 등 개인정보처리방침 공개 내용 중에 변경사항이 발생했음에도 이를 반영해 변경이 누락돼 있지는 않은지 확인해야 한다.
- 개인정보처리방침의 공개는 돼 있으나, 명칭이 '개인정보처리방침'이 아니라 '개인정보취급방침'으로 돼 있는지 확인하고 글자 크기, 색상 등을 활용해 정보주체(이용자)가 쉽게 찾을 수 있도록 적용돼 있는지 확인해야 한다.
- 개인정보처리방침이 수차례 개정됐으나 예전에 작성된 개인정보처리방침의 내용도 이용자가 확인할 수 있도록 공개돼 있는지 확인해야 한다.
- 개인정보 처리 과정에서 쿠키 등 자동으로 수집되는 개인정보가 있음에도 개인정보처리방침에 관련 사항이 공개돼 있는지 확인해야 한다.
- 인터넷 홈페이지, SNS에 공개된 개인정보를 수집하고 있는 상태에서 정보주체(이용자)의 수집출처 요구에 대한 처리절차가 존재하는지 확인해야 한다.

3.5.2 정보주체 권리보장

정보주체(이용자)의 개인정보의 열람, 정정 · 삭제, 처리정지, 이의제기, 동의철회 요요구에 대해 수집 방법 · 절차보다 쉽게 할 수 있도록 개인정보처리자는 정보주체의 권리행사 방법 및 절차를 수립 · 이행해야 한다.

정보주체(이용자)의 요구를 받은 경우 지체 없이 처리하고 관련 기록을 남겨야 한다. 또한 정보주체(이용자)의 사생활 침해, 명예훼손 등 타인의 권리를 침해하는 정보가 유통되지 않도록 삭제 요청, 임시조치 등의 기준을 수립 · 이행해야 한다.

인증대상 기관 준비사항

🔒 **정보주체(이용자) 또는 그 대리인이 개인정보에 대한 열람, 정정·삭제, 처리정지, 이의제기, 동의 철회(이하 '열람 등'이라 함) 요구를 개인정보 수집방법·절차보다 쉽게 할 수 있도록 권리 행사 방법 및 절차를 마련해야 한다.**

개인정보의 열람, 정정·삭제, 처리정지 요구권 등 정보주체의 권리·의무 및 그 행사 방법에 관한 사항이 개인정보처리방침에 포함돼야 하며, 개인정보처리방침의 변경에 대한 사항, 개인정보의 열람청구를 접수·처리하는 부서, 정보주체의 권익침해에 대한 구제방법 등에 대해 안내해줘야 한다. 정보주체(이용자) 및 정보주체(이용자)의 법정대리인으로부터 이용자 개인정보에 대한 열람을 요구할 수 있는 요청 방법 및 접수 담당자, 처리 절차 등 방법 및 절차가 마련돼야 한다.

💡 **실무 사례**

이용자의 열람 요구 등이 있는 경우 내부에서 처리할 수 있는 절차를 명확하게 마련해야 한다.

구분	수행내역	담당자	관련문서
1	1. 열람 등 요구 2. 열람 등 요구서 전달 3. 열람 등 요구서 접수	HR	1. 개인정보 (열람, 정정, 삭제, 처리정지)요구서
2	1. 정보주체 확인 2. 요구 내용 확인	HR	
3	1. 정보 확인 및 데이터 추출 2. 문서 작성 상신 　- 예약자에 대한 정보 　- 결재자에 대한 정보	HR	1. 개인정보 열람 등 통지서
4	1. 회사에서 제공 가능 정보인지 여부 2. 요구서 범위내의 정보인지 여부 1차 검토	HR	
5	1. 요구서 범위내의 개인정보 제공 여부 2. 불필요한 개인정보 제공 여부 2차 검토	팀장 승인	
6	인장날인 및 공문 발송 전 검토 후 발신 승인	실장 승인	1. 인장날인한 통지서

순서도:
1. 열람 등 요구
2. 문서내용 확인
3. 공문 작성
4. 공문 내용 검토
5. 개인정보 이슈 사항 검토
6. 인장 날인 및 문서 회신

그림 3-35 이용자 열람요구사항 처리절차(예시)

🔒 정보주체 또는 그 대리인으로부터 개인정보 열람을 요구받은 경우 10일 이내에 정보주체가 해당 개인정보를 열람할 수 있도록 필요한 조치를 하여야 한다.

🔒 정보주체는 개인정보처리자가 처리하는 자신의 개인정보에 대해 다음 사항의 열람을 요구할 수 있다.

열람 요구 사항(개인정보 보호법 시행령 제41조제1항)

1. 개인정보의 항목 및 내용
2. 개인정보의 수집·이용의 목적
3. 개인정보 보유 및 이용 기간
4. 개인정보의 제3자 제공 현황
5. 개인정보 처리에 대해 동의한 사실 및 내용

🔒 10일 이내에 열람할 수 없는 정당한 사유가 있는 경우 정보주체에게 그 사유를 알리고 열람을 연기할 수 있으며, 개인정보 열람을 연기한 후 그 사유가 소멸하였을 경우 연기사유가 소멸된 날로부터 10일 이내에 열람하도록 해야 한다.

🔒 정보주체 또는 대리인이 완전히 자동화된 시스템(인공지능 기술을 적용한 시스템을 포함)으로 개인정보를 처리하여 이루어지는 결정(이하 '자동화된 결정'이라 함)을 거부하거나 설명 등을 요구한 경우 필요한 조치를 취하여야 한다.

자동화된 결정에 대한 정보주체의 권리(개인정보 보호법 제37조의2)

① 정보주체는 완전히 자동화된 시스템(인공지능 기술을 적용한 시스템을 포함한다)으로 개인정보를 처리하여 이루어지는 결정(「행정기본법」 제20조에 따른 행정청의 자동적 처분은 제외하며, 이하 이 조에서 "자동화된 결정"이라 한다)이 자신의 권리 또는 의무에 중대한 영향을 미치는 경우에는 해당 개인정보처리자에 대하여 해당 결정을 거부할 수 있는 권리를 가진다.

다만, 자동화된 결정이 제15조제1항제1호·제2호 및 제4호에 따라 이루어지는 경우에는 그러하지 아니하다.

② 정보주체는 개인정보처리자가 자동화된 결정을 한 경우에는 그 결정에 대하여 설명 등을 요구할 수 있다.

🔒 정보주체가 자동화된 결정을 거부하거나 이에 대한 설명 등을 요구한 경우에는 정당한 사유가 없는 한 자동화된 결정을 적용하지 않아야 하며, 인적 개입에 의한 재처리·설명 등 필요한 조치를 이행할 수 있도록 관련 절차를 수립·이행해야 한다.
　자동화된 결정을 하는 경우, 자동화된 결정의 기준과 절차, 개인정보가 처리되는 방식 등을 정보주체가 쉽게 확인할 수 있도록 공개해야 한다.

※ 개인정보 보호법 제37조의2의 개정에 포함된 "자동화된 결정에 대한 거부 및 설명 요구" 등과 관련된 내용은 공포 후 1년이 경과한 날부터 시행되므로 업무에 참고하도록 한다. (2024.3.15. 시행 예정)

💡 실무 사례

개인정보처리방침 변경사항을 정보주체에게 명확하게 알리기 위해 개인정보처리방침 변경 전후 내용을 공지하는 것이 필요하다.

🔒 개인정보처리방침이 변경되는 경우 사유 및 변경 내용을 지체 없이 공지하고 정보주체 (이용자)가 언제든지 변경된 사항을 쉽게 알아볼 수 있도록 조치해야 한다.

개인정보보호법 제31조 【개인정보 처리방침의 내용 및 공개방법 등】 ① 법 제30조제1항제8호에서 "대통령령으로 정한 사항"이란 다음 각 호의 사항을 말한다.〈개정 2016. 9. 29., 2020. 8. 4., 2023. 9. 12.〉

1. 처리하는 개인정보의 항목

2. 삭제〈2020. 8. 4.〉

3. 제30조에 따른 개인정보의 안전성 확보 조치에 관한 사항

② 개인정보처리자는 법 제30조제2항에 따라 수립하거나 변경한 개인정보 처리방침을 개인정보처리자의 인터넷 홈페이지에 지속적으로 게재하여야 한다.

③ 제2항에 따라 인터넷 홈페이지에 게재할 수 없는 경우에는 다음 각 호의 어느 하나 이상의 방법으로 수립하거나 변경한 개인정보 처리방침을 공개하여야 한다.〈개정 2023. 9. 12.〉

1. 개인정보처리자의 사업장등의 보기 쉬운 장소에 게시하는 방법

2. 관보(개인정보처리자가 공공기관인 경우만 해당한다)나 개인정보처리자의 사업장등이 있는 시·도 이상의 지역을 주된 보급지역으로 하는 「신문 등의 진흥에 관한 법률」 제2조제1호가목·다목 및 같은 조 제2호에 따른 일반일간신문, 일반주간신문 또는 인터넷신문에 싣는 방법

3. 같은 제목으로 연 2회 이상 발행하여 정보주체에게 배포하는 간행물·소식지·홍보지 또는 청구서 등에 지속적으로 싣는 방법

4. 재화나 서비스를 제공하기 위하여 개인정보처리자와 정보주체가 작성한 계약서 등에 실어 정보주체에게 발급하는 방법

열람 요구사항 중 일부가 열람 제한 및 거절의 사유가 있는 경우에는 그 일부에 대해 열람을 제한할 수 있으며, 열람이 제한되는 사항을 제외한 부분에 대해서는 열람할 수 있도록 해야 한다.

열람을 요구하는 자가 정보주체 본인 또는 정당한 대리인이 맞는지를 확인하는 방법을 제공해야 한다.

- 인터넷: 전자서명, 아이핀, 이동전화번호와 생년월일 확인 등
- 오프라인: 주민등록증, 운전면허증, 여권, 공무원증 확인 등

🔒 **정보주체(이용자) 또는 그 대리인이 개인정보 정정·삭제 요구를 하는 경우 규정된 기간 내에 정정·삭제 등 필요한 조치를 해야 한다.**

개인정보 정정·삭제 요구서를 받은 날부터 10일 이내에 회신하고, 외부위탁 또는 제3자에게 제공한 개인정보에 대한 정정요청 및 동의 철회 시에는 수탁자 또는 제3자에게 연락해 조치 요청해야 한다.

다른 법령에서 그 개인정보가 수집 대상으로 명시돼 있는 경우에는 삭제 요구를 거절할 수 있다. 이 경우 요구에 따르지 않기로 한 사실, 근거 법령의 내용 및 그 이유와 이의제기 방법을 개인정보 정정·삭제 통지서로 해당 정보주체에게 알려야 한다 (전자상거래법에 따른 계약·청약 철회 기록 등).

🔒 **정보주체(이용자) 또는 그 대리인이 개인정보 처리정지 요구를 하는 경우 규정된 기간 내에 처리정지 등 필요한 조치를 해야 한다.**

정보주체 및 정보주체의 법정대리인으로부터 정보주체의 개인정보에 대한 처리정지를 요구할 있는 방법 또는 절차를 제공해야 한다.

정보주체 및 정보주체의 법정대리인으로부터 개인정보의 처리정지를 요구받은 경우 처리정지를 요구하는 자가 정보주체 본인이 맞는지 또는 정당한 대리인이 맞는지를 확인하고 특별한 사유가 없는 한 지체없이 정보주체의 요구에 따라 개인정보 처리의 전부 또는 일부를 정지해야 한다.

개인정보 처리정지 요구서를 받은 날로부터 10일 이내에 처리정지 조치를 한 사실 및 그 이유와 이의제기 방법을 적은 개인정보처리정지 요구에 대한 결과 통지서를 정보주체에게 알려야 한다.

※ **처리정지 요구 거부 사유(개인정보 보호법 제37조제2항)**

1. 법률에 특별한 규정이 있거나 법령상 의무를 준수하기 위해 불가피한 경우
2. 다른 사람의 생명·신체를 해할 우려가 있거나 다른 사람의 재산과 그 밖의 이익을 부당하게 침해할 우려가 있는 경우
3. 공공기관이 개인정보를 처리하지 않으면 다른 법률에서 정하는 소관 업무를 수행할 수 없는 경우
4. 개인정보를 처리하지 아니하면 정보주체와 약정한 서비스를 제공하지 못하는 등 계약의 이행이 곤란한 경우로서 정보주체가 그 계약의 해지 의사를 명확하게 밝히지 아니한 경우

🔒 **정보주체(이용자)의 요구에 대한 조치에 불복이 있는 경우 이의를 제기할 수 있도록 필요한 절차를 마련해 안내해야 한다.**

개인정보처리자는 정보주체가 열람, 정정·삭제, 처리정지 요구 등의 개인정보에 관한 의견과 불만을 접수하고 처리하는 상담창구를 안내하고 운영해야 하며, 정보주체가 열람 등을 요구할 수 있는 구체적인 방법과 절차를 마련하고 이를 정보주체가 알 수 있도록 공개해야 한다.

정보주체의 권리행사 방법 및 절차는 최소한 개인정보 수집절차 또는 회원가입 절차에 준해서 알기 쉽고 편리해야 하며, 개인정보 수집 시 요구하지 않던 증빙서류를 추가로 요구하지 않아야 한다. 또한, 정보주체가 편리하게 선택할 수 있도록 방문, 서면, 전화, 전자우편, 인터넷 웹사이트 등 가급적 다양한 권리 행사 방법을 마련해 제공해야 한다. 열람 등을 요구한 자가 본인이거나 정당한 대리인인지 확인해야 하며, 확인 방법은 합리적인 수단이라고 객관적으로 인정되는 방식이어야 한다(전자서명, 아이핀, 신분증 확인 등).

개인정보처리자가 공공기관인 경우 「전자정부법」에 따른 행정정보의 공동 이용을 통해 신분확인이 가능하면 행정정보의 공동이용을 통해 확인해야 한다.

열람 등을 요구하는 자에게 관련 업무 수행에 필요한 실비의 범위에서 수수료와 우송료를 청구할 수 있으나, 개인정보를 열람·정정·삭제·처리정지 등을 요구하게 된 사유가 해당 개인정보처리자에게 있는 경우에는 수수료와 우송료를 청구할 수 없

다. 정보주체가 열람, 정정·삭제, 처리정지 요구에 대한 제한 또는 거절 등 조치에 대해 불복이 있는 경우 이의를 제기할 수 있도록 필요한 절차를 마련하고 안내해야 하며, 이 경우 이의제기 절차는 공정하게 운영될 수 있도록 외부전문가를 참여시키 거나 내부의 견제장치가 마련돼 있어야 한다.

💡 실무 사례

개인정보처리방침 내 개인정보 열람 청구 및 회원의 권리와 그 행사 방법을 안내할 수 있다.

표 3-54 개인정보처리방침 내 개인정보 열람 청구 및 회원의 권리와 그 행사 방법(예시)

제11조 【개인정보 열람청구】 ① 정보주체는 개인정보 보호법 제35조에 따른 개인정보의 열람 청구를 아래의 부서에 할 수 있고, 0000 시는 정보주체의 개인정보 열람청구를 신속하 게 처리해야 한다.

※ 개인정보 열람청구 접수·처리부서: 개인정보보호팀 홍길동(02-1234-2323)

② 정보주체는 제1항의 열람청구 접수·처리부서 이외에, 개인정보보호위원회의 '개인정보보 호 종합포털' 웹사이트를 통해 개인정보 열람청구를 할 수 있다.

※ 개인정보보호 종합포털(www.privacy.go.kr) → 개인정보민원 → 개인정보의 열람 등 요 구(아이핀 등을 통한 실명인증 필요)

▶ 회원의 권리와 그 행사 방법

1. 회원님은 언제든지 회원님의 개인정보를 조회하거나 수정할 수 있으며 회원 탈퇴 절차를 통해 개인정보 이용에 대한 동의 등을 철회할 수 있습니다.

2. 개인정보의 조회/수정을 위해서는 사이트의[Mypage]내의 [개인정보수정] 항목에서 확인 가능하며, 회원 탈퇴(동의 철회)는 [Mypage]내의 [개인정보수정] 항목 하단의 "회원 탈 퇴"를 통해 탈퇴하실 수 있습니다. 이 외에 고객센터 및 개인정보 보호책임자에게 서면, 전 화 또는 이메일로 연락해 열람/수정을 요청하실 수 있습니다.

다. 회원님의 개인정보 오류에 대한 정정을 요청하신 경우에는 정정을 완료하기 전까지 개 인정보를 이용 또는 제공하지 않습니다. 그리고 회원님의 요청에 의해 해지 또는 삭제된 개인정보는 『개인정보의 보유 및 이용기간』에 명시된 바에 따라 취급하고 그 외의 용도 로 열람 또는 이용할 수 없도록 조치하고 있습니다.

🔒 **정보주체(이용자) 또는 그 대리인이 개인정보 수집/이용/제공 등의 동의를 철회하는 경우 지체 없이 수집된 개인정보를 파기하는 등 필요한 조치를 취해야 한다.**

개인정보 정정·삭제 요구서를 받은 날부터 10일 이내에 회신해야 하며, 외부위탁 또는 제3자에게 제공한 개인정보에 대한 정정요청 및 동의 철회 시에는 수탁자 또는 제3자에게 연락해 조치 요청해야 한다.

다른 법령에서 그 개인정보가 수집 대상으로 명시돼 있는 경우에는 삭제 요구를 거절할 수 있다. 이 경우 요구에 따르지 않기로 한 사실, 근거 법령의 내용 및 그 이유와 이의제기 방법을 개인정보 정정·삭제 통지서로 해당 정보주체에게 알려야 한다 (전자상거래법에 따른 계약·청약 철회 기록 등). 개인정보처리자는 정보주체가 열람, 정정·삭제, 처리정지 요구 등의 개인정보에 관한 의견과 불만을 접수하고 처리한 결과를 기록으로 남겨야 한다.

💡 **실무 사례**

일반적으로 고객센터 또는 민원 접수자를 통해서 접수된다. 이 경우 민원인에게 개인정보 정정·삭제 요구서를 활용해서 본인 증명 및 민원을 공식적으로 접수하도록 하자. 해당 내용을 개인정보보호책임자에게 승인 받은 후 관련 내용에 대한 접수, 진행, 종결을 내부에서 공식적으로 처리하는 것이 바람직하다.

[개인정보 열람, 정정·삭제, 처리정지 요구서]

개인정보([ ] 열람 [ ] 정정·삭제 [ ] 처리정지) 요구서

※ 아래 작성방법을 읽고 굵은 선 안쪽의 사항만 적어 주시기 바랍니다.

(앞 쪽)

접수번호		접수일		처리기간	10일 이내

정보주체	성 명		전 화 번 호	
	생년월일			
	주 소			

대리인	성 명		전 화 번 호	
	생년월일		정보주체와의 관계	
	주 소			

요구내용	[ ] 열람	[ ] 개인정보의 항목 및 내용
		[ ] 개인정보 수집·이용의 목적
		[ ] 개인정보 보유 및 이용 기간
		[ ] 개인정보의 제3자 제공 현황
		[ ] 개인정보 처리에 동의한 사실 및 내용
	[ ] 정정·삭제	※ 정정·삭제하려는 개인정보의 항목과 그 사유를 적습니다.
	[ ] 처리정지	※ 개인정보의 처리정지를 원하는 대상·내용 및 그 사유를 적습니다.

「개인정보 보호법」 제35조제1항·제2항, 제36조제1항 또는 제37조제1항과 같은 법 시행령 제41조제1항, 제43조제1항 또는 제44조제1항에 따라 위와 같이 요구합니다.

년 월 일

요구인   (서명 또는 인)

그림 3-36 개인정보 열람·정정·삭제·처리정지 요구서(예시)

✗ 증적 자료

- 개인정보처리방침
- 개인정보보호지침(열람 요구 처리 절차, 관련 양식)
- 개인정보 열람 신청서 및 프로세스
- 개인정보 열람 요구 시 조치 내역
- 개인정보 정정·삭제, 처리 정지 신청양식
- 개인정보 정정·삭제, 처리 정지 요구 시 조치 내역
- 회원탈퇴 절차

- 개인정보처리방침 내 개인정보 열람 정정 청구 절차가 포함돼 있는지 확인해야 한다.
- 개인정보 열람 등의 요구 시 내부에서 처리하는 절차가 존재하는지 확인해야 한다.
- 댓글, 게시물 등 삭제 요청 시 해당 내용을 처리하는 절차가 존재하는지 확인해야 한다.
- 정보주체가 개인정보 등을 열람 요청 시 본인 여부를 확인하는 절차가 존재하는지 확인해야 한다.

나. 사례 연구

인증심사원 홍길동은 (주)가나다라의 인증심사에 참여해 정보주체 권리 보호에 대한 현황을 확인하기로 했다. 문서 검토, 담당자 인터뷰, 현장실사를 통해 확인된 사항은 다음과 같다. 심사 일자는 12월 30일이다.

(1) 정책 및 지침 확인

개인정보보호지침

제4조【개인정보처리방침의 공개】

    가. 개인정보를 처리하는 경우에는 개인정보처리방침을 작성해 공개해야 하며, 다음 사항을 모두 포함해야 한다.

        1) 개인정보의 수집·이용 목적, 수집하는 개인정보의 항목 및 수집방법

        2) 개인정보를 제3자에게 제공하는 경우 제공받는 자의 성명(법인인 경우에는 법인의 명칭을 말한다), 제공받는 자의 이용 목적과 제공하는 개인정보의 항목

        3) 개인정보의 보유 및 이용 기간, 개인정보의 파기절차 및 파기방법(개인정보를 보존해야 하는 경우에는 그 보존근거와 보존하는 개인정보 항목을 포함한다.)

        4) 이용자 및 법정대리인의 권리와 그 행사방법

        5) 인터넷 접속정보파일 등 개인정보를 자동으로 수집하는 장치의 설치·운영 및 그 거부에 관한 사항

        6) 개인정보보호책임자의 성명 또는 개인정보보호 업무 및 관련 고충사항을 처리하는 부서의 명칭과 그 전화번호 등 연락처

        7) 정보주체의 권리·의무 및 그 행사방법에 관한 사항

        8) 개인정보보호책임자에 관한 사항

        9) 개인정보처리의 변경에 관한 사항

10) 개인정보의 안전성 확보조치에 관한 사항

　　나. 개인정보처리방침을 회사 홈페이지에 공개하는 경우에는 첫 화면 또는 첫 화면과의 연결
　　　　화면을 통해 제1항 각호의 사항을 고객이 쉽게 볼 수 있도록 헤야 한다. 또한, 글자 크기,
　　　　색상 등을 활용해 고객이 개인정보처리방침을 쉽게 확인할 수 있도록 표시해야 한다.

　　다. 개인정보처리방침 변경 시 변경 이유 및 내용은 다음 각 호 중 어느 하나 이상의 방법으로
　　　　로 공지하고, 이용자가 변경된 내용을 쉽게 확인할 수 있도록 변경 전·후 처리방침과 비
　　　　교해 공개한다.

　　　　1) 인터넷 홈페이지의 첫 화면의 공지사항 또는 별도의 창을 통해 공지하는 방법

　　　　2) 서면·모사전송·전자우편 또는 이와 비슷한 방법으로 공지하는 방법

　　　　3) 재화 또는 용역을 제공하기 위한 이용계약서에 게재해 배포하는 방법

제5조【정보주체의 권리】

　　가. 정보주체의 요구에 따라 이용, 제공에 대한 동의의 전부 또는 일부를 철회할 수 있다.

　　나. 정보주체는 언제든지 개인정보의 이용 또는 제공의 일시적인 중지를 요구할 수 있다. 이
　　　　경우 회사는 요구를 거절하지 아니하며, 이를 위한 기술적 수단을 마련해야 한다.

　　다. 정보주체는 회사에 대해 아래 자료의 열람 또는 고지를 요구할 수 있고, 고객상담부서 및
　　　　정보보안 주관부서는 아래 내용에 대해 대응할 수 있는 절차를 마련해야 한다.

　　　　1) 정보주체에 대한 개인정보 이용, 제공사실 확인자료

　　　　2) 정보주체의 개인정보가 법률 또는 다른 법령의 규정에 의해 제3자에게 제공된 이유
　　　　　　및 내용

　　　　3) 회사는 정보주체가 동의의 전부 또는 일부를 철회한 경우 지체 없이 수집된 개인정
　　　　　　보, 개인정보 제공사실 확인자료를 파기했다는 것을 확인할 수 있는 자료

　　라. 개인정보 동의 철회 및 삭제, 처리 정지를 위해 고객상담 주관 부서 및 정보보안 주관 부
　　　　서는 절차를 마련해야 한다.

　　마. 회사는 정보주체의 권리 보장을 위한 내용을 개인정보처리방침 등에 포함되도록 해야
　　　　한다.

제15조【개인정보 이용 내역 통지】

　　가. 개인정보보호 담당자는 일일평균 100만 명 이상이거나 매출액이 100억 원 이상일 경우
　　　　이용자 개인정보의 이용내역을 주기적으로 통지해야 한다.

　　나. 이용자에게 통지해야 하는 정보의 종류는 다음과 같다.

　　　　1) 개인정보의 수집·이용 목적 및 수집한 개인정보의 항목

　　　　2) 개인정보를 제공받은 자와 그 제공 목적 및 제공한 개인정보의 항목

　　　　3) 개인정보 처리위탁을 받은 자 및 그 처리위탁을 하는 업무의 내용

　　다. 통지는 전자우편·SMS·App push 등 어느 하나의 방법으로 연 1회 이상 상반기내에 진
　　　　행해야 한다.

(2) 인터뷰 또는 실사를 통한 확인

인증심사원 홍길동은 심사기관인 (주)가나다라의 정보주체 권리보호 현황을 확인하기 위해 개인정보보호팀, 고객지원팀 인터뷰 및 실사 통해 다음 내용을 확인할 수 있었다.

■ 인터뷰

첫째, 담당자 인터뷰 결과 다음을 확인할 수 있었다. 개인정보보호지침에 따라 정보주체의 권리를 보호하기 위해 개인정보의 열람, 정정·삭제, 처리정지, 이의제기, 동의철회 요구를 수집하는 방법·절차보다 쉽게 할 수 있도록 권리행사 방법 및 절차를 수립·이행하고 있다고 답변했다.

정보주체(이용자)의 요구를 받은 경우 지체 없이 처리하고 관련 기록을 남기는 프로세스를 수립해 이행하고 있으며, 정보주체(이용자)의 사생활 침해, 명예훼손 등 타인의 권리를 침해하는 정보가 유통되지 않도록 삭제 요청, 임시조치 등의 기준을 수립·이행하고 있다고 답변을 받았다.

■ 시스템 확인 및 현장 실사

심사원은 회사의 정보 주체에 대한 요구에 어떤 절차를 마련하고 있는지 확인하기 위해 개인정보호지침에 규정된 내용대로 운영 현황을 확인해보기로 했다.

첫째, 약관의 내용에 따라 연락처(1588-1234)로 전화해 해당 심사원이 직접 개인정보 열람 청구 프로세스를 문의한 결과, 상담원(김*현)의 답변은 "별도의 개인정보 열람 청구 프로세스를 가지고 있지 않다"고 답변했다. [#1]

둘째, 개인정보보호지침에 따라 개인정보 이용 내역 통지가 시행되는지 확인한 결과, 이용 내역에 대한 통지를 상반기에 수행하는 것으로 계획을 수립했으나 진행결과를 확인할 수 없었다. [#2]

(3) 결함 요약

> **결함 포인트 [#1]**
>
> 개인정보보호지침에 규정된 내용에 따라 개인정보 열람 청구가 운영되지 않고 있다. 따라서 개인정보 열람 청구 프로세스 수립이 필요하다는 결함을 줄 수 있으며, 개인정보 동의 철회 및 삭제, 처리 정지에 대한 내용이 개인정보처리방침에 명기되는 것이 필요하다.
>
> **결함 포인트 [#2]**
>
> 신청기관은 재작년 매출이 100억 이상으로 작년 개인정보 이용 내역 통지 대상이었으나, 통지기록이 없었으며, 올해도 개인정보 이용 내역 통지를 금년에 실시한 기록이 없었다. 따라서 개인정보 이용 내역 통지를 시행하는 프로세스 수립이 필요하다.

(4) 결함 보고서 작성

<table>
<tr><td colspan="5" align="center">결함 보고서</td></tr>
<tr><td>기록일자</td><td colspan="2">2023년 12월 28일</td><td>기업명</td><td>(주)가나다라</td></tr>
<tr><td rowspan="2">인증 범위</td><td>구분</td><td>결함유형</td><td>인증 범위명</td><td>기관 확인자</td></tr>
<tr><td>ISMS</td><td>결함</td><td>(주)가나다라 상품판매 서비스</td><td>이순신 팀장(인)</td></tr>
<tr><td>심사원명</td><td colspan="4" align="center">홍 길 동 (인)</td></tr>
<tr><td>관계부서</td><td colspan="4" align="center">개인정보보호팀, 고객지원팀</td></tr>
<tr><td>관련조항</td><td colspan="4">(개인정보) 3.5.2 정보주체 권리보장</td></tr>
<tr><td rowspan="2">관련 근거</td><td colspan="4">◇ (인증기준) 정보주체(이용자)가 개인정보의 열람, 정정·삭제, 처리정지, 이의제기, 동의철회 요구를 수집 방법·절차보다 쉽게 할 수 있도록 권리행사 방법 및 절차를 수립·이행하고, 정보주체(이용자)의 요구를 받은 경우 지체 없이 처리하고 관련 기록을 남겨야 한다. 또한 정보주체(이용자)의 사생활 침해, 명예훼손 등 타인의 권리를 침해하는 정보가 유통되지 않도록 삭제 요청, 임시조치 등의 기준을 수립·이행해야 한다.
◇ (내부규정) 「개인정보보호지침」 제5조(정보주체의 권리) (2023.11.25)</td></tr>
<tr><td colspan="4">가. 정보주체의 요구에 따라 이용, 제공에 대한 동의의 전부 또는 일부를 철회할 수 있다.
나. 정보주체는 언제든지 개인정보의 이용 또는 제공의 일시적인 중지를 요구할 수 있다. 이 경우 회사는 요구를 거절하지 아니하며, 이를 위한 기술적 수단을 마련해야 한다.</td></tr>
</table>

운영현황
및
결함내역
	◇ **(운영현황)** 정보주체의 권리 보장을 위한 절차를 운영하고 있음
	  ○ 정보주체의 요구에 따라 이용, 제공에 대한 동의의 전부 또는 일부를 철회할 수 있으며, 정보주체는 언제든지 개인정보의 이용 또는 제공의 일시적인 중지를 요구할 수 있도록 연락망(1588-1234)을 운영하고 있음
	◇ **(결함내역)** 개인정보 열람 청구 프로세스의 운영이 미흡함
	  ○ 개인정보처리방침 내용에 따라 연락처(1588-1234)로 개인정보 열람 청구 프로세스를 문의한 결과, 별도의 개인정보 열람 청구 프로세스가 이행되지 않는 것으로 확인됨
	◇ **(조치사항)** 정보주체의 요구에 따라 이용, 제공에 대한 동의의 전부 또는 일부 철회, 개인정보의 이용 또는 제공을 일시적으로 중지할 수 있는 프로세스를 이행될 수 있도록 개선해야 함

근거목록	- 개인정보보호법(2023.09.15) - 「개인정보보호지침」(2023.11.25)

결함 보고서

기록일자	2023년 12월 28일		기업명		(주)가나다라
인증 범위	구분	결함유형	인증 범위명		기관 확인자
	ISMS	결함	(주)가나다라 상품판매 서비스		이순신 팀장(인)
심사원명	홍 길 동 (인)				
관계부서	개인정보보호팀				

관련조항	(개인정보) 3.5.3 이용내역 통지
관련 근거	◇ **(인증기준)** 개인정보의 이용내역 등 정보주체(이용자)에게 통지해야 할 사항을 파악해 그 내용을 주기적으로 통지해야 한다. ◇ **(내부규정)** 「개인정보보호지침」 제15조(개인정보 이용 내역 통지) (2023.11.25) 가. 개인정보보호 담당자는 일일평균 100만 명 이상이거나 매출액이 100억 원 이상일 경우 이용자 개인정보의 이용내역을 주기적으로 통지해야 한다.

운영현황
및
결함내역
	◇ **(운영현황)** 개인정보 이용내역 통지 프로세스를 운영하고 있음
	  ○ 개인정보 이용 내역 통지를 상반기에 수행하는 것으로 계획을 수립했음
	◇ **(결함내역)** 개인정보 이용내역 통지가 이행되지 않음
	  ○ 개인정보 이용 내역 통지결과를 확인한 결과 계획은 수립돼 있으나 이행되지 않은 것으로 확인됨
	◇ **(조치사항)** 수립된 계획에 따라 개인정보 이용 내역 통지를 시행해야 함

근거목록	- 개인정보보호법 (2023.09.15) - 「개인정보보호지침」(2023.11.25) - 이용내역 통지 계획

요약

정보주체 권리보호에서는 개인정보처리방침의 공개, 정보주체 권리보장, 이용내역 통지에 대한 통제 방안을 마련하는 데 목적이 있다. 정보주체(이용자)가 개인정보의 열람, 정정·삭제, 처리정지, 이의제기, 동의철회 요구를 수집 방법·절차보다 쉽게 할 수 있도록 권리행사의 방법 및 절차를 수립·이행하고, 개인정보처리방침 등에 안내를 하는 것이 필요하다. 정보주체(이용자)의 요구를 받은 경우 지체 없이 처리하고 관련 기록을 남겨야 한다.

3.5.3 이용내역 통지

개인정보의 이용내역 등 정보주체(이용자)에게 통지해야 할 사항을 파악해 그 내용을 주기적으로 통지해야 한다.

🔒 **개인정보 이용 내역 통지 법적 의무 대상자에 해당하는 경우 개인정보 이용내역을 주기적으로 정보주체(이용자)에게 통지하고 그 기록을 남겨야 하며, 이때 개인정보 이용내역 통지 항목은 법에서 요구하는 항목을 모두 포함해야 한다.**

개인정보의 이용내역 통지 법적 의무 대상자에 해당하는 경우, 개인정보 이용 내역을 주기적으로 정보주체에게 통지하고 기록을 관리해야 한다. 또한 개인정보 이용내역 통지 양식에는 법에서 요구하는 개인정보 이용내역 통지항목을 모두 포함해야 한다.

구분	설명
법적의무 대상자	개인정보보호법 제48조의6(개인정보 이용내역의 통지) ① 법 제39조의8제1항 본문에서 "대통령령으로 정하는 기준에 해당하는 자"란 다음 각 호의 어느 하나에 해당하는 자를 말한다. 1. 정보통신서비스 부문 전년도(법인인 경우에는 전 사업연도를 말한다) 매출액이 100억 원 이상인 정보통신서비스 제공자 등 2. 전년도 말 기준 직전 3개월간 그 개인정보가 저장·관리되고 있는 이용자 수가 일일평균 100만명 이상인 정보통신서비스 제공자등 ② 법 제39조의8제1항에 따라 이용자에게 통지해야 하는 정보의 종류는 다음 각 호와 같다. 1. 개인정보의 수집·이용 목적 및 수집한 개인정보의 항목 2. 개인정보를 제공받은 자와 그 제공 목적 및 제공한 개인정보의 항목. 다만 「통신비밀보호법」 제13조, 제13조의2, 제13조의4 및 「전기통신사업법」 제83조제3항에 따라 제공한 정보는 제외한다. ③ 법 제39조의8제1항에 따른 통지는 서면등의 방법으로 연 1회 이상 해야 한다.
개인정보 이용내역 통지 항목	1. 개인정보의 수집·이용 목적 및 수집한 개인정보의 항목 2. 개인정보를 제공받은 자와 그 제공 목적 및 제공한 개인정보의 항목(단, 「통신비밀보호법」 제13조, 제13조의2, 제13조의4 및 「전기통신사업법」 제83조제3항에 따라 제공한 정보는 제외) 3. 개인정보 처리위탁을 받은 자 및 그 처리위탁을 하는 업무의 내용

⍟ 실무 사례

개인정보 이용내역은 연 1회 이상 정보주체에게 아래와 같은 형식으로 통지해야 한다.

표 3–54 개인정보 이용내역 통지(예시)

개인정보 이용내역 통지(예시)

안녕하십니까.(주)가나다라 입니다.

항상 (주)가나다라를 믿고 이용해주시는 고객님께 깊은 감사의 말씀을 드립니다.

(주)가나다라는 고객님의 개인정보를 안전하게 보호하기 위해 언제나 최선을 다하고 있습니다.

당사는 제39조의8(개인정보 이용내역의 통지) 및 제48조의6(개인정보 이용내역의 통지)에 의거해 회원님의 개인정보 이용내역을 안내해 드립니다.

■ 개인정보의 수집/이용 항목 및 목적

(1) 성명, 아이디, 비밀번호: 서비스 이용에 따른 본인 식별

(2) 이메일 주소, 전화번호, 휴대폰 번호: 고지 사항 전달, 본인 의사 확인, 불만처리 등 원활한 의사소통 경로의 확보, 포인트 차감안내, 이벤트 정보 등 최신 정보의 안내

(3) 주소, 전화번호: 고객 서비스 처리에 대한 정확한 배송지의 확보

■ 개인정보의 처리위탁

위탁업체명	위탁 업무 내용	위탁항목	보유 및 이용기간
(주)쇼핑몰	쇼핑몰 운영	성명, 아이디, 비밀번호, 이메일 주소, 전화번호, 휴대폰	회원탈퇴 시 또는 위탁계약 종료 시
(주)배송사	상품 배송	고객명, 연락처, 주소	회원탈퇴 시 또는 위탁계약 종료 시
(주)DM발송사	DM발송 대행	이메일	마케팅 종료 시

개정 개인정보보호법(2023.09.15)에서는 정보주체가 아닌 제3자로부터 개인정보를 수집하여 출처를 통지해야 하는 경우(수집 출처 통지)와 개인정보 이용 · 제공 내역을 통지해야 하는 경우(이용내역 통지)의 통지의무 대상자의 범위를 수집 출처 통지 기준에 맞추어 정비하고 통지도 함께 할 수 있도록 개선하였음을 참고하도록 한다.

✕ 증적 자료

- 개인정보 이용내역 통지 양식
- 개인정보 이용내역 통지 이력

찾아보기

ISMS-P 인증 실무 가이드 3/e
클라우드 환경까지 고려한

발 행 | 2024년 4월 24일

지은이 | 연수권 · 신동혁 · 박나룡

펴낸이 | 권 성 준
편집장 | 황 영 주
편 집 | 김 진 아
　　　　임 지 원
디자인 | 윤 서 빈

에이콘출판주식회사
서울특별시 양천구 국회대로 287 (목동)
전화 02-2653-7600, 팩스 02-2653-0433
www.acornpub.co.kr / editor@acornpub.co.kr